数字化路线图

元数据驱动的数字化转型

吴友武 ◎ 著

ROADMAP OF DIGITALIZATION

Metadata-Driven Digital Transformation

U0348501

机械工业出版社
CHINA MACHINE PRESS

图书在版编目（CIP）数据

数字化路线图：元数据驱动的数字化转型 / 吴友武
著 . -- 北京：机械工业出版社，2024. 9. -- （数字化
转型系列）. -- ISBN 978-7-111-76498-4

Ⅰ. G250
中国国家版本馆 CIP 数据核字第 2024ZF0711 号

机械工业出版社（北京市百万庄大街 22 号　邮政编码 100037）
策划编辑：杨福川　　　　　　　　责任编辑：杨福川　王华庆
责任校对：杜丹丹　张慧敏　景　飞　　责任印制：任维东
三河市骏杰印刷有限公司印刷
2024 年 11 月第 1 版第 1 次印刷
170mm×230mm · 26.5 印张 · 1 插页 · 402 千字
标准书号：ISBN 978-7-111-76498-4
定价：109.00 元

电话服务　　　　　　　　　　　网络服务
客服电话：010-88361066　　　　机 工 官 网：www.cmpbook.com
　　　　　010-88379833　　　　机 工 官 博：weibo.com/cmp1952
　　　　　010-68326294　　　　金 书 网：www.golden-book.com
封底无防伪标均为盗版　　　机工教育服务网：www.cmpedu.com

数字化改变生活。

我们已经置身于数字时代，数字化大潮正推着我们在数字世界中前行。网络购物、网络订餐、互联网医疗、网络支付、网络娱乐、网络新闻、智能出行、网络社交、居家办公、远程控制、远程教育、远程会议、知识分享等，改变的不只是我们的生活和社交方式，还有我们的学习途径和工作模式。如今，我们足不出户即可选天下好物，晓天下新闻，会天下挚友，览天下风景，享天下美味……

时间就是生命。数字计算带来效率，精准投放增强了体验，智能分析提升了质量。在网络化、数字化、智能化的世界，数字化的生产和生活节奏会越来越快，动力会越来越多样，应用也会越来越广泛。

面对数字时代的到来，个人、企业和社会都无从阻挡。我们可以选择的，要么是主动去迎接数字时代、认知数字时代、适应数字时代、变革数字时代、引领数字时代，做数字时代的弄潮儿，享受数字化丰盈的红利，要么是随波逐流，潇洒享受时代变迁洒下的一缕月光，要么是因循守旧、墨守成规，成为时代快车抛下的尘土。具体想达到什么段位，由我们自己选择、自己奋斗。通过不断迭代，你或许就成了数字时代的宠儿。

数字化是人类适应世界和改造世界的理论方法积累，是人类社会模式发展、创新以及传感、计算机、互联网、软件、智能终端、数据处理等各种技术进步到一定阶段的共同产物。

农耕文明解放了人类的双脚，工业文明解放了人类的双手，数字文明解放的则是人类的大脑。数字化的终极目标是智能化。以物联网、大数据、云计算、移动互联网、人工智能等为代表的数字技术，将一切数字化为可计算的数据。在数字化的知识、模型启发下，数字化系统拓展了人脑的感知、计算、记忆、推理、决策、行动、内控等能力，将很多简单、重复、恶劣环境下的工作交由计算机系统智能地处理，由计算机系统代替人类对世界开展采集、分析、决策、执行、控制等工作，从而扩展人脑作用的范围，让人类聚焦于更复杂、更具风险的场景，或者致力于需要抽象和推理能力的事项以及艺术创作等。

智能化是数字化进程高级阶段的标志。智能化是人类运用各种技术、知识来认知和创新人类生产、生活的一种高级状态，通过计算机处理数据来拟合人类对世界进行感知、认知、记忆、推理、决策、行动、内控的过程，从而以信息空间的数据处理来映射和影响人类对现实世界进行改造的行动。

在以数字化之路开展智能化的实践过程中，人们始终在将思考、抽象、具象、推理、决策、内控等人类智能的处理活动，以及对世界感知、记忆、行动、认知等资源能力的调度过程，作为计算机系统模拟的主要任务、关键环节、重点内容。这正是数字化最终能走向智能化的关键选择。人类在这条数字化、智能化道路上已经走得很远，以网络化、数字化、智能化成果妆点起来的指尖识别、信息精准投放、健康远程问诊、知识网络学习、工作远程协作等正在深刻地改变着人类的生产和生活方式，人类适应和改造世界的效率、质量、动力正因数字化和智能化而发生伟大变革。

数字化转型的号角已吹响。先行的行业、企业已在数字化浪潮中取得先发优势。智能传媒、智能商业、智能物流、智能驾驶、智能导航等领域的数字化正渐入佳境。国家、社会及各行业都在积极响应数字化，主动拥抱数字化转型。然而，数字化究竟是什么？如何从战略、规划、路径、业务、技术、体制、机制、人才队伍等方面实践数字化转型？怎样才能设计出科学、高效、有序、安全的数字化转型路线？数字化转型中需要把握哪些核心要领和关键环节？

以成熟的理论、科学的方法、系统的架构、底层的逻辑、应变的思想研究网络化、数字化、智能化，可以让我们悟透原理、直击本质、把握规律、随机应变，提高数字化效率、提升领域智能化质量、提高业务动态化水平。这些原则、要义、方法、路线，不仅需要我们从意识和认知上持续地理解、消化、吸收，更需要我们在数字化转型的实践中加以掌握、落实、运用。因此，数字化转型一定要用可理解、可实践、可操作、可度量的若干准则、要点、步骤、行动，以行动指南、行动方案、标准化动作等具象形式指引我们实践。

数字化转型涉及业务、技术、管理等各个方面的变革，是一项系统性的重大战略工程。数字化转型走与不走以及转型的成功与否都会对企业产生重大而深远的影响。转型路径尤其是技术路线的选择，对数字化转型质量和转型效率的影响较大，甚至决定着数字化转型的成败。不少企业对数字化浅尝辄止、无法深入，究其原因，往往是对数字化转型的认识不足，技术供给侧在技术路线、技术产品、技术方案、技术人才储备等方面不够完善，尤其是在技术路线的选择上大多采用传统数据仓库技术，一事一议，靠堆人力硬上，根本无法适应数字化时代领域发展和业务需求瞬息万变的形势要求。

选择一条科学应变的技术路径并长期坚定地走下去是数字化转型战略规划、顶层设计、建设运行的必修课。元数据驱动是唯一符合科学应变特征的技术路线。元数据驱动的网络化、数字化、智能化技术路径才是数字化转型的必由之路。

我们在本书中研究数字化、智能化的主要思路是：以系统的思维去架构领域体系、内外关系、行为活动，主动抓住事物本质和发展规律；以一切资源化思想将领域内的各类事物、处理逻辑等全部标准化、数字化到统一的资源体系之中，以资源操作系统的理念经营数据、功能、知识、技术等全要素资源，为资源在实战业务场景的智能推荐、精准投放打下坚实基础；以模型思维抽象解构"一切资源化"的领域对象，动态构建体现领域本质要求和现实需求的对象、关系、活动等模型，以科学、全面、动态、贴源的模型和表达模型的元数据指导领域的实践行动；以元数据驱动的思想让计算机系统引擎可以动态地适应形势要求和技术进步，以不变应万变；以控制思维构建增强回路的正反馈闭环，用内生安全框架思想构建安全、可信、合规的纵深防御体系，将数据、功能等核心资源置于全生命周期、全使能过程、全关注视角的动态保护之中，全面促进资源开发和利用；以中台承载政府和企业的网络化、数字化、智能化实践，开展数字化体系的构架、模型的丰富、知识的迭代、资源的经营、供需的拉通、安全的保障等活动，构建领域科学、智能的数字化大引擎，高效、动态地应对领域事务高阶信息化、价值风险发现智能化、业务行为操作规范化的时代需求。

选择元数据驱动思想和技术路线是构建动态应变领域中台的核心要领。在成熟的理论和科学的方法体系指引下，我们通过构建领域资源操作系统对各类领域资源进行全生命周期的精细化经营，以元数据形态向需求侧的业务场景尽数呈现供给侧的技术、业务、管理（TBM框架）方面的经营成果，支撑领域的智能化引擎，通过解读元数据所表达的全方位资源特征和能力体系，实现按需调度并使用应景、应时、合规的恰当资源，为实战业务场景智能推荐和精准投放好用、够用的资源。本书中，模型思维、元数据及元数据驱动是贯穿数字化转型实践始终的灵魂。

这个资源操作系统和元数据驱动的计算机工具、引擎，组成了动态开放的领域中台基本技术框架的基础。企业在此基础上，开展数据建设、知识建设、业务建设、技术建设、安全建设等各方面的建设，并以元数据驱动的动态领域中台能力体系，适应万变的数字化领域感知、领域形势任务、领域应用场景、领域控制要求。

数据是数字时代一切形式化的符号形态。物质世界、人类社会、虚拟空间的万事万物及其联系、活动形式化为数据之后，都可以成为被计算机表示、计算、存储、使用、控制的形态，可以在人类数字化知识和元数据驱动的大引擎作用之下，源源不断地迸发出智能化力量。构建科学的数据资源体系是领域需要坚决锚定的战略方向，是领域数字化转型的核心任务，是业务智能化的关键基础。数据建设的重点是，在社会共识、领域知识、人工智能的加持之下，以数据形态持之以恒地开展记录、融合、增值、沉淀等计算处理，构建体现领域本质要求和现实需求的数据资源体系。

"内生安全"是本书中一个特殊的存在。它是与领域数字化生产面建设内容相伴相生的控制面建设的核心任务、重点内容，其使命是为领域数字化生产提供分类安全防护、动态访问控制以及综合安全管理策略控制的安全保障。同时，我们又可把安全作为一个特殊的领域，本书讨论的领域数字化、智能化的模型思维、一切资源化思想、元数据驱动技术路线、动态领域中台体系等内容，同样适用于构建安全领域的数字化能力体系。在第7章中，我们将从领域数字化的安全保障和安全领域的数字化实践两个方面进行讨论，既为领域数字化提出内生、动态、精细化的安全解决方案，也将本书讨论的数字化理论方法在安全这个特殊领域进行成果转化，提出集成性解决方案，这算是本书成果在一个特定领域的应用样例。

本书以领域为研究对象，勾画了领域数字化和智能化立体愿景蓝图的基本组成、总体框架，从思维、理念、思路、实践等方面讨论了开展数字化和数字化转型的理论与方法，从规划、设计、建设、运行等方面研究了数字化转型的重点、难点、关键点，从业务、数据、技术、知识、安全等方面提出了动态领域中台建设的关键任务和建设要领，从元数据驱动的技术机制和原动力方面指明了科学数字化转型的基本路径。

本书可作为政府和企业开展数字化转型战略规划、顶层设计、项目立项、能力建设、运营运维、安全管理等工作时的参考，适合负责数字化规划、决策、执行、操作的各类人员阅读。此外，本书可作为企业确定战略方向和技术路线，进行产品设计及编制行业解决方案时参考，适合企业的董事会、决策者、执行层、技术产品设计人员、研发人员阅读。本书也可以作为高校的信息化、数字化、智能化等相关学科的参考用书。

感谢在本书出版过程中给予我大力帮助的老师、同行、朋友。感谢多年来单位领导给予我持续学习、持续实践、持续创新的机会，促使我在干中学、学中悟、悟中通，系统性沉淀了对数字化和网络安全领域有益的新思路、新方法、新技术、新方案，从而激发了我系统整理、输出心得的冲动。感谢我的家人在我撰写本书过程中给予我坚定的支持和不懈的鼓励，他们是本书的心灵合伙人！

由于本人水平有限，书中不足的地方敬请批评指正。

吴友武

|目录|

|第 3 章| 一切资源化

| 第 6 章 | 中台——数字化中枢

| 第 7 章 | 内生安全

| 第1章 | CHAPTER

认识数字化转型

　　什么是数字化？为什么要拥抱数字化？应该勾画怎样的数字化愿景？如何准确把握数字化的核心要义和关键环节，科学、有序、高质量、低风险、可管可控地实践数字化转型？如何从数字化转型中获得数字化红利，支撑跨越式发展？回答好这些关键课题，已成为数字时代政府部门、各行各业、企事业机构的首要任务。

　　在当今全球网络化、国家数字化、领域智能化大潮中，人类的制造、交通、通信、传媒等技术高位持续进化，推动着人类社会的产业形式、生活方式、社交模式、学习范式等新业态、新服务、新场景的产生和迭代。在数字化时代，技术持续进步和人类发展需求驱动物质世界、人类社会、网络空间发生更广泛和更深刻的变革。形势在变、需求在变、关系在变、业务在变、模式在变、技术在变，什么都在变，我们又该如何顺势而变？

　　有效地适应瞬息万变的形势要求，精益地驾驭持续变化的领域需求，成为摆在决策者、设计者、执行者面前最为关键的数字化转型课题。"应变"能力的高低成为决定数字化转型成败和效果好坏的最大变量。以"求变"应"不变"，以"不变"应"万变"，成为我们在数字化实践中不得不重点把握、持续锚定的核心要义。在数字化实践中，要坚持科学、系统、动态、智能、有效、安全的转型实践原则，从理念、思维、路线、方针、方法、技术等多个维度精准把握和持续进行。

在持续应变的数字化转型实践中，我们应该谋划怎样的数字化战略？如何开展数字化规划、建设、运行？如何有效地转化数字化成果？如何实现电子化、信息化向高阶信息化、业务智能化、行为规范化演进？数据、知识、技术等新型生产要素如何提升数字化、智能化水平？如何以数字化、智能化推动政府和企业在发现、研判、决策、行动等方面提升能力，实现对风险隐患的预知、预警、预置，实现对价值潜能的预算、预策、预行，变被动为主动、变后觉为先知、变粗放为精准、变低效为高效、变手工为智能？如何变革体制以促进数字化战略强动力推进、数字化业务高质量发展、数字化成果高效率转化？要想回答好这些问题，我们需要有一套科学、系统的理论和方法论去指导数字化转型的战略谋定、规划编制、顶层设计、目标拟定、任务设置、技术选择、持续推进等实践工作。

数字化转型是一项长期性、系统性、立体化的社会工程。在横向任务上，涉及行业领域的法规、政策、业务、技术等方方面面的变革。在纵深推进上，既要科学地开展战略规划、顶层设计，也要谋划愿景蓝图、拟定近期目标，还要明确阶段性转型任务、找准解决方案、确定项目清单、厘清推进路径，循序渐进地推动数字化转型任务实施，打赢数字化建设应用关键仗，力争"华丽转身"。数字化的系统性，体现为需要科学系统地认知领域的核心要素、内外关系、关键活动，抓住挖掘和利用价值、发现和管控风险两大根本目标，直击领域本质，以构建数字化孪生领域目标体系、用数字化重塑智能业务体系、用数字化盘活内务运转体系，形成领域智能化、立体化的能力体系，实现全面的领域数字化、智能化。

数字化转型的任务涉及方方面面，转型的路径也有千条百条。只有以科学的理论、模型化的思维、资源化的思想、系统化的方法、元数据驱动的路线、内生安全的理念指导数字化转型实践，才能驱动数字化转型迈向成功，数字化历程才能科学、协调、可持续，智慧化目标和智能化状态才能水到渠成。

1.1　数字化浪潮

以二进制为代表的数字信号处理技术的出现，推动了以模拟信号处理为特征的**电气化**时代逐步向以数字信号处理为特征的电子化时代变迁，原来以手工处理为特征的生产、商业、物流、金融、医疗、政务等各行各业全面走向**电子化**。

随着软件技术、数据库技术和磁盘存储技术的不断进步及其成本的持续降低，计算机逐渐被广泛用于控制生产制造、辅助事务运行、记录操作行为等工作中，作为业务工作**信息化**的显著特征，业务处理过程以日志方式得到充分记录，人类采集、加工、存储下来的数据得到极大丰富。

对全流程事务信息化所形成的数据成果，既可以满足事务档案的检索服务，还为潜在价值挖掘、事务稽核、督察审计、风险分析等提供了数据条件。当我们跳出单事务视角，开始从多场景的事务数据中萃取、沉淀、迭代领域关注对象目标，并试着用社会共识和领域知识从不同维度、不同视角去加工和分析这些对象目标，从中挖掘价值或发现风险时，预示着我们已经步入数字化的阶段。

比如，一些类似于金融、证券、商业流通行业的风险分析和预警预置等应用已初具规模。金融业基于对客户信用风险分析的成果，为符合额度规则的在线支付提供实时无审批消费贷款。

科学、全面、深入、有序地践行数字化是实现智能化的唯一路径。

国家和社会正在拥抱数字化，政府和企业已经投身于数字化转型。网络化、数字化、智能化作为人类社会发展的高阶状态、美好愿景，正将人类带入更加高度的文明。

数字化是实现人类社会智能化的历程和方法，以数据形式对技术和资源开展表示、联结、融合、呈现。**网络化**是实现人类社会智能化的必要条件和基础，以人与人、人与物、物与物的连接和交流，让数据按需流动。同时，网络化也包括互联网应用模式在各领域的借鉴和创新。**智能化**是人类社会发展的目标和理想。

数字化、网络化、智能化相互促进和互为支撑，智能化促使网络更为智能和高效，使数字化变得更广泛、更深入、更智能，有效化解了人类目前面对的发展问题，使人们的生活更加美好。

我们要研究数字化和数字化转型，就一定要将网络化基础和智能化愿景放到一个话题里探讨，使数字化基础更扎实，愿景目标更明确，如此才能立得更稳、看得更远、走得更实。

1. 数字化

随着互联网技术的出现，计算机开始作为基本工具被人类用以连接世界、搜索信息、获取知识。伴随集成电路、移动通信、传感器、可视化技术的快速成熟和持续演进，计算机、移动手机、智能穿戴、智能汽车、智能家居、机器人、智能传感、智能控制等五花八门的智能设备被规模化应用，互联网连接和计算能力被渐进地、深刻地带入人类生产、生活、学习、社交等方方面面的场景之中，互联网和计算机已走入寻常百姓家。会使用计算机、手机已经成为现代人类的基本技能，这一技能甚至超过了会外语、会驾驶的职场技能，超过了会阅读、会交流的基本生活技能。数字技术的进步和数字产品的发展促使人类社会以数据的形态在网络空间中创造未来。人类发展中沉淀的思维框架、知识结构、社会模式、运行机制等成果正在以数字化知识和模型的形态，在网络空间中指导数字计算、数字加工、数字分析、数字展现、数字治理，人类因数字化而更加精彩。事物的数字化、场景的数字化、知识的数字化、技术的数字化，让物质世界、人类社会进入一切可计算的时代，人类的生产、生活正在发生翻天覆地的变化。人类已真真切切地迈入了数字化的新时代，势不可挡，不可逆转。

2. 网络化

移动通信（4G/5G /6G）、光波通信（灯光、红外、激光等光波形态）、Wi-Fi（无线局域网）、蓝牙、近场通信（Near Field Communication，NFC）、超宽带通信（Ultra Wide Band，UWB）、卫星通信、声波通信等新型无线技术持续进步，传统的有线光电通信、电磁波（超短波、短波、中波、长波、越长波）无线传输技术的应用场景不断拓展，物理环境、距离长短等有线网络铺设的瓶颈问题迎刃而解。软件定义网络（Software Defined Network，SDN）、网络功能虚拟化（Network Functions Virtualization，NFV）等智能网络管理技术逐步实用，精准控制、按需使用、科学计费、性价合理的网络服务不断涌现。网络无处不在地保障了人人相连、人物相连、物物相连，大大促进了彼此间的相互感知、相互交流、相互作用。网络化为业务在线、资源在线、知识在线、智慧赋能和场景拉通资源夯实了基础，提供了条件。

同时，随着互联网新技术、新服务、新应用、新业态的发展，网络化思维渐成体系、更趋成熟。成熟先进的互联网思维以及网络化和扁平化的组织方式、服务模式、应用形态、技术架构、运行机制等成果，都应该被政府和企业学习、借鉴、引用。尤其是基于数字化和人工智能技术而形成的新型互联网应用模式（比如网络短租、网络约车平台精确拉通供需信息，网络购物、网络订餐平台精准推荐合适商品，网络社交、网络短视频平台智能投放精神食粮，网络安全、网上医疗服务平台精细风险预警等应用模式），给政府的社会治理创新和企业的模式创新带来了思路。新的管理服务理念、思维、方法、方案，将会有效促进和加速推动政府治理体系能力科学构建、企业供给侧改革持续深化、社会运行模式不断创新。

3. 智能化

随着社会数字化、全球网络化的深入，政府、企业、社会机构都源源不断地获取了丰富的数据，这些数据除了被动地检索、偶发的审计分析之外，还应该予以更高、更广、更深的定位，要将其作为政府、企业的生产要素和重要资源，纳入优化治理、深化服务、持续增效上来。互联网企业在数据资源化、要素化和数据资源挖潜上已经做出了表率，并且在广告营销、商品推荐、支付金融等领域实现了实时分析和精准推荐，智能化能力已见成效。

当前，各国政府、各行业、各企业都已经看到了数据、知识、技术等要素资源在新生产力构建中的地位。国家需要通过数字化战略提升国际竞争力，政府需要通过智能化实践提高社会治理服务的能力，企业需要通过智慧化转型提升市场竞争能力和企业运行效率。但是，当前大多数人还只是停留在对数字化、网络化、智能化的意识自觉阶段，将意识自觉变成推动落地的行动自觉，还有很长的路要走。关于如何构建智能化生产力的生成体系、运行体系、管控体系，总体来说还是思路不清、路径不明、办法不多。

1.2 数字化思维

把自己放进数据的世界，你就拥有了世界。

互联网不只是一张"网"，比"网"更大的价值是蓬勃发展之后的连接思维、流量思维、数据化思维、扁平化思维、新业态思维等给人类社会带来的影响。这些互联网发展衍生出来的新思维正在深刻地改变我们的产业形式、生活方式、社交模式、学习范式，政府治理、企业服务、社会活动、人类生存的形态正在发生翻天覆地的变化（见图 1-1）。

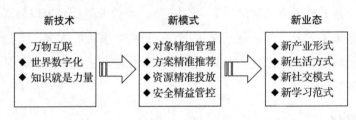

图 1-1　互联网思维

1. 连接思维

人类感知世界的方式多种多样，除了人类自身具备的视觉、听觉、触觉、嗅觉等感知方式外，光、电、磁、声及生物和化学等设备的感知方式也十分丰富，这些人、物和技术的感知能力构成了广泛的人类感知世界的体系。网络通过将这些广泛的感知器以数字化方式连接进来，打通了人与人、人与物、物与物的连接，让原本不具有话语空间和通信能力的各方实现了协同，推动了泛在感知、万物互联、资源融合，促进了数字世界的构建和智能社会的实现。

2. 流量思维

网络流量是万物运动、人类活动所产生的。活动的本质是利益。利益是要从用户身上挖掘的，利益也是要服务于用户的。因此，互联网以用户为中心，抢得了用户就是抢得了用户流量，黏住了用户就是赢得了商机。在互联网领域，流量是获得资本青睐最重要的标的物，也成为可替代资本获得收益的关键要素和核心指标。但是，流量如不加以监管引导，也可能会成为建造商业帝国、构筑行业垄断、扼制创业创新的助推器，成为"恶"的帮凶。

3. 数据化思维

互联网上商机的确立既要对用户知根知底，也要对商品、货品、作品知根知底，大数据的获取分析是刻画用户和描述货品的关键。有了供需的信息，平台、商家才能智能化地构建消费场景，实现精准投放、智能推送。所以，在数字化时代，没有数据就没有商机。大数据思维下，只有在大数据引擎的牵引下，用数据化的知识作用于数据化的世界，才会源源不断地挖掘出新的商业价值，预警潜在的社会风险。每个人、每个组织、每件物品，只要把自己数据化了，就具备了连接数据世界的基本条件，就可以动态地感知事关自己的价值和风险。

4. 扁平化思维

身心健康、物质丰富、精神充实是人生三大必需。在获得健康、物质、精神文化的商品方面，人类历史上从没有过如今的广度、深度和烈度。人类从网络获得的观感更直接、信息更对称、流程更简单、物流更快捷、支付更便利，这种酣畅淋漓的获得感、幸福感就是互联网扁平化给人类带来的红利。人类在三大必需品的消费过程中，通过扁平的网络，既可以在供需两端直接沟通，更多地获取服务，更好地优化产品，还可以与亲友分享喜悦、共享心得，为更多的人获得价值、规避风险真正带去实惠。

5. 新业态思维

互联网普及下，生产端和消费端之间的信息鸿沟已经拉平，现代物流、现代支付也迎来了新的腾飞，信息流、资金流、物流实现了前所未有的聚合和统一，互联网扁平化极大地拉近了供给端到需求端的距离。两千年来，传统的吃饭、住宿、出行、购物、社交等人类生活，农业、工业、服务、管理等社会生产，以及各类社会活动的形态已悄然变迁，新型业务形态、新型商业模式、新型治理体系的到来已势不可挡。有了万物连接的数字化基础，数据、对象、知识、技术等各种资源均可实时、精准、动态、可控地向业务场景聚合，供给端和需求端将可以实现智能化的匹配，国家、社会、家庭、个人的各种业务形态、业务模式、业务流程都将发生根本性改变。

1.3　数字化本质

1.3.1　思维框架

1. 底层逻辑

当我们陷入困境，几经尝试都无从杀出重围的时候，如果我们仍左冲右突、一味蛮干，大多数情况下会四处碰壁，撞得鼻青脸肿，最后可能还是无解。这时候，最聪明的方法是跳到局外、站在高处，逐层分解，直至看到场景背后的事物本质、客观规律，甚至追溯到物理、化学、数学、哲学等的基本原理，再从基本原理、事物本质、客观规律出发，运用好思维框架和知识结构，朝着破解困境的目标，重构框架体系、技术路线和解决方案，直至解决问题。这个过程是我们思考和解决问题的底层逻辑。

作为新能源汽车的新生代力量，蔚来汽车发展的底层逻辑很值得探讨研究。面对电池续航、补电、寿命等纯电新能源汽车的世界级难题，蔚来没有选择低价卖车、将电池寿命风险扔给车主、把补电的难题扔给社会这样不问不管的不负责的发展道路，而是从天道、人性的本质出发，跳出电池魔咒的困境去思考，从汽车电动本质、技术基本原理、利益共享规律上进行创新，在商业模式、终生运营、技术升级等方面进行突破，推出了换充电混合补电、新技术持续提高续航能力、电池免费终身质保、置身国家能源战略等新思路和新实践，闯出了一套蔚来的新模式、新生态，成为新能源汽车领域的一股清流。

各个国家都在大力发展纯电新能源汽车。但是，续航、补电、老化等电池三大难题一直制约着电动汽车的发展。蔚来汽车抓住技术原理、社会模式、人性三大本质，通过多个方面的创新，很好地解决了这三个老大难问题。

　　续航的问题一般通过电池技术的发展、车辆的优化设计来解决。但是，将电池和汽车一体化设计，则很难享受到电池技术进步带来的红利。如果将电池和汽车分离设计，则可以通过换电池来享受电池技术进步带来的续航里程的增加。蔚来汽车通过不断研发和合作，在电池技术和集成方案上不断创新，从液态磷酸铁锂、液态三元锂、液态磷酸铁锂与三元锂混合的三元铁锂，发展到固液态混合锂，以后还打算发展到纯固态锂电池技术。蔚来一直从物理、化学技术原理出发，通过集成技术不断地进行电池技术的创新，现在的能量密度已达到了360千瓦·时/千克，使纯电汽车可以向1000千米的续航目标迈出关键的步伐。这是从技术原理等底层逻辑思考来解决电动汽车自身续航进步的问题。

　　补电问题是在解决电动汽车进入场景、融入社会时的模式问题。车和行的完美结合才是汽车、车主、车企真正和谐融入社会的象征。再长的续航能力也不能完美解决由长距离远行和不小心忘记补电导致的动力保证问题。电动汽车只有解决了全时空补电的问题，才能达到真正可用的良性状态。补电问题必须克服时间、空间两大制约。补电时间不能太长，否则将因为通行超时影响生产和生活。到达补电设施的距离不能太远，否则会产生各种各样的问题。所以，补电是一个场景适配问题，也是一个社会工程问题。不同的车企在解决补电这个问题时，采用了不同的商业模式和解决方案。一般的电动汽车企业将补电问题完全扔给社会，社会充电设施的密度、电桩功率配置的大小、直流桩与交流桩的配比等，极大地影响着车主的补电、用车感受。蔚来汽车在车主同样享受社会补电网络红利的基础上，还提供了电站换电、流动充电宝、代客充电等补电生态。全自动换电5分钟搞定，换电网络正在覆盖重点高速公路和主要城市，实现重点城市的换电站离家3千米以内，让你家成为"电区房"，即使你身边没有充电桩或者你的车的电量已经耗尽，蔚来也提供了近乎完美的补电解决方案，让蔚来车主不再有补电烦恼。蔚来的全时空、低耗时、高质量的补电生态体系，是从人性的本质和社会运行的规律出发进行的顶层设计，所以能够得到蔚来车主的青睐，社会也慢慢认可了蔚来负责任的企业文化以及客户至上、客户和企业共荣的运营模式。

　　电池老化和电池寿命关系到车主权益保障的问题。电池组是纯电汽车的核心部件，占整车造价的 30%～40%（工业和信息化部口径）。受充放电次数、充放电习惯、使用环境等因素影响，锂电池老化和寿命情况不完全一样，但当一块电力锂电池容量降至 80% 以下时，就意味着它该"退休"了，这个时间点一般在买车 4～8 年之后。如果是车电一体化设计，意味着电池老化的风险将全部由车主买单。由此造成的后果是，汽车残值随着电池使用年限增长而急速下降，等到电池不得不更换的时候，汽车的残值已经比不上换电池的费用。当采用车电分离设计之后，很多问题就迎刃而解了，车主可以以租赁方式使用电池，电量不足时换一块满电电池就可以完成补电，换下的电池可以进行专业检测、保养、科学充电。这样带来的好处很多，可以让购车成本大幅下降，几分钟时间就能完成一次补电，专业的维护保养让电池更加安全，利用峰谷电价降低充电成本并促进电网合理布局，有利于电池回收和梯次利用，还有就是当电池被刨除在外时，对汽车残值的评估也可以更加客观、科学。蔚来汽车从人性本质和经济规律出发，把车电分离带来的种种好处都变成了车主的权益，让车主少购车总价、省补电时间、降充电成本、保汽车残值、省养车精力。

换电模式还与全球"双碳"战略、国家"削峰填谷"治理大局同频共振。换电站兼有储能功能。电池退出车用后及汽车在用电池转换的时间差，给了换电站智能适应电网削峰填谷机制的时间，换电站可以在电网用电高峰时放电，用电低谷时充电。这样"谷充峰放"的电能转换模式既可以在站内实现在用电池、退用电池、充电桩之间的局部能源网络构建，实现电能调度小闭环，也可以将换电站整体连入本地电力网络，成为国家智能电网的"虚拟电厂"，进入国家电力调度的大闭环。2022 年夏季，合肥市就有 15 座蔚来换电站集体参与了全市"虚拟电厂"的电网调峰，在不影响用户正常换电使用的同时，完成了相当于 3000 户普通家庭电耗的峰谷时间电能大挪移。

2. 直击本质，把握规律

研究事物本质就是要研究领域的根本作用对象和目标方向，找到问题域的主要矛盾和矛盾的主要方面，确定矛盾化解的目标和可期状态。本质是事物中常在的、不变的形体，是事物根本之性质、固有之属性、现象之抽象、实体之本体，是事物区别于其他事物的根本特质。本质是事物要素内部的构成和联系，是由事物的内部矛盾所构成和影响的。**抓住本质可以使人们透过现象看本质，从本原和特质对事物进行认知并开展实践、创新活动。**

比如，医疗的本质是利用各种外部干预手段，引导患者的自我调节机能去战胜病魔、消除病症。医疗的作用对象看起来是患者，但实际上，其根本作用对象是病症，医疗的目的是对症下药，让病症趋于消除，使患者恢复健康。当看透了这一点时，我们就会发现，医疗的干预方法很丰富，中药调理、西药靶向、手术除表、心理辅导、运动强基等疗法都可以是某种病症干预方案的选项。

研究客观规律就是把事物放在历史长河中，既从本质上系统性研究事物的存在和运动，又在历史中发现事物发展的周期和规律。通过发现和把握规律，构造识别、刻画、评价、干预领域问题域矛盾的闭环，化解前进道路上可被预期和可管可控的风浪涟漪，推动符合客观规律发展的因素推陈出新、蓄势聚能、化蝶蜕变，使领域始终遵循客观规律良性发展，螺旋式前进。同时，我们也要开放式地从现象中识别新特性，预防黑天鹅事件，并抽象和完善对规律的认知，进一步促进客观规律的历史性发展。

比如，医疗领域的客观规律，是从人类历代积累、世代相传的医典药典中总结、提炼、升华出来的对人体机能及医疗干预的领域成果，是人类在研究并认知机体、机体的机能、疾病对机体影响的表象（定性的和定量的）、人体机能对疾病的反应、医疗对疾病干预的经典病案（成功的和失败的）等医疗研究对象的基础上，通过体征观察、诊断分析、干预治疗、康复调理等医疗实践，总结出各种医疗对象自身运动、相互影响、相互作用的规律，形成的日臻完善和系统全面的流程、模型、方法及相应指标体系，用以指导感知布局、监测体征、诊断病症、刻画分析、风险评估、干预治疗、康复调理等关键业务闭环活动。当然，医疗的干预作用永远是辅助的，真正战胜病魔的是人体机能。在人类生老病死的客观规律中，医疗永远是配角，到位不越位，适度干预，有序调节，帮助每一个生命体一次次战胜生命长河中不时掀起的风浪，让人的生命规律回归自然。

基本原理、事物本质、客观规律，都是指事物本身所固有的、深藏于现象背后并决定或支配现象的方面，是现实世界中本就客观存在着的，并随着历史的发展而发展。前人已经通过探索、发现、提炼、总结、归纳形成了很多成果，当然还有很多原理、本质、规律没有探索和提炼出来，需要人类持续不断地努力去探索，以便领域的理论方法支撑日臻完善，领域的发展创新更加高效。

3. 科学的思维框架和丰富的知识结构

思维框架是在把握事物本质和客观规律，尤其是跨领域事物本质规律的基础上，构建的属于自己的、特有的、科学且系统性的分类结构，是为认知特定问题域的结构和构成要素，采取横向分域、纵向分层、有序解构、科学重组等方法，对域内域外的相关事物、活动、内外部关系等进行整体性规划设计的思路性参考。因此，思维框架是关于看待问题、分析问题、解决问题的思维方法论。拥有出色的思维框架，能够让你快速地参透行业本质、把握领域规律、厘清业务模式，从而以最毒辣的视角、最精准的触点、最简洁的思路，认清形势、梳理现状、分析问题、提出方案，成为跨界精英。

什么才是科学的思维框架？有些人的思维框架是静态的、机械的、不懂变通的，这样的思维框架只会带来墨守成规、因循守旧、不合时宜。有些人的思维框架是动态的、灵活的、可变的，体现出系统性、运动性，是在很多静态框架之上，通过自身再度抽象、归纳而形成的生成模式，这样的思维框架是基于本体的。

知识结构是广泛的社会共识、渊博的领域知识及领域相关知识的体系集合，既体现领域相关知识的广泛性，也体现领域知识的深邃性，还体现知识关联的系统性。广泛的知识覆盖面、渊厚的知识深度、系统的知识关系是衡量知识结构的三大指标体系。

4. 用底层逻辑思考和设计

掌握基本原理、直击事物本质、把握客观规律是成功者必备的。一个战略、一个规划能否经得起历史的洗礼和实践的检验，最基本的标准就是其能否抓住领域本质，能否把握客观规律，能否符合事物发展的总潮流方向，能否适应技术和社会进步的步伐而走向成功。拥有科学的思维框架和丰富的知识结构是一个成功者终身必修的功课。思维框架能否直击本质、知识结构是否博采众长，决定了你能钻多深、能跨多宽、能走多远、能存多久。一个方案、一个体系及其构建系统的方法、科学的框架、扎实的功底、渊博的知识、丰富的经验、熟稔的业务，决定着最科学、可变的整体架构和最合理、最符合实战的设计，同时体现为效率和质量的极大提升。

用底层逻辑思考，就是能够遵循基本原理、直击事物本质、把握客观规律，对事物及问题域开展系统性、根本性、抽象性、发展性认知。用科学方法设计，就是能够运用好科学的思维框架和丰富的知识结构，对问题域的解决方案进行体系化设计，从本质出发推演出科学、合理、经济、实用的解决方案。底层逻辑和科学方法不仅对个人如何成功提出了要求，在一个领域、一个组织、一片区域开展战略规划和顶层设计，也同样要抓住本质、把握规律、构建科学的思维框架、沉淀丰富的知识结构，用最科学、最合理的规划设计和实践路径，让战略、规划、设计、方案尽善尽美。

人类社会步入了数字化、智能化时代，世界开始以数据这种新形态被描述、处理、发展和表达，新时代的各种问题、各种困难、各种风险也会层出不穷。抓住数字化的底层逻辑，把握基本原理、事物本质、客观规律，用科学的思维框架和丰富的知识结构去看待问题、分析问题、解决问题，才能更为高效，才是正确道路。

1.3.2　数字化内涵

数字化实际是对"××"（某某行业、某某领域、某某空间单元、某某业务域）开展数字化工作，实践行业、领域的数字化转型。数字化是一个过程，也是专项行动，如医疗数字化、制造业数字化、交通数字化、教育数字化，等等。除了从行业、领域开展数字化，以空间粒度划分的企业数字化、学校数字化、医院数字化、社区数字化、政府数字化、城市数字化等数字化行动也正同步铺开，开展得如火如荼。

数字化并不一定是事物、区域/领域、世界发展的必然过程，却是世界发展的高级阶段，是人类社会进步的必然结果。通过数字化，"××"会呈现为一种新的形态，一个新的目标状态。因此，数字化也是一种新状态、一个新目标。比如，数字化医疗、数字化教育、数字化交通、数字化医院、数字化社区、数字化城市等领域或区域数字化进程，也称为数字医疗、数字教育、数字交通、数字医院、数字社区、数字城市等数字化的目标状态。

数字化后的事物形态往往体现为"数据"。数字化的核心思想是模数转换—数据计算—数模转换，即对物理信号数字化处理、"二进制"态数据计算、数据信号化输出。数字化可以将社会和行业领域的感知、认知、记忆、决策、行动、内控的生物态过程脱离生物体而用计算机处理，实现世界的另一种形式存在和生物过程拟态。

首先是模数转换，将现实世界、人类社会的事物和运动所表现出来的声、光、电、磁、味、压、痛等物理信号转换为"二进制"的数据。

其次是以图灵计算机来对"二进制"数据执行按需计算，从而实现对事物处理的标准化、自动化、无人化。

最后，通过数模转换，将"二进制"计算成果数据再转换为声、光、电、味、触等物理信号，传递给现实世界和人类社会。

从操作层面来说，数字化也是"信号数据化""计算数据化""数据信号化"，是对事物数据化及事物数据化后围绕数据的一切活动。

由此看来，数字化是为了用另一种形态镜像世界，用另一种路径发展世界，用另一种能力影响和改造世界。通过数字化，世间万物都能以有别于其自然形态的另一种数据形态呈现。因此，数字化是一种认识和改造世界的新思路、新方法、新实践。

数字化的动力是在统一的技术框架下，对领域或区域及其业务以数据这种新形态进行通用计算，从而拉通供需平衡、柔性生产、智能制造，促进社会资源的合理利用，让企业创新生产、降本增效，让政府科学管理、精准治理，让百姓广获实惠，推动人类社会可持续发展，帮助人类步入智能化时代。在数据化形态下，人类对世界感知、认知、推理、决策、行动、内控的活动，都会转变成对事物数据进行的拟态人类大脑的计算，让世界因数据智能化计算而更加多彩。

1.3.3 用底层逻辑思考数字化

数字化虽然只是领域发展中的一个过程，但是数字化是领域或区域智能化的必要条件，没有多维度的领域数字化累积发展、协调推进，没有在关键方面发展到一定的数字化阶段，领域智能化只会单点开花，只会是低水平的削足适履、停滞不前。因此，数字化也有其原理需要利用、本质需要抓住、规律需要把握，要对决定领域智能化的主要矛盾和矛盾的主要方面所涉及的关键要素和关键活动，都赋以数字化的使命和任务，促进领域系统全面地发展数字化，在一个科学、体系化顶层设计的框架之内，让对智能化有利的关键因素突出重点、蓄势能量、孕育蜕变，循着对立统一、有因才有果、量变到质变的客观规律持续进化，逐步智能化。

首先，需要确定领域数字化面对的主要矛盾和矛盾的主要方面，识别领域的关键对象以及关键对象需要关注的关键特性。以医疗领域数字化为例，其本质和核心是刻画患者病症的数字化以及针对病症的科学干预方案的数字化（见图 1-2），这是该领域数字化面对的主要矛盾。刻画患者的病症需要沉淀特定病症的科学数字化指标体系和感知科学指标的数字化手段能力，对特定病症执行科学的干预，需要长期积累的、科学的特定病症数字化

图 1-2　医疗领域数字化的本质

干预预案，以及特定病症与干预预案匹配的数字化策略模型。这些是医疗领域数字化矛盾的主要方面。

其次，需要确定领域数字化的关键活动及关键关系，提出关键活动的因果关系、量质转换等客观规律的关注点在哪里、怎么干，即其关键过程节点和关键行动能力如何数字化。以医疗领域数字化为例，其关键过程节点和关键行动能力在于对患者的关键体征信息的感知、认知、推理、决策、行动及内控等方面的数字化能力。例如在感知方面，关注感知能力和感知指标的手段覆盖面、感知精准度、采集实时性，以及感知能够科学覆盖到医院、居家、工作、外出等关键场景和睡眠起床、餐前餐后、运行前后等关键时刻，以满足感知指标采集的时空科学性、实时性和频次要求。

再次，需要关注关键的通用数字化技术原理和领域特定技术原理的科学性、可行性和成熟度，以及相关技术产品、技术集成、技术服务等开发和实施必要

条件的发展状况，确保技术原理成熟、技术风险可控、技术方案可实施。

在通用数字化技术方面，主要是 AI 感知技术和元数据驱动大数据技术的科学性、成熟度，视觉、听觉等关键 AI 感知技术总体成熟。

在通用 AI 感知技术方面，视觉、听觉等 AI 感知技术已经相对成熟，并正在一些行业、领域的关键场景中发挥越来越重要的作用，风险点主要还是领域样本学习充分性不足、样本自身的先进性不够、领域专家的训练参与度不够等方面，某种程度上是封闭的技术体系阻碍了领域知识模型的共建、共享、共用、共赢。其他通用传感技术方面，在温感、压感、痛觉、嗅觉等传感领域，还存在技术不够成熟、精确度不够、训练学习不充分等技术风险和管理风险。

在元数据驱动的大数据技术方面，业界对元数据的认知大多停留在数据质量、血缘关系、数据标准化等资产管理方面。这些资产管理往往是外挂的、备案式的，先有实体资源数据再有元数据，元数据往往滞后于实体数据的变化，甚至不能准确反映实体资源的现状。因此，我们无法通过元数据去实时、全面地认知和调度实体资源数据。先有元数据再有实体资源数据，元数据是生成实体资源的必要前提，确保元数据与实体资源同步变化，就保证了我们可以真正地通过元数据认知和调度实体资源。当前，在业界技术和产品准备方面，元数据驱动核心生产引擎，实现资源按需调度、资源精准投放等业务智能化，还只是个别领域和少数先进的厂家、团队进行实践。总体来看，元数据驱动的大数据技术的科学性、可行性、先进性、迫切性已成业界共识，但从技术到关键产品的快速过渡尚需时日。

最后，需要明确科学的总体框架和技术路线，为智能化提供持续进化的方法论。将底层逻辑思维运用到数字化、智能化战略规划和实施，往往需要以模型思维、资源思维、中台思维引领领域数字化进程，在元数据驱动技术体系支撑下，打造以不变应万变的领域数字化、智能化的能力新高度、业务新模式、领域新境界。

以医疗数字化为例，应抓住对症下药、治病救人的医疗本质，通过规划建设元数据驱动的数字化医疗中台，打造医疗智能引擎，构建以患者为中心的新医疗体系，让人类沉淀的监测、诊断、治疗、康复等医典和药典知识经验、医疗方案，以及优秀的治疗、护理、康复等人力资源成为人类健康的宝藏，成为全社会触手可及的数字化医疗资源，全时空地智能监测、智能分析、智能预警、智能干预、智能导医（见图1-3）。在以患者为中心的新时代数字医疗体系中，医院将只是数字医疗的关键场景之一，运动、居家、工作、社交等都会成为数字医疗新场景，从而给人类健康管理和医疗服务带来更加丰富的内涵和更宽广的想象空间。

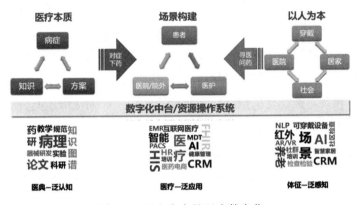

图 1-3　以人为本的医疗数字化

再如，应抓住教书育人、身心发展的教育本质，通过教育数字化构建以学生为中心的新数字教育体系，让人类优秀的知识体系和优质师资变成全社会共享的数字化教育资源，让学校演变成以学生为中心的数字教育关键场景之一，家庭、社会等也都成为随时随地进行数字教育的新场景。

以数字化的本质、规律、原理及数字化思维框架，来确定领域数字化的方针政策和行动指南，就是以底层逻辑思考领域数字化的发展路径。有了发展路径后，还要形成行动方案，让数字化朝着智能化目标迈进。

数字化就是希望通过数字的过程和行动，让某个领域或某个区域的事物及其运动达到一种数据化形态和目标状态，从而促进该领域或者区域的智能化、高阶信息化、行为规范化，提升领域或者区域的智能化水平。所以，**实施数字化的终极目标是智能化，是智能化的风险识别和价值发现，是对业务场景的资源精准投放和能力智能推荐，是智能化的科学治理和合规管控。**

通过数字化的行动和方法，在一定的领域或者区域内提升效率、提高质量、增强动力，让行业领域或区域机构达到智能化、规范化、高阶信息化的新境界和新状态，是为了给人类带来更健康的人生、更丰富的物质、更充实的精神，给人民群众带来更加丰富和更高质量的获得感、幸福感、安全感，这也是数字化的社会效益和经济效益的体现。

为了数字化实践和促进智能化，我们会对数字化闭环的关键环节、关键活动设定相对全面的数字化建设应用的评价指标体系，引导和促进数字化进程的有效推进，确保领域的全生命周期、全使能过程、全关注视角实践数字化的质量和效果，使领域数字化的**感知**手段多样、智能识别高效，数字化的**认知**资源丰富、知识持续迭代，数字化的**推理**维度充足、过程逻辑缜密，数字化的**决策**依据充分、预案不断优化，数字化的**行动**协调统一、动作恰如其分，数字化的**表达**形式多样、呈现多姿多彩，数字化的**内控**统筹兼顾、动态依法合规。

数字化是系统性工程，数字化过程是对构成这个系统的各类对象及其实体、属性、关系、活动等开展识别和确认，对它们进行全面感知、处理、表达、控制等各种活动，并从领域业务视角，识别领域的重点业务，组装基本要素，构造业务环节及环节活动，形成业务链条、业务过程，从而数字化地表达出业务模式和业务过程闭环。

数字化的主要任务是对领域或区域抽象关键事物特征、事物之间及其与外部事物的关系，把握世界和领域发展的客观规律，构造领域数字化的技术框架、数据框架、业务框架、治理框架、知识框架体系，指导并牵引领域引擎用更全面的视角看待世界、感知世界，用更海量的记忆记录世界、存储世界，用更丰富的认知认识世界、探索世界。

1.4 数字化的目的是智能化

数字化不是目的，智能化才是。数字化只是实现智能化的必由之路。

智能是什么？智能化又是什么？

智能是智慧和能力的总称。这个定义比较抽象，不易理解。还有一种定义，智能是获得和应用知识与技能的能力。后一种定义比较具象，更易理解，既明确了智能是一种能力，又说明了这种能力以知识与技能两种要素为关键载体，实现能力的两大关键行为是"获得"和"应用"。

智能化是一种智能境界和状态，是通过将知识与技能的获得和应用能力作用到组织机构的业务实战、内务管理、企业治理等方方面面，使企业机构更加全面、有效、动态地组织劳动者、配置劳动资料、刻画劳动对象，推动生产力发展，促进社会的质量变革、效率变革、动力变革。

智能化只是给社会和领域、区域的发展设计了蓝图。如何实现智能化？在人类技术进步的不同阶段，人类一直在发展能够替代人类技能的智能，从而让机械智能一步步地解放人类某一个或一组人类器官的功能，或者通过机械智能仿生人类不具有或远超人类的某些动物特殊技能。比如，人类在手工业阶段发明的木牛流马，在机械化阶段发明的模具车床，在电子化阶段发明的数控机床、光刻机、智能制造产线，在数字化阶段的初期发明的 AI 视觉、数仓平台，以及近期风靡全球的大模型和 AIGC（人工智能生成内容）等。在数字化阶段到来之前，人类都是从技能的获得和应用能力视角解决特定问题。到了数字化阶段的初期，人类已经开始尝试通过静态知识的获得和应用，以样本训练知识的迭代来解决人类视觉的智能、人类数字逻辑加工的智能。

总体来看，这些不同时期的智能解决方案是为了解决局部问题、实现特定目的而专门创造出来的事物，是从解放或替代手脚、眼睛、耳朵等人类器官出发，局部解放生产力的解决方案。这些早期的智能实践还没有系统化、体系性地顶层设计和推进构建领域全要素智能解决方案，我们暂且称之为领域局部智能，先不称之为智能化。

相对来说，我们期待的智能化，一定要先顶层规划一个全局性蓝图，用以指导我们领域全面数字化的实践，最终实现大脑总控之下的全要素、全过程、全周期智能的目标。在此智能化的愿景之下，我们有一个智能总控的"大脑"和一组各司其职的"小脑"，使一切局部智能的解决方案在统一目标和意图指导、驱动之下，帮助人类开始动态获得和动态应用知识，从而促进智能地建立连接、拉通关联、融合计算、精准投放、精细管控，实现领域的更高阶信息化、业务智能化、行为规范化。

数据驱动的智能化

人类是智能的生物体，是智能生物的典型代表。人类正在实践的以数字化为根本基础和实现路径的智能化，实际上就是仿生人类智能和仿生其他生物体特殊能力的过程化、工程化。

人类智能体现在以下几个方面：功能多样的生物大脑；丰富的感知体系；迭代学习、深度关联、分析推理的逻辑能力；丰富的记忆体系；丰富的表达体系；恰到好处的自控体系。最为关键的是，感知体系、认知推理能力、记忆体系、表达体系、自控体系都完全由大脑指挥调度，这才形成了一个完美的智能系统。

从机理上看，人类能够处理的信息是以多种符号形态存在的，这些符号是一组多维、多层的复杂结构，而且这些符号是一种模拟态的。人能够认识自然、适应自然、改造自然，就是因为人类的生物机理能够以图像、语音等多种符号，对万事万物进行捕获、辨识、记忆、关联、表达等处理。

人类利用莱布尼茨二进制计算理论构造现代计算机，在以磁介质和电子管、晶体管等元器件存储、计算、传输计算机数据时，仅仅选用了元器件的高低电压电平这个最为稳定、最易测量的唯一特性来表示数据，其他诸如电流、磁通量等特性都没有纳入数字化的计量特性范围。同时，考虑到测量难度和稳定性、一致性，科学家也只选择了高低电平两个指标值并赋值 0 和 1 二元值（即二进制），而不是将电压细分成 3 个刻度（三进制）或者 10 个刻度（十进制）来表达更多信息。

人类 IT 的发展从电子化、信息化到数字化、智能化，一直都在沿用和发展二进制数据的计算体系。既然选用了二进制数据，计算机就肯定没有办法像人类大脑的轴突和海马体那样，一个复杂结构接一个复杂结构地直接存储、处理、传输图像符号和语言符号，而只是将人类大脑能直接处理的一个个复杂结构用系统化、结构化分解的办法，编码为一系列有框架和层次关系的用二进制表示的单属性序列，从而达到拟态人类大脑对复杂结构符号的处理。当计算机通过二进制具备了类似人类大脑的存储、处理、传输各种符合的数字化能力之后，人类便可以通过计算机将这些基本的数字化符号再行组合起来，形成更为复杂的逻辑结构、实体对象、处理过程，组装出一个又一个表达新事物或新过程的数字结构体。这就是我们以数字化计算物质世界、人类社会、虚拟空间的基本逻辑和基本方法，也是我们实现智能化的基本原理和核心基础。

有了数字化计算的技术原理和基础保障，人类只要一步一步将智能要素在一个蓝图之下推进数字化，并在一个综合大脑的统管总控之下，以领域知识和业务意图驱动的引擎进行要素的注册、组织、经营、治理、调度、处理，促进数字化的要素向业务场景精准聚合投放，便可使智能化一步步迈向成功。

以数字化为特征和历程的领域智能化是一项复杂的系统工程，需要在一个稳定、开放的技术底座之上开展多维场景智能感知、多方资源深度融合、多重视角认知领域、多种情境智能应用、多类规则动态管控，长期积累、持续迭代、不断演进，高质量、高效率、低代价、低门槛地适应形势的不断变化。

1.5　数字化方法论

人类对世界的信号捕获、信息处理、知识沉淀和智慧迸发是一个循序渐进的过程（见图 1-4）。当一个婴儿降生的时候，得益于人类基因的强大传承，他天生就会通过哭声的急促程度、间隔、周期来表达不同诉求，还会通过视觉感知光影、通过听觉感知声音、通过触觉感知抚摸、通过嗅觉感知气味、通过味觉感知咸甜。这些与生俱来且少之又少的人类本能与另类的动物可能差不了多少。但是，人类却有足够容量的脑壳，可以容纳成年之前大脑体积的不断增长。在人的一生中，仍然可以通过各种感知能力不断地在大脑的沟回里、神经元轴突上，广泛连接并持续捕捉外面的世界，持续不断地迭代认知，将感知的场景、学习的知识、认知的对象、推理的过程、决策的结论、行动的场景、内控的规则记录在海马体当中。

智能化源自人类智能的灵感。人类的感知、记忆、推理等活动都来自"大脑"的信息处理和指挥控制。用数字技术模拟人类智能，进行感知世界、刻画对象、挖掘价值、评估风险、研判决策、行动干预、事务处理、策略控制等社会活动，就是在实现人类"大脑"的数字化拟态。

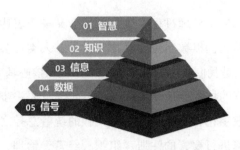

图 1-4　以信号感知为基础的知识模型

政府部门和企业是数字化转型的两大主战场（见图 1-5）。当前，国家、行业、企业提出构建"××大脑"，表明各方在数字化、智能化的伟大征程上迈出了重要的一步。人们已经开始认识到，通过构建政府"大脑"、城市"大脑"、行业"大脑"、领域"大脑"、企业"大脑"，可以实现场景刻画数字化、资源配置网络化、生产控制智能化，能够促进和推动政府、企业、社会、家庭的科学性发展，既能提升内部治理水平，又能提升对外赋能服务能力，提高政府效能和企业的核心竞争力。那么，如何真正地认识数字化、智能化、网络化？如何从认识到实践？这需要政府、企业、社会和个人真正投入到学习、吸引、转化、实践过程中去，提高自身认知水平才能认清大势和把握大势，拥抱数字时代、智能社会。

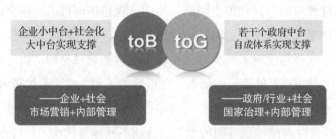

图 1-5　数字化转型的两大主战场

当前，业界大多数的大数据技术方案和数字化实践案例，一般由企业技术团队在开放技术平台、开源框架之上，以驻场方式通过工具使用、人海战术，围绕某个特定的业务目的，抽取一批数据、固化一批规则、定制一批模型，替代业主开展数据治理、数据分析，输出有限的特定价值或特定风险成果。技术供给方对业务的理解天然地不全面、不深刻、不系统、不专业、不应时，而业务面临的形势和时代的要求又总在变化，业主的业务需求和业务主张无法保持稳定，技术服务人员往往只能照单全收、全盘接受，项目交付或技术服务总在疲于奔命，心力交瘁，效果很不好。比如，绝大多数金融企业的数据分析服务都是多家企业同时驻场，围绕不同的目的，各自用自己熟悉的数据仓库工具，对特定的金融数据开展 ETL（抽取、转换、装载）数据治理和分析服务，一旦效果不佳、需求调整或数据变化，往往只能从头再来一遍，缺乏数字化积累和沉淀。

如此开展大数据、数字化建设应用，存在着非常严重的缺陷：数字化未有效地对标业务的本质；业务场景或与领域相关的场景感知没有按照数字化转型的目标系统性地规划、设计、升级、改造；数据加工没有广泛、深刻、动态地融入业务认知；未对业务的本质对象目标进行科学识别和迭代；数字化成果无法有效地服务于各种维度的业务；技术路线、技术方案无法支撑数字化目标对象的"万变"需要。根本的原因是在战略层面没有科学规划和顶层设计数字化总体方案，在技术方面缺乏支撑元数据驱动的技术路线设计和引擎工具产品，无法支撑业务人员通过使用建模工具沉淀和迭代形势的变化。一句话，就是没有让业务人员真正成为领域数字化的主人。

目前，业内仍鲜有大数据企业和技术团队有恒心和毅力置身于真正的大数据顶层技术设计、技术革命、产品创新。但个别领域已经完整提出了一整套元数据驱动的方法论，指导着一批企业、团队攻关演进。国外也有领先的大数据技术厂商，如美国的 Salesforce、Snowflakes、Palantir 等，运营着元数据驱动的服务平台，输出了元数据驱动的大数据产品和解决方案。

1. 模型思维

用建模的思想去认知领域、拥抱变化、调整逻辑、迭代战法，让模型迭代去驱动引擎从容应对各种变化。在成熟的数字化体系中，数字化领域建模工具的优劣将成为领域数字化的重要条件和关键指标。

有了好的建模工具提供建模能力，领域精英们就无须过多关注有何资源、资源在哪、怎么调度等琐碎细节，这样他们才有可能集中精力去发挥自身的业务优势，有效地把因形势变化而锤炼形成的新资源认知、新技法战法、新处理需求等成果，数字化为配置方案、处理逻辑、执行策略、控制规则，输出为应时、应景的智能模型，为操作者带去源源不断的领域知识，使其能够享受到智能资源。**建模的思想是我们数字化地认识世界、解剖世界、刻画世界、表达世界、改造世界的强大武器，这个思想将贯穿数字化的全生命周期。**

2. 以数据的融合增值赋能直击数字化本质

以智能化为目标的领域数字化全景作战地图中，除了将领域事物的关键特性原样地数字化之外，还会将各种从原始场景感知来的碎片化资源，以实战场景的智能应变和动态赋能为目标，通过强大的资源加工引擎，智能化地融合业务、知识、技术能力，产生新的**增维、增类、增关联**，对资源进行多个方面的升维增值，让领域数字化成果体现领域和业务的本质规律（见图 1-6）。

融合：融合天下数据，科学看待数据本质
　　　融社会共识、业务知识
　　　融技术资源、AI能力

增值：让场景更丰满——场景标签
　　　让数据更本质——沉淀要素资源和主题对象
　　　让要素通全局——构建关联、索引、导航

赋能：用元数据让资源可见、可读、可用、可评
　　　用控件、组件、构件高效配置场景应用
　　　用建模适配不断变化的形势和需求
　　　用动态访问控制策略使之好用够用、依法合规

图 1-6　数据的融合增值赋能

（1）增维

对数据增值，可以让原始的场景资源还原更多样的属性、打上更丰富的标签，让资源的特征更加丰满、特性更加鲜明、度量更加精准。比如，在医院 ICU 病房监测到的患者体征数据中，我们可以运用医学知识，结合个人特质，以体温监测数据打上患者低热、高烧的标签，以心脏监测数据打上患者心律不齐、心动过速的标签，等等，将碎片且枯燥的数据变为关键指标项和指标值的智能析出。

（2）增类

对数据增值，可以从领域的本质出发，从原始的资源中萃取出有领域长期价值的要素和对象的资源数据，沉淀出价值密度更高的资源品类，提供更高的资源价值。比如，在医疗健康数字化中，我们将从个人穿戴设备、居家、养老机构、第三方检查检验、医疗机构的体征监测、病情诊断、病症治疗、康复、随访等全场景获得的患者碎片化原始数据，进行智能化萃取、关联、分析、指标计算和标签赋值等，构建起以患者为中心的数据体系，系统地描述患者的各种情况，形成患者个人长期、全面、动态的医疗健康档案，为更加全面的患者健康风险识别和疾病干预提供更高价值密度的资源品类。

（3）增关联

对数据增值，还可以从原始资源、新增资源中萃取关键的核心资源，在更大的区域和更多的领域甚至全社会形成全局性的关联、索引、导航，将资源的范围向外延伸，构造跨区域、跨系统、跨领域、跨行业、跨层级、跨平台的更大的关联体、共同体、智能体。比如，在卫生健康领域，卫生健康管理部门通过汇聚各医疗机构的病历首页，形成区域性、全局性、专科性的个人病案的关键项资源体系，这样的关键项资源体系既有助于形成以个人为中心的多学科简明档案，又可以以学科为主线开展区域性、关联性、周期性的多维分析。

3. 一切资源化

不管是原始感知的场景数据、业务产生的业务数据，还是通过智能增值形成的反映领域本质的高价值核心要素、主题对象数据，都是领域的重要业务资源。在领域中，除了场景类、对象类、知识类等各种各样的数据资源，还有功能资源、服务资源、模型资源、技术组件、AI 资源、计算资源、存储资源、安全资源、人才资源、行动资源等，对领域实战业务场景有用的一切都可被称为资源。

一切资源化是数字化向智能化迈进的另一个关键思想，只有将一切对业务场景有用的要素都资源化、目录化、全局化、标准化了，各种有利因素才能向业务场景投放，才具有了真正实现业务智能的条件。

4. 数字化方法论的核心内容

数字化、智能化的理论和方法概括起来就是：用建模的思想去认知领域、解剖领域、抽象领域、重构领域，指导领域的业务建设、技术建设、知识建设、数据建设、安全建设、保障建设；用一切资源化的思想去生成资源、组织资源、表达资源、发现资源、调度资源，让资源围绕场景，智能推荐、精准投放，实现领域的高阶信息化、业务智能化、治理规范化；用系统论、控制论、信息论的理论体系和模型思维框架、元数据方法论去把握领域的本质规律，抓住领域的总体结构、核心要素、关键关系、重要行为、业务链条，构建反映领域本质的资源治理体系和核心指标体系；用元数据驱动的引擎体系构造领域中台，以元数据的"变"驱动中台引擎的"不变"，应对业务需求、目标对象、认知经验、管控要求的"万变"。

在网络化、数字化、智能化的新浪潮中，能够"随变"的人，一定是能够把握数字化本质的人，他能够认清一切资源化、元数据驱动、场景驱动智能、内生合规管控等新理念的重要意义，理解模型、资源、数据等要素在智能化中的核心地位和重要作用，认清中台、知识在智能化实践中的关键支撑和重要影响，把握资源采集、融合、增值、赋能、应用、管控的全生命周期管理的本质要义。

1.6　元数据驱动的数字化转型之路

当我们以一切资源化思想、建模思维、系统观念对领域事物及其运动进行了科学、全面、动态的数字化刻画后，围绕领域目标和实战场景的智能化美好愿景就浮现在眼前了，科学规划数字化转型战略，选择正确的数字化道路、科学的技术路线、先进的生产工具，成为摆在数字化实践者面前的当务之急。

元数据驱动，是科学的技术路线、先进的生产工具必须遵循的核心要义，是唯一能够持续地动态更新领域知识和落实动态演进业务意图的牵引机制，是生产力大引擎持久应变、永葆活力的原动力。因此，元数据驱动的技术路线和产品体系是数字化、智能化的核心指标之一。

世界在变化，社会在发展，领域需要根据变化动态调整目标对象的数据感知策略，感知回来的数据需要根据形势发展动态调整资源的融合增值策略，融合增值的资源成果需要动态调整目标对象的组织和分析策略，新的资源组织形态和动态分析成果需要动态调整业务响应和表现策略。这类牵一发而动全身的形势变化和按需应变的情境时刻都在发生。要想从容地应对，就必须构建科学的意图传导机制和技术能力体系，让领域精英可以通过建模工具智能地编排应对策略，让生产引擎可以通过消费应景策略去智能地动态应对形势变化，用稳定的技术架构、科学的运行机制、先进的生产工具打造一个可以持续随变的战斗力生成的大引擎。这是以智能化为目标的数字化技术体系的伟大目标和光荣任务。

元数据驱动的数字化技术体系是这一智能化目标实现的唯一路径。我们用元数据驱动的数字化转型全景路线图（见图 1-7）展望一下元数据驱动的数字化蓝图和实践路径，将元数据驱动之魂植入领域数字化转型实践的总体框架，让元数据控制之流贯穿于领域数字化的全生命周期管理、全使能过程处理、全关注视角治理的活动，促进领域的感知、认知、记忆、推理、决策、行动、协调、内控等业务实战均能持续适应世界不断发展变化的形势和国家、社会、人民的需求。

在数字化转型路线图中，我们把研究域划分为业务能力域和业务作用域，用淡青色背景显示。业务作用域就是领域所研究的领域问题域；业务能力域包括嵌入在领域问题域中的感知能力和控制能力体系、领域的技术中台能力体系、领域的业务中台能力体系、领域的业务实战能力体系、领域的指挥决策能力体系。用淡绿色背景表示领域的数字空间，也是信息空间，在这个空间中，领域的业务能力域及业务作用域的所有对象都数字化为可计算的数据，以数字孪生的形态镜像和发展业务领域。用淡黄色背景表示领域的知识空间，在这个空间中，领域知识和社会共识将渗透到信息空间、业务能力域、业务作用域的边边角角，用知识驱动数据处理和业务实践的智能化。用淡红色背景表示领域的元数据体系，也称元空间。元数据是对领域能力域、作用域、知识域的目标对象建模成果的数字化表达。产生元数据的工具和消费元数据的引擎都会嵌入领域能力域、作用域、知识域中，各领域内都可以通过建模输入业务意图，通过消费模型元数据理解和执行业务意图。

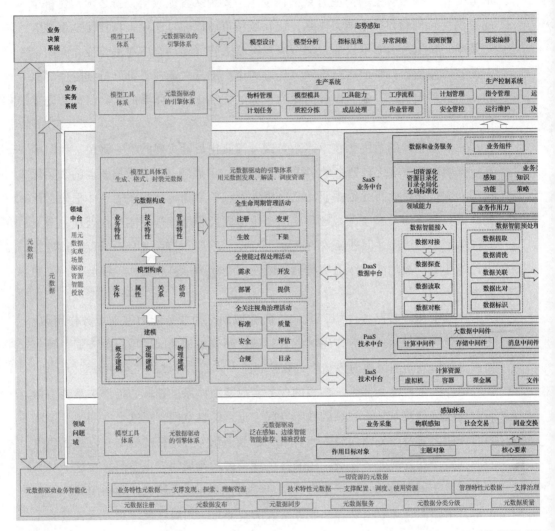

图 1-7　元数据驱动的

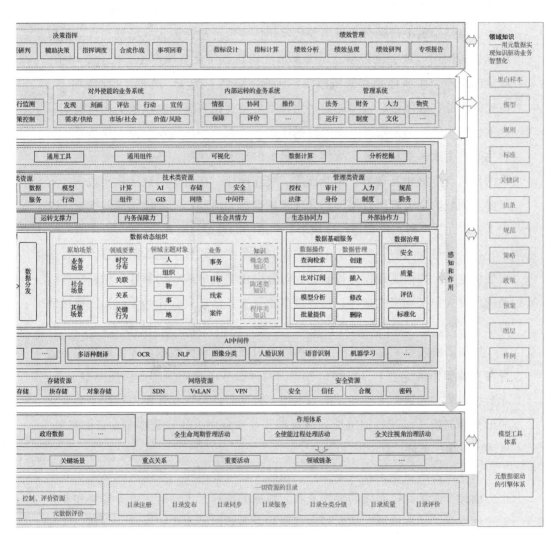

数字化转型全景路线图（见彩插）

元数据驱动的数字化转型全景路线图将一切有利于业务实战的社会和领域的物质、能量、信息，组织物质、能量、信息的规则、策略、模型等处理逻辑，以及处理、管理、治理物质、能量、信息的活动所产生的能力等统称为资源，这些资源经领域中台融合、增值等数字化处理后可被业务实战场景和决策指挥场景按需使用。数字化转型就是要系统性构建数字化资源产生、融合、增值、赋能的生产力生成体系和领域感知、认知、记忆、推理、决策、行动、指挥、内控的业务实战体系。科学的数字化转型更是要在系统性全栈数字化转型实践之上，再构建一套元数据驱动的控制体系，让无处不在的控制流不仅指导、控制生产力生成体系和业务实战体系各自的内部运行机制，还拉通、促成两个体系的任何节点都相互理解、相互连接、交互操作。在科学的数字化实践中，不仅要求领域数字引擎以数据形态处理领域事物和活动，还要求领域持续通过建模工作以元数据形态丰富迭代领域事物和活动的模型与范式。

在全景路线图中，我们从生产和控制视角把领域数字化体系一分为二，将模型构建及元数据驱动作为控制面，对数字化实践中的一切领域事物和实务活动进行模式定义和模式指导；将领域事物及实务活动实践作为生产面，通过消费控制面的元数据理解领域规则和业务意图，动态生成业务实战能力。

控制面由建模工具体系、元数据驱动引擎体系和元数据三大要素构成，运行在资源操作系统之上，以接口和界面两种服务形态向生产面呈现模型工具、元数据引擎、元数据等资源及能力。用元数据驱动可视化建模以适配不断变化的形势和需求。以元数据沉淀领域规则和业务意图，让元数据驱动资源可见、可读、可用、可评。

生产面包括领域多方资源生产、领域中台资源治理、领域资源赋能实战三个方面，全面接受控制面的模型及其元数据的指导，主动适应世界形势和业务需求的变化，动态理解和落实领域规则和业务意图，实现智能感知领域、认知对象、挖掘价值、发现风险、敏捷决策、科学指挥、精确行动、恰当控制。用元数据指导领域感知体系全面、科学、安全、有效地感知领域场景；用元数据驱动引擎实时处理场景数据，动态认知场景和领域对象，动态迭代场景和领域对象的组织模式，动态驱动分析模型及时发现价值和风险；用元数据驱动引擎智能实现业务流转和实战场景下资源的精准推荐、精准投放、应景呈现;用元数据驱动敏捷应用的开发和运行,让控件、组件、部件高效配置场景应用;用元数据驱动动态访问控制和精细化管控,既好用够用,又依法合规。

1.7 科学的数字化规划设计和建设运行

数字化会通过物质世界、人类社会、虚拟空间的物质和精神、技术和业务、管理和控制等不同维度表现出来,会从方方面面影响我们的生产和生活。不过,只有元数据驱动才可以让领域的数字化插上腾飞的翅膀,才能让世界更加智能。

元数据驱动是传统业务信息化向业务智能化跃升的唯一途径,也是本书阐述的数字化技术路线的核心思想,元数据驱动的技术体系是数字化工程和智能化目标的必由之路,也是大数据智能化技术体系中的神来之笔。

在理解了核心思想、理念、理论、方法论之后,我们还需要从国家视角、政府视角、行业视角、区域视角、企业视角去进行战略规划和顶层设计,明晰建设布局,设定目标方向,明确建设任务,采用科学的演进路径、技术路线,配套科学的制度政策、机制措施,推进智能化建设和应用,早出成效、快出成效、科学见效。

首先,**制定领域数字化战略,明确智能技术路径**。需要顶层设计一个元数据驱动的动态技术底座,确定业务、数据、技术、知识、安全等领域数字化的总体框架和关键目标,明确领域的核心要素、关键关系、业务模式等数字化重点任务。

其次,**明确数字化目标对象,科学设计智能架构**。需要以建模的思想识别领域的核心要素、关键关系、重点模式等,以场景、数据、业务、知识、模型、规范为重点,明确目标对象,逐个对象开展全关注视角、全生命周期、全使能过程等关键维度的建模,系统设计数据架构、业务架构、技术架构、知识架构、安全架构、运营架构,科学规划业务建设、数据建设、技术建设、知识建设、安全建设、运营建设的系统清单和任务清单。

再次,**构建资源操作系统,打造数字智能化引擎**。构建资源运营服务平台,按照核心为先、急用先上、小步快跑、稳中求进的原则，先搭建核心的数字化资源运营平台和领域赋能中台，以统一的元数据技术体系和规范体系，打造领域数字化、智能化能力生成的大引擎，为后续百变的资源建设和赋能应用打牢随变的根基。

最后，**持续推进资源运营服务，推进实战应用智能**。综合形势、业务、任务的变化和立足长远、夯实基础、积累资源的主旨要求，制定长短结合的长期规划、短期计划、项目清单，以一切资源化的基本思想，在统一的资源布局之下，持续推进资源建设、资源积累、资源迭代、资源运营。在统一资源基础之上，高效率、高质量、低成本地构建实战应用、创新业务模式，让每一步的努力、每一点的进步都是在为实现宏伟蓝图添砖加瓦。

1.8 为世界插上数字化翅膀

数字化让世界突破时空阻隔，可以聚合到一起计算。数字化后，数据通过网络连在了一起，数据之间唯一的时空阻隔只剩下光速的限制。大多数情况下，这个限制可忽略不计，或者可以通过事先的数据汇聚得到极大的缓解。人类第一次不需要考虑运输问题，而将一项生产活动的效率达到如此巅峰。

没有了时空的束缚，以智能化为目标的数字化只需要将领域中应该看到的事物、事物的属性、事物的关系、事物的活动等事无巨细地数字化出来，用数据表达好领域中每个事物的每一处细节、每一个动作、每一个关联，不管是静态的还是动态的、不管是历史的还是将来的、不管是生产的还是控制的、不管是本体的还是实体的、不管是抽象的还是具象的、不管是对象的还是过程的、不管是业务的还是技术的、不管是场景的还是知识的，都能通过统一的属性、特征、标签描述体系表达出来。

有了体系化、全面、丰富的属性特征，每个事物就有了对外联系的触角。这些触角不仅可以数据化地、定性地表达自己，还可以数据化地、定量地度量自己，从而让事物可被识别、可被连接、可被计算。一个个带着数据化触角的事物，在引擎和知识模型的牵引下，就可以动态地联结起来、组合起来，生成一个个更大的新系统、更复杂的新事物。新事物既可以充分继承一个个原子化事物的特性，也会呈现出新生事物特有的新能力、新特点。

当数字化、特征化了的一切事物以喜闻乐见、丰富多彩的形式呈现在领域使用者面前，甚至根据领域应用场景的特征，由智能化的引擎自动连接、按需调度符合场景特征的相关资源，智能投放在使用者面前时，使用者将只需关注业务本身的规范处理，再也不用将精力花费在有什么资源、资源在哪里、怎么去协调、资源怎么适配场景等繁杂琐事上，领域的应用从此变得高效简捷，业务工作更显轻快愉悦。

另外，时代的发展既给领域带来机遇，也会让领域面临新的挑战，形势的变化使领域的价值动态挖掘、风险主动发现等履职尽责平添了多重变数，领域资源的生灭、荣枯、异变，领域技战法的丰富、迭代、失效，领域业务场景的新增、变更、应景，都可能无时无刻地出现在领域面前。

充满变化的时代向领域精英们提出了时刻应变的要求，好在领域的数字化、一切资源化、资源模型化正在为领域精英们带来福音。用模型思维观察世界、认知领域、看待业务，领域数字化才会迎来灿烂的明天。

建　模

模型思维是快速理解基本原理、看透事物本质、把握客观规律、掌控行业大局、引领战略方向、精益领域设计、跨越界别发展的能力体现。所以，模型思维决定了涉猎的广度和看透本质的能力。**建模就是我们对某个领域或某个问题域构建思维框架、完善知识结构、认知领域体系的过程。**

这一章的标题是"建模"，而不是"模型思维"或者"模型"，目的是想表达，在数字化转型进程中"建模"是不可或缺、十分关键的任务，是个需要永恒坚持、持续行动的话题。模型成果不是与生俱来的，而是通过我们对领域不断地认知、思考、总结、创建、迭代而来的。永恒的建模就是我们不断识别形势变化、认知领域形态、创新业务模式、适应管控要求的过程。只有不断地建模迭代，我们才能运筹帷幄、以变应变、以变制变。

2.1　树立模型思维

模型是让你从宏观到微观认知整个世界的法宝。

乔西·考夫曼说："无论你学习什么科目，其中最美妙的事是，你不用知道所有的知识点，仅仅需要知道一点浓缩的核心原理即可。而一旦建立其核心原理的框架，学习知识甚至进一步拓展便是轻而易举的事了。"

自然世界的变迁、人类社会的发展，都被自然规律和社会法则把捏着，芸芸众生只是历史长河中轮换着的角色扮演者。智者之所以为智者，在于其能够恰当地揭示真相、直击本质，把握规律、顺势而为，用好规律则可降本增效，迭代规律则可持续和谐。

狭义的模型是用数学公式和图表展现的形式化结构，它能帮助我们理解世界。广义的模型是用文字、图表、公式、视听资料等形式展现物质世界、人类社会、虚拟空间的结构和描述，为理解、学习、沟通、创新等提供表达框架和知识结构。

"条条大路通罗马"，目标有了，通往目标、实现目标的路径和方法很多。但是，只有符合自然规律、遵循人类社会法则的路径、方法才是正确的。刘未鹏在他的《暗时间》一书中写道："看一个问题的解决，必然要看解法诞生的过程，背后是否隐藏着更具一般性的解决问题的思路和原则。否则，这个解法就只是一个问题的解法，记住了也无法推广。"

揭示规律、把握规律、利用规律、迭代规律，是我们科学地感知自然、认识自然、适应自然、评价自然、改造自然的基本路径。建模一直都是人类揭示和利用规律的法宝。在数字化时代，规律、法则的数字化建模是人类揭示规律和利用规律的基础。

1. 先抽象，再具体

理论来源于实践，反过来指导着实践。

抽象是从众多的事物中抽取出共同的、本质性的特征，并舍弃其非本质特征的泛化过程。具体地说，抽象就是人们在实践的基础上，对丰富的感性材料进行去粗取精、去伪存真、由此及彼、由表及里的加工制作，形成概念、判断、推理等思维形式，以反映事物的本质和规律。

抽象给具象找到了基础的结构、核心的实体、根本的属性、关键的关系、重要的活动并形成体系，给人类看待、梳理、分析、刻画对象提供了最优的框架结构和知识体系。这些抽象出来的框架和体系被先进的计算处理引擎自主地调用、遵循、发挥效能，这个引擎就具有了一定的智能性。有了抽象，当要认知具体对象时，便有了全面性、可度量的处理框架、科学结构、知识体系去指导，才能更好地刻画和评价对象。

事无巨细，抽象后的粒度大小、程度，并非越细越好，抽象本身可以形成多个层次的单元，每个层次单元都可以建立体系并注册成模型。

具象是抽象的逆过程。它以抽象出来的框架、结构和体系为指导，对某个个体进行逐层、逐项、逐个关系的刻画及指标计算，进行继承抽象成果、构建个体实例化的过程，以及实例化成果的表达与呈现。

举个例子，在医疗行业，国家卫生健康委员会要求医疗机构为每一个住院治疗的病例填报一个病案首页（见图2-1）。这是国家卫生健康管理部门在总结健康医疗行业实践的基础上，结合国家和社会的卫生防疫、疾病防治、健康管理、医疗保障、资源配置等各方面的需要，抽象出医疗病案的本质要求，以医疗机构基本信息、患者基本信息、患者关键健康信息、医患建立关系信息等作为报送规范，构建起了由病案的基础结构、核心要素、关键关系、重要指标等构成的体系，形成了报送模板，指导各医疗机构填报。

病案首页的模板是国家卫生健康管理部门在医疗系统的医疗事务中，以病案这一体现医疗主业务的视角，从患者就医过程、医疗事务过程、院内管理过程、医院责任机制构建起的治病救人的病案模型。

某医疗机构根据以上国家卫生健康部门抽象出的住院病案首页模型，就某个就诊者的就诊、诊断、住院治疗、质控等情况，从医院的信息化系统中自动抽取有关病案内容，填写了住院病案首页（见图2-2）。这是用抽象的病案模型结构指导具象、实例化的医疗过程以及具象、继承的病案结论。

2. 先解耦，再建模

人类之所以智能，是因为人类能在实践中持续对大事物进行拆分、对复杂事物进行简化、对黏合体进行解耦，抽象出本质，形成不同粒度的基础单元、基础架构、基础关联，并能在不同领域、不同场景运用最恰当的单元进行动态组装，形成符合场景需要的能力，适配特定场景特定时间的需要。

医疗机构_____（组织机构代码：_____）

住　院　病　案　首　页

医疗付费方式：□

健康卡号：　　　　　　　　　　　第　　次住院　　　　　病案号：

姓名 _____ 性别 □ 1.男 2.女　出生日期____年__月__日　年龄____国籍____

（年龄不足1周岁的）年龄_____月　新生儿出生体重_____克　新生儿入院体重___克

出生地_____省（区、市）____市___县　籍贯_____省（区、市）___市　　民族____

身份证号_____职业_____婚姻 □ 1.未婚 2.已婚 3.丧偶 4.离婚 9.其他

现住址_____省（区、市）___市___县　电话_____邮编_____

户口地址_____省（区、市）___市___县　邮编_____

工作单位及地址_____单位电话_____邮编_____

联系人姓名_____关系____地址_____电话_____

入院途径 □ 1.急诊 2.门诊 3.其他医疗机构转入 9.其他

入院时间____年__月__日__时　入院科别____病房____转科科别____

出院时间____年__月__日__时　出院科别____病房____实际住院____天

门（急）诊诊断_____疾病编码_____

出院诊断	疾病编码	入院病情	其他诊断	疾病编码	入院病情
主要诊断：			其他诊断：		
其他诊断：					

入院病情：1.有，2.临床未确定，3.情况不明，4.无

损伤、中毒的外部原因_____疾病编码_____

病理诊断：_____疾病编码_____　病理号_____

药物过敏 □1.无 2.有，过敏药物：_____死亡患者尸检 □ 1.是 2.否

血型 □ 1.A 2.B 3.O 4.AB 5.不详 6.未查　Rh □ 1.阴 2.阳 3.不详 4.未查

科主任_____主任（副主任）医师_____主治医师_____住院医师_____

责任护士_____进修医师_____实习医师_____编码员_____

病案质量 □ 1.甲 2.乙 3.丙　质控医师_____质控护士_____质控日期____年__月__日

图 2-1　医疗领域格式化的病案首页

比如说，为了能快速建造居住房屋，人类把房屋分解为框架、基材、辅材等各种模块化、原子化的基本单元，再按照睡眠、就餐、学习、娱乐、休闲、锻炼等基本功能需求和供电、供暖、供水、供气、供网、新风、排污等辅助功

能需求，进行外观设计、结构设计、安全设计、施工设计建模，提出组合、拼装、连接各种框架、基材、辅材的方案，并通过实物图纸或者数字化图纸将设计意图告诉预制团队、实施团队甚至工程机械，指导模块预制、建造施工，甚至由模型驱动 3D 打印设备智能建造。

图 2-2　某医疗机构的某例住院病案首页

再比如，富士康公司会组合苹果 CPU（中央处理器）、高通的基带、三星的屏幕、美光的闪存、铠侠的内存、瑞声的音频、德赛的电池、LG 的镜头等基础零部件单元，以组装苹果手机。

人类在各行各业都以不同粒度的形态对物料进行了基本单元的设计和制造，呈现到最终消费者眼前的产品往往都是最终制造商对生产链上的基础物料、基础零部件进行组装的成果。

因此，能否高质量地定位问题、分析问题、解决问题，在于能否合理地解耦问题，形成直击本质、稳定可靠、标准规范的原子化构件、处理框架、关联关系，再通过构建动态模型，制定灵活策略，指导动态单元能力的组装，拓展新路径，创造新事物。

解耦的关键在于对场景、事件、对象等进行科学分解，做到模块化、标准化、资源化、服务化。七巧板仅由 7 块非常简单的几何模块组成（见图 2-3）。这 7 块几何图形是从一块正方形里切割出来的，由等腰直角三角形、正方形、菱形 3 种基础图形组成，其中等腰直角三角形由于颜色和尺寸的不同又演化为 5 个不同的模块。但就这区区 7 块基础模块，却能拼出 1600 多种几何图形。它不仅可以拼出三角形、平行四边形、不规则多边形，也可以拼成各种人物、动物、桥、房、塔等，甚至可以拼出一些汉字、英文字母。

图 2-3　七巧板

实际上，各种复杂的平面图形、立体物体，都可以用最基本的点、线、面、体来组成，其中若干个点组成线，若干条线组成面，若干个面组成体，这是对世间万物最基本的解耦。为平衡好复杂性和高效性，人类会在点、线、面、体原子模块的基础上，抽象出不同层次的模块，形成基础的面和基础的体，层层迭代，便于更加高效地组装。

比如说，人们会用三角形、矩形、圆形等最基础的平面形状，去构建更复杂的平面形状；用球体、立方体、三角锥体等基础的三维体组件，去拼装更复杂的三维物体。这些基础平面形状、基础三维体就是我们反映本质、恰当解耦形成的模块化的标准件。

七巧板就是平面形状的模块化标准件的一种实例。七巧板的7块几何平面模块会用几何形状、尺寸、颜色等属性、标签进行标注，暴露每块模块的特征。这样标准化的表现特征为其被恰当组合拼装提供了很好的接口准备。比如说，七巧板中的正方形的边和菱形的短边相同，正好是大三角形直角边的一半，与小三角形直角边相同，中等大小三角形的斜边正好等于大三角形的直角边，是小三角形直角边的2倍，中等大小三角形的直角边与菱形的长边等长。这些恰如其分的平面标准件几何尺寸设计，为更多更好的组合提供了标准化基础。

比如，人们可以用七巧板模型进行拼装建模，组合成很多创意，指导居家设计（见图2-4）、建筑广场、城市设计等。

图 2-4 模块化七巧板重构的书格图形

建模就是基于对象认知、场景决策等需要，对解耦出来的模块件、标准件、零部件进行再认识、再设计、再创造，组织形成处理策略、组合设计，以模型形态进行固定，形成一定的智能认知、场景决策的适配能力，形成产品的基本功能组合和工艺模型设计方案。这些重新设计出来的模型能彰显对象的属性、关系等特征，这些特征既能与同类资源的相同特征产生联系，也具备与其他资源的相同特征进行连接、碰撞的条件。模型的特征与待处理对象的特征碰上，引擎就能将模型主动推荐到待处理对象身上，实现精准投放、按需调度等智能处理。

建模是数字化、智能化的重要方法和路径。人类在原子化、单元化、部件化解耦、抽象的基础上，找出反映规律、直击本质的基础模型，并以此为基础，迭代构建更加丰富的社会模型、领域模型，指导人类科学、全面、系统地认识世界、创新世界、改造世界。

3. 以系统的方法指导建模

著名学者钱学森认为：系统是由相互作用、相互依赖的若干组成部分结合而成的具有特定功能的有机整体，而且这个有机整体又是它从属的更大系统的组成部分。

从盲人摸象到上帝视角的跃升，离不开自己思维框架的持续优化和知识结构的不断丰富。你的世界观、方法论和知识结构决定了你的格局，同时决定了你能走多远、能爬多高、能钻多深。

世界是由若干相互作用、相互依赖的组成部分按照一定的结构构成的具有各种功能的有机整体。世界就是一个复杂的系统。我们可以从不同层级、不同视角、不同领域看待世界，世界是神奇的、多彩的、无垠的，探索永无止境，认知永无止境，创造永无止境。但世界又是复杂的系统，如果没有系统的思维框架、方法论、知识体系、知识结构去构建认知体系，世界看起来将具有很大的不确定性，我们只会在碎片化的细节中迷失自我。

以系统的方法认知世界是人类史上"经验＋直觉"认知世界和"形式逻辑＋实证主义"认知世界两种方法论的完美结合，是人类智慧最美的绽放。以系统的方法认知世界，既可以是意识领域的、抽象的，也可以是客观世界的、具象的；既可以是宏观的，也可以是中观的、微观的；既可以是物质世界，也可以是人类社会，甚至可以是信息世界、数据化世界、元宇宙。

人类社会既然已经发展到信息化、智能化时代，以系统的方法认知世界就要将世界数据化、将认知数字化，将人类认知作用在计算机处理逻辑上，以数字的形式收集、组织、加工、表达世界，展现物质世界、人类社会、虚拟空间的一切事物、一切活动、一切联系。

建模思维是我们认识世界、解构问题、明确思路、构建框架、设计方案、引领实践的基本思想路线和主要思考方法。建模就是要用系统化的思维去解剖问题、找准关键、厘清主次、制定方案、解决问题。建模也要用创新业态思维去数字化世界、数字化知识、数字化处理、数字化表达，逐步实现自动化、智能化，提高生产力，创新新模式，创造新事物。建模还要用规则思维去落实公序良俗、法律政策、行业规范、标准规则，以规范化、智能化、精细化的模型落实安全、可信、合规的动态管控意图策略。

建模思维是我们思考、看待、实施一切活动的基础，是人类一切活动的动力、效率、质量的前提。不管是国家、政府部门、企业，还是社会、家庭、个人；不管是宏观层面的制定战略规划、开展顶层设计、编制总体方案，中观层面的制定项目方案、制订实施计划、落实具体工作，还是微观层面的日程安排、会议议程、工作记录；不管是硬件的模具布局，还是软件的程序结构；不管是我们的工作、学习，还是生活、社交，我们都可以用模型的思想，先归纳总结建模，再用模型指导规制实践，提高工作效率，提升工作质量，获得良好工作效果。

模型指引我们重溯历史、把握当下、开创未来。

大家通常接触到的大数据智能用途方面的媒体文章，都是智能感知、智能分析、智能预测等较为宽泛的词语，实际上这些宽泛的“智能”相关词语后面都是人类对社会、领域的建模和模型作用的期待，期许利用计算机的强大算力、智能引擎，通过模型这个载体将人类方方面面的知识、经验、技法、战法，形成某些方面替代人类甚至超越人类的能力，以机器超越人类的耐力持久性、处理精准性、环境适应性、能力复制性等优势，促进人类生产力的大发展。

模型在信息处理领域有多种多样的用途，除了人们已经逐渐熟识的人工感知智能和自然语言识别等智能感知应用场景外，还可以在认知、推理、决策、行动、控制等多种智能领域或辅助智能场景中发挥作用，具体包括：刻画、归纳、记忆、解释、推理、预测、决策、表达、行动、内控、探索、设计等多种场景。

有了全面的模型，利用强大算力和智能引擎去消费模型，我们不仅可以利用丰富、直观、喜闻乐见、不断进步的表达技术、表达载体、表达艺术、表达技巧，绚丽多彩地**重现历史**，让不同视角、不同品位的人都能着眼自己的视角、领域、喜好，都能从中学到历史、获得知识、品得文化、享受愉悦；我们还能将应时应景的模型加载到实时感知的场景数据之上，让丰富的知识经验**服务当下**，从各自的领域和视角出发，持续不断地从实时场景数据之中或者从持续积累的领域对象身上挖掘价值、发现风险，使我们的生产、生活、社交、学习更加智能、更加便捷、更加高效、更加和谐；高端的社会精英、行业骨干、领域专家还能利用模型设计平台，持续不断地丰富、迭代、优化，源源不断地探索、设计更多的模型、工具和应用，用人类的智慧不断**创造未来**，促进前沿行业更上一层楼，或者将感知能力、智能中台及跨界模型在更多领域、更多行业、更多业务上高效转化，推动更多行业创新发展，促进社会的全面进步。

2.2　基础模型

世界由万事万物组成；世界的事和物是相互关联、相互作用的；世界是在永不停息地运动的；世界是一幕幕时空场景连接起来的。为了科学、全面、可行、高效地研究世界、表达世界、适应世界、改造世界，我们需要拥有把握规律、直击本质的思维框架、理论方法、知识结构、路径方案。对世界建模是我们最主要的方法论。

人类要研究的模型有很多类型、很多领域，有技术领域的模型、数学领域的模型、自然领域的模型、社会领域的模型、信息领域的模型，等等。同一领域中，模型也是五花八门，分支很多。模型再多，但万变不离其宗，像七巧板可以构建多彩的事物一样，领域丰富的模型一般是由很少几种基础模型迭代衍化出来的。

在数字化新时代下，我们研究的基础模型主要包括对象模型、关系模型、处理模型、场景模型（见图 2-5）。它们分别是刻画领域本体指导下的全域、全维、全生命周期的对象模型；分解对象间复杂连接的关系模型；诠释现实世界、人类社会活动的输入、输出、处理逻辑的处理模型；描述客观现实世界和人类社会世界特定时空下事件的场景模型。这四大最基本、最简单、最通用的模型是我们研究物质世界、人类社会、虚拟空间的基础模型。

01 对象模型
刻画领域本体指导下的全域、全维、全生命周期的对象模型

02 关系模型
分解对象间复杂连接的关系模型

04 场景模型
描述客观现实世界和人类社会世界特定时空下事件的场景模型

03 处理模型
诠释现实世界、人类社会活动的输入、输出、处理逻辑的处理模型

图 2-5 四类基础模型

基于**对象模型、关系模型、处理模型、场景模型四类**基础模型，人类可以不断地继承、衍化、派生、组合出适合各种领域业务的不同模型。依托这四大基础模型及其衍生来的模型，我们可以体系化地描述和表现领域内系统及系统处理能力、系统需要面对的各种对象、对对象的处理等模型成果，牵引各类引擎以**元数据为载体的模型（知识）驱动**和**以数据为载体的场景驱动**，实现自动化、智能化的感知、认知、推理、决策、行动、控制。

2.2.1 对象模型

一切皆是对象。

世界是一个复杂系统。系统是由相互作用、相互联系的组成部分构成的有机体。"组成部分"就是系统的主要要素、关键对象。这里讨论的对象可大可小,可以是一个复杂巨系统,也可以是在当前研究领域中已无须再分或无法再分的基本单元。在此,我们给本环节要讨论的对象一个内涵定位:对象是在本领域中具有较强的稳定性、不再分割的基本单元。对这些对象,我们需要从社会共识、行业应用角度,力求对这些对象的刻画准确、客观、全面、鲜活,能够全面反映这类对象在社会视角、领域视角的分类特征、作用影响特征、联系特征、能力特征。对象模型,就是从社会视角和从本领域视角看待该类对象时,需要关注并刻画的特征及其组成结构、组成要素、组成关系、指标体系。

对象模型主要用于刻画物质世界、人类社会、虚拟空间的人、地、事、物、组织等客观对象和虚拟空间中的虚拟对象,关注对象的现实、社会、领域的特征以及这些特征生命周期的变化和对现实、社会、领域的影响。对象模型主要用于研究、监测、观察、决策领域内长期关注、长期经营、长效赋能的主题对象和核心要素。比如,商业流通领域就要抓住人、货、场和电商账号、手机号码等对象,金融领域要抓住客户、产品、项目和银行卡号、身份证号码等对象,医疗领域要抓住患者、方案、病案和医保卡号、就诊卡号等对象,等等。围绕这些主题、要素设计场景、收集数据、融合增值,能使主题对象、核心要素的领域更宽、维度更密、度量更准、关联更多、行为活动更鲜活。

基础对象模型实际是在构建领域内的对象本体,为行业领域认知某类对象在物质世界、人类社会、虚拟空间的存在提供指导,为在一个领域或行业看待一类对象个体时提供全局性参考。对象模型需要对象在领域内达到观察视角恰当、知识结构科学、外部连接必要、维度划分精细、度量指标精准的境界。这样的对象模型可用于指导人类或智能化系统认知对象。通过应用这样的模型,我们可以在领域中科学指导和牵引构建感知能力、配置数据处理、沉淀实体资源、构建分析模型。

如何抽象和解耦对象来构建对象本体的知识体系呢?我们可以立体化对象,并使用"点、线、面、体"法建模(见图 2-6),逐层分解。

立体化对象。要想多领域、多维度、全生命周期地观察和研究一个逻辑体,可以先把对象看成一个立体,科学划分构成该立体对象的面。然后,对其进行全时、全域、全维建模，并通过对目标对象时空变迁的场景感知，促进对象全场景、全生命周期的指标计算分析，主动发现价值、预警风险。

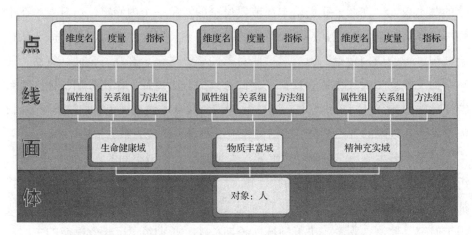

图 2-6　以对象基础模型指导构建对人的认知模型

对象分域切面。将立体化的对象按照认知目的、社会性质等因素切分为多个面，也就是确定对象的多个研究域。

对象分组划线。在相同性质或目的领域，进一步对对象的属性、关系、活动（方法）等进行分组，确定研究的子域方向。

对象分维定点。在标识、属性、关系、活动（方法）等多个方向上，进一步找到研究对象的关键节点，明确研究维度，并明确该维度的度量方法和指标选项。

对象维度度量。找到对象的研究维度、度量及指标体系，我们就可以通过处理源源不断的、鲜活的感知数据，以全场景、全生命周期的跟踪、计算、沉淀，对每个维度进行跨时空的分析计算，动态更新和迭代该维度的度量值，动态更新指标值。

对象综合分析。有了各维度精细化的度量值变化，我们就可以动态触发和调度相应的对象分析模型，从不同的社会或业务视角对相关维度、相关指标进行分析计算，并依据阈值取值判定价值或风险类型和程度，对实例化个体对象进行分类分级的智能预警、动态利用。

对象模型是一种典型的树形结构知识体系。对象的某种分类是根节点，领域分面、分组划线、分维定点是对树形结构的逐层分解，最后的叶子节点是维度节点的标识、属性、关系、活动等特征及其度量。

我们以金融领域的对象为例来直观体会一下对象模型。

金融领域主要构建的对象有客户对象、项目对象、金融产品对象、区域对象、行业对象，以及线下银行、网上银行、手机银行等业务和交易场景对象，等等。

对于客户对象来说，金融机构的决策人、客户经理、审批部门、风控部门、柜面服务人员、行业分析师、金融产品设计师，以及外部金融监管部门、税务稽查部门、市场监管部门、社会公共安全治理部门等都有不同的视角和各自的需求。客户经理需要挖掘客户的项目资源、融资需求；风控部门需要分析客户的资产负债、流动资金、政策影响、生产经营、行业发展态势等金融风险；柜面人员需要了解客户的现金、报表、资金往来等服务需求；审批部门需要分析客户的金融需求、授信规模、偿还能力、抵押物状态等情况；金融机构决策人员需要分析客户的状态、需求、规模、风险、金融政策、行业发展等多方宏观情况，以便辅助决策。

为了满足各方面对客户对象的分析需求，金融领域就要对金融客户对象进行建模，主动预先构建客户对象的基本情况、行业情况、授信情况、生产情况、经营情况、财务情况、金融情况、风险情况等多个领域的特征和指标度量，形成指标体系，并可以由金融机构的人员根据业务的变化或视角的增加和完善，动态地调整客户对象的维度和度量方法，完善指标模型。各数据分析方可根据各自对客户对象的分析需求，选择自己关注的领域维度和维度分组，分析客户的价值或者风险，做出业务决策或业务推荐。

1. 对象模型及特征工程

对象是由标识、属性（包括标签，这里会把标签单独拿出来讨论）、关系、方法（活动、行为）等特征及实体构成的，有了特征的同异，我们就能识别或排除对象之间的关联（见图 2-7）。因此，在对象处理的方法论中，我们引用特征工程作为研究对象的主要方法。

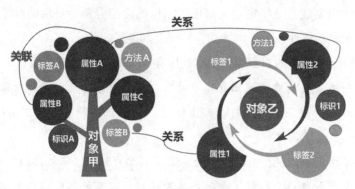

图 2-7　对象之间的关联

2. 标识

标识是对象本体实例化过程中，专用于标识对象的 ID。标识具有唯一性、专属性，一般无特定社会和业务含义，仅用于快速定位、标识个体、建立关系等。

3. 实体

实体泛指独立存在、可相互区别并具有一定属性的客观事物。实体可以是物理实体，也可以是概念实体。在不同话题域中，实体所指的事物不尽相同。在数字化处理域中，实体是一种可区分、可识别的对象，当一个对象可以通过标识进行区别和定位时，这种对象被称为实体。

一个对象通常包含一个或几个实体，这些实体是构成对象的基本单元。当两个或两个以上实体参与构成对象时，可以存在两种构成形态。第一种是同时的构成形态。原子是由原子核和电子构成的，这类原子核和电子实体构成原子对象的形态往往是同时空存在的，甚至会贯穿对象的全生命周期。第二种是不同时的构成形式。服务是由服务的代码、程序、实例三类实体构成的。这和前面原子的构成不一样，代码、程序、实例是服务对象的三种不同形态，它们分别指服务对象三个不同时期的关键构成实体。

实体都可通过标识识别个体。当一个对象由多个实体构成时，对象会有一

48

个或多个标识，构成对象的每个实体也有其标识。对象的标识和构成对象实体的标识是相互独立的，一般不会串用。在某些特定场合下，也可以用构成实体的标识指代对象。

比如说，中国用公民身份号码标识一个公民。公民身份号码就是人的一种隐式标识，无法通过观察、识别直接得到这个标识，需要通过其他载体承载，而人像特征、体型特征等则是人的一种显式标识，通过辨识就能直接识别一个人。人的公民身份号码标识会显性承载于居民身份证上面。

不过，公民身份号码在社会上还被广泛用于指代居民身份证。用公民身份号码标识居民身份证实际上是不合适的，居民身份证有其证体本身的初始化码（DN 码），这才是居民身份证最有效的标识，而公民身份号码只是居民身份证承载的公民的标识性信息，与人像照片、姓名、户籍地址等一样，都是属于公民的个人信息。DN 码是居民身份证实体的标识，公民身份号码是中国公民的标识。

居民身份证和人是两个独立的实体对象，当一个人作为某个系统的用户认证登录时，人和居民身份证是系统用户对象的两个构成实体，人的生物特征标识和居民身份证的 DN 码等电子物理特征是用于系统用户认证的两大关键因子。用户对象的标识一般为系统生成的唯一标识符，此时，用户的标识和人的标识、居民身份证的标识就是独立不重叠的。

当然，系统也可以将公民身份号码作为用户的唯一标识符，虽然这并不科学也不常见。在这种情况下，用户的标识和人的标识就会重叠。但一般不考虑用居民身份证的 DN 码作为系统用户的标识，因为公民的居民身份证可能会由于过期、遗失等原因而换领、补领等，这样一来，新的居民身份证的 DN 码就会发生改变，这会给系统造成用户不一致风险和额外的归一性设计开发工作。

4. 属性

属性是对象的性质与对象之间关系的统称，是人类对于一个对象的抽象方面的刻画。一个具体事物也就是我们研究讨论的一个具体对象。

一个事物与另一个事物相同或相异，也就是一个事物的属性与另一事物的属性相同或相异。由于事物属性的相同或相异，客观世界中就形成了许多不同的事物类。具有相同属性的事物就形成一类，具有不同属性的事物就分别地形成不同的类。苹果是一类事物，它是由许多具有相同属性的个别事物组成的。梨也是一类事物，它也是由许多具有相同属性的个别事物组成的。苹果和梨是两个不同的类。苹果这个类的共同属性不同于梨这个类的共同属性。

也有把事物的性质与关系都称作事物属性的。在本书中，我们将对象属性这个概念进一步限定在对象的"性质"这个范围。属性的分类有些是社会共识，有些则随着社会的发展和领域行业的自身需要不断丰富迭代，具有不稳定性和时空性。对于成熟、稳定的分类，我们仍使用"属性"进行研究讨论，用于对象的分类和定性。对于开放的分类，我们则不用"属性"进行分类和定性，而将引入"标签"这个概念进行更精细、更开放、更动态的研究来讨论对象特征。在本书中，我们有时会把属性和标签分开说，以区别标签的开放性分类性质。在大多数情况下，我们只用属性一词表达所有稳定和开放的性质，偶尔也会用标签这个词来表示。在有些分类法中，属性也包含对象之间的"关系"。所以，**广义的属性包括本书所讨论的对象的属性、对象之间的关系、对象的标签**。在本书中，我们单列"关系"这个根分类来进行讨论。

（1）反映对象性质的属性

对象的性质，包括对象的形状、颜色、气味、美丑、善恶、优劣、用途等，就是我们用于刻画对象的属性，这些属性反映的正是对象的社会性质分类。

（2）特有属性和共有属性

对象（事物）的属性有的是特有属性，有的是共有属性。对象的特有属性是指一类对象独有而别类对象不具有的属性。人们就是通过对象的特有属性来区别和认识事物的。如能制造和使用生产工具进行劳动是"人"的特有属性，这一属性将"人"与其他高等动物区分开。而有五官、四肢，有内脏和血液循环等则不仅为人所具有，也为其他高等动物所具有，我们称之为共有属性。共有属性没有区别性。

（3）本质属性和非本质属性

事物的属性有些是本质属性，有些是非本质属性。本质属性是决定一事物之所以成为该事物而区别于其他事物的属性。某事物固有的规定性和与其他事物的区别性是本质属性的两个特点。如能制造和使用生产工具进行劳动是"人"的本质属性。而人的其他特有属性，如无毛、两足、直立行走等则是非本质的，它仅有区别性而无质的规定性。

可见，本质属性一定是特有属性，而特有属性不一定是本质属性。但是，有些事物的特有属性是由本质属性派生出来的，如人的直立行走，大拇指与四指分开就是由制造和使用生产工具派生出来的。

（4）初级概念和科学概念属性

最初形成的属性的概念都是浅层次的，浅层次的概念总是先反映对象的非本质的特有属性，日常生活使用的概念多属于这一类，可称为初级概念。

进一步形成的属性的深层次概念才反映事物的本质属性，科学研究和科学论著所使用的概念多属于这一类，可称为"科学概念"。只有当我们认识事物的本质属性并形成了科学概念时，才算真正认识了事物的本质。所以，概念也可定义为"反映思维对象及其本质属性的思维形态"。

一类对象往往具有多方面的本质属性，人们可以根据需要把对象的某一属性提到首要地位去研究，即人们可以从特定方面、不同的角度去研究某一对象。例如，"水"这一对象具有物理方面的本质属性，也具有化学方面的本质属性。当人们从物理性质方面来考察"水"的概念时，是在研究它的物理形态：液体，具有胀缩和压力，无色、无味，相对密度为"1"，在一个标准大气压下沸点为100℃、冰点为0℃。若从化学方面考察"水"，就首先考虑到，它是由氢原子和氧原子构成的最简单的化合物，其化学分子式为 H_2O……所有这一切，都是人们根据生产、生活、工作等方面的需要，从不同的角度研究水的属性的表现。

（5）固有属性与偶有属性

如果某种属性为某类事物全部成员所具有，则称为该类事物的固有属性；如果某种属性仅为某类事物部分成员所具有，则称为该类事物的偶有属性。以"商品"为例，"劳动产品"是商品的共有属性，也是商品的固有属性；至于"物美价廉"则是商品的偶有属性，因为并不是所有的商品都是物美价廉的。

属性分类是一门复杂的社会科学。即使是体现社会性质的、相对稳定的属性，其治理体系也是很复杂的。分类学是区分事物类别的学科。"分"即为鉴别、描述、命名，"类"即为归类，按一定秩序、一定的层级分门别类建立体系。以生物领域的分类秩序为例，生物学家们将生物分为界、门、纲、目、科、属、种7个等级。在社会管理和治理领域，尚缺乏像生物领域如此具有共识和规范的分类。系统的、数字化的方法对信息分类及传递分类意图，是社会数字化、智能化的前提和基础。随着人类发展和技术的进步，人类对生物、矿物等物质世界的探索、认知、描述总体趋于一个深度，知识变化曲线趋于平滑上升。所以，人类对于物质世界的分类体系总体趋于稳定，对物质世界的事物属性分类变化不再猛烈，属性分类已成社会共识。

对于人类社会领域，在社会的事物属性分类方面，有社会共识且认知变化趋势稳定的，应总结提炼为稳定的、社会化的属性分类标准规范，为更大范围的社会化共建、共享和数字化、智能化信息处理提供良好的条件。对行业领域内有一定共识且认知变化趋势稳定的，更要着力制定行业领域的属性分类标准规范，为行业领域共建共享和数字化处理奠定基础。

对于社会或者行业领域尚未形成共识、分类尚不稳定的社会性质，我们也需要用另外一个标准化、动态化、数字化的分类体系来构建共识机制，促进认知统一、知识共享。这一方法，我们称之为"标签"。

5. 标签

1700年，欧洲印刷出了历史上第一批被称为"标签"的东西。随着时代的发展、社会的变迁，"标签"这一概念的应用领域早已不再局限于印刷业，它被广泛地应用于更多的社会领域中，其内涵也被逐渐延伸，从实体的标识逐渐演变成了隐形的标识，其指代的对象也不再仅仅是具体的商品，还扩展到了个人、群体。"标签"本是不带有任何感情色彩的词语，只是纯粹地说明其所指代的商品的信息，但在其概念延伸的过程中，"标签"逐渐成为带有某种感情色彩，且多是负面感情色彩的修饰语。

20世纪50年代，美国社会学家莱默特（Edwin M. Lemert）和贝克尔（Howard Becker）将标签的概念引入社会学领域的研究，并提出了后来被广泛应用的标签理论。标签不一定能够客观地反映事物的真实面貌，却在一定程度上影响了公众对被贴标签者的认知，甚至影响了被贴标签者对自我的认知。即使贴标签这一行为本身并无绝对的褒贬之分，但它却有可能使某一群体被社会排斥或疏离。一方面，标签具有概括的"评定"功能，是对一个人整体品格的评定；另一方面，标签具有行为导向功能，会引导人们对被贴标签者采取某种态度和行为，由此引起的人际情境将影响被贴标签者的行为发展。

标签与属性类似，都需要通过科学的分类来继承传递社会领域、行业、业务等方面的性质。但标签的分类本身就不一定是约定俗成的，想以属性那样由通识的、稳定的分类体系来管理对象的性质，基本是不可行的。对于动态性强、稳定性不高、体现时代发展的标签管理，需要一套科学的标签治理和使能方法。这个方法可以是以元数据为核心的体系化的方法，通过元数据驱动的技术路线，构建标签的自分类、自描述、自治理的体系，来约定、传递、解读、使用标签分类的信息，从而实现跨领域、跨部门、跨区域、跨系统、跨层级的标签分类体系的互认，满足智能化标签生产、传递、解读、领会等的需要。

6. 关系

对象的标识、属性、标签，若分类一致且取值相同或者相似匹配度高，则同类对象或者不同对象的两两对象之间可以建立标识、属性、标签的连接，这种连接可以是标识 – 标识、属性 – 属性、标签 – 标签，也可以标签 – 属性，还可以是一个对象多属性标签组与另一个对象多属性标签组的连接。由于社会共识或业务需要确定建立了此类连接，我们称两个对象之间建立起了"关系"。一个对象实体的标识、属性、标签与另一个对象实体的标识、属性、标签建立的关系是实体关系。一类对象的属性、标签与另一类对象的属性、标签建立的关系则是概念之间的本体关系。

同一个对象的属性、标签，因为社会或者业务需要，两两之间也可以主动建立连接，该对象的自有属性、标签之间建立的连接，我们称之为"**关联**"，同对象的两个属性或标签在同一个场景或两个场景中同时出现，才具有了建立关联的条件。这种同对象属性标签"关联"关系的确立，为对象向世界伸出更多触角、间接连接外界、强化属性印证、提高置信程度等提供了关键的基础。

因此，对象间的关系是由属性、标签建立连接来间接传递的，对象与对象之间并不能直接建立关系。比如，夫妻二人因为嫁、娶的婚姻属性而建立夫妻关系，父亲与儿子因为遗传、被遗传的基因传递属性而建立父子关系等。

7. 方法

方法也称活动、行为、动作，用以刻画外界对对象（事物）或对象对外界发起的作用、影响的分类、路径、逻辑、能力等。在计算机领域，方法一般指外界对对象或对象对外界处理、功能、服务等的活动、行为。方法是关系概念的延续，是对象间关系发生的途径和承载。

对象的行为、活动对另外的对象产生作用和影响，也受另外对象的作用和影响。对象受到其他对象的作用和影响，称之为作用于对象的事件。

对象以"方法"对其他对象产生作用或影响，或者以事件被其他对象作用或影响，都可能使对象产生属性、标签、关系的增减或属性度量的变化。

对象的活动可分为针对对象对外发生作用或对外产生影响的全使能过程**处理**活动、对象的全生命周期**管理**活动、针对对象开展全关注视角**治理**的活动。对象的全使能过程处理活动讨论和研究的是对象实体本身，是对对象实体开展生产、部署、开放、使用等活动的直接处理，着力于对象自身能力的生成和能力释放，是实现能力从无到有、从有到可用、从可用到提供使用的处理过程；对象的全生命周期管理活动讨论和研究的是对象管理面话题，对对象从产生到消亡的过程进行内生式、主动式、注册制的管理，是对对象的存在性和可用性进行管理，管理的往往是对象的模型及其特征；对象的全关注视角治理仍是大管理的范畴，讨论和研究对象的质量、安全、性能等专业化、常态化治理话题，是对对象的健壮性、易用性、合规性进行治理，从而让对象以更好、更优、更可管、更可控的状态呈现于使用者面前。

8. 度量

上面讨论的对象属性、标签、关系、方法都是定性的研究，除了对象多维度定性外，我们还要通过设置计量类型、计量单位、计量数值、计量阈值等多个参数，分别对属性、标签、关系、方法等进行精细化维度度量，以通过更科学的量化指标体系实现对象的精准化画像，为多视角、多层面、多领域的对象精细化分析打牢量化基础。

一个例子：服务对象模型

我们还是以服务对象为例，对服务对象开展建模（见图 2-8），我们需要关注服务对象的实体、属性、关系、活动等构成和业务、技术、管理框架（TBM）。

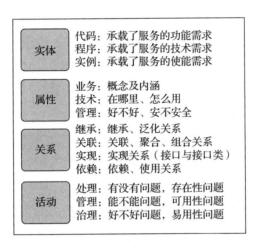

图 2-8　以服务模型为例解构服务对象的构成

（1）实体方面

由代码、程序、实例等代表服务生成过程三个时期的实体，构成了服务对象主体部分。同时，服务的子服务实体、对外服务的接口实体等是构成服务对象的重要补充。其中，代码是服务功能、性能及安全控制、标准化等各种需求的载体，通过服务的软件设计、语言选择、代码编写、联调测试等处理活动，转化各方面对服务对象的意图目标需求和业务处理逻辑。程序是服务对运行环境、基础条件、编译环境、程序版本、依赖组件等各种技术因素的综合要求和技术承载，总体上反映了服务代码与技术部署之间的结合性、依存性、指导性。实例将服务的程序实体部署到特定技术环境运行，并具备对外提供服务的能力。实例承载的是服务对外作用和对外影响的实际执行能力。实例和程序可以是一对一的，也可以是多对一的。

服务对象由代码、程序、实例及其他服务等实体构成，因此，服务对象对外暴露的标识将会出现多个，如服务对象的标识、子服务实体的标识、接口实体的标识、代码实体的标识、程序实体的标识、服务实例实体的标识等。这些不同的标识将用于服务的全生命周期管理、全使能过程处理、全关注视角治理，以进行识别、关联、调度、使用。

（2）属性方面

通过概念定义、业务逻辑、物理实现等建模过程，框定服务对象业务、技术、管理等方面的属性、标签，对外系统性呈现服务对象的特征和特性。

业务属性主要明确服务对象在社会和特定领域概念体系中的定位，明晰其内涵和外延，描述服务资源的基本业务逻辑，呈现其在社会和特定领域中的存在意义、领域价值、作用范围、业务能力等。

技术属性主要明确服务对象在特定领域的技术分类体系中的定位，刻画服务资源的主要技术特征，描述服务资源的技术处理逻辑，确定其在社会和特定领域中怎么呈现、怎么服务、怎么控制等技术细节。

管理属性明确其在社会和特定领域中科学治理的关注点、关注范围，确定不同关注视角治理的目标、治理要点、治理指标，描述不同关注视角的治理点位、治理方法、治理逻辑、约束规则等，呈现其在社会、特定领域的好用、易用、有用、可管可控地使用等不同关注视角的指标情况。

另外，还会通过标签来呈现服务对象的一些动态特征。

属性将服务对象全面呈现于社会和领域中，使其具备前向连接资源、后向连接场景的基本条件和扎实基础。

（3）关系方面

在代码实体、程序实体、实例实体及子服务实体等构成对象的框架结构中，代码、程序、实例等实体以组合关系成为服务对象密不可分的核心构成实体；子服务及服务实例环境等实体以聚合关系成为服务对象重要的构成部分。程序实体与实例实体之间是泛化关系；实例实体与实例环境是依赖关系；服务对象与所处理的资源对象是关联关系；实例实体与接口实体是实现关系。关系将代码、程序、实例、环境、接口、子服务等各种实体有机连接，形成了一个服务对象的整体，使各种实体都可以从服务对象这个总出口，被有效地开展管理、处理、治理等活动，从而协调、有序、安全地联合行动，共同形成服务的对外作用和影响。

（4）活动方面

通过对服务对象的各种实体、属性 / 标签、关系等目标开展服务资源全使能过程的处理，实现服务对象的各种构成要素从无到有、从有到可用、好用的生成和迭代，并通过部署形成服务运行实例，对外提供服务能力；开展服务对象注册、变更、生效、下架等全生命周期的管理活动，以服务对象的建模方法不断丰富和迭代服务对象的模型体系，完善和析出服务对象的内在联系和外在表达，为服务对象的对外赋能提供科学的指引和导航；开展全关注视角的治理活动，使服务对象始终处于更为标准、更加安全、更高质量的状态，促进服务对象在社会和领域中更好地发挥作用。

2.2.2　关系模型

1. 关系无处不在

物质世界、人类社会、虚拟空间是由相互联系、相互作用的事物组成，并具有一定功能的系统。系统中的事物是相互联系、相互作用的。这些联系、作用就是事物之间的关系。

事物之间有各种类型的关系（见图 2-9），第一种也是最常见的一种是反映客观世界事物间互相连接的关系，我们称为关联关系或连接关系，现实社会或业务场景中的大多数关系都是这种类型的关系。第二种关系主要产生在研究算法、方法论、信息学等场景中，我们会研究从具象到抽象的归纳、总结、泛化或从抽象到具象的继承、派生、特化等两级对象间的关系，一般称为泛化关系、特化关系。第三种关系主要产生在研究分类学、系统学、组织学等场景中，我们会研究从整体到局部的分解、解构、精细化，或从局部到整体的聚合、整合、全局化等两级对象间的关系，一般称为聚合关系、包含关系。第四种是调用关系，一个事务，比如说服务，有服务请求方与服务响应方，这两者之间存在的是调用关系、服务关系、调度关系、实现关系。

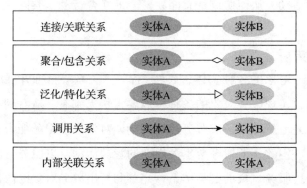

图 2-9　关系的分类

这里我们重点研究第一种，即最常用的连接关系、关联关系。

关系表达的是两个事物之间的相互联系或相互作用，是组成系统的重要方面。如果没有关系，世界就只是一堆孤立的事物节点或者一个个孤立事物节点的分类框，甚至无法搭出事物分类框的架子来。

关系是由"主谓宾三元组"构成的，是组成世界联系网络的最基本的单位。主语、宾语是这个关系上的两个节点，谓语是这个关系上连接两个节点的边。

2. 一切事物都是可关联的

物质世界、人类社会、虚拟空间都是由各种大大小小的系统组成的。组成系统的事物就是我们前面研究的对象，用对象表示个体，用对象模型表达概念体系、对象本体、结构框架、知识体系。组成系统的对象是相互联系的，对象间的联系就是"关系"。组成系统的对象间由于有关系存在并相互作用，系统就成为一个相对完整的有机整体，有其自身的运行闭环，具有一定的相对稳定性。同时，系统对外具有特定的作用能力和影响能力，暴露系统的对外特定能力。对外作用力的表现形态可以是直接人机交互的功能，也可以服务接口的形态向外部系统开放交付。特定的能力除了业务特性外，还包括能力的度量、性能、质量、控制等相关特性。在更大的系统中，小系统作为大系统的一个对象，对外关联、对外作用，与大系统的其他对象一起形成整体大系统的特定能力。

　　按照相对论理论，不管是物质世界、人类社会还是虚拟空间，对象间的关联都是绝对存在的。比如说，地球上随便一个人要与随便另外一个人攀上关系，只需要不超过五个中间人即可达成。只是，人类观察、发现、刻画、评价、改造世界和社会的能力是有限的，尤其在一个行业或领域，尝试把所有对象之间的关系或两两对象之间的二级、三级、四级、五级关系全部刻画出来，不仅困难重重，也不一定有必要。随着类似 AIGC（人工智能生成内容）等技术的出现和大语言模型、垂直行业领域大模型工程的实施，基于属性和标签的对象关系自主并行计算成为可能，由计算机智能发现新关系、创造新事物正在变成现实，人类的能力局限性正在被人工智能突破，很多新事物、新艺术、新场景将可能由人工智能创造出来，人类可能会变得越来越难以适应未来世界。我们只要把行业领域中需要关注的重要对象及两两对象间重要的关联关系表现出来，就能解决绝大部分的需求问题，其他罕见问题、特例问题则通过特殊的系统来解决。比如：

　　在人际关系的研究里有一条定律叫作"六度分离理论"（Six Degrees of Separation），这条理论最初是在 1929 年由匈牙利作家卡林西（Frigyes Karinthy）提出的。这个理论的基本理念是：地球上随便一个人要与随便另外一个人攀上关系，只需要不超过五个中间人即可达成。

　　1967 年，美国社会心理学家斯坦利·米尔格拉姆（Stanley Milgram）以一个很有趣的方法来证实了这个理论，他在美国中西部随机挑选了一些人，交给他们几个包裹，要求他们将包裹转寄给某个在马萨诸塞州的陌生人，寄件者只知道收件者的姓名、工作与大概的地点，但他们必须运用这些资料来找到与收件者直接认识的人，虽然寄件者一开始大多存疑，他们觉得这大概要麻烦几百个人的关系才能在广大的美国找到一个陌生人，但事后证实，寄件者只需要5～7 个中间人即可以将包裹送达。斯坦利的研究结果发表于期刊 Psychology Today（《今日心理学》）并引起了广泛的讨论与注意。

3. 关系模型是跨界成果转化和社会创新发展的催化剂

　　关系模型是在领域内利用对象模型成果和社会共识或领域知识，对一个领域对象的两个维度，或两个同类对象的相同维度，或两个不同类对象的类型相同的一对维度，建立的具有社会或领域价值意义的连接模式。

关系是通过应用关系模型，对一个对象可连接的两个维度，两个同类对象或不同类对象的可连接的一对维度，因为维度的度量值相等或相近，通过计算而建立的关系具有社会或领域意义的连接。

关系是关于事实的，是在关系模型指导下的事实化，是关系模型在某一空间、某一时刻的实体、状态、描述。也就是说，关系模型是知识范式，是关系的抽象和归纳。关系是关系模型在特定对象、特定场景下的实例化、具体化。关系模型是静态的、稳定的，而实体的关系实例是动态的，可以从无关系衍化成有关系，可以从低紧密度关系发展成高紧密度关系或从高紧密度关系减弱成低紧密度关系，也可以从原来的有关系蜕变成无关系。这些关系的变迁是由物质世界、人类社会、虚拟空间的客观规律决定的，没有对错之说。建立关系的实践，我们可以在业务实践中由业务强制配置，也可以由大数据分析引擎在关系模型的加持下，随着对象数据的变化，自动、智能化地分析计算，反映关系的断连或状态的衍变。

一般来说，关系模型是人类在观察事物的相互作用和相互联系时归纳抽象出来的成果，在人类发展的进程中，关系都是先于关系模型出现的。人类对物质世界、人类社会、虚拟空间的探索越深入，知识体系、知识结构、思维框架、思维方法的抽象归纳就会越多，把握规律、直击本质的能力水平就越来越强大，跨界、跨行、跨域的规律、本质、模型就越来越通用。这正大大促进着各行各业思维、技术、模式、产业的快速进步，原来某些领域行业还没能发现和认识的新生事物和新兴关系，正在加速出现和被加以应用。这种关系模型跨界成果的转化生效将大大促进新领域、新关系的发现、构建，成为新型知识社会、智能社会创新发展的主要动力。

4. 关系模型无处不在

关系模型研究对象的直接或间接关系。两个对象之间不需要中间桥接建立的关系是**直接关系**，一般因在一个特定场景中同时出现而产生。由于第三者的一层桥接或者更多层的桥接才能建立关系的是**间接关系**，间接关系是以对象的直接关系为基础计算形成的，间接关系成果同样适用关系模型的表达。

　　用于同一个对象的两个属性因为一些场景而建立起来的关系，我们一般称为"关联"（见图 2-10），表示该关系是同对象两个维度建立起来的。例如，我们在电信营业厅使用居民身份证申请了一个新手机号码，那公民身份号码与手机号码就建立了一次关联。我们再通过手机号码短信验证的方式，注册了一个网络账号，那么手机号码与网络账号就建立了一次关联。关联一般具有时空性，在一段时间内关联可维持不变。利用这种相对稳定的特性，我们可以通过一个属性的时空状态携带出另一个属性的时空状态。

图 2-10　同一个对象的两个属性相伴出现称为关联

　　关系更多的是两个不同对象间通过特定场景建立起来的（见图 2-11）。建立这种关系的两个对象的维度种类一般具有相似性、相近性。比如说，两个人使用手机进行了通话，使用邮箱发送了邮件，使用银行卡进行了转账，等等。

　　对象的两个属性建立关联或者两个对象间建立关系，都是由对象的属性来承担连接角色的。

　　两个对象的关系可以是永久性的、阶段性的、临时性的。永久性的关系，如母子关系，一旦建立就终身不变。阶段性的关系，如朋友关系、合同关系等，某一阶段之后便再无瓜葛。临时性的关系，如买卖关系、通联关系等，反映一个特定时空点的临时性。

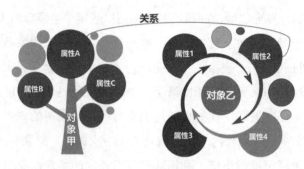

图 2-11 不同对象的属性相同则可建立对象间关系

同一个对象两个属性的关联，也有永久性的、阶段性的、临时性的等多种状态。比如，一个人的公民身份号码出生之后就是终身不变的，因此人的唯一性标识与公民身份号码的关联就是永久的；作为国际旅行证件的护照号码，却会因为换发护照而产生变化，因此人的唯一性标识与护照号码的关联是阶段性的；作为社会普遍使用的交易二维码，也会因为交易性二维码的实时刷新而具有一次性，因此人的唯一性标识与交易二维码的关联是临时性的。

关系的亲疏度、紧密度、置信度是需要度量的，也是可度量的。关系的产生场景、出现的频度、持久的跨度、价值或风险的大小、领域的见解、时光的流逝等，都可以是影响、确定和评价度量指标的因素。因此，关系强弱大小的度量是多种因素共同作用的结果，同一场景产生的直接关系并非就一定比中间桥接产生的间接关系来得更密切、更加可信。一般来说，关系的亲疏度、紧密度、置信度都由领域业务人员根据需要构建相应的数据分析模型，当影响关系的数据发生变化时，该模型会进行动态的关系密切度的计算，也会根据时光的流逝，定期对长期没有出现新影响数据的关系进行刨底式的清算，再无业务价值的关系纳入温关系、冷关系进行管理。

关系模型只是刻画同对象两个属性或者两个不同对象间直接关系的描述框架。基于直接关系的模型框架，我们根据社会或业务的需要，可以构建复杂的任意两个对象的二层或多层的间接关系。以两两关系为基础，我们可以对多领域、多时空的多个、多类对象建立起复杂关系，构建起关系网（见图 2-12）。

关系网既可以用于表达意识领域的多层多级关系，也可以用于表达物质世界、人类社会的实体的多层多级关系，从而形成相应的体系化关系网络，这些领域对象及其关系网络就构成了领域对象的体系。比如，领域的概念及概念之间的关系网络构成了领域的概念体系，领域的知识及知识之间的关系网络构成了领域的知识体系，人与人之间的关系网络构成了人际关系，太阳、地球等行星、行星的卫星及它们之间的关系网络构成了太阳系运转体系。

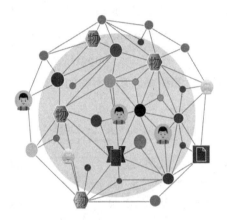

图 2-12　多个实体间形成复杂关系网

2.2.3　处理模型

1. 世界总是在生生不息地运动着

世界是由大大小小的系统组成的。系统是指由相互作用和相互依赖的若干部分（要素）按特定的结构组成的具有特定功能的有机整体。"特定功能"是系统的关键特性，如果没有功能，系统将会毫无生机，世界也将陷入死寂。

在没有外部输入的情况下，一个系统内的自闭环处理就可以使内部呈现出一派生机。微观的自闭环系统可以是一个原子内的电子围着原子核不知疲倦地飞奔；中观的自闭环系统可以是一个人在睡眠中大脑仍然在快速地运转，构筑一个又一个美好的梦乡；宏观的自闭环系统可以是太阳系的行星围绕着太阳生生不息地运动，维系着太阳系的生态，使地球稳稳地"悬浮"在宇宙的生物宜居带。

在外部输入的影响下，一个系统就处于另一个更高级别的系统中，成为更高级别系统的组成部分。低级别系统内部的处理过程就会通过从外部吸收营养、向外部输出力量，迸发出系统向外的作用力、影响力。

系统生生不息的运动、运转、运行就是我们关注的"处理"。处理产生智慧、产生力量，是系统焕发生机、迸发活力的源动力。处理是系统通过消费输入而输出智慧、供给能力的过程。我们将系统的输入、处理、输出三大组成归纳、抽象、提炼为处理模型——IPO 模型（见图 2-13），"I"是输入（Input），"P"是处理（Process），"O"是输出（Output）。处理模型也叫活动模型、行为模型、功能模型等，用来抽象和表达万事万物的活动。

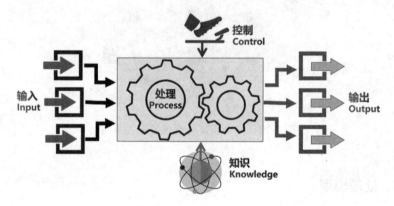

图 2-13　IPO 模型示意图

在物质世界中，小蜜蜂不知疲倦地采蜜、工厂的设备持续不断地进行机械化生产、宇宙里的星体们亘古不变地运行，人类社会中朋友们开开心心地社交聊天，虚拟空间里两个战队热火朝天地厮杀，这些热闹的场面本质上都是一个个处理有序运转、一个个功能在系统内的作用过程。在信息系统中，查询、统计、存入等都是系统的一个个处理过程。在数据系统中，收集、存储、使用、传输、加工等，都是对数据的处理过程。

数据处理就是数据从一种形态到另一种形态、从一种产品到另一种产品、从一个位置到另一个位置、从一种等级到另一种等级的加工过程，由于经过了有目的的逻辑处理，数据将变得更加便于存放、便于使用、便于控制、便于管理。由于经过了社会通识和行业知识加持下的处理过程，数据得到了充分的聚合、融合、加工，产生了很多有趣的变化，数据间建立了关联，数据产生了增值，甚至加工出现了新型的数据。处理过后的数据的属性标签更加丰富、连接更加多元、精度更加精准、表征更加明确、状态更加鲜活，更贴近我们的生产和生活，有利于提高数据生产力，更有利于生成创新力、提升数据利用率、增强数据安全保护的能力。

2. 对处理建模是直击本质、揭秘现场、表达逻辑的捷径

对处理进行建模，就是将处理的流程、动作和输入、输出，以及处理模型的业务、技术、管理方面的特征，以既能让人类看得懂也能让计算机读得懂的形式进行有效的组织和表达。处理模型的主体部分一般参照人类自然语言逻辑，像 Java、Python、C 语言等编程语言，以计算机能够读懂的符号、语言、编码及词法、句法、章法来表达处理逻辑的过程。

处理模型的模型主体在形式上实际上可以表达成一段计算机处理程序，是用计算机编程语言或模型描述语言表达的处理过程。建模的人使用可视化的建模工具、建模语言或编程语言工具，进行流程或处理逻辑的编排、动作的设置、输入和输出的配置，其中，动作包括操作类动作、运算类动作、表示类动作、控制类动作，等等。

处理可分为业务功能类、数据计算类、控制管理类、数据展示类、业务流程类等多种处理类型。

数据计算类处理模型是专门对数据进行加工的处理过程模型，是一段对数据处理的形式化描述。典型的数据处理模型，如数据库管理系统的存储过程、数据中台的数据预处理过程、业务系统的风险分析过程、数据智能搜索过程、动态访问控制的策略过程等，都是由特定的语言编写的形式化描述，这些形式化程序语言可以是 Java、Python、Html 5、PL/SQL 等。

18 位的中国公民身份证号码的第 18 位是校验位，我们可以用 Oracle（一种关系型数据库管理系统）的存储过程来构建一个校验处理模型，判断输入的18 位公民身份证号码是否符合校验规则。

这个校验处理模型对号码前 17 位数字进行如下处理：每位数字的位次与18 取差，取差运算结果作为以 2 为底数的乘方运算指数，乘方运算结果除以 11取余数。用此余数与该位次上的数字相乘得到一个乘积。依此类推得到 17 个乘积。17 个乘积结果相加后除以 11 取余数，得到这个余数后查余数与校验码的对照表，就得到了这个公民身份号码前 17 位的校验值。将此校验值与公民身份号码的第 18 位校验值相比较，相同则表明符合校验规则，否则就不符合。

校验处理的模型编码如下：

```
/* 模块：身份证校验 IDCHK @Oracle PL/SQL*/
CREATE OR REPLACE FUNCTION IDCHK(ID VARCHAR2)
  RETURN VARCHAR2 IS
  V_RESULT NUMBER := 0;
  V_STR    NUMBER;
BEGIN
  IF LENGTH(ID) <> 18 THEN
    -- 不是18位身份证，返回错误码"1"
    RETURN 1;
  END IF;
  IF NOT REGEXP_LIKE(SUBSTR(ID,1,17),'^[1-7][0-9]{16}$') THEN
    -- 使用正则表达式检查，前17位不全是数字，返回错误码"2"
    RETURN 2;
  END IF;
  -- 验证校验位开始
  FOR i IN 1 .. LENGTH(ID) - 1 LOOP
    V_STR    := SUBSTR(ID, i, 1);
    --18减位次的差作为2的指数，以此指数对2进行乘方计算，结果除以11取余数，
        将余数再与当前位次上的数字相乘，得到一个乘积，并对17个乘积结果进行相加
    V_RESULT := V_RESULT + V_STR * MOD(2**(18-i),11);
  END LOOP;
  --17个乘积相加的结果除以11取余
  V_STR := MOD(V_RESULT, 11);
-- 通过查询余数与校验码的对照表，得到前17位的校验码
--0  1  2  3  4  5  6  7  8  9  10
--1  0  X  9  8  7  6  5  4  3  2
SELECT  DECODE(V_STR,
0,1,1,0,2,'X',3,9,4,8,5,7,6,6,7,5,8,4,9,3,10,2)
    INTO V_RESULT  FROM DUAL;
  IF SUBSTR(ID,18, 1) <> V_RESULT THEN
  -- 如第18位校验位与校验计算结果不一致，返回错误码"3"
    RETURN 3;
  ELSE
  -- 如第18位校验位与校验计算结果一致，返回正确码"0"
```

```
    RETURN 0;
  END IF;
END IDCHK;
```

在上面"IDCHK"这个公民身份号码校验模型中，主体流程是自上而下顺序执行的，细节方面则有 IF…THEN…ELSE 的分支流程，还有 FOR…LOOP 的循环执行流程。模型中的典型操作有求差运算、乘方运算、取余运算、求和运算、正则表达式运算等。模型的输入是一个 18 位的公民身份号码"ID"。模型的输出则是这个号是否符合校验规则的合规性判断结论。

3. 在渊博知识支持下的处理才是智能化的处理

《教父》里有一句话："花半秒钟就看透事物本质的人，和花一辈子都看不清事物本质的人，注定是截然不同的命运。"面对相同场景、相同需求、相同问题时，优秀的处理和平庸的处理将会产生不同的结果，或者要付出不同的代价。如何获得更为高效、智能、理想的设计方案和处理结果，如何低成本、高效率、高水平地解决问题，不仅需要有良好的基础和强大的引擎，还需要有渊博的知识结构和持续迭代的计算模型。

在大大小小的系统技术框架中，处理模块是系统产生能力的心脏。处理模块是由处理逻辑和处理引擎共同组成的，处理逻辑就是由流程串起来的一系列操作，处理引擎是让处理逻辑运行起来的使能调度程序。非智能处理模块中的处理逻辑和引擎是深度耦合的，智能处理模块中的处理逻辑和处理引擎是解耦的。在智能处理模块中，一旦引擎和处理逻辑解耦，处理逻辑就可以脱离引擎自由发展，不断地增加、迭代和淘汰，处理模块就变成可动态丰富处理逻辑、增添新能力的智能引擎程序，我们的系统就可以按照场景需求动态调度算力、算法、知识和模型，实现按需配置、精细配置、高效配置、应时应景，实现降本增效、柔性生产、精准治理、个性服务。引擎和处理逻辑的解耦，有利于技术人员致力于其擅长的引擎程序设计的开发，业务人员致力于其擅长的业务逻辑、技法战法的编排，系统就可以在运行中持续生长、持续演进、终生进化。

一个处理模块运转质量的好坏，一是在于引擎的开放性、成熟度、可扩展性，二是在于处理逻辑背后的模型质量、知识深度、应景程度。所以模型、知识结构的深浅程度决定了引擎的运行质量，使用动态迭代的处理模型驱动智能处理引擎，一定能够产生更为有效、更高精度的结果。同时，模型、知识结构的丰富程度决定引擎能够产生更多维度、更多类型、更多关联的数据增值，也就能更广泛、更深入地适应复杂、多样、可变的领域业务场景。

4. 精细管控下的处理才是可持续、规范化的处理

处理是系统输出能力、对外施以作用力的核心。一个科学、有序、安全、可控的处理将会产生可控的能力和有序的影响。科学的处理模型既要潜心致力于生产力的科学生成，还要在内生自驱和外部控制能力的支持下，源源不断地输出自控力，让奔腾的骏马套上可管可控的笼头，输出更加和顺、更为持久、更大载荷的能力。恰当控制的处理才是真正规范有序、合法依规的处理。

例如，我们在针对数据收集、存储、使用、加工、传输、提供、公开、删除、销毁、交易等全生命周期的所有处理模块中，处理引擎除了要提供数据采集、融合、增值、赋能、呈现的生产能力，还要按需配置满足数据实体安全防护、处理者身份确认、处理行为合规控制的安全保障能力。一是强化使用者和使用载体的多维身份认证和持续信任评估，确保主体可信；二是强化数据赋能关键节点处理逻辑的闭环控制，确保行为合规；三是强化存储、传输、使用关键环节数据安全保护，确保实体安全；四是强化大数据动态审计、安全分析和预警研判，确保风险可知；五是强化个人信息保护和数据安全红线责任，确保全局可控；六是强化数据处理全流程重点行为日志记录和保护，确保操作可查。

有关如何构建内生安全框架和安全、可信、合规的纵深防御体系，我们将在第 7 章中详细讨论。

5. 线性结构

总体来看，处理模型是以典型的线性结构为主、其他结构为辅的框架结构。线性结构主要体现在处理引擎按照先进先出的原则和预先编排的流程顺序调度模型中的处理逻辑，先读取输入参数，再行处理，最后输出。当然，在线性结构为主的流程中，局部的处理逻辑可以嵌入循环、分支、跳转等其他子流程的控制。

6. 流程模型是处理模型的一种特例

在一个复杂的系统中，除了一个个具有特定能力的功能引擎，还会有负责将各个功能引擎串起来，形成更复杂能力集合的调度引擎。调度引擎消费业务流程模型成果，将各种功能引擎联合起来，形成一个信息处理、事务办理、业务智能化的有序功能集合。所以，流程模型是 IPO 处理模型的一种特例，流程模型就是基础处理模型在流程处理方面的继承应用。

流程模型将 IPO 模型进行继承和实例化，其中的处理流程就是功能引擎的执行顺序的编排结果，具体的处理操作就是各个功能引擎的调度。

2.2.4 场景模型

世界的运转是由一个个场景组成的。世界历史是由一幕幕时空场景连接起来的。场景就是物质世界、人类社会、虚拟空间在历史长河中的时空切片。场景是客观的，但在看待场景时，我们可以注入主观的、历史的、社会的、领域的、艺术的观点和知识，解读出客观场景后面丰富多彩的故事。通过不同视角对场景的认知，人们既可以全面地分解识别场景里的对象个体、对象关系、行为活动，还可以出自不同的目的，挖掘出场景发生的原因、场景演进的过程、场景发展的趋势、场景中的价值或者风险、场景背后的对象、场景的社会成本代价，等等。

如果把场景当作一类研究对象，相比人对象、物对象、场所对象、事件对象等定位于构建主数据的主题对象，场景的时空点、现场特征会更加突出，而人对象、物对象等主题对象更注重于通过关注对象生命周期、属性加权度量、持久持续评估等方法分析对象的价值或风险，主题对象的周期性、持续性、跨时空等特征更突出。场景是多种社会主题对象恰好在一个时空点聚合的呈现，是识别多种对象建立关联和产生作用影响的重要途径，反映出领域业务的一幕幕现场快照。用前面研究的对象基础模型来研究场景，本质上是可行的，但考虑到研究模型的目的是要解决社会和领域问题，而对时空切片之场景开展精细化、数字化研究，将更有利于反映一个对象及其关系、处理活动与社会对象、社会现象、社会联系的融合联系及相互影响作用的认知。因此在本书中，为了突出场景的时空性、客观性、历史性，我们将场景作为一种特殊的基础模型进行独立的研究和讨论。

场景可以是社会的，也可以是领域的；可以是技术手段感知的，也可以是事务处理记录的；可以由领域自建能力感知场景，也可以通过社会多方共享共赢整合场景。这部分我们将在第 4 章中进行讨论。

对场景建模，我们可以借鉴 5W2H（Who, When, Where, Why, What, How, How much，也称为七何分析法，见图 2-14）理论模型。通过场景的实体、关系、行为及内容的全面感知和记录，以数字化还原现场人、地、物、事、关系、时刻、物理空间位置等关键要素，刻画吃、住、行、消、娱、医、学等行为特征，提炼神经、呼吸、消化、心脏、五官等业务属性，标识发烧、过敏、高血压、高血糖等业务标签。同时，通过实时处理的引擎，在知识、模型的加持下，针对场景进行分析计算，识别场景背后的特征，比如场景发生的原因、场景演进的过程、场景发展的趋势、场景的价值和风险、场景背后的对象、场景的社会成本代价，等等。

图 2-14　用 5W2H 模型描述场景模型构成

5W2H 模型只是场景模型的一种代指，只是把场景中的关键特征形象地进行了归纳、提炼，在不同行业领域或特定应用视角，5W 可能是 6W、7W，更多的 W，一个"W"可能是多个特征的组合，2H 也可能是 3H、4H 等。比如说，"What"这个"W"，可以是使用什么工具、使用什么设备、针对什么、都干了什么、产生了什么、影响了什么，等等。

场景模型在本质上属于对象基础模型，因此，场景模型也是一种星形结构的模型。

2.2.5　解决方案生成方法

前面研究的四大基础模型是我们以第一性原理思维，在物质世界、人类社会、虚拟空间的数字化、信息化、智能化研究中确立的最本质、最稳定、最底层的基础模型。以这四类模型为基本处理对象，我们可以着力设计通用建模工具和通用计算引擎。使用通用的建模工具，支持交互式或自学习式的建模，在四类模型基础上丰富迭代行业领域高级业务模型，灌入领域知识、配置业务流程、设计业务逻辑，精准有效地传导业务意图。使用通用的计算引擎执行业务模型，便可感知业务场景、适配业务流程、执行业务逻辑，源源不断地输出业务能力。

在四类基础模型中，对象模型、关系模型、场景模型以陈述性结构反映世间万事万物及其联系、活动，刻画的是事实和状态，而处理模型以程序性结构反映处理的过程，主要刻画的是逻辑和行动。

从某个领域来看待四类基础模型，对象模型、关系模型、处理模型用以抽象和表达该领域中的物质世界方面、人类社会方面、虚拟空间方面的事物及事物存在的模式，指导认知和构建内在的、相对稳定的领域存在体系。场景模型指导以特定业务目标拉通展开的领域对象之间或与相关的领域外对象之间有领域意义的业务活动影像，场景模型也可指导以特定领域视角结构化地看待社会对象之间活动影像中的领域价值信息，指导认知和构建外显的、相对活跃的领域业务体系。

以此四类基础模型为基础，通过模型引用、演化、继承、迭代，我们可以构建社会、行业、领域丰富的知识体系和模型仓库（见图 2-15）。

完备的通用计算引擎体系、喜闻乐见的建模工具体系、基于四大基础模型和通用描述语言构建的自表达模型体系，就是中台模型的基础能力框架。以这三大体系构建起来的技术方案，将会是人见人爱的通用型技术解决方案，可以在丰富行业领域知识和精细化部署配置后，构建适应行业领域的数字化、信息化、智能化基座，为行业领域的数据、计算、存储、知识、模型、安全、人才等数字化、资源化提供赋能基础，促进各类资源的精细管理、按需配置、智能调度、精准管控，在实时、动态、全面的处理业务场景数据中，实现业务的信息化、智能化、规范化，源源不断地输出生产力、创新力、内控力。

图 2-15   用四类基础模型集成领域模型

以数据处理模型为例，数据的收集、存储、使用、加工、传输、提供、公开、删除、销毁等全生命周期、全使能过程等生产处理闭环，以及对数据分类、分级、加密、脱敏、鉴权、审计等全程安全合规管控闭环，从流程到环节，我们都要先建模、再构建能力、再运行生效。比如，在数据收集环节，我们会根据业务意图，对数据采集设备或系统的部署地点位置、信号捕捉功能、朝向角度、捕捉频次、数据初级处理功能等工程参数和运行策略进行建模。对通过界面人工录入采集数据的，界面布置和界面约束就是对采集数据场景的界面进行建模。在收集数据环节，我们还要按照数据安全保护的要求，对捕捉数据设备配置数据敏感度进行识别、标注，并对分类分级的数据分别配置过滤、脱敏、加密、去标识、匿名化等安全管控的策略逻辑，融入数据收集的处理模型中，让采集设备或者采集程序的引擎去执行数据收集和安全管控的两大意图。

再以医疗业务的诊断过程为例，一个患者由于胃部不适来到医院，患者首先会向医生描述自己胃部疼痛、饭后撑胀、受凉反酸等症状，医生会根据患者的主述特征，在自己的脑海里匹配胃病模型，对照胃病问诊模型并结合患者主诉和病史进行交互完善并进行症状分析，初步判断出患者可能的病灶及病因，再运用自己脑海里的诊断模型，提出检查检验方案，进一步对患者主述症状进行确认、计量，并补充相关指标的检查建议。在患者的检查检验报告出来后，医生会再根据脑海中的诊断模型，对患者的指标体系进行量化分析，给出诊断报告。由于一些地方的医疗数字化、智能化程度很低，医院的诊断模型和诊断分析、诊断决策过程全部在医生的脑袋里，造成了不同医生的诊断水平有高有低，但又总体偏低的局面。如果有了很好的数字化平台，让患者在家就可以网上问诊、居家体征监测，并根据网上问诊或者居家监测的结果，由预诊模型及医生建议检查检验方案，由患者自愿在社区医院或者专业检查检验机构提早检查检验，医院在收集了患者网上问诊、居家监测、检查检验等各方数据后，通过医院的数字化诊断引擎自动匹配相关病症的诊断模型进行诊断分析，输出诊断结论和诊断报告。

2.3　从思想到实现

　　建立模型就是明确领域意图、确定业务逻辑、设计实现路径的过程，即概念建模、逻辑建模、物理建模三步走（见图 2-16）。

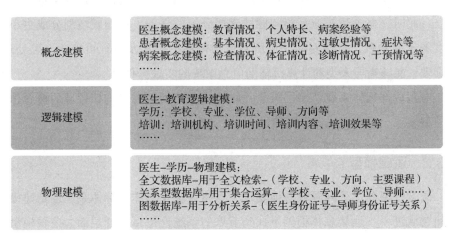

图 2-16　概念建模、逻辑建模、物理建模三步走

2.3.1　概念模型

概念模型是针对领域内或跨领域的某个问题域，使用系统的方法，结构化、全视角地梳理问题、解剖问题、分析问题，抓住问题域的总体结构、关键要素、内在联系、外在关系、关键活动等核心元素和本质特性，明确问题域的总体要求、业务需求、指标体系，提出问题域的解决思路、目标任务、总体框架、总体方案等关键逻辑。通过解读概念模型，可以明晰问题域的本质特性，确定内涵和外延，了解问题域的总体结构、组成事物的基本概貌及其动态变化，了解模型的运营主体、关键能力、作用范围、主要用途等基本信息。

在概念模型中，问题域涉及的法律规章、政策规定、行业标准等制度性、规范性文件都属于概念建模的范畴，一般作为行业要求的定位成为概念模型的关键特征。问题域具象到一个单位，也就是要落实到一个组织去具体实例化概念模型时，需要关注的业务分类、职责分工、业务流程、处理逻辑、总体规划等，一般作为业务需求的定位成为概念模型的重要内容。

建模的目的是指导人类或计算机辅助信息系统梳理问题、解剖问题、分析问题，形式化问题域的特征，找准解决问题的方案。如果问题域层次过高、内涵宽泛，模型往往无法直接描述问题域特征，问题往往无法聚焦到基本元素的确立。此时，概念建模应承担问题域逐层分解的任务，将问题域划分成更小颗粒度的子问题域，直至对问题域所建概念模型的框架及特征可表达、可处理、可管理，能够指导人类和计算机辅助信息系统的实践操作。

对领域开展体系化、多层级、关联性概念建模，可以构建领域的概念体系和模型体系，形成领域知识图谱。

2.3.2　逻辑模型

概念模型框定了问题域总体要求、总体需求及总体指标体系。逻辑建模则将问题域进一步地从总体框架下探到节点的系统性逻辑设计层面。逻辑模型以面向对象的方法和可理解的结构化描述语言，描述节点的实体、属性、关系、活动等特征及特征类型、计量规则、阈值范围等，确定问题域模型独立个体的主键特征和外在关系的外键特征，描述节点内的处理逻辑、操作要点和节点间的输入输出、处理流程，等等。

当节点是事物时，逻辑模型体现为陈述性特征，以结构化方法分解对事物关注域的分类，明确事物各关注域的实体组成、属性组成，确定构建内在联系、外在关系的属性或属性组合及建立关系的要点和方法，确定需关注的重点活动及活动分类的特征。

当节点是处理时，逻辑模型体现为程序性特征，以结构化方法分解处理的逻辑过程，明确过程中节点的操作要点、操作方法和节点间的执行流程、控制规则，提出处理所需外部输入及处理结果对外输出的特征、特征类型、计量规则、阈值范围等要求。

逻辑模型已将概念模型中的总体要求、总体需求、总体指标体系落实到偏重于业务设计的逻辑部分。既然是设计，就该有持续改进的需要。因此，在逻辑模型中，还需要对逻辑模型的治理面进行模型设计。

2.3.3　物理模型

逻辑模型只是在业务面、管理面对事物陈述性表达和处理程序性表达的逻辑设计，要使设计拥有真正的可执行、可调度能力，实际解决问题域的业务需求和具体要求，使模型描述的对象达到相应指标要求的能力，则还需要针对逻辑模型，进一步物理组织方式和技术实现设计，对陈述性的事物进行物理的存储组织和治理管理的设计，对程序性的过程进行物理的可处理程序、部署运行和访问控制的设计。物理模型是逻辑模型的技术性工程实例化指导，使逻辑模型描述的对象的业务、物理目标得以实例化实现，从而使对象具备设计想达到的业务领域能力。

对陈述性事物的存储组织设计时，除了要把逻辑建模设计的结构存储下来，还要综合考虑具体的部署环境、当前及今后可能的应用场景、使用并发情况、性能的需求等。

对程序性处理和过程设计时，除了要把逻辑建模设计的处理逻辑、操作要求等不折不扣地落实，还要综合考虑程序运行的执行引擎、语法特征、引擎可适配性、运行环境等多方面因素的影响，要充分考虑技术标准化、通用性的要求及行业强制性、实用性等需求。

从逻辑建模到物理建模，我们会因为不同的物理实现胜任不同的功能、性能以及安全管控，常常会将一种逻辑建模成果落实到多种物理实现的模型上，从而使模型表达的对象被领域高质量、高效率地开发和利用。比如，我们会将某种主题对象的逻辑设计成果通过图数据库存储对象的内部关联和外部关系，获得对对象开展多级关系进行分析挖掘的能力；通过全文搜索数据库存储对象的活动性信息，获得对象高效模糊信息检索的能力；通过关系型数据库存储对象的场景维度，获得高效、高质量集合运算统计分析的能力，等等。再比如，为了适应程序性处理模型不同执行引擎的开发执行语言，我们可以考虑将某个程序性处理逻辑转写成不同语言表达多种语言环境执行的程序性物理模型，如 XML、Java、Python、PL/SQL 等。

与逻辑模型的设计类似，物理模型也有持续改进的需要，物理建模时也需要对物理模型的效果、质量、科学、合规等评价、计量、控制等进行模型治理设计。

综合以上从思想到现实的概念建模、逻辑建模、物理建模的三步走，如果我们要对一个存储业务的数据表进行建模，一般需要 6 个步骤：

1）需求分析：梳理、分析业务领域总体要求、业务目标、业务功能性能需求、处理要求等关键业务需求框架和指标体系。

2）概念建模：通过领域概念定义、业务要素、业务逻辑、要素关系，在抽象的基础上设计数据表的概念模型，可以通过实体关系模型（Entity-Relationship Model，E-R）和处理模型（IPO）来示意。

3）逻辑建模：分析业务要素、处理逻辑的维度和度量方法，设计业务的属性特性、逻辑结构以及与外部的交互关系，可以通过逻辑表、表单、视图等表达。

4）物理建模：预测业务数据表的应用场景、使用方式、应用规模、性能需求等，设计业务数据的存储结构、存储技术、存取方法、存储实例等。一个业务逻辑表的逻辑建模成果并不一定由一个物理表承载其业务数据的存储，也可以由多个物理表承载，并通过在物理表中构造主键、外键等关系来维系多个物理表与这个业务逻辑表逻辑建模成果的统一。甚至在这些存储物理表中，一些物理表除了承载这个业务逻辑表数据之外，还会承载其他业务逻辑表的数据，只是这些业务逻辑表部分数据项与承载物理表具有一致的数据结构及数据操作需求。同时，同一份业务对象的数据既可以使用多种存储技术分别存储，也可用同样的存储技术多份存储。为了线性扩展数据加工性能，对同一份数据用同一种数据处理技术进行多份存储，由多个副本数据分担数据访问的负载，减少等待时间，提升数据访问的响应性能。

5）验证部署：组织符合业务场景的样例数据，按照概念、逻辑、物理建模过程中设计的组织结构和处理逻辑，在仿真系统中开展验证工作，进行样例数据的读取、处理、装载、存储、使用等操作验证和压力测试，确保处理逻辑、存储组织、控制逻辑等与设计一致，监测分析模型运行对整体系统的影响，及时进行微调。对条件不符、逻辑错误、影响较大的模型，需要重新进行设计。通过验证后的模型成果可在实际生产系统环境中部署运行，实时监测运行功能满足和性能情况，评估对整体系统的影响并及时调整优化，以达到最优的运行状态。

6）终身迭代：在模型正常生效运行的生命周期中，终身监测、分析、评价、更新、迭代，终身运营、终身维护。

以上 6 步中，第 5 步和第 6 步是模型生效的步骤，第 1 步是建模任务的来源、需求，第 2 步、第 3 步、第 4 步是建模的完整过程和模型沉淀。前面的 4 步是一个从意图到设想、到设计、再到实现的渐进过程，完整记录了从思想到实现的全部过程，每个过程的成果组成了模型的全部。在一步一步建模过程中形成的系统化的模型成果，就是人类总结规律、把握本质、创新方法和应对形势、落实需求、输出能力的知识及技战法沉淀。

通过以上三类建模过程，我们将形成一个问题域基本概念层面、业务逻辑层面、物理实现层面的设计，这些设计形成的问题域（主要指领域的业务对象）建模成果，需要数字化为可被计算处理的数据化模型、数据化对象，还要以可资利用的资源的定位，将问题域从可被发现、可被探索、可被理解、可被使用等资源表达的目标出发，用元数据来形式化描述资源模型的业务方面特征、技术方面特征、管理方面特征，将问题域模型成果纳入资源操作系统进行全生命周期的运营治理。再通过元数据去指导引擎按照预期的形态去指导和驱动资源组织、资源加工、资源服务开放，从而形成资源能力向外赋能。

2.3.4　三个空间

通过概念建模、逻辑建模、物理建模，我们对领域的各类、各层次的对象都有了科学、系统、全面、充分的认识，要想彰显其价值和效能，就要在领域实践中让三个层次的模型成果融入业务处理的边边角角，在数字化进程中指导和驱动领域业务的全过程处理。我们可以用"三个空间"——作用空间、信息空间、元空间的思想来讨论和表达元数据驱动的问题域数字化体系框架（见图 2-17），从而实现我们从抽象到具体、从思想到现实、从概念到实现的意图目的的传递，让人类的思想沉淀和领域积累都转化成可以被计算机处理的数据，从而通过算力的线性增加，无限扩展人类智慧在领域的应用，以强大的计算效力支撑提升领域智能化能力。

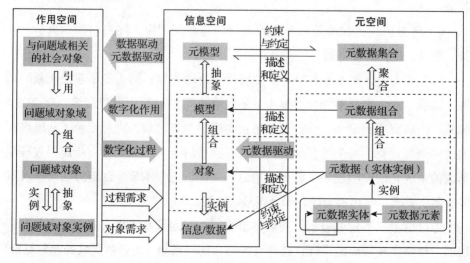

图 2-17　用"三个空间"指导问题域数字化体系框架

1. 作用空间

作用空间就是我们研究物质世界、人类社会、虚拟世界的整体问题域或局部问题域的承载，一般会以一个领域作为一个问题域研究标的，作用空间也就是问题域空间。在作用空间中，我们完整地将问题域通过**具体的个体对象**（问题域对象实例）和**抽象的逻辑对象**（问题域对象）两大类来分层细化展开。

其中，**抽象的逻辑对象**是人们基于问题的具体事物个体对象抽象形成的反映问题域本质规律的结构、要素、关系等各种特性的集合。比如，网约车驾驶员、大学生、新能源电动轿车、财经新闻，等等。抽象的逻辑对象可以按照相关性、颗粒度大小等因素，分成低层次直接描述个体的问题域逻辑对象、由问题域逻辑对象再抽象形成的一层或多层的问题域对象的集合、与问题域相关的社会共识类对象等。**具体的个体对象**是指在低层次问题域逻辑对象的结构、属性、关系等特征约定和约束下指代的独一无二的、有特征计量取值的个体，比如，某位网约车司机、某条财经新闻、某辆新能源电动轿车，等等。

2. 信息空间

信息空间的主体是作用空间对象的数字孪生。作用空间的抽象逻辑对象会数字化为"对象"及"模型"两个层次的组织成果，具体的个体对象会数字化为个体的实例数据/信息。这里的"对象"是计算机系统面向对象（Object Oriented，OO）处理中的可被系统识别、理解、加工、组织的目标，具有标识、实体、属性、关系、行为/方法等特性，一般会最终对应到物理的数据库表、文件、程序块等可被计算机系统直接处理的"标的物"。这里的"模型"是作用空间中的逻辑对象在信息空间中对应的数字化成果，一般由信息空间中的一个或多个"对象"组合起来而使逻辑对象具有了数字化实际承载，从而可被计算机系统识别、处理和表示，使作用空间的逻辑对象在信息空间里表现出其业务特征、技术特征、管理特征，使人和计算机都能理解问题域的对象是什么、有什么、在哪里、怎么调、怎么用、怎么管。

在信息空间中，我们还可以以数字化的模型为基础，结合领域本质规律的再认识、再抽象而提出多个模型共性特性的更高层次抽象，形成问题域的**元模**

型。有了作用空间的问题域各类对象在信息空间的数字化——映射，一直需要人类大脑进行的一些规则计算、逻辑计算、AI计算，尤其是计算量大、重复性很高的处理都可以交给算力去替代了。通过信息空间的处理和计算，新的线索、情报、商机等价值信息将会产生，这些价值信息往往会映射回作用空间开展人工干预的领域业务处置和流转。有的甚至可以在信息空间基于预置的预案规则，产生直接的处置指令，再通过接口连接作用空间的自动化处理设备进行指令下达和自动处理，减少人工干预，从而提高效率和精准性，减少人为因素可能的影响。

比如说，城市的重要交通路口通常会有交警根据不同方向的交通流量手动控制不同方向的放行时长，来取得一个交通流量的平衡，防止单方向的通堵不均。现代城市交通信号控制系统已可以通过地感、视频、电子等信号处理设备将交通流量数字化采集，在信息空间进行智能分析处理，对路口的交通信号灯时长、方向进行智能控制，不再是呆板的定向定长时间的信息控制模式，这样一来，一般不会再出现一个方向水泄不通而另一方向无人无车的尴尬局面。甚至在交通流量很少或特定场景时，还可能遇到"一路绿灯"畅通无阻的绿波带。

3. 元空间

元空间是为了描述和定义作用空间各类对象的概念模型、逻辑模型成果及对象在信息空间中设计的物理组织模型成果，而构建的形式化描述空间体系，用于在更大范围内传递对问题域各种对象物理组织、逻辑设计、概念建模的意图和实际组织情况的信息，科学、客观、全面、动态地展示这些对象在业务方面、技术方面、管理方面的特征，可以指导和牵引各方对资源或者对象进行发现、探索、理解、解读、调度、使用、评价，促进这些对象被动态性、最大化地利用，促进其创造更多更好的价值。

作用空间的对象通过数字化映射为信息空间的数据和元空间的元数据。信息空间对数据处理的结果会映射回作用空间，产生对对象的评价和干预等。元空间运营的对象元数据会驱动信息空间的引擎对对象数据开展处理，从而间接地驱动了作用空间对象产生影响。

关于资源对象运营和元数据驱动，将会在本书第 3 章和第 5 章中详细阐释。

2.4　跨领域建模

有一些事物在物质世界（现实世界）、人类社会、虚拟空间（意识世界）中，都是主要的目标对象，或者是在物质世界、人类社会、虚拟空间中的跨领域存在。这些事物在不同的领域中被刻画、被处理、被演绎、被价值化、被风险化，这些事物是实现跨领域价值或风险连接的关键。正是由于这样的跨领域对象存在，物质世界、人类社会、虚拟空间三个世界以及三个世界的多个领域才被打通，串成了更为广泛的价值链、利益链、风险链，人类社会才变得更加精彩。

跨领域建模就是对物质世界、人类社会、虚拟空间三个空间或三个空间的多个领域中存在并具有价值的事物进行建模，构建跨越不同空间、领域的模型，展现同一事物在不同空间、领域内的属性方法、处理逻辑，以及跨领域的关系，以多领域维度跨领域刻画和演绎事物全貌。

跨领域的事物很多，但这些事物一般不可或缺：人、物品、事件、资金、组织等。

2.4.1　对人建模

世界是以人为本的。对物质世界、人类社会、虚拟空间的观察、研究，主要是人类围绕人的生命健康、物质丰富、精神充实而产生的日常活动，也是人类为了社会发展而开展的各类活动，是因人类而设计、因人类而行动、因人类而变化、为人类所服务的。

人类的活动十分广泛，要对人对象形成覆盖全面的知识体系，涉及的方面十分复杂，很难一下子构建出来。但是，一个行业、领域的人类活动实际上是可以形成相对闭环的，我们只需关注领域、行业相关的人类局部知识体系，科学恰当地构建领域人对象模型。领域的人对象知识体系，可以是领域所需要的社会共识、本领域知识，也可以是与本领域相关的其他领域知识。

对人所建的模型是典型的对象模型。从社会通识来说，确定一个人，除了要用区别于其他生物的根本属性外，还要把一个人与其他人区分开来，需要若干的基本属性、社会属性、领域属性，还需要从社会、领域的视角，关注社会领域关系和重要活动等多视角特征（见图 2-18）。

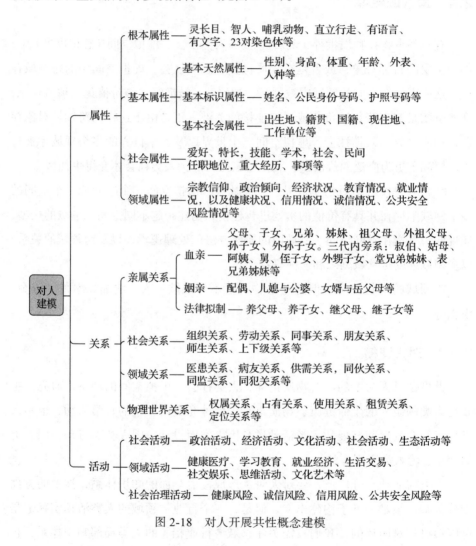

图 2-18　对人开展共性概念建模

首先，需要关注某人与他人区分开的主要属性特征。比如：性别、身高、体重、年龄、外表、人种等基本天然属性，用于确定身份的姓名、公民身份号码、护照号码以及人像、声音、基因等基本标识属性，还有其出生地、籍贯、

国籍、现住地、工作单位等基本社会属性。除了这些基本属性特征之外，还有
更多的领域性、行业性、专业性、专题性等领域属性，比如宗教信仰、政治倾
向、经济状况、教育情况、就业情况，以及健康状况、信用情况、诚信情况、
公共安全风险情况，等等。

其次，需要关注人对象领域的关键关系。对人建模，根本属性、基本属性、
领域属性的全面性、精细化，决定了从社会和领域来看待人的基础框架，刻画
的是人社会视角的机体骨架，而关系刻画的是某人与他人、某人与社会、某人
与业务领域的联系，这些关系才是某人融入社会有机体的关键要素。关系就像
人体中的肌肉、血管、神经一样，把人体的各个部件连成了一个复杂的有机体。
人与社会的关系，除了表明其家庭关系的父母、子女等基本血缘关系，更需要
丰富的社会关系、领域关系、业务关系、与物质世界的关系、与虚拟空间的关
系等来构建人与人、人与家庭、人与社会、人与国家、人与物质世界、人与意
识世界的结构关系，成为与社会、领域有机体中紧密融合的一个分子。

最后，需要关注人对象领域的重要活动。对人建模，除了搭建多视角的框
架和有机融合的关联之外，还要像人体的血管、神经、肌肉让各身体部件活动
起来产生能力一样，通过设计反映其更为丰富多彩的社会、领域行为重要活动
维度，为生动地刻画其在社会、领域、业务有机体中的作用力、影响力提供基
础。世间万物都处于频繁而复杂的活动之中，想事无巨细地反映复杂的人类活
动显然是不可能的，也是没有必要的。所以我们一般会根据对社会重大影响和
专题领域的业务需要，选择社会、领域关注的重要活动类型来对人的活动进行
建模。对于社会活动，一般会选择参与有较大影响的政治、经济、文化、社会、
生态等活动类型或对国家、社会、组织、他人及自己产生较重要影响的活动类
型。对于领域活动，一般会选择健康医疗、学习教育、就业经济、生活交易、
生产商业、社交娱乐、思维呈现、文化艺术等领域，以及公共安全风险、诚信
风险、信用风险、健康风险等领域。

2.4.2　对物品建模

物品是以人为本的人类社会普遍认知里仅次于"人"的关键事物，是人类

与物质世界联结形成权属关系、支配关系、使用关系并支撑人类生存、活动和人类社会运转的关键要素。《中华人民共和国民法典》将物权、人格权规定为民事权利的两大主体部分。世间万物品类繁多，故以"品"论"物"，形象而科学。"物品"一词既表示了所述对象是物质世界的事物，也表示了物以类聚，纲举目张。

物品可分为有附加值物品和无附加值物品。无附加值物品是指不需要付出任何代价就能获得的事物，如自然界的空气、水、阳光、宇宙射线、土壤等。但自来水公司供应的自来水、热力公司供应的热水和冬日房间里温暖的空气、电力公司供电产生的灯光、移动公司传输的手机信号、园林公司供应的营养土等，因为经过了生产和劳动，就成为有附加值的物品。有附加值的物品从其生命周期来看，可分为产品、商品、用品、废弃品等。我们以商品为例来讨论一下有附加值物品的建模。

物品生产出来的目的是通过流通送达消费者手中使用而释放其价值。物品在不同生命周期有多个别名，生产者生产出来便成为产品，在流通交易中以商品传递给消费者，在消费者手里就变成可供使用的用品。

商品是流通领域供应链上的核心对象。人类从原始的自产自用发展到物物交换、等价交换之后，以流通为本质目标的商业模式就成了物品的重要特性之一，甚至是仅次于物品自身使用价值的关键特性。毕竟优秀的商业模式意味着对物品最对称的信息平衡、最实惠的支出拥有、最悉心的物流呵护、最轻微的物品损伤、最新鲜的品质享用、最大化的功能挖潜和最妥帖的保管养护。

在电商平台场景中，商品以一堆属性、关系的信息集合呈现，映射着物质世界的实体物品、人类社会的服务品、虚拟世界的虚拟物品，这些都是要通过交易而达成从供应者到需求者传递过程的商品。我们通过对这些商品的建模，形成产品特征和商品特征的全面信息体系，以实体、标识、属性、关系、活动等立体化刻画，向消费者传递客观、全面的商品信息。

商品的属性既包括作为产品的分类属性、基本属性、生产属性、效用属性，也包括作为商品的销售属性、物流属性，还包括物品在生产、销售、使用中构建起来的各种关系，以及在销售、使用中的评价等社会共识（见图2-19）。

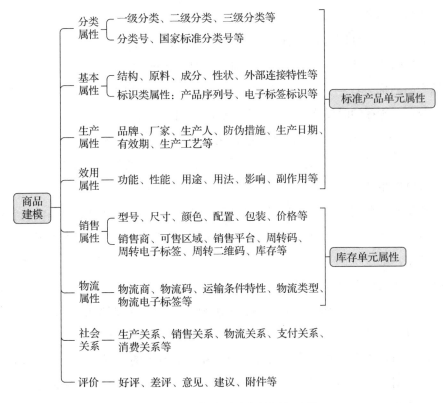

图 2-19 对商品开展共性概念建模

产品的分类属性、基本属性、生产属性、效用属性，称为标准产品单元属性（Standard Product Unit，SPU），主要刻画产品该有的社会基本特征。

产品的分类属性将产品按照相关的国际标准、区域性标准、国家标准、行业标准、地方标准、企业标准，这种划分方法与生物中的域、界、门、纲、目、科、属、种的层次分类法相类似。对产品进行系统性分类，让社会根据产品的层层分类和性质继承，就能了解产品的基本社会性质和产品的定位。

产品的基本属性主要是在分类属性的基础上着力刻画的产品结构、原料、成分、性状等特征，并分配产品序列号、唯一性标识码等标识性属性，用于唯一标识产品个体。有的高档产品、电子类产品还会提供电子标签标识，比如发一个产品 RFID（Radio Frequency Identification，无线射频标签）。

产品的生产属性则是从产品的生产视角，声明厂家、生产人、生产工艺、防伪措施、生产日期、有效期等与产品责任和产品价值相关的属性。

产品的效用属性在分类属性的基础上，进一步强调产品的功能、性能特质，突显产品的优势特点，提示科学的使用方法，提醒产品的注意事项，既可以促进消费者在选择的时候优先参考，也是产品使用的作业指南。

产品的销售属性、物流属性被称为库存单元属性（Stock Keeping Unit，SKU），在生产者的产品到消费者的用品的成功转变过程中，进行产品的高效管理和有效控制。

产品的销售属性定位于当产品作为商品时，在销售渠道中如何科学地管理控制每一个商品个体，以及定位于满足用户个性需求的配置，这些配置可能适用的是用户的经济因素、场景因素、喜好因素，等等。正是因为物品个体差异的存在，才需要对商品根据销售属性进行有区别的管理和计数，及时根据进货量和销售量进行库存的动态计算。这些销售属性包括商品的型号、尺寸、颜色、配置、包装、价格以及销售中的电子标签、销售商、周转码等。

产品的物流属性则定位于商品从销售商到消费者的过程中，如何进行高效的登记、周转、查询、定位等管理以及如何进行冷链冷藏、易碎保护等运输条件的准备和实施。

除了SPU、SKU等相关产品、商品的属性外，我们在生产、销售、运输、使用中，物品将与相关方建立起一定的关系，这些关系中的生产关系、权属关系具有很长时间的稳定性，将贯穿于物品的全生命周期，这意味着物品的权属变化将会产生价值权属的传递，也包括了权属关系所带来的风险责任的传递。因为生产关系，生产者有关于产品质量的无限责任。因为销售关系、物流关系，销售方、物流方承担着商品在销售、物流阶段的保真、保全、保护的有限责任。

产品的评价属性是任何一个生产者都不会忽视的重要属性，通过产品全生命周期的销售评价、物流评价、使用评价、转让评价信息的收集和分析，可以转化为生产者对产品是否发展、如何发展、如何调整等关键决策的重要指标。

2.4.3　对事件建模

事件一般是指物质世界、人类社会、虚拟空间中有一定现实影响、社会和历史意义的大事情。事件一般都具有一定的偶发性，并受人为因素的影响。偶发性体现在事件的发生没有特别的周期性，未经发生较难预见。社会、行业、领域中经常发生的业务事情，我们一般称之为"事务"。比如：医院的诊断治疗、政府的管理服务、企业的生产制造、商业的销售交易，等等。但是，事件一旦开始酝酿，我们将可以依据历史事件规律和本质，从事件发展的蛛丝马迹中，及时分析预警，评估和干预事件的有序发展。

在有些历史场景中，会把重大的、有预谋的事件称为"事变"，比如，"七七事变""西安事变""皖南事变"等重大历史事件。

在有些生产、生活场景中，人们也会把因人为因素但又非故意而为的突发小型事件称为"事故"，比如电动车充电火灾事故、交通事故、医疗事故，等等。事故往往是由于人的麻痹疏忽或其他特定客观原因导致的，一般来说，事故的发生都不存在主观故意，社会对事故的容忍度趋于理性。所以，对于事故，只要通过客观的调查、处理，就能形成结论，事故便会较顺利地处理结束，总体上对社会的影响很小。但是，一些事故往往不只是表面看到的情况，后面可能隐藏着一些不为外人知的背景因素，或者一些"好事者"或被人利用，故意推测、演绎，甚至臆测、造谣，煽动不明真相的人，控方向、带节奏，把事故引入他们的话题陷阱，把原本简单的"事故"变成更为复杂的舆情"事件"。

翻开事件酝酿、发端、发展、高潮、平息的画卷，在一幕幕看似客观、离散的时空场景中，总是忽明忽暗、忽隐忽现地浮现着一些人、一些地、一些物、一些组织，或者一丝情、一丝理、一串话题、一系列行为、一串文字标志等事物要素，推动着事件忽左忽右、忽高忽低地发展、演进，最终事件都会化为沉寂，成为历史。我们需要抓住、拎出事件中那些忽明忽暗的要素，层层剥开一幕幕场景的表象，才可能还原事件的全貌，找出事件真正的脉络。通过对同类事件的归纳、总结、提炼，我们才能发现规律，把握本质。

对事件建模就是对事件发掘要素、梳理脉络、理清关系、还原全貌。通过建模，我们可以更好地把握事件规律、直击事件本质，抓住事件关键要素、全面刻画事件、分析评估事件、推动干预事件的有序发展。利用模型分析评估，我们可以对负面的事件早发现、早介入、早处置、早平息，让负面事件的影响面最小、破坏力最弱。对正面的事件可以更为精细化、精准化地谋划、推动、把控，促进事件的健康有序发展，让事件的作用效果、社会意义最大化。

我们通过网络舆情事件来研究事件建模。

舆情是由个人以及各种社会利益群体构成的公众，在一定的历史阶段和社会空间内，对自己关心的或与自身利益紧密相关的各种公共事务所持有的多种情绪、意愿、态度和意见交错的总和[一]。网络舆情事件是以网络为主要媒介，对偶发事件及在事件演进中公众呈现的多种情绪、意愿、态度和意见交错的总和。

判断一个事件算不算网络舆情事件，主要看是否有这五个要素：一个偶发的事件甚至是故意挑起的谣言事件（**起点**），一个希望通过网络扩大或平息事件影响及推动事件舆情走向的团队（**谋划**），一套被谋划并持续迭代的方案及能够唤起社会同理心的话题和舆材（**酝酿**），一组能充当扩音器的网络媒体尤其是新媒体（**发酵**），一批热心的民意群体、利益群体及被新媒体影响或操控的账号（**爆发**）。

群体心理学是舆情研究的核心。不管是推动舆情事件走向高潮，还是使舆情事件走向平息，只有把握住群体的心理和情绪特点，设计恰当的话题和合情合理的素材，设计科学的话题素材投放渠道、投放时机、投放对象等，将方案精细化、精准化、精益化，才有可能把握舆情事件的主动权。

群体情绪是舆情事件得以爆发的土壤，网络媒体尤其是新媒体的触达和高效为群体情绪的宣泄、感染、传播、放大提供了通道和广场。"人之初，性本善。性相近，习相远。"人有共性特点，比如家国心、怜悯心、责任心、廉耻心等。当然，由于生存环境、教育背景、生活习性、职业特点、感情经历、家庭

一　刘毅. 网络舆情研究概论 [M]，天津：天津人民出版社，2007.

变故、健康变化等后天因素的影响，个体会产生许多个性化的特征、标签，比如动物保护人士、环保斗士、足球爱好者、货车司机、好酒人士、罹患癌症等。多个个体有共同的个性化特征，在特定的情境下，这些有共同特点的人就可能走到一起，成为关注某种诉求的群体，将小众个性特征放大为群体共性特征而彰显出来，从而激发更大群体潜在意识产生社会性共情的情绪影响。不同诉求的群体也可以因为人性的共同特点形成更大的群体。群体特点与特定情境同频共振时，拥有该种特征的群体情绪就会爆发。

研究舆情事件，需要从以下 4 点着手。

第一，要找出事件中可能引起群体情绪爆发的因素，那些隐藏于繁杂事件要素里的最容易戳中各色群体最敏感、最柔软情感的属性、标签（见图 2-20）。群体意识取决于个体的一些潜在意识，在某些特定的情境下，个体的愤怒情绪会不受控制地爆发，个体愤怒的情绪往往迅速演变为群体共性情绪，形成燎原之势，这时候个体的理性往往微不足道。在情绪感染、群情激愤下，他们自认为站在道德的制高点，甚至自己推导出突破伦理纲常、法律规范、制度机制底线的可能性。任何舆情事件如果没有引起群体情绪的爆发，事件不会真正呈现出"舆情"这一更敏感的社会事件。

第二，研究网络舆情事件还要抓住网络媒体这一新舆论场的特征。网络媒体尤其是网络新媒体是新时代、新技术发展的必然产物，新媒体、新业态的快速、面广、触达、交互等特点，给群体情绪的宣泄、传染、发酵、爆发带来了便利。除了事件在网络媒体上不同视角的体现和群体宣泄的情绪，网络舆论场还有两大要素，一个是网络媒体平台，另一个是网络媒体里活跃着的关键账号。网络媒体平台的便利易用、关键账号活跃度、活跃用户量、主要用户类型等指标，是网络舆情的推手和"吃瓜"群体依存、活跃、参与的关键。从网络舆情事件角度来看，事件在哪些网络媒体平台上出现，是判断事件走向、设计舆情方案时需关键考量的因素。网络新媒体平台里关键账号的领域性、置信度、传播面、倾向性等核心传播指标，决定了事件对社会的影响大小。网络舆情事件如果被大型平台粉丝数多的关键网络新媒体账号关注，那么事件的受众面就会急剧地增大，传播、触达会更快捷、更精准、更有效。

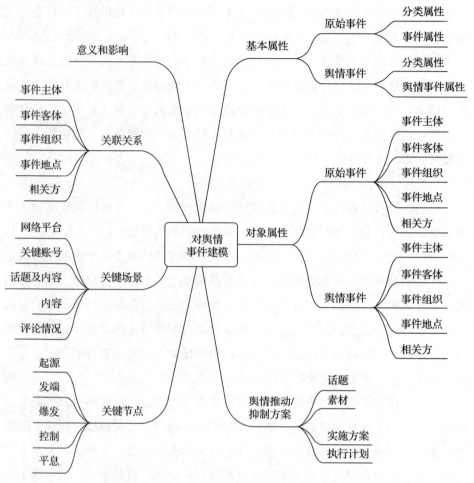

图 2-20　对舆情事件建模

　　第三，无论在什么网络媒体平台、有哪些关键账号参与，如果没有好的话题、素材、话术的设计生产和精细化、精准化投放方案的设计实施，网络媒体和新媒体关键账号仍然是无源之水、无本之木。舆情的话题和素材往往能够激起民族大义、激发社会责任、唤醒人性善恶、戳中切身柔软和痛点，并以符合群体口味的形态触达终端。无论舆情的话题设计、素材创作，还是舆论话题、素材投放的方案设计、舆情投放等操作，都是利用群体的同理心，以文字、图像、视频、语音等形态传递和唤起人的社会责任心、激起人的情感同理心。比如：国家对抗、主权人权等国家情结、民族大义；政府信任、社会诚信、分配不公、黑社会、社会暴力等公平正义；食品安全、医疗资源等健康生活；资源垄断、欺行霸市等经济运行、生产经营；教育资源配置、师德师范、学区房、教育政策等教育领域公平；伦理、道德、信用等公序良俗、社会规范；环保、污染等生态环境保障，等等。这些领域、这些话题都被社会各类群体普遍关心、容易激化情绪、极易进行舆论炒作。

第四，网络舆情事件要回归到事件本身以及舆情事件背后的人和事。对事件建模为的是让我们构建起既能全面反映事件中要素及要素的关系，又能根据不同视角和不同侧重点，有重点地找到关键要素和要素的关系，让我们从不同视角看到事件后面的真实场景，分析事件原因，有效预测、预警、预置事件，有效应对事件的发展。人为操控一件网络舆情事件发生、发展、平息的难度要比人为操控一件网下事件复杂得多、困难得多。传统的网下事件由于没有网络的传播，事件的作用区域、知悉范围、影响面都非常有限，外部势力和人员很难及时应景地介入，推动或者控制事态的发展，社会管理部门和相关方通过应用传统的应急预案或者凭借历史处置经验，往往能快速平息事件。网络舆情事件的作用区域、知悉范围、影响面等关键抑制指标似无形的太极，是多方力量不见面的较量，想要控制住非常困难。唯一正确的做法是把握事件的发展规律和人性本质，以群体关注的事实真相和打动群体的同理心、行动力，牵动群体情绪平息，让舆情事件后面的力量无机可乘，取得好的社会效果、群体效果、事件效果，这也是应对工作的核心。

"舆情"可以解释为对一定时间和社会空间内某一舆论情况的简称，是民意集合的反映。而根据不同的企业舆情分类方法，舆情可以被分成五大类：

- 根据形成过程分类法，可分为自发舆情、自觉舆情。
- 根据效果分类法，可分为正面舆情、负面舆情。
- 根据内容分类法，可分为政治舆情、经济舆情、文化舆情、社会舆情、生态舆情。
- 根据表现形式分类法，可分为语言表达舆情、非语言表达舆情。
- 根据存在形式分类法，可分为显性舆情、隐性舆情。

2.4.4　其他跨领域建模

除了前面研究讨论的对人建模、对物建模、对事建模等跨领域对象的模型外，对场所、组织等实体事物以及价值、权属等关键要素建模，也是跨领域关键模型的研究目标和任务。

2.5　对领域建模

有了对象、关系、场景、处理四大基础模型和人、物、事、地、组织等关键事物跨领域建模的基础，对领域建模的主要任务就变成了四大基础模型和跨领域关键模型在行业领域内特性的知识定义和组合拼装等策略配置工作，通过继承和迭代基础模型和关键跨领域模型的成果，结合本领域、本行业关注的特定领域对象建模扩展，高效构建本领域行业的概念体系、框架结构和联系关系，形成适配本领域行业的模型体系、能力体系。

对领域建模是建模的主要研究标的和任务。通过领域建模，我们会形成领域面向的社会形态、领域业务能力、领域内务运行的概念体系和模型体系。这些模型体系将用以指导领域的能力引擎，科学、持续生成领域生产力和控制力，促进全维动态地认知领域对象，实时智能地析出领域价值风险，规范高效地处理领域事务。

对领域建模，首先要着眼于领域所面对的社会形态，对领域关注的社会对象、对象关系、活动链条、社会场景进行系统性的识别、认知，从领域视角梳理社会对象组成实体、关键属性、关系、活动的类型及归类，构成领域的概念体系、模型体系、知识体系。其次，从领域的业务能力体系着眼，系统性地构建领域的业务能力体系。比如，在社会治理领域构建管理、防范、控制、干预、宣教的能力体系，在公共事业服务和商业领域构建发现（需求）、提供（供给）、构建场景（服务／交易）的能力体系，等等。最后，从领域的内务运行体系着眼，系统性地构建领域的内务运转体系，为领域的业务提供支撑。比如，在社会治理领域构建情报、指挥、行动、勤务、舆论的内部运转和支撑保障能力体系，促进社会治理领域的业务能力高效率、高质量、稳定可靠地投放；在商业领域构建商机分析、商业决策、指挥调度、企业行动、资源保障、舆论助力等内部运转体系，促进有价值的商机高效率、高质量转化成销售。

2.5.1　对虚拟空间建模

虚拟空间是人类发展的一种高级存在和表现形态，是在数字化基础设施之上构建的人类意识的新世界、人类活动的新空间、人类文明的新篇章。在将物质世界、人类社会在虚拟空间一定程度镜像的基础上，通过网络化、数字化、智能化，虚拟空间让人类社会、物质世界在数字化世界中得以映射和延伸。同时，人类意识可独立于传统人类社会形态而在虚拟空间里存在，并持续自主地发展。在人类存续的漫长阶段，物质世界、人类社会、虚拟空间是平行的三个世界，有各自的运行体系，支撑各自世界独立地、自主地发展，也会通过关键的人类活动、人造纽带打通三个世界。同时，三个世界会通过身份体系、价值体系、权属体系、保全体系，将三个平行的世界拉通起来，构成人类的多元、泛在（见图 2-21）。

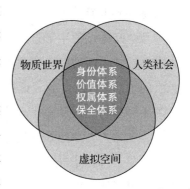

图 2-21　三个世界的公共秩序

1. 数字虫洞

人类通过物质世界中的感知设备和接口向虚拟空间输入数字化信号，在人类意识控制之下以数据形态开展加工、存储、治理、分析、使用等处理，再通过物质世界合适的表达设备和表现物质，以符合人类感知信号的形态，甚至以脑机接口生物电信号的形态，向人类表达和展现虚拟世界中的数据处理成果。数字化就是连接物质世界、人类社会、虚拟世界的虫洞，通过有限且有效的连接，实现了三个平行世界的互联互通，形成了以人为本、以人为根的复杂的人类有机体系。

数字虫洞打通了虚拟空间与物质世界、人类社会的壁垒，虚拟现实、增强现实、混合现实等技术进步正在将虚拟空间中的人类意识成果更为丰富地呈现出来。

2.劳动创造价值

人类可以通过劳动来创造、适应、影响物质世界，同样，在虚拟空间中，人类也可以通过设计、创作、制造及流通、交易、服务、保障等各种劳动形式来创造和传递价值。在虚拟空间中，人类既可以对物质世界、人类社会在虚拟空间的数字镜像之上进行迭代发展、创新升华，也可以在虚拟空间中自行创立独有的虚拟物质、虚拟人、虚拟物品、虚拟场景、虚拟事件、虚拟组织、虚拟建筑等。人类通过消费自己的各种能力和资源，在虚拟空间中辛勤耕耘，创造、创新虚拟事物，生产虚拟化产品，提供虚拟化服务，产生虚拟空间的价值增值。不管是物质世界、人类社会的数字镜像之上的创新，还是虚拟空间的独创，都是虚拟空间中以数字形态存储和表达的产品、作品，有价值的数字化内容就是人类在虚拟空间的劳动成果和智慧结晶。虚拟的科技、文化、艺术品将会是虚拟空间里最火爆的产品。虚拟空间带来的沉浸式体验一定会使教育开启新篇章，学习不再是枯燥的灌输、乏味的煎熬，数字化、场景化、游戏化、引导式教育肯定会成为人类学习知识最主要的路径。虚拟世界里科技品的创造、艺术品的创作成果，可以指导物质世界的技术发明、实物制造和人类社会的演绎表现，创造无限可能、提升创新效率，大大促进物质世界的技术进步、成果转化、产品创新，使人类社会更加丰富多彩。

3.价值表现体系

在虚拟空间，人类参照物质世界、人类社会的价值评价体系，构建起独立但又与物质世界、人类社会相通的价值评价、等价对照和数字交换体系，有效评价人类在现实世界的数字镜像之上创造的价值，有效测量人类在虚拟空间里独创内容成果的价值，也对人类在虚拟空间创新创造价值而产生的成本开销进行全方位的计算、评价、核算。人类在虚拟空间中构建和运行了一整套价值运行体系，并拉通物质世界的一般等价物体系和人类社会经济财富体系，形成了三个世界的价值等价对照体系，可以在三个世界之间开展统一的定价、核算、清算。

类似于当前人类社会认可的货币和物质世界的实物黄金等一般等价物，在虚拟空间，可能会出现一种或几种全球公认的国际数字货币（该国际数字货币一般是建立在世界数学难题和极强算力对抗的技术基础之上，形成独立的货币运行体系，不以任何国家为背书，也不以某个国际约定为基准，是人类社会自发形成并自觉遵守的乌托邦式的货币体系），各个国家的国家数字法币会自动与该公认国际数字货币建立对照体系。同时，虚拟空间还可能会出现非国家形态的数字代币，它们在虚拟空间的某个领域、区域、企业里流通、结算，并通过与国家数字法币、国际数字货币进行结算、清算、汇兑、转换，实现领域、区域内外的价值打通。这种非国家法币形态的数字代币，可以是行业或特定业务性质的垂直领域流通、结算，比如数字艺术品领域、数字版权作品、数字游戏领域、社交平台领域、物质世界商品的数字化交易平台，等等。数字代币也可能是多行业领域在一定的区域内形成的独立数字代币，比如长三角、粤港澳等数字代币。领域或区域数字代币可能是跨国家的，也可能不跨越国家运行。但是，数字代币一定会在国家的统一治理体系之下，会与国家的金融货币监管系统对接，并限定一定的交易额度、交易结算方式、与法币等价波动幅度、统一清算频度等监管规则。有的国家则会通过先进的国家数字法币运行体系，支撑虚拟空间交易、结算、汇兑的便捷、高效、安全运转，从而压缩领域区域数字代币的发展空间，或者直接限制数字代币的运行和发展。

4. 网络空间秩序的根基

网络化、数字化的一个目标是构建秩序井然、和谐繁荣的虚拟空间。良好秩序的网络空间也是数字经济繁荣的基础。在人类存续的时期，以人为本，让人类健康、有尊严、有思想地生存，是物质世界、人类社会、虚拟空间发展的唯一动力。在数字化时代，以人为根构建连通三个世界的身份体系是良好网络秩序的前提（见图 2-22）。科学构建国家网络身份管理制度和社会身份服务能力体系，营造和谐有序的网络秩序，是打造数字国家、发展数字经济、营造清朗文化、维护人民权益的关键。《中华人民共和国网络安全法》第 24 条规定："国家实施网络可信身份战略，支持研究开发安全、方便的电子身份认证技术，推动不同电子身份认证之间的互认。"《中华人民共和国个人信息保护法》第 62 条第三款规定，国家网信部门统筹协调有关部门依据本法"支持研究开发和推广应用安全、方便的电子身份认证技术，推进网络身份认证公共服务建设"。

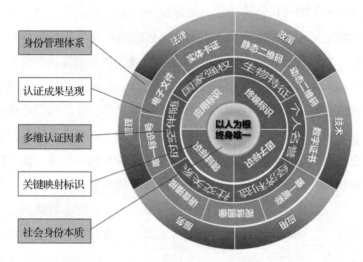

图 2-22 以人为根设计网络空间的基本秩序

可以的技术思路包括：以人为根配置唯一的、终身不变的社会身份标识号，以此唯一社会身份标识号为基础，在有效的身份核验基础上，分别为领域区域、网络应用、网络终端、认证因子等运营方衍生作用域内的社会身份的映射标识；统一监管规则下的认证因子服务方，为多维认证服务方提供人脸、声纹等生物特征、法定身份证件、手机短信验证码、数字证书等因子验证服务；统一监管规则下的多维身份认证服务方，根据国家有关实名要求和网络应用服务者的需求，组合认证因子验证能力和活体挑战等验证措施，为网络服务者提供多维认证服务；认证服务方将多维认证结果以接口服务形式向网络应用服务方提交认证结果的同时，也可以以实体卡证、静态二维码、动态二维码、数字证书、唯一昵称、视读图像、语音播报、唯一标识号、射频电子标识、电子文件等多种形态，为不同场景提供个性化呈现服务。

在网络身份管理服务框架和技术能力体系的技术保障下，通过法律政策、标准规范、管理治理、能力服务、应用负载等体系的设计和实施，形成科学、权威、安全、高效的国家网络身份管理以及国家和社会共同运营的身份认证服务体系，构建网络空间的复合认证、动态信任管理和服务能力，形成可信、安全的信任传导链。这既有利于保护公民个人信息，又能构建网络空间科学的信任体系，促进网络空间的整体安全。

构建国家网络身份管理制度和社会服务能力体系，是一个复杂的人类工程、社会工程、国家工程，涉及法律、政策、管理、服务、技术、应用等方方面面。国家致力于制度性、规范性设计，社会企业机构和个人则致力于服务能力、技术开发、应用创新、行业自律、个人自觉等方面的建设和落地。国家、社会、个人通过久久为功的执着与实践，一定会在人类社会、物质世界与虚拟空间之间架构起一座互通、可信、权威的桥梁，在虚拟空间构建起以人为根的可信任、可追溯的治理秩序。

5. 身份和权属体系

虚拟空间通过数字身份认证体系、权属关系、价值体系，与人类社会、物质世界相连相通。在虚拟空间中，不仅对数字化的人构建身份体系，对镜像在虚拟空间的物质世界、人类社会的事物及虚拟空间独创的虚拟事物，也会构建终身有效的身份体系。通过不可篡改、可标记、可读取、可认证、可跟踪、可信任的身份能力，在虚拟空间中构建起了人与人、人与事、人与物的关系链条，形成人格权、物权、财产权等权属体系。人类通过多维的身份认证和持续信任评估，以科学、权威、安全、可信的多维认证在虚拟空间中形成真实的身份投射和通行，为虚拟空间的身份确认提供根本性保障。物质世界和人类社会在虚拟空间投射的所有事物，都会被赋予唯一的虚拟空间身份和标识，支撑虚拟空间的秩序治理和三个世界的事物统一。

由于数据的可复制性，虚拟空间里权属关系的建立、保全、确权、证明等保证体系是关键的基础设施。尤其对财产权、物权、人格权等关键权属，与数字货币一样，会利用特定数学难题和算力对抗等技术特性来构筑公私钥基础设施的应用体系，构建权属确立、权利确认、智能合约、交易控制等能力体系，保障虚拟空间的个人信息安全、财产安全、资金安全。

6. 对虚拟空间建模

在持续身份认证、信任评估和价值评价、认定的基础上，人类正在虚拟空间中建立信任评价、数字货币、权属保护、交易控制等核心业务支撑能力体系，以及虚拟空间资产分类分级、安全防护、动态访问控制等安全保障支撑能力体系，构建虚拟空间运行秩序，保护个人和组织在虚拟空间中的合法权益，保护虚拟空间的人和财产安全。身份认证体系、权属关系、价值体系让三个世界相互作用、相互影响，促进人类在三个世界中不断地创新、创造。

在虚拟空间里，人类意识对信号的输入、数据的处理、成果的表现等控制，都是通过人类编排模型来指导驱动相关引擎实现的。对虚拟空间建模就是用数字化建模技术，对支撑虚拟空间运行的 IT 基础设施、身份认证基础设施、虚拟资产基础设施、安全保障基础设施和虚拟空间业务系统等关键平台和系统要素，构建虚拟空间关键要素、总体构架、体系结构、运行关系，以及虚拟空间与物质世界、人类社会的关联关系。

虚拟空间建模仍然是以人为中心的，历史的、文化的、艺术的、科技的，更多历史人物、更多历史场景、更多文化遗产的引入，结合现代物质世界、人类社会更广维度、更细粒度的数字化，虚拟空间的要素和关系将异常丰富，文化、艺术、科技组合创作的想象空间会更为宽广，人类在虚拟空间中通过数字化创作，结合虚拟现实（VR）、增强现实（AR）、混合现实（MR）等呈现技术的使用，历史重现、历史重放、历史演绎会更加绚丽，精神文化会给人类带来更多、更美的幸福感、获得感。

2.5.2 对行业建模

对行业建模就是对行业进行科学定位，以行业的概念体系框定行业的内涵和外延，以行业的本质特征确定行业的领域范畴、关键对象、作用边界，以领域的视角确立特定行业在物质世界、人类社会、虚拟空间的总职责、总要求、总任务、总担当，构建行业的关键要素、总体框架、层次结构、运行体系、关联关系，确定行业主要的业务类型、业务模式、业务关系、业务指标体系，确定行业的运营治理、安全控制、运行管理体系，以及行业的体制机制、基础设施、人力资源、科学技术、资金治理等保障体系。

1. 对行业建模概述

行业是在人类社会体系中，对从事同类劳动、生产同类产品、提供同类服务的活动，以及支撑同类活动运转的相似性质组织、相似劳动技能、相似技术方法、相似运行模式、相同规则制度等要素和关系的总称，是对物质世界、人类社会、虚拟空间进行社会活动划分、经济结构构建、资源分类配置、社会治理控制等的分类体系。行业是跨物质世界、人类社会、虚拟空间而存在的。

行业具有时空性。在人类历史的不同时期或者同一时期的不同区域范围，行业的类别划分、行业的发展形态、行业的治理管理都会发展，也可能发生改变。

一般来说，一个行业分类体系是一个国家的国民经济体系中对政治、经济、文化、社会、生态等活动概念定义的重要组成部分。有时，一个行业在不同国家甚至一个国家的不同地区，行业分类和行业内涵可能会发生变化。有的行业甚至会跨越国家的疆域，在全球形成某个行业的一体化，比如医疗行业、钢铁行业、能源行业、IT 行业、通信行业，等等。

数字化时代的行业建模需要在明确行业分类、行业定位和主营业务、业务模式、内务、保障等关键要素的基础上，重点围绕行业网络化、数字化、智能化进程和行业高端信息化、业务智能化、行为规范化的目标，开展行业的数字化总体布局，明确行业的信息基础设施、网络架构、资源体系、业务体系、安全保障等关键要素，构建行业的资源体系、能力框架、治理结构、技术架构，明确行业的场景、对象、要素、知识、业务等主体构成，形成覆盖行业业务、适合行业特点、满足行业需求、优化业务模式、促进规范运行的数字化能力体系（见图 2-23）。

对行业数字化建模，需要厘清和抓住社会体系、业务体系、运转体系三个方面的行业本质。首先需要确定行业在国家、社会、人类事业中的定位，是生产制造服务，还是社会治理管理，明确其面向社会时的主要作用领域、作用对象、作用性质。其次要明确行业的业务体系，按照生产制造、商业流通、公用事业、社会治理等领域分工，分别系统性地构建针对作用对象的业务框架，形成塑造高阶信息化、业务智能化、操作规范化三方面数字化目标的能力体系。最后是要构建行业内务运转的基本范式，使行业在资源组织、决策管制、指挥调度、统一行动、统一保障等方面具备规范性、标准化。

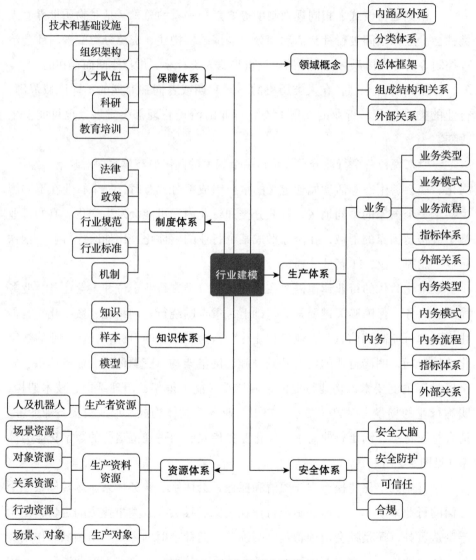

图 2-23　行业的概念建模

对行业数字化建模,应憧憬行业智能化愿景,科学描绘行业数字化蓝图,明确好数字化转型方向,锚定全域感知、全面融合、全维认知、全局共享、全景应用、全程监管的行业数字化、智能化总体目标,构建统一的资源大市场和智能大引擎,以业务实战场景为中心,实现资源智能推荐和精准按需投放。

对行业数字化建模,应围绕行业智能化的总体目标,对行业各类资源及相关外部资源分门别类地开展资源建模并构建全局性、标准化的资源目录体系,以元数据的形态实现一切资源化、资源目录化、目录全局化、全局标准化,促进行业数字化资源的智能发现、统筹调度、使用共享。

对行业数字化建模,应围绕网络化、数字化、智能化目标,重点对资源体系、运行平台、安全策略、基础设施、运行网络、标准规范等关键要素进行规范性、系统性地分类建模,明确这些要素的关键属性、关键结构、关键关系、关键方法等行业模型共性特性基准,实现全行业的资源全局统一、运营服务有序、安全策略恰当、运行网络通畅、基础设施高效。

对行业数字化建模,需要对行业数字化开展总体布局的建模,总体上构建以总部为中枢、以区域/领域为重心、以中间为纽带的布局,形成扁平化、高效率、低成本的数字化技术资源和能力流通共用共享体系。对于社会治理行业,政府可考虑构建以中央为中枢、省级为纽带、城市为重心的资源和能力布局体系,实战单元既可以在本区域内按需使用本地资源,也可以从中央聚合的全局资源总目录和核心要素的总关联、总索引、总导航中,发现及调度全局性资源。对于行业的企业服务,企业可根据自身特点,采取集中式或逻辑集中、物理分散的总体布局,形成云、边、端统筹协同的一体化资源动态编织、智能配置和精准投放能力体系。

对行业数字化建模,最主要的任务是全面梳理行业的业务体系,分门别类地建立业务的运转模式、运行流程、节点定位、资源保障、操作规程、控制规则等数字化的处理模式。通过业务场景的数据化、标签化、关联化,一方面能驱动各类同样数据化、标签化了的资源因标签趋同、关联拉通而自动向业务实操场景聚合,精准投放业务场景所需的资源,实现行业业务实战和内务管理**高阶信息化**。另一方面,通过对社会场景实时明细数据和行业动态鲜活主数据的智能化模型分析，主动推送高价值情报线索，从无到有，自动精准投放，早发现、早预报、早行动，实现行业业务情报工作的**智能化**。再一方面，业务工作规范的模型化、业务场景的数字化、资源服务的精细化，将业务规则、合规控制、安全管理等变成数字化的动态控制策略，让流程和操作的控制与业务的开展丝丝入扣、如影随形，使领域生产和安全控制更加精细、更加恰当、更为科学，实现行业业务实战和内务管理的**规范化**。

对行业数字化建模，关键是要利用建模指导构建行业的能力生成体系。要规划行业的数据建设、业务建设、技术建设、知识建设、安全建设等全维资源建设和能力建设任务，明确行业数据资源、模型资源、知识资源、行动资源、AI 资源、人才资源以及计算资源、网络资源、中间件资源等资源的基本要求和标准体系，为各类资源构建基本要求模型。应重点确立行业的主数据，对核心要素、主题对象构建基础要求模型，以基本要求的形态构建统一的全局性行业标准和规范。

更重要的一点是，行业建模还需要在其行业模型上增加道德、伦理、规范、法律等管控子域的建模，限定好在经济活动、社会治理、企业服务等方面可选择的属性、可建立的关系联系、可开展的活动类型范围，并通过度量精度、敏感程度等精细化保护的量化建模，不断丰富动态控制的策略模型，保障行业内生产和安全的协调统一，确保资源配置的依法合规，好用够用。

2.医疗行业数字化建模

下面，我们以医疗行业为例，对医疗行业数字化建模进行讨论。

医疗行业是以人为本，以人的生命健康为目标，提供相同劳动形态、健康产品、医疗服务的活动总称，核心定位是对人的生命周期的健康管理和控制，这是医疗行业面向的社会定位和总体业务体系。医疗行业就要抓住为人类卫生健康和病症监测、发现、诊疗之根本构建医疗领域模型（见图 2-24）。

医疗行业追求的生命健康是人生三大核心追求之一，也是人生追求物质丰富和精神充实两大目标的前提。对于人类个体而言，没有生命健康，物质丰富和精神充实毫无意义。

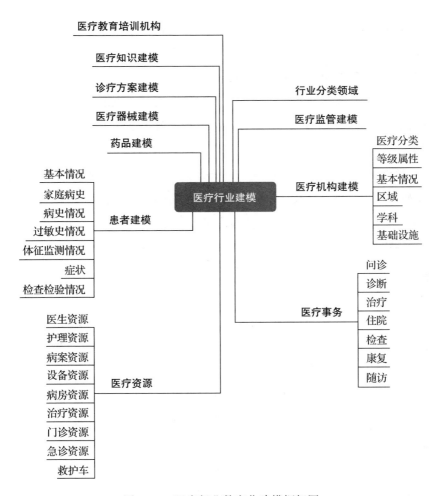

图 2-24　医疗行业数字化建模框架图

生命健康是人类社会共同的追求，是人类社会发展的基础，所以，医疗行业是最应该实现全球一体化的行业。《人类简史》开篇就为几千年来人类面临的三大问题——饥荒、瘟疫、战争给予了乐观的定调，在人类进入第三个千年之际，三大问题虽还算不上被完全解决，但已经从过去的"无法控制"转变为可应对的挑战。随着人类生产力、生产水平的提高，以及物质生活和精神文化的极大丰富，人们对幸福、美好、健康的生活追求正成为人类发展的最大动力。作为人生三大需求的基石，维系生命存续和强健体魄的医疗健康行业正成为国家经济活动中最基础、最核心的组成部分，其经济规模占据国民经济的核心地位，大健康行业占GDP（国内生产总值）的总体比例正在逼近8%。可以预见的是，大健康行业的GDP占比还会持续提升。

医疗行业是国家重点保障、政策重点监管、行业重点改革的领域，医疗资源公平化、医疗服务均等化和缩小差距、健康扶贫等已经上升为国家意志和行动指南。

医疗行业属国民经济的"卫生"一级分类体系。卫生事业是国家和社会在防治疾病、保护和增进居民健康方面采取的综合性社会公益行动。医疗行业是卫生事业的主要组成部分，主要包括关键医疗行业业务要素（如医生、患者、药品等）和医疗行业能力生成要素（如病例、医保、医典等）。其中，医生、患者、药械是医疗行业的三要素，医疗机构是拉通医生、患者、药械三要素的传统场景构建者。

从本质来说，医疗的本质是用成熟、对症的监测方案、检验方案、诊断方案、治疗方案、康复方案去发现、刻画、评估和干预病症。医生、医疗机器人、护理人员等都只是诊断方案、治疗方案、康复方案的执行载体，患者也只是从医疗技术视角看到的病症载体。医院等医疗机构只是聚合医生、护理人员、患者、药品、医疗器材、环境和经典医疗知识方案的典型容器，是医疗场景的典型构建场所。

医疗场景可以在包括医院在内的任何物理环境下布置和展开。事实上，在家庭、街面、战场、树林、旷野、海上、天空、太空等任何环境下，只要有病症，就会有医疗场景。只要有医生、药械、患者，就可以成为典型的诊断、治疗场景。在极端情况下，患者自己或患者身边人都可能要为患者的病症开展应急的诊断和干预，形成非典型应急医疗场景，比如现场心肺复苏、公共场所除颤仪配置使用等。

因此，医疗行业的数字化、智能化，要以患者为根本、以对症干预为中心，坚定诊疗资源动态按需、智能推荐、精准投放的目标方向，搭建健康医疗大数据智能化中台，并以智慧医疗为大底座，在法律、伦理、质控的监管框架和安全、可信、合规的管控之下，全域感知、全面融合，不断迭代和持续丰富患者、医生、药械等核心医疗要素的特征体系和精准画像。构建面向全域的病症监测、发现、评估、干预诊疗的智能引擎和诊疗能力体系，不断融入新的研究成果，构建丰富的、精细化的诊断、治疗、康复方案和知识体系。持续研发对症的优秀药品和智能协同的医疗器械，持续培养经验丰富、操作熟练、医德仁厚的医生、护理人员资源。通过实时、全面的患者场景体征感知和识别提取医疗特征，智能驱动大基座的引擎适配恰当的诊疗方案，动态拉通救护、监测、医生、药械等医疗资源和知识模型，逐步实现智能诊断、智能决策、智能干预、智能康复的医疗数字化和智能化目标（见图 2-25）。

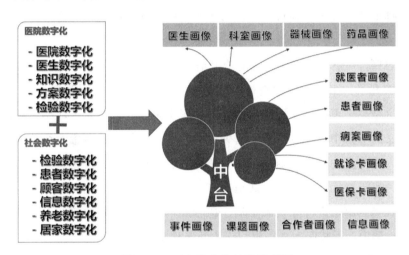

图 2-25　医疗数字化思路示意图

3. 对医疗机构建模

对医疗机构建模，首先要对医疗机构的定位进行界定。以医院这个典型医疗机构为例，在当前医疗制度下，医院是集健康监测、问诊、诊断、治疗、康复、配药、检查检验、体检等多功能为一体的医疗综合体，医生、护理人员、药械、医疗基础设施及知识体系等资源是以医院这个单元组织在一起的，这种典型的医疗资源集成方式和患者大病小病上医院的健康管理模式，仍会是今后很长时间的主流社会医疗业态。

随着感知设备、互联网、移动通信、物联网、大数据、人工智能等的技术进步和互联网新业态的发展，平台下单、快递上门、移动支付等先进购物模式让商品供给与物质需求的场景变得便捷高效、伸手可及，网络社交、网络学习、文化艺术、网络娱乐等让人类的精神需求得到持续丰富。人生三大追求里的物质丰富、精神充实已经因为数字化技术的应用而得到很大的满足，而作为基石、前提、基础的生命健康的追求，仍然停留在以医院为中心的现行主流医疗模式中，未有根本突破。

现在主流的医疗模式是"以医院为中心"的，医生坐在医院里等患者上门，患者初到医院，由于对医院环境生疏，往往东跑西问、无所适从，好不容易挂上号、排上队，终于轮到自己时，由于患者医学知识匮乏，对自己的病症表征不清、表达不准，医患双方的话语空间不匹配，沟通效果不佳，医生只能从双方交流的只言片语里捕捉到可能的价值信息，为了获得可资排除或确认的结论，医生只能开了一张又一张检查检验的单子，让患者又陷入漫长的排队、检查、等待、拿结果、再挂号、再问诊的循环，医生很委屈、患者更煎熬，病症往往在无意义的等待中越拖越严重，错失了最佳干预时机。一些患者往往惊恐于个别医护人员冷漠的态度、陌生于医院的布局、疲惫于来回折腾、无奈于漫长的等待、回避于对病症的恐惧，甚至有症不诊、有病不治。社会中不少人对现行医疗模式暴露出来的医疗资源不均、患者成本高企、医院效率低下、精神上折磨患者、精力上折腾医生、医患纠纷不断等现状存在不满。

移动互联网、物联网、大数据、人工智能等新技术、新应用、新服务在生命健康这个领域中获得突破，卫生健康领域"以人为本""以患者为中心""数字化医疗""医疗供给侧改革"等新理念、新思潮、新思维、新模式才能得以实现，最大化解放医疗资源，解救患者于疾苦，正成为现代医疗模式改革创新的责任和担当。积极的因素正在集聚，好的情况正在出现，部分互联网问诊、随访、咨询、预约、挂号等非核心业务开始在网上运行，由医院、社区医疗机构、检查检验机构、药店等组成的互联网形态的医共体也正尝试运行。

但是，暴风雨还不够猛烈，在国家监管、医疗行业、医疗企业、医生群体等医患供求关系的关键方面，还没有足够的准备，思想上、理念上、政策上、体制上、体系上、能力上、技术上、保障上都需要强力的冲击和突破。

让我们憧憬一下网络化、数字化、智能化下的数字化医疗机构的新型运行模式。

按照"以人为本"和"以病症为中心"的理念，医疗机构作为拉通患者、医生、药械、知识等关键要素的场景设计者和场景提供者，应以提供患者病症的干预处置为主，以发现、刻画、评估患者病症为辅。在智慧医疗的大体系下，患者在确定要去医院前，已通过网络问诊、个人监测、居家监测、社会监测、健康体检、社区检查、专业机构检查检验、医疗随访、家庭医生等多种途径，获得了全时空、多视角、多手段的体征数据（见图 2-26）。

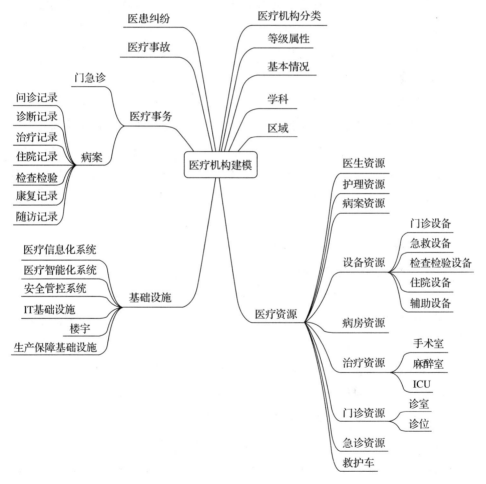

图 2-26 对医疗机构建模框架图

这些从多种社会场景中获得的个人体征数据，应该已经汇集到国家或国家指定或由个人指定或家庭自营的个人医疗健康大数据中心，为个人健康档案提供了丰富的一手数据资料，已经具备通过加载医疗机构或医典知识模型开展健康分析的数据基础条件。

智慧医疗体系以患者为中心，在合适的地方构建了患者全生命周期的全息健康档案和动态全时空体征数据，通过个人的授权，相关医疗方面已可以提前开展个人的大数据模型分析。在个人授权和多方诊断分析模型的加持下，医疗大数据分析引擎会对个人动态健康数据开展分析计算，从而得出系列病症指标结果数据，并自动或辅助医生给出初步的可能风险结论，提早发现患者的健康风险。根据体征数据的健康分析结果和提前预置的通知策略预案，可以向个人预设的医疗机构、医生及患者或患者监护人进行初步预警。

智慧医疗辅助决策引擎，根据患者的病症指标、智能初诊结论及相关医疗机构的资源匹配分析，推荐出患者应在何时、到何医疗机构、在何房间找哪个医生，引导患者准备好下阶段面对面的问诊和诊断。在出发前，智慧医疗机构还会通知患者一些重要的注意事项，比如空腹、停药、穿着，等等。同时，智慧医疗体系会及时通知相关医生、医疗机构及相关资源方，做好患者到诊的准备。

在此智慧医疗体系下，医疗机构将成为整个智慧医疗体系的重要一环，承担着整个病症发现、刻画、评估、干预、康复等闭环中关键的环节，给出医学干预的方案设计，开展麻醉、手术、唤醒等最高风险的医疗干预行为。

在此智慧医疗体系中的医疗机构，对医疗干预事前、事中、事后的全部要素进行数字化建模，对医生、护士、手术室、麻醉室、药品、器械、血浆、辅材、环境灯光、远程专家、MDT（多学科联合会诊）等各种要素，构建数字化的要素模型，设计对各种要素动态识别、标注、读取、变更状态等的处理方法模型，并纳入医疗机构的数字化医疗平台按需调度和使用。

为了智慧医疗机构的更高阶数字化、智能化，除了对上面提及的与医疗干预直接相关的要素建模外，医疗机构的建筑、设施、家具等保障型基础设施的设计、配备、布局、摆设、设置、功能、数量、载荷等，也要纳入数字化建模任务表。让医疗机构的一切事物及其调度、使用的过程都朝着电子化、数字化、信息化方向进化，才能让医疗机构的一切资源围着患者转、围着病症（病案）转、围着手术等干预行动转。

4. 对医生建模

医生也是人。对医生建模会转化对人建模的成果，将跨领域构建的人的模型中与医疗行业有相关性的基础属性、关系、活动，关联或继承到医生建模中来，成为医生模型的基础特征。对医生建模，更主要的任务是对医生构建医疗领域或与医疗密切相关的领域的实体、属性、关系、活动等特征。

在智能化医疗体系中，医生就是一种资源。为了使这个资源最恰当地发挥价值，我们需要对医生进行数字化建模（见图 2-27），构建医生该有的属性、关系、活动和方法等特征体系，科学地、动态地关注医生的数字化基本属性、教育情况、学术情况、个人特长、学科能力等，关注医生积累的诊疗方案、技法战法、知识模型、学术成果等，关注医生的学科分类、从医记录、已获得荣誉、已成功或失败病案、荣辱记录、口碑情况等，关注医生的从业情况、病案经历、排班空闲情况等。

在智慧医疗平台上，医生按照建好的数字化模型，被引导着注册、更新、展示个人的关键特征。在工作时间，医生可以像滴滴平台司机那样挂牌上线，智慧医疗平台会根据医生的学科特长、临床经验、工作状态和当前所在的位置等特征情况，主动分配在线或线下的患者与医生建立关联，承接问诊诊断、方案设计、干预治疗、病症分析等任务。

由于医生接触的是患者敏感度最高的隐私信息和最宝贵的生命安全，对医生的建模，除了要考虑医生的业务能力、创新能力外，医生的道德、精力、习性等非业务能力也非常重要，如何在有效隐私保护的基础上，更好地动态收集和合理利用医生的这些信息，也是医生建模的重要方面。

5. 对患者建模

患者也是人。对患者建模也会转化对人建模的成果，将跨领域构建的人模型中与医疗行业有相关性的基础属性、关系、活动，关联或继承到患者建模中来，成为患者模型的基础特征。对患者建模，更主要的任务是对患者构建与医疗相关的实体、属性、关系、活动等特征（见图 2-28）。

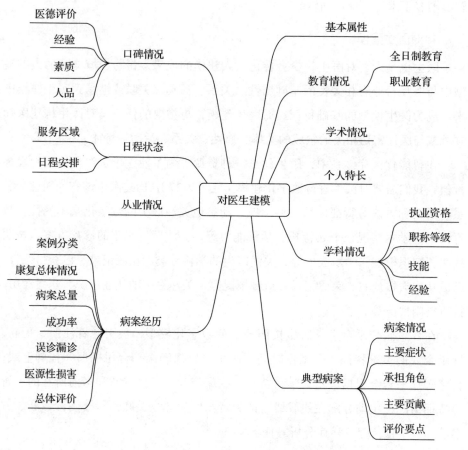

图 2-27　对医生开展数字化建模框架图

患者往往由于载荷了病症，而表现出发热、咳嗽、疼痛、溃烂、消瘦等症状。当然，也有无症状或无明显症状的感染者。所以，从对人建模到对患者建模关键在于既要识别、构建与病症相关的、表征出来的医疗域实体、属性、关系、活动等特征，也要把与病症有关而未表征的医疗域特征识别出来。

人之所以出现病症，除了因为直接的基因缺陷、病毒细菌感染、毒素侵入以及外部伤害等的存在，还与生活习惯、饮食习惯、工作环境、心理压力、运动锻炼等很多间接因素相关。

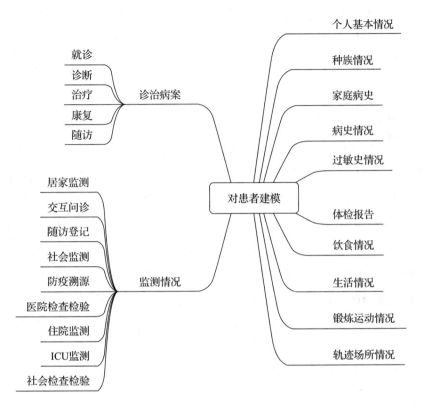

图 2-28　对患者开展数字化建模框架图

对直接诱因和间接因素的报告、登记以及对症状的监测、识别是感知人健康与否的关键。对患者建模，就是要尽可能地让报告、监测的场景覆盖更广、手段更多、维度更全、度量更精，让实施感知的场景和时机更佳，通过建模构建全面科学的报告、监测、识别等方法、指标、度量标准体系。

对患者的病症诱因域的建模，要重点关注与基因相关的种族、地域、生物学关系、家庭病史、生活环境等属性、关系；关注患者自身的病史、过敏史、用药史、体验报告医嘱等直接与医疗或健康管理相关的属性、关系、活动；关注与病毒、细菌、毒素等侵入相关的实体、属性、关系、活动；关注生活习惯、饮食习惯、工作环境、运动锻炼情况、不良嗜好等与健康相关的属性、活动，等等。

对患者的病症表征域的建模，包括医生对患者观察得到的整体的姿态、步态、动作、形体和局部的溃烂、肿胀、变色、缺失、破损、形态、运动等；还包括心率、呼吸、喘息、发声等；体温、脉搏、膝跳等；X射线、CT、B超、核磁共振、多普勒等现代物理学检查检验，以及基因测序、血液指标、尿液指标、粪便指标等。

6. 对病症知识建模

病症是病因引起病果的表象。因是诱因、病灶、病变，果是病症的表象。因果关系规律是病理知识。产生病症表现的因果关系是一个十分复杂而庞大的知识图谱。医疗是一门寻因要求很高的多学科领域，尽可能地构建病症因果关系图谱并持续地丰富迭代，持续提高人类诊断的质量和效率，是医疗界神圣且永恒的责任和使命。有因有果的干预，方能有的放矢，好的干预方案是人类医学不断追求的目标，共享干预方案是负责任医疗的发展方向。

对病症诱因域的建模，要重点关注种族、地域、生物学关系、遗传、生活环境等属性、关系；关注病症关联、用药关联、器械关联、治疗关联等；关注与病毒、细菌、毒素等侵入相关的属性、关系、活动；关注生活习惯、饮食习惯、工作环境、运动锻炼情况及不良嗜好等健康相关的属性、活动，等等。

对病症表征域的建模即对通过观察、测量等办法发现患者因病变而表征出来的特征进行表征域建模，包括人类视觉观察得到的整体的姿态、步态、动作、形体和局部的溃烂、肿胀、变色、缺失、破损、形态、运动等，还包括患者对自己的酸、麻、胀、痛、痒、燥、热、晕、平衡等切身感受而以语言表达出来的病症表象。人类视觉观察可以是医生直接用眼睛观察患者实体或普通光学设备所成的图像，也可以通过现代物理学测量方法重构的图像来支持人类视觉间接观察，比如X射线、CT、B超、核磁共振、多普勒等。医生可通过人类听觉观察心率、呼吸、喘息、发声等表征异常，还可以通过人类触觉观察体温、脉搏、膝跳等表征异常。在现代医疗实践中，通过生化反应、实验观测进行患者病症表征测量结果，是医疗领域诊断病症的主要评价指标，主要包括了对基因测序、血液、尿液、粪便等指标的建模。

对患者的病症表征域建模，除了对病症表征的特征建模，还要对表征获取的手段、场景、设备能力等方法体系建模，尽可能做到监测场景、监测手段对病症表面体征指标的覆盖，既要深化医疗机构尤其是医院的体征监测手段的能力和监测方案，也要将体征监测时间、空间覆盖到关键时点、关键场景，以获得更典型表征指标的状态。

同时，要通过国家、家庭、个人和社会的共同努力，逐步构建起覆盖院内院外的立体化体征监测手段体系。在院内，通过问诊方案、检验方案、ICU 监测方案和辅助手段的能力优化，提升交互问诊、检查检验、住院监测、ICU 监测的效率、精度和结果接口输出。在院外，需要多方共同构建个人监测、居家监测、到访检测、社会检查检验等监测手段体系和监测能力，并实现接口规范、资源共享。

在医疗行业建模中，还有各种医疗经验、医疗资源、医疗设施的建模都是医疗行业建模的任务，比如诊断方案、治疗方案、康复方案、药品、医疗器械以及医疗保障、医疗教育、医疗制度，等等。

只有对医疗行业的组成结构、主要实体、关键属性、关联关系、重要活动、运行规则进行有效的建模，才能促进行业的标准化、资源化、规范化。同时，开放的建模框架和建模规范既有利于医疗行业机构的业务建模有章可循，更能够促进行业内机构、医师等主体开展能力创新、方法创新、模式创新，推进医疗行业模型的迭代更新，促进行业的不断创新和可持续发展。

2.5.3　对业务建模

业务是什么？业务是政府开展社会治理或企业、个人开展商业处理的活动，是构成行业领域实战的一件件事务。

对政府部门和行业领域的业务建模即围绕政府或行业内组织开展的各种类型业务进行建模。一方面包括生产管理服务业务，主要是围绕领域事务流程管理的信息化、价值风险管理的智能化、事务操作合规管理的规范化等目标而开展的生产、调度、管理、服务等事务性实战工作。另一方面包括内部管理治理内务，主要是围绕组织架构治理、构建组织秩序、开展业务保障等目标而开展的组织内部的治理、管理、处理、服务等事务性运转工作。

对组织开展生产管理服务业务建模，我们需要先从业务本质出发，归纳、抽象出组织的主要业务类型及业务对象、业务模式、业务流程，明确业务评价的指标体系，通过科学设置每个指标的度量目标来构建业务的评价体系。

一般来说，每个行业组织的生产管理服务业务都会有两大业务类型，一类是面向事务的被动业务任务，需要通过规范的流程来牵引业务工作的有序运行。另一类是面向情报挖掘的主动业务工作，需要通过业务对象的主动经营并持续开展建模分析，从对象数据或场景数据中挖掘价值和发现风险，以情报引领、主动牵引业务开展。

以情报为起点是主动业务工作的核心体现，是领域事务从无到有，对价值或者风险从未知到已知的过程。在数字化时代，搜集情报原始素材的工作技术化、自动化、智能化越来越普遍。自动化收集的原始素材经过自动化提取、关联、打标以及领域业务分析模型加持下的加工分析，会产生第一手的价值或风险的情报线索，再经人工研判或自动研判而形成需要业务部门、业务人员介入的领域事务性工作事项。

指挥体系是现代业务模式运行机制中的重要组成部分，主要任务是针对重大、复杂、影响面大、跨领域、跨层级、跨部门的价值或风险事项，通过调度调配资源、协调指挥行动、收集分析趋势、评估事态发展，实现价值的科学利用、风险的科学化解。指挥体系还应该在长期的价值和风险事项应对中总结、归纳、提炼，分门别类地编制价值或风险事项的应对预备方案，从而逐步提高事项指挥调度工作的效率、质量，甚至通过不断地优化迭代，形成自动化指挥调度的预案，实现指挥调度工作事项的逐步智能化。

行动体系是领域开展业务的操作性事务工作。行动是领域工作人员主要的实战型工作任务，是对外产生领域生产力或领域管控力的主要表现形式，是领域作为一个系统对系统外的事物产生作用、影响而体现价值的主体部分。对于生产服务型领域，一般包括了对外的基础设施构建能力、需求收集转化能力、企业经营销售能力、产品服务投放能力、品牌影响力传播能力。对于社会治理型领域，一般包括了对外的关键目标精细管理能力、动态防范能力、主动管控能力、恰当干预能力、系统宣传能力。

勤务体系是领域生产服务和社会治理事务得以顺利实施的保障能力体系，一般包括人力、物力、资金、技术、通信、交通、后勤、环境营造、安全防护等。这些勤务要素通过配置、就绪、使用以及相互协同，构成各种领域业务实践尤其是业务行动执行现场的保障能力生成体系。在数字化时代，我们需要对各种保障要素及其实体、属性、关系、方法等特征进行科学的组织、标识，以便在业务实践场景中，将勤务要素和场景通过两方的特征体系，自动化地进行关联拉通和智能化推荐配置。

舆情体系主动收集社会对领域生产、服务、管理、治理等业务实践活动的社情民意，用以评估领域业务工作事项的社会作用、社会效果、社会影响，并通过合法、合理、合情的情况通报、信息互动、主动宣传，及时回应热点领域事件和社会关切，取得领域实践和社会效果的同频共振。舆情体系是领域实务的重要组成部分，快、准、细、精的科学舆情体系可以让领域实践事半功倍。因此，围绕科学舆情体系，领域应该针对性地提前构建舆情预案，并通过推演、训练、迭代，形成科学的舆情预案体系，通过预案的能力特征智能、动态地匹配相应的舆情现场，快速、准确、科学地应对舆情。

业务顺畅和智能化就是围绕价值和风险，构建情报、指挥、行动、保障、舆情的统一体。情报—指挥—行动—勤务—舆情，是领域主动业务、业务智能化的一个完整业务闭环。对这个闭环进行关键场景的精细化建模，标识出环节关键场景的特征体系，既可以促进对场景精准推荐与场景特征相匹配的对应资源，还可以在前后场景间以场景特征的状态调整、特征匹配，自动牵引闭环内场景间的智能流转，提升业务效率和业务质量。

在数字化、智能化大潮下，不管是事务型被动任务，还是情报型主动业务，都需要聚合各类相关资源，通过大数据的融合、处理、分析，持续对领域事务、领域对象进行数字化，丰富事务、对象的特征维度，提高属性、关系的度量精度，并在多维特征、精细度量的高价值数据和数字化知识模型的双重驱动下，为具体事务处理场景和特定对象评估场景持续不断地投放资源，使事务信息化变得更加高阶、情报的智能化变得更加智慧。

1. 对智能化情报业务框架建模

业务的本质就是在价值和风险的发现、刻画、评估、干预闭环中周而复始。在领域中，这样的业务闭环作用在体现领域本质的对象、目标之上。这些对象、目标一般是领域需要面对的人员对象、事件/案件对象、商品/物品对象、组织机构对象、场所部位对象等。在碎片场景中发现具有价值或风险的对象并识别未知对象，或者从已纳入关注的对象目标的关联行为活动中发现价值或者感知风险，都是主动型业务范畴，也是智能化领域业务的主要业务模式，是数字化转型的能力发展方向。

对主动型的情报业务工作框架建模，核心是要围绕情报的生命周期进行建模。当然，要想让情报工作取得良好的效果，在开展情报工作之前，还有一项不得不重视的工作，即要开展情报分析的对象持续经营迭代，夯实对象的基础特征信息和关联触角，为关注的对象源源不断地链接到动态源头数据打下坚实的分析基础。如果没有新鲜的源头数据，再强的算力、再好的模型也是无源之水、无本之木。

以医疗行业的情报业务为例。医疗行业的情报工作是医疗数字化、智能化的发展重点，也是医疗数字化转型、医疗改革和医疗发展的方向，以真正落实"以患者为中心"理念的唯一路径。医疗行业的情报业务以主动发现和干预患者的病症为主要目标，发现在早、诊断在准、干预在小，处置在病情发展的初级阶段，甚至是发现苗头及早介入，通过健康管理预防病症的发生，通过及早干预，防止病症拖延严重。

2. 对事务型业务框架建模

对日常的事务进行数字化建模，重心是围绕已经进入流程的事务，在大数据智能化体系中通过业务场景驱动，主动地为业务场景精准、智能地推荐资源，实现事务工作的高阶信息化。

业务能力的外放是生产服务和社会治理形成社会作用和社会影响的着力点，是围绕供需夯实服务基础、转化社会需求、构建供需场景、投放产品服务的价值释放闭环，以及围绕社会风险构建领域治理、风险防范、预警控制、干预打击、共识宣传的风险化解框架。

基础管理、严密防护、精细控制、定点干预、强大宣传这五大环节，是做好很多行业的业务尤其是卫生防疫、公共安全、应急管理等社会治理业务工作的范式，通过对这五大环节的处理和工作框架进行建模，可以快速有效地构建业务工作模式，解决大部分事务工作规范化、科学化、流程化的问题。再加上大数据智能化条件下充分的资源智能精准投放，业务工作的效率和质量还会有更大提升。

要想让事务工作更加高效、更加科学、更高质量，我们就要对每个业务类型的事务以及事务的工作流程、工作环节、工作场景开展精细化建模，通过科学的工作流程框架把动态、智能的处理环节、业务场景连贯起来，我们的事务型工作任务才能高效高质。

3. 对治疗事务建模

医疗的本质是用成熟、对症的监测方案、问诊方案、诊断方案、治疗方案、康复方案、随访方案去发现、刻画、评估分析和干预病症。医疗事务复杂且内容丰富，建模的任务也比较繁杂，体系化医疗事务建模工作很重要。

在各种医疗事务中，对智慧医疗方案开展建模是智慧医疗体系中基础性、动态性、长期性的工作，要体现循证医学的思想，在数字化和继承已有学科医疗研究的基础上，通过点滴积累、持续丰富、动态迭代，融合个人专业技能和业务经验，逐步构建全面、丰富、精细的对症医疗方案模型体系。因此，每个医疗机构建立的医疗模型，尤其是优秀的医疗方案模型，既会体现医疗学科的标准性、权威性，还会体现医疗机构的专有性、创新性，以及医生的专业性、独创性，这样可以促进学科共识、机构沉淀、医生经验的统一，促进医疗方案模型的百花齐放、百家争鸣。

在智能医疗场景中，每一个针对特定患者病症的智慧医疗方案的提出，都是在全面丰富的医疗方案模型体系的基础之上，引擎根据特定患者的病症特征与丰富的医疗方案模型特征进行自动匹配、动态拉通和精准推荐出来的。中大型或复杂的医疗方案再由医生或者医疗专家组设计并论证通过，小型、微创、无重大影响的医疗方案可能只需要由智能医疗平台推荐，甚至可以在无医生干预下完成治疗。

我们仍然以智慧医疗业务为例研究事务型医疗业务的数字化建模。一个医疗机构开展的事务型医疗业务往往很多，按照患者病症处理的流程，有问诊、检查检验、诊断、制订医疗方案、治疗、留院观察、随访等日常事务型业务。比如，对治疗事务型业务建模，就是以控制、消减、清除病症为目的，制订对症的治疗方案模型，在方案模型中，抽象出要素、结构、关系、活动，确定方案流程、处理逻辑、行为要领和控制要求。在治疗方案模型之下，还会再进一步细化为用药方案建模、手术方案建模等。

下面，我们以医疗业务中手术干预治疗方案为例来研究事务型业务的数字化建模。

对手术干预方案开展数字化建模，需要梳理手术事务中参与的对象要素、手术的主体流程、环节的处理规程、对象要素与外部关系、处理的操作行为要求等。手术干预方案建模中，还要充分考虑与用药方案、康复方案的关系，建立可无缝对接和有效接续的闭环。

对手术干预类方案建模，包括术前方案、术中方案、应急方案、术后方案，等等。

术前方案主要关注手术前的各种准备，为手术提供充分保障。比如：

1）物品准备方案：

器械：种类，型号，数量，状态，用法，用处。

药品：种类，型号，数量/剂量，用法。

辅材：种类，型号，数量，状态，用法。

血浆：种类，数量，用法，使用场景。

2）患者准备方案。

3）手术成员准备方案：

主术成员准备。

备用主术成员准备。

辅助成员准备。

远程手术组成员准备。

4）术中监测方案。

5）风险识别方案。

6）风险控制方案。

7）麻醉方案：

麻醉药品：种类，型号，数量/剂量，用法。

注射器材：种类，型号，用法。

使用场景：部位，注射方法，提前时长，作用时长。

效果验证：询问、测量、监测。

8）手术场地环境方案。

9）手术远程辅助准备方案。

10）最坏预期及确认方案。

术中方案是手术干预的核心，需要顺应人的生命规律、生理规律、病理规律，与死亡赛跑、与风险赛跑、与精力赛跑、与时间赛跑。因此，要力求方案的精细、高效、精准、协调。主要包括：

操作流程：从麻醉达效或非麻准备到位开始至手术流程全部结束，所有环节及环节关键要点的编排形成线性主流程和一系列并行辅助流程，编排各辅助流程与主流程的衔接点及衔接处理要点。

操作环节：前提确认，操作序列（处理逻辑），操作规范、操作要求、指标控制，现场监测、现场分析，环节确认，指标验证，等等。

术中研判：主术医师研判、现场小组研判、视频远程研判（第二意见）、智能研判推荐。

术中方案还包括应急预案等。

术后方案则侧重于患者术后的麻醉唤醒、安度危险期、医嘱、防止次生伤害、术后个人管理、随访管理等。包括：麻醉唤醒方案，体征监测方案，药物干预方案，术后注意事项方案，术后应急方案，术后质量评价方案，随访方案，等等。

4. 业务分析建模

业务分析是领域中基本的、神圣的职责，是行业里普遍、日常、永恒的任务，是体现主动业务、创新业务、变革业务的任务事项，是源源不断地挖掘价值、发现风险最有效的手段，是让业务工作不断适应社会形势变化，主动引领领域发展的强大动力源泉。

业务分析建模本质上继承了处理模型建模思想和框架体系，由领域专家、专业分析师、行业骨干、一线业务等多方人员，为了及时挖掘领域价值、发现领域风险，而根据业务职责需求、法规政策要求、社会关注热点和形势发展变化，对特定子域或特定类型的业务进行总结、归纳、抽象，找出本质规律，针对业务目标设计业务逻辑。通过开展加工、计算等处理流程和处理逻辑的编排，并依据样本数据和小规模实际数据的测试验证，设定指标体系，从而转化为对相关领域场景、相关核心要素、相关主题对象等业务特征的析出方法，转化为行业认知、数学计算等模型知识的成果积累，再通过在实际系统处理引擎上的模型动态加载部署，形成主动预警领域情报、线索的业务智能化能力。

业务分析建模十分重要。在数字化、智能化大背景下，行业领域规划管理者和具体的领域业务承担者都有很强的建模和模型分析的动力，创新发展的要求和降本增效的需求，都对智能模型分析寄予了期待和厚望。同时，业务分析模型背后承载的都是平常具体业务实战的积累和提炼，是业务技法战法、业务经验的表达，参与模型的相关要素、处理逻辑也都比较明确，模型的处理过程和业务逻辑一般也不复杂。因此，业务分析建模不是遥不可及的梦想。

长期以来，各行各业都会开展业务分析工作，最普遍的做法就是定期召开业务分析会、不定期地召开项目、事件、案件、形势的业务复盘会、分析会，也会以规范、指南、示范、样例等形式沉淀一些文档资料，这些沉淀就是原始的业务分析模型。

有行业或单位已开始针对关键业务和关键专题事项，开展有组织的建模活动，比如通过建模培训、比武、演练、会战等多彩的形式，总结、提炼、验证形成主题鲜明、应时应景、各具特色的业务分析模型，并以汇报文档、演示文稿、视频图像、原型系统等丰富多彩的形态表达意图、展示思路、昭示希望。

但是，很多建模运动往往只是纸上谈兵，并没能发挥出实战实效。要想让这些模型真正地发挥作用，只有把模型表达的业务技法战法与其所作用的场景、要素、对象、知识、事务等数据结合起来，让数字化引擎自动地计算、精准地推荐，才能真正地促进业务信息化、智能化、规范化。

当然，一些行业领域已从数字化业务分析建模和实际运行中获得了数据挖掘、动态分析、实时呈现等业务智能的创新红利。比如，在金融、互联网广告、电商等领先行业和一些诚信、信用、医疗、社会公共安全等重点业务领域，已经将业务分析模型的相关要素、处理逻辑进行了一定的数字化，通过计算机系统来构建针对性的加工模型、存储模型、表达模型，将模型相关的要素、处理逻辑等变成了计算机分析引擎可识别、可解读、可处理的数字形态，并通过数据的流入或变化，触发处理或定时的任务调度，开展自动化的模型运行，源源不断地输出分析成果。

业务分析建模和运转的数字化工作，涉及场景明细数据、行业知识参考、业务主数据等数字化的前置准备，还需要优秀的可视化建模工具和标准化模型分析引擎等数据处理平台的准备，以及支撑数据模型分析的计算、存储、网络等基础设施和数据库、AI、NLP（自然语言处理）等中间件软件的准备。

在当前数字化发展的初级阶段，除了基础设施、中间件软件等准备条件可以通过一定的采购得到基本满足以外，引擎、工具等数据处理系统、行业的数据知识的准备也需要开展一定的规划、设计、建设、运营，才能逐渐具备按照数字化模型计算和推荐的基本条件。

在业务分析建模的技术、产品、方案成熟度不足与业务智能化迫切需求存在严重落差的背景下，社会上就出现了很多专门的大数据金融分析公司、广告分析公司、征信分析公司、社会公共安全分析公司、药物分析公司，这些公司会引进和培训一批具备很强行业领域专业知识的人员（这些人员同时也具备一定的技术背景和工具能力），专门到金融机构、征信机构、社会公共安全管理机构、医药研制机构等政府或企业，自带工具、引擎和领域知识，围绕自身擅长的业务，全栈提供采集数据、抽取数据、加工数据、数据建模、数据分析研判、线索情报提交等一条龙驻场服务。在这样外包式业务分析建模和模型运行的模式下，由于各外包公司各有所长，一个政府部门或企业面对全面的业务需求和业务目标，不得不引进多家专业大数据分析公司人员驻场服务，各类资源数据也被各种团队和各种工具引擎重复地采集、重复地抽取、重复地处理、重复地存储、重复地加工，而且各种分析团队的水平良莠不齐，在数据相同的前提下，经常得到不一样的分析结果，甚至会出现分析结果完全相反的情况。

专业的人做专业的事。业务分析建模的唯一出路是让业务人员变成业务建模的主力军。业务千变万化，相同行业领域的不同机构对同一种业务的关注点、侧重点也不一样，同机构的同类业务在不同的历史时期需要持续发展。同时期、同机构、同类业务，同机构不同人员也会有不同的技法战法和业务理解。只有让业务人员成为业务分析建模的主体，才能够让业务模型随着业务的变化动起来，才能充分发挥每个业务人员的聪明才智和经验战法，才能真正激发出业务人员的使命感、责任感、荣誉感。

如何让真正的业务人员成为业务分析建模的主力军呢？关键是要让业务建模人员能够有可用、顺手的建模工具，能够看到相关的场景数据、对象数据、要素数据、业务数据、知识数据和处理算法，能够便捷编排业务处理逻辑、操作步骤和友好地交互验证，能够方便编排和管理业务分析模型执行的任务调度策略，能够编排成果数据的呈现框架和设计展示效果。

总之，需要一个让业务人员喜闻乐见的平台，把以前认为是痛点、负担、任务的东西，设计到用户乐意浸入的业务场景中去，以业务分析模型来拉通一切业务场景相关的资源，让用户在便捷、趣味的建模中获得灵感、沉淀经验、拉通资源、得到收获，促进业务的迭代式发展、螺旋式提升。在后面的章节中，我们会逐项讨论构建平台框架和能力的方方面面。

| 第3章 | CHAPTER

一切资源化

在科学合理的业务场景中,生产力生成所需的生产者、生产资料、生产关系等各类要素应能在科学获得和科学组织的基础上,被生产引擎可见、可用,动态调度,按需使用。这些各式各样的生产要素就是业务场景、生产活动所需的资源。业务实践活动通过消费资源而实现价值利用或风险管控。科学、全面、高效、可控地向业务实践场景恰当地供给物质、能量、信息资源,可以大大促进业务活动的降本、提质、增效。

在数字时代,我们将以一切资源化的思想对各式各样的生产要素建立资源模型,生成资源元数据,彰显资源的业务、技术、物理特征,让资源自主表达其概念定位、业务能力、实战操作等,使引擎可以通过消费资源元数据发现资源、解读资源、调度资源、使用资源、评价资源、管控资源,实现智能化资源与业务场景的动态拉通、智能推荐、精准投放、精确管控。

3.1 数字化资源

资源指一切可被人类开发和利用的物质(材料)、能量和信息的总称。它广泛地存在于物质世界、人类社会、虚拟空间中,是一种在自然界和人类意识里的存在物或能够给人类带来财富的财富。或者说，资源就是指自然界和人类社会中一种可以用以创造物质财富和精神财富的具有一定量的积累的客观存在形态，如土地资源、矿产资源、森林资源、海洋资源、石油资源、人力资源、信息资源等。

物质、能量、信息是现实世界三项可供利用的宝贵资源，整个人类的文明又可根据人类对这三项资源的开发和利用划分层次。在人类社会发展的不同历史时期，人类对三类资源认识、开发、利用的侧重点差别很大。

人类社会的发展是由生产力和生产关系的矛盾运动发展决定的。起初，人类学会了利用自然界的实物材料来加工制作简单的生产工具，提高劳动生产力，但仅用材料来制作的工具是一种"死的工具"，要靠人力来驱动和操作，这大体是农业、手工业时代生产力的情形。

后来人类学会了利用能量资源，把材料和能量结合在一起制造新型生产工具，使原来"死的工具"变成了"活的工具"，比如蒸汽机、电动机等基础工具及更高级的汽车、火车、机床等工具，但这种工具还是要靠人来驾驭和操纵，劳动生产力的提高仍受到人的身体因素的限制，这大体是工业时代的社会生产力的情形。

到了现代，人类逐渐学会开发和利用信息资源，并把材料和能量同信息有机地结合起来，创造了不仅具有动力驱动而且具有智能控制的先进工具系统，将人类的经验积累和操作意图，通过知识、模型去指导机器有序运转，在越来越多的场景中替代人类的重复劳动，甚至在无人干预的情况下智能化生产，为社会生产力的发展开辟了无限广阔的前景。在传统经济中，人们对资源的争夺主要表现在占有土地、矿藏和石油等物质和能量。而今天，信息资源、知识资源、技术资源日益成为人们争夺的重点。这大体是信息时代社会生产力的主要情形。

总之，人类从学会利用物质资源到能量资源再到信息资源，推动了人类社会从农业时代向工业时代再向信息时代的不断迈进，物质、能量、信息"三位一体"成为现代社会不可或缺的宝贵资源，只有全面开发和综合利用三大资源，才能不断地推动社会进步和发展。

以网络化、数字化、智能化为特征的信息时代，资源指一切对领域业务有用，且可被利用的有形（如计算机、服务器、网络设备等）或无形（如数据、模型、服务等）的实体，是在国家治理、社会生产、人民生活等场景中，可被用于数字化感知、认知、推理、决策、行动、内控，而被数字化信息系统引擎发现、连接、调度、利用、管理、评价的一切物质、能量、信息等要素的总和。**数字化的资源主要以信息要素的形式呈现，以具有社会或领域特性的数据形态被生成、被处理、被存储、被传递、被使用。**

在数字化语境中，我们所讨论的资源一般指狭义的可被场景直接调度使用的资源，比如数据资源、服务资源、计算资源、模型资源、安全资源、行动资源、勤务资源、人力资源，等等。当然，这些资源本质上还是物质、能量、信息，以及建立在物质、能量、信息之上的处理。

3.2 生产力与资源

1. 资源是生产力按需生成和提质增效的源泉

生产力是人们改造自然、征服自然以获取物质资料的能力，是指具有一定生产经验和技能的劳动者，有效地组织可供使用的生产资料，在对劳动对象的加工生产过程中产生的力量，是人类在生产过程中征服和改造物质世界、人类社会、虚拟空间，获得适合自身需要物质的能力。它是生产过程中人与自然、人与社会的关系。

随着人类社会从农耕时代发展到工业时代，再发展到现在的信息化、数字化社会，生产成果也越来越丰富，形态越来越数字化，生产消费越来越个性化，对资源的需求越来越精细化。在数字化时代，劳动者、劳动资料、劳动对象的内涵和外延也都在发生深刻的变化。

除了劳动人民，由人工智能控制着的信息系统成了新型劳动者，也即数字化劳动者。人类通过不断训练让人工智能系统具有了一些感知、认知、推理、决策和行动的能力，可以在一些简单、重复、环境恶劣的任务上辅助、代替和代理劳动者，承担本该由人类劳动者实践的适应自然、利用自然、改造自然的活动。

数字化劳动资料也从原来农业生产、工业制造的有形劳动工具，变成了多种新型形态的数字化劳动工具，比如，建模工具、专业引擎、应用功能等软件形态，随用随调的智能服务形态，以及知识、模型等信息形态，等等。

数字化劳动对象在数字化时代下正在变成主要的劳动对象。通过数字化、智能化的引擎，在人类知识和模型的加持下，对现实场景数据、业务对象数据等劳动对象进行加工处理，可以更加智能、高效地挖掘价值或发现风险，生产出数字产品、数字作品，产生数字增值，获得社会效益。

在数字化时代，数字化劳动者、劳动资料、劳动对象共同组成了生产力生成和时代创新发展的主体资源。

2. 数字化劳动资料推动数字生产力向智能化发展

全面性、动态性的劳动资料，科学性、先进性生产水平，以及网络化、数字化、智能化程度，是事关生产力生成质量的关键制约因素。在数字化生产实践中，劳动资料的数字化程度对数字化生产力的生成和提升至关重要。

在农业生产领域，规模化的生产方式、机械化的生产工具和科学的生物生长剂、杂草抑制剂等，是促进提升农业生产力和保障农产品安全的关键。在工业制造领域，方便的设计软件、领先的模具设计、先进的制造工艺、精良的制造设备、恰当的辅料配置等，是提升工业生产力的关键。高科技的农业、工业劳动资料的不断丰富和持续改进，为生产力的科学发展和领先发展提供了源源不断的发展动力。

在数字化时代，劳动资料的能力水平提升同样是个永恒的主题。其中，更加科学开放的劳动资料构成体系的顶层设计、有序构建、持久运营，一定可以让数字化生产力生成的水平起点更高、效果更好、成本更低、更可持续。什么样的劳动资料框架体系是科学的？什么样的劳动资料要素是先进的？什么样的知识结构是智慧的？我们可以从这几个方面展开认知：

一是科学超前规划企业数字化愿景、蓝图、方向，明确目标、任务和实施计划，建立蓝图实现、战略落地的体制、机制、队伍、资金等保障措施，永葆战略定力和科学推进的激情。

二是本着科学、开放、动态的总体原则，以元数据驱动的总体技术思路，架构企业数字化的技术工具、技术引擎、技术框架体系，为企业数字化生产力的有效生成和持久进化提供技术支撑。

三是按照中台思想开展数据建设、业务建设、技术建设、知识建设，以不变的中台技术和资源赋能体系适应不断丰富的场景数据、不断变化的业务形势、不断更新的应用需求、不断规范的控制要求、不断迭代的技术进步。

科学先进的技术构架、喜闻乐见的应用工具、动态开放的运行引擎、丰富迭代的知识模型，构成了数字化时代的劳动资料体系和资源生成体系，为数字化生产力的生成和持续提升提供了源源不断的基础支撑和创新原动力，促进数字化能力水平的不断提升。

3. 生产关系影响生产力的生成、质量和效率

生产关系一定要适合生产力状况，这是人类社会发展的基本规律，生产力和生产关系的矛盾运动推动着人类社会不断进步。生产力总是在一定的生产关系的调节下运动和发展的，发展到一定阶段便与生产关系发生矛盾，原有的生产关系由生产力发展的动力变为生产力发展的桎梏，就会产生革命性变革，由适应生产力发展的新生产关系取代旧的生产关系。

数字化时代的生产关系同样必须适应数字化生产力的生成和发展规律。数字化生产力的构成三要素为数字化劳动者、数字化劳动资料、数字化劳动对象，我们需要与之动态适配数字化生产关系。数字化生产关系应该具备数字化、规范化、对象化、特征化的表达能力和关联能力，可以主动适应生产力变化而进行适当的动态调整，让生产力与生产关系互相促进。

在数字化时代，劳动者、劳动资料、劳动对象的维度更丰富、关系更多样，生产力的创新和生成越来越日新月异，也对生产关系的快速适应提出了更高的要求。数字化下的生产关系主要体现为对生产力三要素的数字化治理、数字化运营能力，通过元数据、标准规范、分类分级、权属治理、授权控制、质量血缘治理等精细化管理和服务，将生产力要素可管、可控地呈现给管理者、使用

者，规范管理、科学使用，促进数字化生产力的有序发展。

3.3　资源和资产

近年来，大数据领域兴起了数据资产管理（Data Asset Management，DAM），这是一个门类的数据学科分支，将主司数据治理和数据运营的职能，比如数据资产目录、元数据管理、数据质量管理、数据标准管理、数据分类分级、数据模型管理等方面的事项，进行聚合、归类，形成体系化的数据资产管理的框架、理论、方法，期待通过开发、执行和监督有关数据的计划、政策、方案、项目、流程、程序，实现对数据资产的有效控制、保护、交付，提高数据资产的价值挖掘和风险管控能力。

资产是一个经济领域的术语。资产是由企业过去的交易或事项形成，由企业拥有或者控制，预期会给企业带来经济利益的资源。不能带来经济利益的资源不能作为资产，往往只被看作企业的一项权利，比如企业无法收回的债权、无法再销售的退货等。从这个定义可以看出，带来经济利益是资产的一个本质特征，由企业控制的、过去的、完成的交易才能构成资产。在经济学中，资产是个人、企业、国家拥有或者控制的，能以货币来计量的经济资源，包括各种收入、债权和其他所有者权益。按资产的形态不同，可以分为有形资产和无形资产两大类。

资源是客观存在的，不以我们认知与否而存在或灭失。资产是主观追求得来的，可以得到也可以失去，资产是有正负的。一定是先有资源，再有资产，资源大于资产。因此，我们在工作中必须把资源和资产有机结合起来，既要在保护的前提下合理利用资源，又要发挥资源的经济效用，在资源转化为资产的过程中，努力加强保护和管理、维护，这是一个硬币的两面，谁也离不开谁。资产的权属属性很强，在资产生命周期管理和资产开发利用过程中，权属问题一直是被关注的话题，是一切资产活动的核心特性。有些资源也有权属属性，但不是所有资源都有权属属性，比如空气、雨水、公海等。

资产管理的目的是促进资产的利用和交易，以追求最优、最大的经济价值。除了经济价值之外，还会追求资源的政治、文化、社会、生态等多元价值，同时也会追求资源的科学、合理、安全、绿色、协调、可持续地开发、利用、治理。

数据资产管理继承了经济领域术语的属性，更多的是从其经济价值视角，从数据交易和经济利益的目的来构造数据管理的框架，通过标准化、高质量、明晰血缘等角度的数据治理，让数据在利用和交易方面的资产特性更加鲜明。

当话题转向数据资源管理时，我们所需要构造的数据资源管理框架不仅仅满足于把数据作为资产去管理和治理，单纯地提高价值密度和交易利益，还需要将不同提供方、更多形态、更全维度的数据，融合社会共识和领域知识，朝着领域业务本质去汇聚、去加工、去增值、去组织，持续地编织、精细地运营，衍生出更丰富的数据维度、更齐全的数据门类、更多元的数据关联，使数据资源更全维地反映物质世界、人类社会、虚拟空间事物及其运行的真相，以高维度、高质量、高价值的数据资源成果主动适应不断涌现、持续迭代的领域业务需求。

因此，数据资源管理的目的是使自身的业务服务和内务管理能够获得全面、贴心、科学的资源支持。更高境界的资源管理和服务是**在元数据驱动下**，资源处理引擎能够实现场景主动感知、业务自动分析、资源精准投放、决策智能推荐、行动按需实施的智能化赋能服务。关于元数据驱动，我们将在第 5 章中讨论。

3.4　资源分类

在网络化、数字化、智能化进程中，数字化生产力的生成和提升，以及和谐数字化生产关系的建立，是我们永恒追求的目标。资源既是生产力生成的关键要素，也是和谐生产关系调节的核心标的，还是永葆生产力和生产关系先进、科学、智能的重要因素。在数字化生产实践中，构成数字化生产力的劳动者、劳动资料、劳动对象等要素是主要的业务类资源，构成高精尖劳动资料的技术体系、基础设施、AI 组件等要素是主要的技术类资源，构成数字化生产关系的治理、运营、管控等各类要素是主要的管理类资源。

用科学、规范的资源分类分级治理体系和描述表达体系认识资源、理解资源、治理资源、经营资源，可以促进资源赋能数字化生产力的提升，建立和谐的数字化生产关系。通过以上数字化生产力、生产关系及对它们之间关系的分析，我们对资源的分类分级有了基本共识。

3.4.1 资源的基础分类

辩证唯物主义认为，物质和运动是不可分割的。认识世界既要看到世界是由物质组成的，也要看到物质是永恒运动的。我们通常所指的资源是可被开发和利用的物质、能量、信息等。其中，既要看到物质、能量、信息等事物本身的资源，也要看到推动和影响这些物质、能量、信息运动起来的资源。

对于资源是一类事物，我们很好理解，资源的定义很清晰地进行了表达。对于事物的运动也是资源，我们可以从两个方面来认识和理解：一是事物自身内部的运动；二是事物与事物之间自主地相互作用产生的运动，以及事物在外因影响之下的受控运动。

第一种运动是事物自身内部的运动。在没有外因的影响时，从内部视角看，事物内部处于一种相对稳定的运动状态，从外部视角看，其处于相对静止的状态。比如，在原子内部，从原子核的视角看，电子不知疲倦地绕着原子核运转；而在原子外部，从其他原子的视角看，原子处于相对静止的稳定状态。

第二种运动是指在外部因素的作用下，事物从相对静止、稳定的状态，进入相对运动之中，从而产生事物的变化，甚至衍生出新的事物。当外部因素的作用具有一定的规律性、秩序性、可控性时，事物将会在一定的区间内进行受控的运动、变迁或衍化，人类可以从可控的事物运动中挖掘有用价值，或者发现潜在风险。比如，汽油和空气的混合物遇到火花就会产生爆燃，甚至产生猛烈爆炸。但是，如果把定量的汽油、空气在发动机的气缸中混合再点燃，气缸内的可控爆燃就能推动活塞运动，从而带动曲轴牵引汽车前进。

运动是让世界焕发生机、迸发活力的源泉。

这里，我们讨论第二种运动——事物在外因作用下的受控运动。这种由于特定处理逻辑作用而使事物产生的受控运动，将会有规律地产生可预期的效果，从而产生价值。在相对作用的理论下，参与运动的事物，不管是主导运动方还是被动运动方，都会由于相互作用而产生对自身的影响。

在数字化计算环境中，这种受控的运动体现为计算引擎被特定的处理逻辑所驱动，牵引相应的数字化事物产生规律性的运动和变化，从而产生特定的业务效果。这些特定的处理逻辑就是需要长期经营的可以牵引引擎运动的资源，我们称为处理类资源、程序类资源，具体表现为数据分析模型、数据加工逻辑、数据接入配置、数据访问控制策略、事务处理流程等，也就是我们在第 2 章中讨论的 IPO 处理模型的处理逻辑部分。

通过上面的讨论，我们可以将资源梳理成两大基础类资源，一类是可开发利用的物质、能量、信息等事物资源，称为**实体类资源**或者**对象类资源**。另一类是可促进事物产生受控的、规律性运动的使动性动作序列资源，称为**处理类资源**。

处理类资源描述的都是驱动物质、能量、信息等事物运动的处理逻辑，因此，处理类资源不会离开事物而单独存在。在描述处理类资源的运动特性时，往往需要同时表达处理类资源所作用的事物实体对象。

同时，处理类资源也是一种特殊的事物，同样需要像表达对象类资源一样，对处理类资源描述组成实体、属性、关系、活动及其组成结构，暴露资源的业务、技术、管理等方面的特征，让处理类资源展现出自身的能力、被使用的途径和被治理的方法，等等。

3.4.2 领域资源的分类

数字化环境下的资源是能在信息化、智能化的社会运行、社会服务、社会治理等实践中，可以被开发和利用的物质、能量、信息等事物及作用于事物的处理模式、处理活动，是能够为信息化、智能化、规范化实践赋能的一切事物和行为活动，或者指导实践赋能的知识和模式。在数字化时代，各种资源都以数据的形态出现在领域场景之中。从领域生产力生成和生产关系调节的视角看资源，可以将资源划分为业务类、技术类和管理类资源（见图 3-1）。

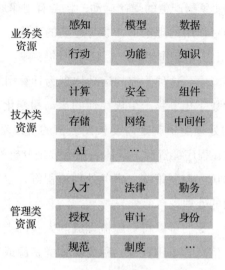

图 3-1　领域资源分类示意图

1. 业务类资源

业务类资源是可以直接对业务实践活动进行指导和赋能的资源。只有通过调度和利用这些业务类资源，业务实践活动才能得以顺利实施，业务实践的一些局部能力不足才得以补偿，业务实践活动序列才能得以闭环。业务类资源包括行业数据、业务功能、领域模型、感知手段、行动措施、业务知识等。比如，医疗诊断所需要调用的业务类资源包括可穿戴的体征感知能力、医疗机构的检验检查能力、医疗分析决策能力、医疗数据分析模型资源、患者档案数据资源、同学科或跨学科诊断方案资源、学科医典药典资源、医生护理人力资源、药品和医疗器械资源等。

业务类资源是领域业务运行和发展的源泉，也是资源组成的核心部分。资源的根本作用就是创造生产力。我们按照业务创造生产力的劳动者、劳动资料和劳动对象三个方面对业务类资源进行分类。组成领域劳动资料的资源主要包括功能、工具、引擎、组件、行动、服务、勤务等；组成领域劳动者的资源主要包括人力、知识、模型等；组成领域劳动对象的资源主要包括社会场景、领域业务要素、领域主题对象、领域事务、内务事务等。

数据和功能是所有领域的两大核心资源。数据本身就是信息和知识的化身，承载着价值和希望。比如，患者个人健康信息、诊断治疗信息等构成的患者健康档案数据，医典、药典等经典医疗知识数据，等等。功能是系统对外部表现出来的能力，是领域资源绽放能力的通道，是数字化生产力的主要表现形态。功能一般和数据、知识等资源组合在一起才能输出某种有意义的特定能力。比如查询功能，如果没有与查询功能连接的数据、知识，则查询功能并不能体现出实际业务能力。当各种数据资源和功能资源动态组合时，就可以源源不断地共同激起火花。这时候功能只是一个载体、一个工具。还有一种功能，其自身就能展示力量，比如，白炽灯通电辐射出光和热。当然，本质上说，白炽灯是因为处理了电能这个资源对象，才产生了发光发热的力量。

2. 技术类资源

技术类资源是支撑引擎、工具等系统部件稳定、高效、智能、安全、规范地运行的资源，能够为业务实践提供业务数字化运行的基础设施环境，可以保障业务类资源有效地为业务赋能，间接服务于业务实践活动。技术类资源包括信息化的计算资源、网络资源、安全资源、存储资源、组件资源、AI/NLP 资源等。比如，医疗诊断系统运行的服务器计算能力、CT 影像视觉 AI 能力、患者敏感医疗数据加解密能力、可视化组件资源能力等。

技术类资源是以高效率、高可靠生成生产力为目标的具有间接、支撑、保障性质的资源，主要包括计算、存储、网络、安全、中间件、算法、AI、NLP 等以生产资料的角色在领域中赋能业务、内务的资源。

3. 管理类资源

管理类资源是以高质量治理资源、保障生产力生成、科学调节生产关系为目标的具有间接、控制、治理性质的资源，通过在业务实践活动实施前、实施中、实施后调度和使用管理类资源，能够促进业务实践活动更好地实施，提升业务活动效率、质量，间接服务于业务实践活动。管理类资源包括用户认证、授权、审计、质量、血缘、标准、规范、权属、法律条款、评价等。比如，医疗诊断活动时，患者档案归属资源、患者档案数据的读取授权资源、历史同学科病案诊断方案的评价资源、质量资源、血缘资源等。

3.5 资源建模

资源是能够匹配业务场景而被调度、被利用以产生价值的生产要素。资源服务平台是供给方，业务场景是需求方。从使用者视角来看，供给方需要将资源的业务能力、技术能力、管理能力等分门别类地表达出来，以便需求方能够按需发现、调度、使用、评价。具体到企业数字化战略中，我们应该怎么去看待资源？应该关注哪些资源呢？在数字化战略的实施过程中，我们将紧紧围绕"数据"这个一切资源的核心承载来展开，以资源的数字化感知、认知、推理、决策、行动、内控等能力展开资源的全生命周期、全使能过程智能化处理和赋能。

建模是我们透过现象抓本质的强大武器。要想在业务实践中真正地认识资源、理解资源、组织资源、使用资源、运营资源，对资源建模仍是我们的不二选择。对资源建模，就是从需求方发现、解读、调度、使用、评价等资源利用的视角，推动和促进供给方对资源进行业务、技术、管理面的组织、描述和表达，开展更科学、更全面、更精细、更有效的资源组织、资源经营、资源盘活，以高维资源的养成时刻准备迸发按需降维打击能力，向实战场景提供质量最优、效率最高、动力最强的战时资源服务。

数字化的一个重要使命是将有利于领域信息化、智能化、规范化目标的一切资源，比如数据、知识、生产、渠道、技术、管理、市场、供应链、资本、人才、保障等，全部纳入数字化视线，开展数字化的建模，形成资源的元数据表达体系、资源目录体系。

有别于第 2 章中讨论的领域、业务等宏观对象，微观的资源模型侧重于更细的颗粒度、更强的具象性、更高的稳定性、更好的操作性，有利于准确地表达资源的精细化特征，促进场景的特征与资源的特征有效地拉通、关联、计算，实现应景的精准推荐、智能投放。

如何开展数字化资源的建模？对资源建模，我们将按照前面章节讨论的四类基础模型的建模思想、建模方法、基础结构，对资源模型进行科学分类，搭建资源的模型框架，界定资源构成要素及要素特性，明确资源的业务定位、业务能力、逻辑设计和服务方法，系统、全面、准确、精益地刻画资源的内部构造体系和外部表现能力。

与前面章节讨论的建模一样，一是**方法上**，按照概念模型、逻辑模型、物理模型三个方面的不同要求，从思想到实现，明确意图、确定逻辑、设计实现路径三步走，从总体到细节，全面、体系化、结构化地梳理和刻画资源；二是**定位上**，需要抓住业务能力和描述、技术实现和赋能、资源治理和管控三个方面，将资源的服务能力、服务方法、服务质量治理等关键特性体系化地构建起来、有效地生成下来、显性地表达出来。三是**形态上**，要使用规范的语言体系和语法规则，将资源的实体、属性、关系、方法活动和结构、逻辑等进行统一的规范描述、规范传递、规范调度、规范使用、规范管理，在一定作用域内的不同系统平台、不同业务领域、不同架构技术体系之间，都能够可发现、可识别、可解读、可理解、可调度、可使用、可评价。

资源建模工作，是由建模者在对资源对象进行归纳、抽象、总结的基础上，通过使用资源建模工具，进行模式识别和人机交互操作，提取、识别资源对象的**组成实体**和要素**关键属性**，编排、构造资源对象的**组成结构**，分析、标注资源对象内部实体**关联**及与外部的**对象关系**，梳理、明确关键的对象行为、对象活动及内外部影响等**相互作用**，以结构化的语言形式和规范化的语法规则，全面、准确、清晰、系统地描述对内、对外需要呈现的资源特性。这些资源建模的工作是对对象类资源建模的标准动作。对处理类资源建模，除了落实以上对象类资源建模的规程明示组成实体、属性、结构、关系、作用行为外，还要使用处理逻辑的建模工具，编排目标对象的业务流程、处理逻辑、控制策略、操作细节，构造结构化、规范化的处理类资源特有的**处理模型主体部分**。也就是说，对处理类资源，需要在按照对象类资源建模的基础上，额外地把通常所称的过程、处理、程序、流程、函数等内部的调度和执行逻辑，用通用的、共识的、可互操作的描述规范表达出来，甚至通过共识的语言体系和语法规则描述出来，促进计算机引擎的自动解析执行。

比如，我们对医疗领域高血压疾病方面的学科开展建模，包括对患者动态档案的**数据组织建模**，对患者的高血压遗传史、家族史、用药史、健康检查、饮食习惯、体重身高、运动情况、血压测量日志等提出刻画特征要求；同时，为了获取鲜活的血压动态信息，对从医疗机构、社区卫生机构、健康体检机构等多渠道获得的血压测量日志，分别开展**采集模式建模**，明确不同渠道血压日志数据的采集措施和获取流程；对获取的动态血压日志开展动态血压日志数据实时**数据加工建模**，在知识和基础信息的加持下，对日志数据进行价值识别、信息提取、要素关联、规整转换、特征匹配、标识标注等高血压病症相关的业务富化增值，最后将增值后的高血压监测日志数据分发更新到患者的高血压档案中，这样便可实现以患者为中心的医疗健康档案。患者高血压档案产生变化后，我们应该对数据发生变化的患者档案开展患者高血压数据**风险分析建模**，针对此数据变化结合该患者的其他相关档案数据，分析患者当前的高血压风险情况。在这个例子中，对高血压建模的四个方面模型成果，数据组织建模只需完成对象类资源的标准动作即可，其他的采集模式建模、数据加工建模、风险分析建模三类建模，不仅要完成对象类资源的标准动作，还要额外对处理过程、处理逻辑、业务流程等进行建模，形成处理资源的逻辑处理部分的模型。

资源的建模成果主要用于指导资源的处理引擎，按照资源模型描述的结构、实体、属性、关系、活动等结构化特性，将资源素材按照资源模型的体系结构加工为成品资源实体，指导资源的组织和存储。对处理类资源建模成果，引擎按照模型指定的内部处理过程、流程、程序的逻辑进行调度执行，并进行科学的输出。

在资源模型指导之下生产出来的资源成果，由资源服务引擎，以对外接口和交互界面两种主要交付形式，把资源对内管理、对外使能的功能特性按照技术方面、业务方面、管理方面分门别类、规范表达，以目录形式把处理资源的特性暴露出来、投放出去，由使用者充分地、方便地发现、探索、理解、调度、使用和评价资源。

资源如何向需求场景主动配置而产生价值呢？因为有了网络化的基础条件，信息化、数字化平台系统便可以把各类资源的目录按需投放到数字化的每一个角落。在网络的任何地方，资源需求方只要能够触及资源目录，便可以按照自己的场景需求，用资源目录的丰富特性来发现对场景有用的资源。当资源目录主动、精细、可控地投放到场景，场景处理引擎便可以依据资源目录的特性动态地组织、编排、配置对实体资源的请求。场景处理引擎对实体资源请求反馈的结果，可以结合结果数据的特性动态匹配计算分析模型和可视化模型，对数据开展进一步的加工和呈现。这样的过程就是场景驱动的智能化，实现了资源聚焦场景、资源精准投放、资源动态呈现、资源智能生效。

3.6 资源经营

在认识资源、资源分类的基础上，我们通过资源的建模，对资源有了全面性、结构性、体系化的理解。通过资源数字化，我们又把对资源结构化、体系化的理解融入数据之中，为资源的可处理、可计算打下了数字化基础。有了数字化了的资源，我们的下一个目标就是要把数字化的资源**注册好、组织好、开放好、经营好、治理好**，这样才能让资源精准投放引擎把资源调度起来、投放出去，在业务场景、社会场景的数据处理、资源赋能中发挥资源价值。

注册制的资源入口是资源高质量、高水平赋能的基点。

资源经营的第一道关口是资源的产生和进入。先注册再生效的内生式资源经营和先生效再采集的外挂式资源经营，是两种思路完全相反的典型资源经营模式。

传统的数据资产管理（DAM）采用的是先有资源实体后有资源元数据的后置式、备案式资源经营管理思路。这种资源经营模式往往是对已经存储在数据库管理系统中的数据形态的资源，以数据库管理员的角色连接，对数据组织情况进行扫描、探测后再对数据的物理组织情况进行旁路建模。DAM 往往只以有限的数据字典和数据样例分析猜测数据组织者构建数据物理存储的原始意图，并将猜测的结果记录到数据资产管理系统中。这种传统的外挂式、旁路式资源建模和经营模式，会给资源模型与实际组织情况带来很大的偏差、脱节问题。

一是真实意图和资源信息缺失。由于数据库中间件用于物理存储实体数据在数据字典里一般只会记录数据表、数据项、数据项类型、长度、约束等部分物理特征。有的数据库中间件甚至连这一点点的物理特性也是少之又少。通过数据字典只能了解到资源物理建模的很少一部分。第 2 章讨论的概念建模、逻辑建模、物理建模从思想到实现的过程中，我们对资源业务方面、技术方面、管理方面建模形成的丰富特性，在这个数据库管理系统中反映得很少。概念、逻辑、物理建模形成的资源模型特性中只有物理建模的一部分特性会落入数据库中间件数据字典，而且某一个资源的物理建模成果可能会落在关系数据库、图数据库、列存储数据库等多种数据库管理系统中，通过一个数据库中间件的数据字典肯定无法了解到资源物理建模的特性。另一方面，一个资源建模成果的技术特性往往会落在很多物理表中承载，某个物理表中只存储了资源的很小的一个局部、一个片段。甚至为了功能、性能和安全管控的需要，可能会对原本有业务含义的信息项进行重新分组、拆分打散、脱敏加密等处理，然后以新的数据项物理组织形态在物理表中存储。想通过样例数据分析来了解数据项和物理数据表的业务含义，甚至去尝试理解资源业务逻辑的建模意图，是不现实的。因此，通过数据字典、样例数据分析等途径根本无法还原资源的特征，也无法传递资源建模的目的。这种局部、后置、猜测的资源认知方法，仅仅如"盲人摸象"。

二是静态采集的物理存储建模成果往往跟不上实体资源数据存储结构的调整变化。在对一些早期信息管理系统（Management Information System，MIS）数据资源进行存储设计时，业务逻辑建模和存储物理建模往往分得不太清，数据存储的逻辑设计、物理实现的同一性较高，甚至完全一致。在这种物理设计等同逻辑设计的情况下，物理设计往往能反映出一定的资源建模意图。但即使在这样的特殊情境下，数据物理存储结构调整和数据库迁移等变化造成数据资源目录跟踪不及时的情况还是经常发生。比如，在传统数据资产管理的案例中，因 MIS 升级、业务需求增减、数据库性能优化等因素引起的物理存储结构的变化在所难免。因此，经常会发生数据资产目录对应的数据物理表结构已发生了变化，甚至有的数据物理表已停用，新的数据物理表已迁移到新数据库中并重新生效，而数据资产目录中前期静态采集的数据结构的状态还停留在原处，数据资产管理系统却浑然不知。有的数据资产管理系统会开启定期的资产重新扫描探测工作，聪明一点的还会主动发现数据项的增减、数据更新等异常，从而触发新一轮的数据资源迭代建模，但跟不上数据物理表结构实时变动的问题仍无法避免，尤其是在大数据智能化战略下，数据资源刻画的对象、要素、场景的属性、关系、行为总在增加和变动，这种静态资源扫描建模的模式已疲态尽显了。

三是后知后觉的资源模型影响甚至误导实体的资源利用。有了数据资产等资源经营管理系统，在理想状态下，资源需求者希望通过读取资源目录了解实体资源信息，并按照资源目录给定的调用方案去调度和使用资源。然而，静态的数据资源目录并没有动态地反映实体资源数据的物理组织变化，也没有给定资源调度使用的方式和参数，使用旧的资源目录只能访问之前所列数据项的数据成果，新的数据项成果仍与我们无缘。在容错纠错机制不太好的情况下，还会造成业务异常或者系统报错，影响业务实战工作。同时，依据数据资源目录开展的数据质量监测、数据血缘管理、数据标准化检测、数据分类分级等治理工作，也会因为旧的数据资源目录未能及时更新，仍在变化了的资源上进行监测、标化、分类等任务，源源不断地报错误的信息、送错误的结果，误导资源管理和使用。

在注册制的数据资源建模管理模式下，先注册数据资源的元数据特征并形成目录，再由数据资源组织的引擎通过读取资源的元数据特征，动态构建实体资源的数据存储表。相对于传统外挂式、异步性、备案制构建的资源目录静态管理，这种新型内生性、同步式、注册制的资源模型动态经营，将资源模型的构建行动前置到实体资源生成之前，以元数据和资源目录承载概念建模、逻辑建模、物理建模的成果，运营资源在业务方面、技术方面、管理方面的丰富特征，动态规约资源组织结构的构建和变化。

资源经营就是以实战为导向对资源开展全生命周期、全使能过程、全关注维度的综合治理。

资源注册只是开启了资源经营的入口。对资源开展全生命周期管理、全使能过程处理、全关注视角治理的经营，才能让资源始终处于好用够用、可管可控的最佳状态。好用够用是资源经营的核心目标，可管可控是资源经营的关键目标。

对资源的经营就是对资源开展注册、生效、变更、销毁等全生命周期的精细管理，对资源的收集、存储、加工、调度、使用、提供、公开、呈现、交易等全使能过程的全程把控，对资源开展标准化、质量控制、分类分级、血缘关系、授权控制等全关注维度的深度治理。

首先，把资源管起来。对资源注册、生效、变更、销毁的全生命周期管理，是一个可以任凭资源自生自灭、往复轮回的掌控过程，是一个可以不受外部影响也不对外产生作用的自成体系管理闭环，也可以只是一个仅有资源和资源管理者两个角色的舞台。这是资源经营的最低要求，对资源实行基础的信息化管理。当我们对资源构成体系和特定资源的认知越来越充分，并可无限更新迭代时，我们通过这个全生命周期资源经营管理，就可以在资源管理系统中构建起领域资源的总体框架和构成体系，把从概念建模、逻辑建模、物理建模中识别出来的业务方面特征、技术方面特征、管理方面特征沉淀下来，注册到资源管理系统中去，并通过生效、变更、销毁向需求方呈现资源的最新状态，让需求方可以对资源开展发现、探索、解读和调度、使用。这是资源经营闭环中资源精细化准备的过程。

其次，让资源活起来。对资源进行全生命周期管理并不是资源经营的目的，让资源活在领域的场景中发光发热才是资源经营的归宿。资源只有在适合的场景中找到自己恰当的位置，才能发挥自身的价值，成全场景。让资源活起来是资源经营十分关键的组成部分，是使资源主动或者被动地活动起来、恰当地嵌入生产场景并发挥作用。从经营的角度来看资源活化，就是把全生命周期管理阶段经营生成的各式资源，通过资源业务、技术、管理方面的丰富特征触角全面、精细、精准地表达出来、关联出去，让场景对资源可见、可识、可用、可管。对资源的消费者来说，如果场景能够"利用一切可资利用的资源，最大化发挥可用资源的价值"，就是对资源经营者、管理者辛勤付出的最佳褒奖。作为资源消费者的业务处理引擎，在开展数据收集、存储、加工、调度、使用、提供、公开、呈现、交易等全使能过程处理的各种场景中，需将场景的实体、属性、关系、活动等特征鲜明地识别和表达出来，引擎通过场景特征与资源特征的智能化拉通和匹配，就可以恰如其分地得到合情、合理、合法、合规的资源配置和生效。在这个资源对应场景的配置生效过程中，资源经营者需要以接口、功能、服务、动态库函数等多种形态为资源消费者提供资源发现、探索、解读、调度和使用的全套赋能服务能力。这是资源经营闭环中资源精准化生效的过程。

最后，使资源好起来。在让资源活起来的赋能过程中，资源经营引擎会不断地自动采集资源作用生效的活动日志，也可以将资源经营触角伸入资源生效的业务闭环中，开展用户访谈调查，收集用户使用中有关资源质量、效果、性能、印象等的信息，通过加工和分析动态日志、用户信息、走访调查信息，挖掘资源经营的新目标、新需求，促进资源经营往更多精、更好用、更深入的方向发展。使资源好起来的另一方面的任务是对资源进行科学的分类管理，尤其是从国家、社会、企业、个人等信息敏感度视角对资源进行分类分级，从而支撑数据、功能核心资源和其他间接资源都能够在此基础上得到精细化的授权鉴权，确保资源在好用够用与依法合规之间取得完美的平衡。再一方面，资源好起来的任务是让资源标准化和元数据化。标准化是让资源在一定的领域、区域甚至全行业、全社会的范围内可以被各方联接和调用，元数据化是为了通过元数据语言语法规则体系和元数据描述规范体系，让计算机引擎和人机交互都能够解读和执行，从而让元数据智能驱动引擎发现、调度、使用、评价资源。以上便是资源经营闭环中资源持续优化迭代和可管可控的过程。

通过动态资源经营管理，资源的经营效果开始逐步显现，刻画丰满了、体系完整了、状态鲜活了、表达精准了、探索直观了、调度便捷了、使用顺畅了、操作规范了、质量可靠了。资源正以科学、丰满、精细、鲜活、可读、可用、可管、可控的特征，时刻为其终身的赋能使命做好准备，努力满足业务场景变化的动态资源配置需求和领域持续发展的时代要求，让资源的一生始终在其所处的领域与业务场景中，如影随行，绽放光芒。

3.7 资源投放

资源经营的目的是让资源科学、高效、智能、可控地投放到实战业务场景中，发挥资源的效益，服务生产生活和社会治理。在社会场景、业务场景、管理场景中，怎么才能按需、高效、智能化地精准投放资源呢？

"一切资源化、资源目录化、目录全局化、全局标准化"是资源投放的基本方针，为资源生产、资源开放、资源发现、资源理解、资源使用、资源共享提供了基本道路和根本遵循，为体系内资源按需配置和跨业务、跨系统、跨部门、跨层级、跨区域、跨领域的资源投放及按需流动指明了方向，明确了思路，提出了方案。

"精准投放"不只是我们的一个愿景、一个理想，还是靠强大的智能引擎牵引各方要素，经过逻辑处理、策略决策而呈现出来的资源"智能"赋能的实践和资源聚合的效果。

投放需要一个引擎，资源投放需要构建一个统一的大市场和大引擎。统一的大市场通过资源注册、加工、组织而形成资源体系和具体资源成果，并构建标准化、规范化、服务化的发现、解读、调用、评价、交易等规则遵循。统一的大引擎按照统一大市场的规则，对外提供统一的资源经营和赋能服务的能力体系，来连接资源供给、资源需求、投放渠道、使用管控等各相关方，由引擎来统筹需求、供给、流通、监管等各方因素，既能刻画供给侧的资源供给，也能表达需求侧的场景需求，既要满足流通的规则约定，也要满足监管的政策要求，从而形成一体化感知、理解、匹配、协调、调度、评价、计量、控制的资源投放闭环。

当然，资源投放引擎只是一个程序软件，它并无先知，"精准"的智慧来源于领域知识经验和模型策略的积累和迭代。开展投放策略的建模是知识、经验和技战法沉淀的主要方法。由领域专业人员使用建模工具，编排各参与方的参与方式、执行的先后顺序、业务的处理逻辑、单步的操作要领等处理明细，形成按需投放的策略模型，并经过验证而被证明为恰当、有效，"投放引擎＋策略模型"就构成了"精准投放"的智能能力矩阵。除了良好经营的资源和智慧的投放策略，引擎投放还需要不断感知业务场景对资源的需求特征。引擎在感知到业务场景的需求特征后，就会自动地去匹配相应的策略模型，依照模型里的处理逻辑去连接对应的资源，让供给和需求的特征有效匹配。如此，投放引擎便可精准、精细、精确地将资源对标、配置到场景中去，实现恰如其分地资源赋能。此情此景的投放即"精准投放"，引擎自然可提级为"智能引擎"了。当然，在精准投放过程中，引擎还需要将法律规定、业务操作规范、资源使用规则等约束要求，与业务、资源、流通等场景要素同时输入，让投放决策更全面、更精细、更规范，让智能引擎的精准"内控"特性突显出来。

总体来看，在一次精准的资源投放中，引擎需要有效地连接供给侧的资源、需求侧的场景、流通侧的情境、管理侧的规则，那么这些参与方都应该做些什么准备、夯实哪些基础、提供什么条件呢？

首先，供给侧的资源经营和表达是资源精准投放的基础。

资源经营和表达是生产力中生产者、生产资料特性的有效展现，是资源能力得以有效调度输出的关键，是供需流通体系内最无私的奉献者。在资源精准投放的能力生成过程中，供给侧的任务是通过制造生产、特征工程、妥善经营，既内化资源的实体、属性、关系等内在特征成果，也外化适配场景、流通情境、控制策略等外在特征成果（见图 3-2），让资源被精心地表达开来、贴心地服务出来、尽心地治理起来。

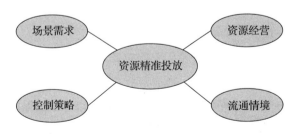

图 3-2　资源精准投放的外延

"一切资源化、资源目录化、目录全局化、全局标准化"是资源精准投放目标向供给侧提出的需求，是供给侧在资源经营中要永恒秉持的原则和一以贯之的遵循，也是资源供给方的职责所在，是资源生产任务高质量完成的标志。供给方需要时刻站在需求方的视角，对资源生产、封装、表达、开放、治理和资源服务的全生命周期、全使能过程、全关注视角进行审视，对资源从业务、技术、管理等各个方面进行精细化的分类、计算、度量和管理，让资源以立体、丰富、清晰的形象姿态，简捷、好用、充分的连接触角，规范、高质、安全的治理效果呈现于需求者面前，为各方使用做好最充分的贴心准备。

资源生产的个性、按需、柔性期待。 在"一切资源化、资源目录化、目录全局化、全局标准化"的资源统一大市场里，物流、信息流、资金流、人员流等各方数据广泛聚合，生产制造、场景需求、监管规范、流通情境等各种信息充分融合，数字技术、数控技术、柔性制造技术等各类技术不断创新，这些都为拉通供需两端、实行按需生产提供了可能，推动生产者、生产资料等资源效益的最大化，让平衡且充分的发展和生产不断适应人民日益增长的美好生活需要，让人民体会到更多的获得感、幸福感。当然，按需生产、柔性制造对生产供给侧的资源粒度划分、资源分类体系、资源属性度量等提出了更加精细、更为科学、更高标准的要求，需要我们持续不断地优化资源模型，完善资源元数据的描述和表达。

其次，需求侧的场景感知是资源精准投放的关键。

精准投放的另一个关键条件是能够对提出资源需求的场景进行数字化需求识别，主要通过感知、提取、关联、比对、标识等数字化技术能力识别和标注场景的关键要素及要素属性、度量、状态等信息，构造与资源请求有关的场景需求特征，为资源投放引擎提供关键需求特征输入。

场景要素是生产力三大构成要素中的重要一极，它作为一种劳动对象在生产力体系中出现和被处理，从而对世界和社会产生影响力。生产力就是从如何看待和处理社会场景、业务场景等对象的实践中迸发和体现出来的。场景模型是为了有效刻画与领域相关的社会场景及领域所表现的业务场景，通过领域场景模型的丰富和迭代，可以打下智能、动态、有效感知场景关键特征的基础。场景感知引擎充分利用这些知识、模型高效识别和提取场景中领域关注的关键实体、属性、关系、活动等特征。

有效感知社会场景和业务场景中领域关注的关键要素及特性，是一切智能化的关键。在智能医疗体系中，如何全时空、全维度、全要素地感知患者的体征数据，并获得与体征相关的运动、饮食、情绪、接触等相关情况，是对患者进行体征实时监测、异常提前预警、疾病智能诊断的关键。以前，患者往往等到有明显症状时才会到医院去就诊，如果就医前没有提前积累和动态获取多时空、多维度、多要素的患者体征数据，医生对患者的体征情况是一无所知的，所以就陷入冗长低效的医患交互问诊和繁杂的检查检验中了，最后往往还贻误时机，给患者造成更大的痛苦。

再次，供需的拉通、融合、匹配是资源精准投放的核心。

精准投放的核心是构建统一的大引擎，由这个大引擎来牵引供给特征、需求特征和供需策略进行智能计算，实现精准的匹配和精准的输出，从而将供需各方协同起来，形成大系统、大市场。

在前文中，我们已经从资源供需双方的视角进行了供给侧、需求侧要素及其特征的刻画。大引擎需要运行起来，还需要供需特征如何匹配的策略，这种策略恰恰是智能推荐、精准投放的催化剂，是领域知识、经验、技法、战法等领域长期积累的精华。通过策略配置和模型建模工具，将这些知识、模型进行长期的丰富、迭代，成为大引擎智慧运转的核心。

策略形成的过程就是领域知识积累、沉淀的过程，由领域的业务骨干、知识工程人员，通过生产实践深化认知和深入调查研究，对领域实务不断抽象、归纳、总结、精炼，以及在获得新场景、感知新变化、识别新特征、产生新应对的基础上，使用科学的策略编排工具，将供给侧的资源特征、需求侧的场景特征，拉通在统一的计算平台上，融入相应的背景知识、恰当的数学算法、AI技术，再按照领域实践中业务技战法的实操逻辑进行编排，从而形成对供给要素、需求要素、知识要素、技术要素、算法要素等各种要素融合匹配的配置策略，驱动大引擎实现供需双方的精细匹配、精准投放。

由大引擎处理的供给侧资源、需求侧需求、投放配置策略三大要素中，资源供给和场景需求两大要素的不断变化都会对精准投放产生影响，其中一方的变化往往会造成原来策略的失效或失准。但是，如果投放策略这个要素能够丰富多彩、覆盖全面、随机应变，将能够让大引擎得到各种可能变化之下的最佳应对策略，以不变应万变，这将可以真正体现出领域业务智慧的核心。策略不仅要能适应资源供给和场景需求的变化，还要对同样的供需情境提供多来源、多样化的配置策略，再通过实际业务场景的策略投放及策略选择，由领域业务实践来挑选、使用、评价，优胜劣汰，不断遴选最优、最科学的配置策略，实现精准推荐，甚至推荐为无人场景的自动决策策略，让大引擎越来越智能、让业务越来越智慧。

最后，供给和需求的动态控制是资源精准投放的保证。

一切资源都可以像自来水一样随需随用。投放、推荐只是解决了有没有、能不能的问题，解决的只是"供"。要想让资源真正能够科学地配给、规范地使用，实现合情、合理、合法、合规，还一定要同时解决"控"的问题。"控"解决的是供需拉通投放行为好不好、行不行、对不对的问题。

人类社会是一个复杂的巨系统，万事万物之间千丝万缕、互相联系、互相影响，权与利、得与失、道与法，总在寻求一定的平衡，让世界总体处于一种稳定、和谐的状态。在资源与场景的供需匹配中，这种天人合一、道法统一的状态同样需要我们孜孜以求，既要让资源对场景的配置够用、好用，总体合情合理。同时，对他人、组织、行业、社会、国家以及人类世界来说，资源对场景的投放也要恰当、可控，确保依法合规。

供给与需求恰当、可控地配置，最佳路径是在推荐策略驱动大引擎向场景投放资源的同时，引擎调度和执行对应的动态访问控制策略，让资源对场景的供给行为符合法律、规范和人之常情的要求，从而实现生产和控制的道法和谐、协调统一，让资源的投放既好用够用，又依法合规。因此，动态访问控制策略的科学构建是资源精准投放体系中不可或缺、十分关键的一环。关于动态访问控制策略，我们会在第 7 章中详细讨论。

资源精准且可控地投放是数字化历程、智能化实现过程中十分关键的要点。我们对领域建模、对场景建模、对主题对象建模、对知识建模、对各种资源建模，核心都是为了将资源科学、有效、及时、可控地匹配到场景中去，让我们的业务场景更加高质、高效，让社会的场景自动地贴近业务，实现价值的智能挖掘、风险的主动发现，让我们的分析更全面、决策更科学、行动更有效、控制更恰当。

3.8　资源赋能

"**一切资源化、资源目录化、目录全局化、全局标准化**"让我们在领域的任何一个边边角角都能按照自己的场景，有效地发现资源、认识资源、调度资源、使用资源、评价资源，让各种资源随时随地地服务于场景的需要。那么，各种不同的资源又是如何被引擎牵引着匹配上场景的呢？资源与场景之间又是怎么互相识别而自动连接、产生作用的呢？

"**一切资源化、资源对象化、对象特征化、特征关联化**"是实现资源与资源、资源与场景、场景与场景互相联结、互相作用的重要方法。

当生产资料、生产者、生产对象的生产力三要素自主、自治、自觉地融通起来，呈现出来的就是生产力生成的智能性、自动化。生产力生成的最高境界、最佳呈现就是通过资源体系设计和资源动态运营，形成三要素丰富的特征和触角，具备各要素自主连接的基础和驱动连接的动力，从而促进三要素的融合、反应、赋能，输出生产力。

驱动力好确立。在生产力三要素中，生产对象明确了，对生产对象尽情地感知、认知、分析、决策并因之产生业务价值或发现领域风险，从而源源不断地输出生产力，就是领域数字化、智能化的动力。驱动动力尤其是智能化动力目标明确之后，我们便不得不去设计让三要素自治连接的触角特征和融通体系，夯实要素们自主、自治融合的基础。

三要素是生产力生成的三大资源，将各类资源以面向对象的方法，在统一的名字空间中，用统一的对象特征体系和规则体系刻画每一类资源的结构、组成、实体、属性、关系、活动等特征，当资源和场景的某种特征的类型一致、特征取值相同或相似时，资源和场景之间就建立起了连接，从而产生资源的推荐和投放（见图 3-3）。

资源—对象—特征—关联，是一个从概念建模到技术实现的方法论，是领域资源中台建设必须遵循的技术架构思路，更是中台技术厂商进行领域中台的技术体系、产品体系、解决方案选择和实践时，应该一以贯之的技术架构。

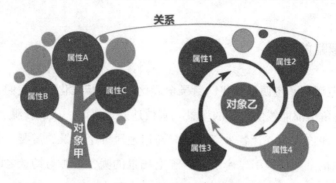

图 3-3　特征可计算是资源赋能的基础

　　那么，不同类资源对象或同类资源不同对象个体，又是如何通过特征来实现连接的呢？总体思路是：领域所有资源对象、对象实体、实体属性以及属性取值等，都能遵循统一的命名空间、组成结构、基础元素、值域定义等描述规范体系，让不同类型的资源对象具备连接的基础，让同类或不同类的个体对象具备匹配的条件。有了这样统一的属性描述规范和属性值域标准，资源投放引擎就能根据场景要素的属性类型和属性取值，将同属性、同取值的资源个体对象主动聚合、计算拉通、精准投放，赋能场景。

　　关于资源的统一描述规范，我们将在第 5 章中深入讨论。

3.9　资源承载

　　现实世界里，石油是用桶装方式运输的，当然，也可以直接通过输油管道送到目的地。当石油以数字形态被信息系统处理的时候，每一桶石油或输油管每一个计量单位石油的输入输出量，都会被一一数字化，以二进制数据的形态记录下来，存储在文件或者数据库中。

　　在医疗领域数字化中，每个医生都是一个医疗资源，一个医生可以记为一组医生资源里的一条数据记录，这条数据会记录这个医生的学科经历、专业方向、特长专长、研究成果、典型病案、所在医疗机构、职称职级、学术权威等方面的信息。这组信息以数据的形态对医生在现实社会中的各种情况进行了数字化表达。对于每个医生各方面具体的信息，我们称之为医生资源的实体数据。同时，对于医生这个群体，人类社会已经沉淀了一套知识体系，用于系统地从学科经历、专业方向、特长专长、研究成果、典型病案、所在医疗机构、职称职级、学术权威等方面，定义刻画医生群体的维度、属性、关系及值域体系，从而可以在任何语境中，通过引用这样的知识体系系统且稳定地表现出一个医生的关键特征。这类表达医生的知识体系在一个医院或一个医疗联合体的数字化表达，就是刻画医生群体的元数据。

数据是资源的数字化承载形式，实体数据是每一个资源个体数字化的承载，元数据是每一类资源模型的数字化承载。当资源对外呈现、对外服务的时候，往往会把资源元数据中必须对外的方面（主要是必需的维度、属性、值域、约束等特征）进行合理筛选和必要变换，之后以标准化的表达形式呈现出来，我们称之为资源目录。

3.10　资源运营和服务

以一切资源化思想，我们将会在领域业务赋能和内务治理中，对一切的劳动者、劳动资料、劳动对象等生产力要素以及生产关系要素进行资源化建模、数据化组织、元数据化表达。这些通过资源建模而沉淀、迭代的资源元数据成果，一定会指导、引领、驱动着领域业务赋能、领域内务治理朝着动态、智能、自动的方向前进。

这些属于领域全局性、目录性、指导性的元数据资源，需要一个领域全局性、标准化的运营平台，让资源的生产者、运营者开展元数据注册、生效、变更、下架、销毁等全生命周期的动态管理，也要让这些元数据表达、呈现出来，向资源开发利用者提供全使能过程处理的周到服务，还要为资源治理控制者提供元数据分类分级、访问策略编排、动态访问控制等全环节的精准控制能力。在本书里，我提出了"资源操作系统"的概念体系和实践的思路方法，将在第 6 章中介绍。

4

数 据

数字化是以数据为符号表示物质世界、人类社会、人类意识世界的一种形态，是虚拟空间的自然状态。以数字化的视角看待、以数字化的知识处理、以数字化的现实呈现，数据化了的世界和社会将更加多样多态、更加精彩纷呈、更加智能高效。物质世界、人类社会、虚拟空间的万事万物及其联系、活动形式化为数据之后，"一切"都成为可被计算机表示、计算、存储、使用、控制的形态，可以在人类数字化知识和元数据驱动的大引擎作用之下，源源不断地迸发出智能化力量。把我们放进数据的世界，我们就拥有了世界。

4.1 数字化时代的数据

数据是可以记录一切的符号，是信息的可再解释的形式化表示，以适用于通信、解释或处理。数据是指事实或观察的结果，对客观事件进行记录并可以鉴别的符号，是对客观事物的性质、活动、状态以及相互关系等进行记载的物理符号或这些物理符号的组合。它是可识别的、抽象的符号。数据不仅指数学里的数字，还可以是具有一定意义的文字、字母、数字符号的组合、图形、图像、视频、音频等，也是客观事物的属性、数量、位置及其相互关系的抽象表示。例如，"0，1，2，…""阴、雨、下降、气温""学生的档案记录""货物的运输情况"等都是数据。

0 和 1 表示的数据。在计算机科学中，数据是指所有能输入计算机并被计算机程序处理的符号的介质的总称，是用于输入电子计算机进行处理，具有一定意义的数字、字母、符号和模拟量等的通称。计算机存储和处理的对象十分广泛，表示这些对象的数据也随之变得越来越复杂[⊖]。在计算机系统中，数据以二进制位信息单元 0、1 这种电子记录的形式表示（见图 4-1）。

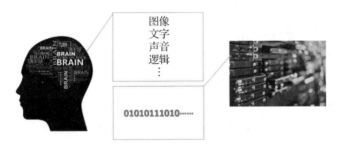

图 4-1　计算机处理的信号是 0 和 1 组成的数据

以 0、1 格式存储的数据，既是一切数字化的成果，也是一切资源及其能力表现的承载。

我们可以用狭义数据和广义数据来表示不同的适用范畴。

狭义的数据是指社会、业务场景数字化的结果数据，主要由感知能力采集获取或处理日志记录，并通过电子化、智能化处理形成的数据，用于刻画某个时空点场景明细特征，一般称之为明细数据的数据。

广义的数据则是把"一切"数字化的产物，既包括以上狭义的对场景的数字化成果，称之为明细数据，也包括以场景明细数据为源头，在社会通识和领域知识的指导下，由数据处理引擎智能计算而派生出来的，被政府或企业关注的行业领域的主数据，以及社会通识和行业领域的知识、技战法等参考数据，

㊀　皮连生.教育心理学 [M].上海：上海教育出版社，2011.

还包括编排、指导、控制处理引擎对资源进行处理的知识、方法、工具、算法、技术等供系统消费的数据，称之为元数据。明细数据、主数据、参考数据、元数据，都以"0、1"的数据形式进行产生、加工、传输、存储、使用、交易，形成统一的政府、企业数据体系。在统一的元数据体系指导下，可以实现全社会明细数据、主数据、知识数据的拉通，形成统一的数据共建、共治、共享的局面。

资源数据和数据资源。一切数据化了的资源，我们称之为"数字化资源"，其所沉淀的数据称为"资源数据"。后面讨论的资源数据形成过程，我们称之为"资源数字化"。资源数据是资源的一种表现形式，一种可被计算机处理的载体。另一方面，当今社会把以上"广义"数据看成了生产要素，可以被管理、被运营、被加工，用于输出产品、输出服务，生成能力，产生效益。其中，把数据看作重要资产，可以共享、交换、交易，挖掘更大价值，产生收益。这里，我们把数据看作重要的资源，称之为"数据资源"。"资源"是我们在本书中讨论的一个主角。

元数据是表达数据的一种数据。计算机科学中存储和处理的数据应包括"0、1"记录的实体数据和描述表达实体数据的元数据。描述表达实体数据的数据，一般称为实体数据的"元数据"。在一些场景中也会形象地称为资源知识图谱。比如，在学校管理系统中，"60"是系统记录下来的实体数据，但是它陈述的对象是什么，还需要"成绩""班级人数""语文老师数"等元数据去界定本体。元数据不仅仅表达数据资源，还表达业务、技术、管理等一切资源。

数据是各类资源的数字化承载，得数据者得天下。

"一切数字化"以数据的形态镜像世界、计算世界、发展世界（见图4-2），借助持续的技术进步，实现世界的可识别、可计算、可呈现、可管理、可创造。同时，通过对镜像数据世界的计算，既可以有效观察、刻画、呈现世界，更有利于人类快速沉淀知识、发现规律，还能通过反

图4-2　计算机引擎以处理数据化对象而产生能力

复的模拟、验证、研判、决策，发现新价值，预测新风险，推荐新决策，引导世界朝着人类先进文明的方向发展。在数字化、智能化时代，一旦拥有数据的使用权，就拥有了资源的使用权，也就拥有了广泛而深入的能力，从而拥有了世界。

本书将全面讨论广义的数据。从计算机领域技术视角主要聚焦讨论明细数据、主数据、参考数据、元数据，从业务视角讨论场景数据、核心资源数据、知识模型数据、系统运行参数数据，以及行业价值数据等。

明细数据和主数据是业务需要消费的数据；参考数据（知识数据）是业务处理需要消费的数据；元数据是系统运行需要消费的数据。

4.2　场景——明细数据

场景（Scene）一般指行业领域事务处理的特定时空业务现场，或者特定时空的物质世界、人类社会、虚拟空间运行的现场。场景在一些行业、领域中常被称作"事件"（Event）。

各领域对事件的界定都不同，一般较能够形成共识的通常有两种事件，特定时空场景事件和一般意义事件（Incident/Accident）。

特定时空场景事件是指时间和空间中都确定的一个点，也就是在某个特定位置（用坐标确定）、特定时刻所发生的客观现场情况。场景数据刻画某个时刻、某个地点的场景事件，通常情况下，这个场景事件的持续时间、延展空间粒度都比较小，一般都不能或不宜再被细分。特定时空场景通常包括业务工作场景和业务相关或业务关注的生产、生活、社交、学习等社会场景。为讨论方便，本书中的"社会场景"也包括自然界的特定时空场景。

一般意义事件是指对自然界、社会或特定行业领域具有一定影响的自然事件、社会事件或某行业领域业务事件，一般指比较重大，对一定的人群、区域、领域造成影响，会对自然、社会、历史、业务产生价值或造成风险甚至危害的事情、情况，通常包括事件的起因、酝酿、蓄势、发端、发展、高潮、平息、结束、影响等全生命周期。一般意义事件具有社会性、领域性、时空性，随着时间、地域、行业、领域、阶层的变化，事件的影响程度也会不同。随着历史的变迁，往往只有那些特别重大并对历史产生深远影响的事件才会被沉淀下来。一般意义社会事件是由若干个业务场景事件和若干个社会场景事件共同组成的。一组时空、人物、因由、活动相关的特定时空场景事件可以组合刻画一件一般事件生命周期的全貌。

场景数据是在场景模型指导下对一幕幕特定场景的实体及其属性、关系、行为等的形式化表示。领域场景数据资源是从领域业务和内务视角，对领域关注的现实社会、领域业务场景进行需求场景建模，并在场景模型成果的指导下开展感知建设、按需采集、融合处理、维度增值而特性富化了的场景数字化成果。

4.2.1　社会场景数据

社会场景数据记录的是某个时间点或较短的时间片段、在某个地点或局部空间发生的事件。因此，社会场景数据理论上可以刻画任何时间、任何地点发生的任何事件。不过，任何政府、企业、群体、家庭、个人都只会关注该领域需要重点关注的事件。

同时，某个时空点发生的社会场景事件也会有十分丰富的刻画维度，我们往往不会事无巨细地关注所有的事件维度特征。对某行业领域来说，只需要关注对领域业务有意义、感兴趣、有影响的相关特征，并且可以随着业务的发展或认知的演进，不断地调整感兴趣的特征，既可以增加，也可以减少。行业领域所关注的特征有的已由场景感知措施直接采集到了，属于显性特征，还有一些关注的特征没有直接显性地表现出来，属于隐性特征。隐性特征需通过及时查找资料、关联识别、模型计算等加工才能还原出来。

时间、空间的变迁会导致新的场景记录源源不断地产生。时空变化中记录的场景集合构成了生产、生活、学习、社交、交易等社会百态。

政府、企业都要根据领域的社会、业务、价值及风险等特征，划定科学的场景矩阵、场景的维度、维度的指标，对不同的场景、场景维度和维度指标需求、要求，规划设计和建设获取采集的措施、手段、方法，以最小的经济成本、最低的社会代价、最适当的场景维度、最精确的指标质量，构建丰富的立体化场景数据感知能力体系。

1. 社会场景矩阵

政府部门、企业为了本行业、本部门、本领域、本单位的业务赋能能力和内务治理能力，都会科学规划面向社会的，覆盖生产、生活、社交、学习等各种场景的行业场景矩阵，在获得授权后采集社会场景数据。

比如，在之前的健康医疗行业，问诊、检查、诊断、治疗、取药、康复、随访等场景主要在医院里。随着互联网应用的发展和医疗制度的改革，问诊、体检、购药、康复、随访等逐步走出了医院，互联网医院问诊、居家体征监测、互联网购药、专业机构体检、第三方检查检验、患病现场急救等新型健康医疗场景不断延伸到院外，模式日臻稳定和成熟。随着智能终端、物联网、移动互联网、大数据、人工智能技术的进步，穿戴设备、智能家居、智慧养老、健康地产等健康医疗的新服务、新应用、新业态不断涌现，广泛的生产、生活社会场景正在成为感知体征、健康监测的新生场景和重要途径。社会场景与业务场景的相向发展将会在健康医疗领域形成更为科学、更加全面的场景矩阵，场景的感知触角、感知手段、感知能力将更加全面、更成体系、互为补充，在刻画患者时做到领域更宽、维度更全、精度更准（见图 4-3）。智慧健康、智慧医疗正走向可能。

图 4-3 以人为本的医疗数据感知矩阵

2. 社会场景维度

社会场景来源于生产、生活、社交、学习的人类社会空间，用于观察和描述事件的全貌。场景具有社会性、客观性、业务性、逻辑性，这些就组成了社会场景的维度域。

社会性体现场景所承载的行为、言论等社会属性、社会特征。比如，场景承载的行为可以是吃饭、住宿、出行等正常社会行为，也可能是违背公序良俗、违反法律法规、扰乱公共秩序等的异常社会行为。言论可以是说笑话、讲故事、晒心情、议话题、评事理、做解说等正常社会言论，也可能是违背公序良俗、违反法律法规、传播负向能量的非正常社会言论。

客观性体现为场景是在客观刻画物质世界、意识空间、社会活动，会辨识场景中出现的人、映射的组织、所处的地点等有形态的实体或可想象的事物，以及实体或事物携带的可辨识的身份、账号、特征、地址等各种标识码、号、址，还有场景发生的时间、成本开销等场景度量的属性。这些实体、事物、标识、时间等具有客观性、泛在性。

业务性体现为政府部门或企业对场景特有的领域观察视角，场景的业务属性是明细数据的重点标注目标，既可以针对特定场景直接开展采集而标注上领域业务属性，也可以由事务处理或感知手段在场景数据中运用知识模型直接标注、辨识，还可以在后续数据汇聚融合时标识出来。汇聚融合阶段的业务属性标识主要通过行业领域知识图谱、维度框架、算法模型的加持，运用更全面丰富的知识模型计算得到场景的业务维度，标识出业务属性。

逻辑性体现为场景承载的事件因为什么、如何发端、怎么演进、内在关联、横向关系、先后顺序等，穿插各种社会属性、物理实体、背景缘由、业务特点等演化发展的内外部逻辑，既包括场景内要素的因果、关联、演进的逻辑关系，也包括与场景之外的其他场景产生的业务关联、因果关联等逻辑关系。

一幕幕时间定格的空间变换，一帧帧空间定格的时序变迁，绘成了人类发展的历史画卷。一条条、一组组场景明细数据，如能在大数据基础设施之中记录成社会发展、人类进步、世界前进的数字化基础，则我们既可以在当下活用社会共识和领域知识，主动发现价值、预警风险，促进高阶信息化和业务智能化，服务精益治理和企业创新，也可以在时过境迁之后，应用新时代的技术进步，别开生面地重放场景、演绎历史，从中了解历史、学习知识、理解规律，促进人类和谐、有序、可持续发展。

3. 社会场景精度

对场景刻画来说，精准化的维度度量与精细化的维度设计同样重要。

社会场景的明细数据是用社会的、客观的、业务的、逻辑的一个个领域维度来记录的，然而，如果只是记下了各维度的性质，而没有进行各维度的量化，维度的作用会大打折扣。

在健康医疗领域，用于监测、检查、检验的设备长期由专业的医疗器械企业以模拟形态的方式提供，即使通过模数转换技术进行了数字化，但因为生态的封闭，感知到的数据无法被医院统筹和共享。随着感知、集成电路、模数、传输、微架构、AI 等技术的进步和普及，物联感知技术集成门槛越来越低，互联网企业、集成电路企业、AI 企业、新制造企业都开始布局健康医疗的监测设备领域，运动健康设备、通用可穿戴设备、居家健康监测设备、公共场所体征监测设备等开始风靡全球。然而，这些通用感知设备普遍功能不少，但精度不高，场景维度的度量精准度还不符合现有诊疗体系的参考要求。同时，通用感知设备也开始涉足自然灾害、安全生产、消防监测等应急管理领域，但普遍是维度已来，精度不够。

在 AI 感知领域，视觉智能识别技术发展水平最高。比如网络支付认证、"雪亮"工程等一些特定场景，由于训练样本充足，应用需求明确，市场牵引力巨大，在图像的场景分类、人像识别、光学字符识别（Optical Character Recognition，OCR）、特定物体辨识等方面，精度已经在 90% 以上，甚至有的场景下的特定物体辨识度能到 99%，已基本到了可用、好用的阶段。但是，由于训练工具的简陋、机器学习过于专业化、自主学习技术能力未能补位，视觉智能在医疗影像识别、生产制造控制等重要场景，由于各维的精度很低，效果无太大起色，应用推广程度不高。听觉智能由于成本低、采集容易、场景适配度更高，本应是最大的商用技术领域，但由于总体起步较晚、技术开源不多、物理干扰较大、技术普及程度不高、人才储备不足等问题，声音这一重要的 AI 智能感知的精度一直不太理想，目前只在语音辅助输入、语音合成和声纹辨识等领域开始应用，更多场景的语种处理、方言辨识、语音识别等应用领域，还依赖技术进步、知识训练、产品集成的进一步深入，但是，语音在场景感知体系里的前景好、市场需求广泛。

对社会场景感知精度的重视和度量能力的提升，是数字化时代前沿课题设计、技术研究、技术开发、技术集成、技术推广的重要任务，从维度定性到维度定量是场景明细数据从可用到好用的关键。

4. 社会场景感知体系

构建立体化、全维化、智能化、高质量感知体系是场景数字化永无止境的话题。

（1）一码扫天下

网络支付和疫情防控将二维码的应用推到了另一个新高度，类似二维码的感知手段快速推动互联网应用从商业领域进入到国家治理、社会管理的领域。

二维码后面是一个怎样的世界？第一，一个二维码最常用的是一个链接，代表着后面的一个网站、一个 App、一个小程序。第二，在中国，二维码被用于支付或转账，既可以扫我支付，也可以我扫支付。在中国的城市和乡村，除了比例很少的不会使用智能手机的人之外，使用微信支付、支付宝支付等网络支付工具的场景已经覆盖到所有人和吃、住、行、销、乐、医等绝大多数社会场景。第三，二维码用于确认证明，电子身份用于证明我是谁，还可以用于商品的防伪溯源，等等。第四，二维码被用于打卡定位，既可以用于上班、上学打卡，也可以用于访客登记，还可以用于景点、网红地打卡。第五，二维码被用于出示信息，便于特定领域的信息交换。比如，在物流、仓储或 IT 设备运维等场景中，可以在商品、物品或设备标签上正常显示的文字信息或电子标签外，同时对文字信息生成一幅二维码图像，人们通过扫描二维码，就能采集与文字信息相同的数据，便于业务系统高效采集。另外，二维码还可以用于分享推广，可以分享微信、分享自己家的 Wi-Fi、分享喜欢的文章、分享一个商品、分享一个品牌、推荐一个 App 等。

在二维码技术加持下的创新应用、创新服务、创新模式、创新业态的实践中，二维码成功地服务于生产、生活、社交、流通、交易等各种社会活动，提高了效率、便捷了社会、降低了成本，二维码正在深刻地改变社会运转模式和社会生活方式。二维码在大大促进了社会进步和发展的同时，也成了重要的社会场景感知手段，大大推进了社会场景大数据的采集获取能力和水平。

（2）泛在感知，构建社会场景立体化感知体系

物联网、智能终端、移动互联网、人工智能等技术的进步和数字中国、数字经济、智慧城市、企业数字化等战略的实施，大大推进了社会化大采集的规划布局进程，构建和谐、有序的泛在化、立体化、精细化社会场景感知体系，将是重要的发展趋势。

数字化、智能化浪潮已从战略决策步入了规划设计，走向了布局建设和场景应用。社会各界对社会场景感知的需求已全面打开、全面激活，多渠道、多手段、多视角构建场景感知维度已成社会共识。政府部门、事业单位、企业各自以不同目的和诉求，分别从国家治理、社会管理、公共事业服务、企业经营发展等视角，结合各自的价值追求、自身优势、擅长领域，深刻地杀入了感知能力布局和手段建设的社会场景感知大战。

从社会场景感知格局来看，在**互联网服务领域**，滴滴、饿了么等互联网 O2O（Online to Offline，线上预订线下服务）应用，淘宝、京东、拼多多等互联网电商平台，微信、QQ、陌陌等社交网络平台，网络抖音、微博、朋友圈等互联网内容社交平台，高德、百度、谷歌等网络导航平台等，用户数量大、场景黏性高、功能非常丰富、使用十分频繁，各服务中交互的个人信息、业务信息、资金信息、言论信息、物品信息纷杂，互联网巨头们十分方便地垄断着典型互联网服务入口，占据着社会场景感知优势。互联网寡头的平台、连接器和超高用户群体等优势，天然筑成了其得天独厚的社会场景感知能力体系。在**国家治理领域**，"雪亮"工程社会面治理、"最多跑一次""一次不用跑"等网络化政府事务，应急管理，天、地、空、水、洞（后天的矿洞、先天的地洞、对地下的遥感等）立体布局，社会公共秩序管理，疫情防控等，政府部门或特定组织把握着社会治理和政务管理服务的典型社会场景感知优势。**在公共事业领域**，水电煤气、电信通信、交通运输、物流快递、金融服务、健康医疗、文体教育等社会公共服务业占据了公共事业服务的社会场景感知优势。在**生产制造和物流商业领域**，丰富的物联传感体系贡献了世界上最大的场景数据。另外，**在其他社会服务领域**，与人们的生产、生活、社交相关的餐饮、购物、休闲、娱乐、旅游等社会服务领域，也零星地散落了一部分线下或线上感知能力。

对在某个时间空间点上发生的事件场景，各特定维度数据往往会被在不同维度占优势的管理者、服务者或其他近水楼台者优先进行感知、传输、存储，而这些维度的感知能力是泛在的，采集主体是多样的，感知的场景维度数据是割裂的。

社会对数据的要素化、资源化、资产化意识逐步提升，场景的各维度感知主体对自己感知的数据和业务产生的数据，把控意识大大增强。社会场景的感知主体泛在、感知手段泛在、感知数据泛在，意味着数据孤岛增多、互通难度增大、协调机制更复杂、获取成本更高，利益格局所引发的数据汇聚、融合、利用、共享等困难可能更大。

（3）边缘智能是深化社会场景感知能力的发展方向

随着物联网感知技术的快速民用化、商用化、大众化，人类社会对世界感知来的模拟态、非结构化、非计算态的各种形态数据，维度越来越多、存量越来越大，离可计算、可处理的结构化、半结构化数据形态还有很大的距离。数据大而不强、多而不精、存而少用、用而低效的能力问题十分突出。同时，移动无线网、高速互联网技术的发展为终端感知与后台云基础设施间铺通了公路网络，云计算技术的发展也为集约、按需、可配置的存储提供了条件，芯片技术的发展给数据处理能力不断翻番打下了基础，但这些分散在边缘的巨量非计算态数据频繁、多目的地传输，未经处理就机械地向后端传递，会给数据处理带来极大的压力。在这样的集中云化、多头全流处理的技术布局下，绝大部分是在重复、低效地浪费宝贵的存储、传输、计算资源。

如何科学布局立体化感知体系与大数据融合体系呢？随着社会通识、领域知识的不断丰富和迭代，以及移动智能芯片技术、人工智能技术、边缘计算技术的不断进步和深入推广，边缘智能正在变为发展趋势。在边缘层构建智能计算能力，有人把这种定位终端层、更接地气的边缘层计算形象地称作雾计算，以这种无处不在、笼罩大地的边缘计算能力，支撑对社会场景感知来的非计算态数据开展实时 AI 识别和智能处理，从而强化感知精度、拓展感知维度、提升感知关联度，在大数据汇聚融合前做好更充分的数据准备。将通过边缘智能运算提取出来的结构化、半结构化等可计算态数据以及少量重点实体非计算态数据汇聚到后台大数据层开展融合计算。绝大部分实体的非计算态数据暂存在边缘层，可通过接口被后台按需调用。

要实现边缘智能目标，我们既要构建智能化硬能力基础，还要在软能力方面构建智能化的实时流处理引擎，保持源源不断的知识迭代更新。

在硬能力方面，需要转化物联网感知、神经网络智能处理（Neural network Processing Unit，NPU）、张量智能处理（Tensor Processing Unit，TPU）、图形智能处理（Graphics Processing Unit，GPU）、专门应用的集成电路（Application Specific Integrated Circuit，ASIC）等新技术成果，丰富和完善智能终端设备的硬件处理能力和场景适配能力。同时，在很长一段时期内，非智能终端还会长期存在。对于非智能终端或智能能力不足的终端设备采集的非计算态数据，可以通过在边缘局域网部署智能处理设备进行汇聚和智能处理，从而让这类非智能设备焕发出智能终端设备的部分关键能力。

在软能力方面，我们正重点转化视觉、听觉、嗅觉、触觉、味觉和自然语言处理（Natural Language Processing，NLP）等专门 AI 智能处理技术能力，同时也推动在智能终端或统一智能处理设备上，构建一个通用的智能处理引擎，自动匹配与社会场景处理相关的知识、规则、模型，实时将非可算的、模拟的信号源源不断转换成场景数据，再实现社会场景数据的维度智能提取，输出较高精度的维度度量。

在知识能力方面，既要丰富及迭代社会和行业领域标准化、规范化的样本库、知识库、模型库，还要持续迭代专门 AI 智能技术在本领域样本库的积累和训练，使视觉、听觉、嗅觉、NLP 等 AI 技术与行业适应能力更高。比如，在气候监测对"风"的感知体系中，除了传统测量风力、风向、风量的风速仪、风向仪外，我们还可以通过摄像头观察风掠过水面时水波的方向、荡漾的速度、波纹的大小、峰谷的高低等图像细节感知风力、风向，通过声音传感器听取风吹动音柱产生的声音，通过触觉传感器感知风力的大小，等等。再比如，在大型集会现场，通过摄像头智能识别人像并实现自动计数，感知现场秩序、安全风险并推荐安保力量布建，通过语音识别和 NLP 技术等智能技术，实现机器人交互，提高现场服务水平，等等。

（4）多措并举，构建适合行业特点的社会场景感知能力体系

社会场景数据是发生于社会、采集于社会的场景。社会场景是多视角的、立体化的，感知这些维度的渠道是多样的，采集主体是多元的，感知能力是立体的。因此，要想从社会场景中获得适合自身行业需求的维度数据，必须布局内外协同、优势互补、互惠互利的采集体系和采集能力，既要充分利用好法律制度、行业优势布建行业自主的社会场景感知能力，形成主要的数据感知能力体系，也要多措并举、合纵连横，采用共享、交换、购买等方式按需获取其他主体采集的维度数据，力求全面，追求效果。

要构建行业自主的社会场景感知能力，应结合行业业务特点、法律法规、政策依据，设计合理的管理手段、业务手段、利益手段、技术手段，形成自主可控、优势互补、立体多维的社会场景感知能力体系。

科学的立体化感知体系应注重以更小的代价、更优的组合、更佳的效果，以多维度、高精度、快速度、恰当的密度、有效的关联度、科学的集成度为目标，构建符合行业领域特点和业务需求的社会场景感知能力体系，以丰富的数据来源、最佳的数据质量、实时的数据效率、合理的能力布局、互补的数据关联、最低的成本代价，持续输出源头活水，并由场景数据驱动后台处理引擎利用模型、算法、算力等资源，源源不断地萃取和沉淀行业数据精华。

（5）构建立体化感知能力体系，应抓住天时、地利、人和三大机遇开展布局和实施

所谓天时，就是要抓住技术进步、产业成熟、政策生效、重大专项等战略机遇，开展感知手段预研开发、规划设计，恰如其分地付诸实施，拔得头筹，抢得先机。

　　所谓地利，则是要顶层规划、统筹设计感知体系的布局。一方面，要占据空、天、地、水、洞等有利地形，预埋维度、精度、密度、集成度都符合需求的感知能力矩阵，在不变的位置感知随着时间变迁的世界。比如京东智能货仓、停车场的电子停车系统、高速公路的 ETC 系统、街面治安摄像头监测系统、商场店铺 Wi-Fi 服务热点、运营商移动基站、商场出口 RFID 标签防盗设备、小区单位的门禁闸机等，它们既是网络化场景服务的提供点，也是占据有利地形的预设场景感知点。另一方面，要充分利用被感知对象的外表特征、随身物品、携带电子设备等的标识、特征，通过图像处理、声音辨识、电子信号识别等多种方式与场景中相对静态的、预埋的感知服务设备互动，由被感知对象伴随的移动设备商、网络 App 服务提供商、网络 SDK（为网络 App 提供专业服务的第三方软件开发工具包，全称为 Software Development Kit）中间服务商等感知、辨识、采集。第三种更复杂的时空感知场景是移动着的感知设备感知同样移动着的被感知对象，比如，通过卫星、直升机、无人机、汽车等，监测移动着的飞机、汽车、人员及其他物体等，通过复杂的运算进行有效感知。在该场景中，有一种服务商无处不在，十分重要，那就是同时提供着授时服务和位置服务的北斗、GPS、伽利略等时空服务商，它们为人类提供了统一的时间基准和位置基准，让场景中的每个感知手段都可以记录下人类权威、互认的时间、空间的记录，相对于晨钟暮鼓、打更报时授时服务和按图索骥、静态地图位置服务，北斗等服务商们的精准授时服务、精准位置大大促进了人类实现场景拉通、数据融合、应用创新。正是这类精准的时间基准、位置基准的存在，才有了时空关联、场景愈合、情境增维的条件。

　　所谓人和，则是通过方便人们生活、提高生活品质、降低生活成本等优质政府管理和社会服务创新，让人们在不知不觉中感知数据采集。互联网的发展，尤其是中国的网络化购物、网络化物流、网络化支付、网络化学习、网络化娱乐、网络化锻炼、网络化出行等业态的蓬勃发展，一码（二维码）扫天下、一机（手机）走天下、一微（微信）联天下、一抖（抖音）乐天下的社会运行格局，让百姓充分享受到了方便、享受到了实惠、享受到了愉悦。在广受数字化、网络化、智能化红利影响的同时，政府和企业也感知到了价值数据，通过对数

据开展建模分析，为后续政府治理、企业服务的优化迭代提供了更好的基础和
准备。

（6）场景感知能力是人类永无止境的追求

脑机接口不仅可以用于人类大脑的对接，一切有电波的地方都可以接收和
翻译过来，服务于人类社会的发展。比如，我们可以把蝇类处理复眼多源多幅
图像的技能用脑机接口和 AI 高速处理芯片模拟出来，让人类达到真正的数字化
仿生。

4.2.2 业务场景数据

业务智能化需要立体、全面、鲜活、高质量的场景数据支撑，除了把目光
投射到事关领域或领域关注的社会场景外，还应该把价值密度更高的领域自身
事务沉淀的业务场景数据全面纳入视线。

业务场景数据记录的是某个时间片、某个领域事务的事件片段，刻画事件
中涉及的人、组织、物、行为、言论、时间、地点，以及事件的前因后果、成
本代价等。业务场景数据除了天然的业务属性维度外，还包括业务场景关联的
社会性、客观性、逻辑性等场景维度，这些业务场景维度、社会场景维度会因
为时空统一性和关联相通性而具有了可融合条件。业务场景数据、社会场景数
据因为相同的时空维度而拉通融合，为场景刻画奠定了更加立体、更全维度、
更多关联的数据基础，为服务于高阶信息化、业务智能化提供了更好的条件。

随着国家、社会、企业的数字化发展，领域业务对对象的关注视角越来越
广泛、业务分析的模型越来越丰富、业务应用的场景越来越精细、业务运转的
模式越来越成熟，各领域对业务场景数据和社会场景数据越来越渴望，不仅仅
业务场景的数据会被反复地审视打标、挖掘价值，领域对社会场景所关注的视
角也逐渐投射到社会生产、生活、社交的方方面面，越来越广泛，越来越深入。
业务场景和社会场景两大数据来源会无限地融合、反应，产生新的数据价值。

业务场景数据矩阵。业务场景数据主要是行业领域开展事务处理时产生的
数据，包括事务处理的操作行为明细数据、事务处理的流程明细数据、事务处
理的结果明细数据。

　　业务场景数据感知方法。业务场景数据可以通过多种手段进行采集，主要分为主动报送和被动感知。主动报送即由业务应用系统、大数据平台系统、中间件日志系统、操作系统日志系统，以及与业务场景相关的用户认证、权限控制系统、审批系统等，按照工作要求和需求，主动推送业务场景的感知数据。被动感知，则是在网络、安全、审计、处理、运营、运维等的关键节点，部署采集能力，分析业务流量，还原业务事务的场景数据。

　　业务场景数据维度和精度。业务场景数据与社会场景一样，同样具有社会性、客观性、业务性、逻辑性，这些属性维度域让业务场景更立体、更全面、更丰满。同时，由于业务场景数据由事务处理的人深度介入干预赋值，并被业务指标和评价体系牵动，业务场景数据的每个维度的精度都较为精准，业务信息点更多，业务价值密度更高，为大数据分析应用提供更高价值、更为置信、更为精确的数据。

　　相对的业务场景数据。当业务场景数据被跨行业、跨领域、跨部门看待时，一个领域的业务场景数据就会成为另一个领域的社会场景数据。另外，行业、领域某笔事务尚在处理中，这样的事务性的业务场景数据如果未确定为共享，则一般不作为"资源性数据"。

4.3　核心资源——主数据

　　不管是业务场景数据还是社会场景数据、自然场景数据，都只是在刻画某个时空点的事件，立体的、多维的感知能力也只是忠实于单点时空的现场记载、留影。这一幕幕离散的场景记录下来的数据为寻找蛛丝马迹提供了坚实的基础，但要想深度发现数据中蕴藏的价值或酝酿着的风险，条件还很不充分。除了孤立分散的场景感知能力本身的局限性，孤立措施手段感知来的数据由于缺乏社会共识和行业知识的有效加持，场景的真相信息还原不足，场景与场外世界的关联性不显，与业务需求的结合点不多，支撑分析判断的度量精度、准确度不够。

　　还有更关键的一点，场景数据只是客观的片段记录，缺乏有效的时空印证、逻辑发展、因果关系的演化，我们需要对场景的要素以及要素背后的对象开展长期性、多维性、关联性的持续经营，通过对要素、对象昨天的积累、今天的感知、明天的预测，才可能为后续的价值智能挖掘利用和风险智能预警预置奠定坚实的基础，我们才能离真相、研判、预警、智能处理越来越近。

针对这一幕幕场景数据，有很多种途径发挥它的价值。首先，人类可以从一幕幕场景数据中捕捉信息、寻找规律、锤炼知识，完善人类的知识结构，并活用知识体系，对场景进行再认知、再增值。其次，人类会从一幕幕场景数据中发现本质、识别目标、认知对象，形成感兴趣对象的信息萃取、维度拓展、价值积累。最后，人类还会活用自己从事或感兴趣领域的知识，去分析对象、标识对象，从中发现价值或者预警风险。

数字化的终极目标是智能化，智能化的主要目的是发现和利用价值以及预警和管控风险。围绕着价值的利用和风险的处置过程，就是领域的业务性事务工作。围绕领域事务，一是要处理事务，二是要发现待处理事务。发现待处理事务的方法有两种，一种是被动地坐等任务，不管是对于客户送上门的业务，还是对于领导安排的任务，就是一个字——等。另一种是主动地发现任务，去调查走访，或者坐下来从纷繁的资料信息中梳理分析，发现新线索、新情况、新任务。互联网业态中后者居多，突出一个理念是千方百计发现客户、粘住客户、挖掘客户商业价值、精准投放影响客户决策，从而从商业活动中绽放价值、规避风险、获取利益。互联网的多数业务模式就是通过穷尽各种办法、多种渠道地获取场景数据，萃取并迭代客户信息，精细刻画、深入分析客户需求，再生产和组织商品、货品、作品，精准推荐、精准投放、精准影响。

因此，为了更加科学、更多视角、更为主动地发现价值和预警风险，我们需要抓住领域的本质，沉淀领域长期关注、长期经营、长效赋能的主题对象和核心要素。比如，商业流通领域就要抓住人、货、场和电商账号、手机号码等，金融领域要抓住客户、产品、项目和银行卡号、身份号码等，医疗领域要抓住患者、方案、病案和医保卡号、就诊卡号，等等。通过围绕这些主题对象、核心要素千方百计地设计场景、收集数据、融合增值，使主题对象、核心要素的领域更宽、维度更密、度量更准、关联更多。

主数据是体现领域本质的科学数字化实践的落地表现。领域的本质是通过概念体系对其内涵和外延进行框定。领域模型体系是对领域观察和抽象出来的领域概念体系的重要承载、关键表示。领域模型体系牵引和指导着领域数字化、智能化的科学规划、顶层设计和有序实践。主数据是在数字化实践中通过分层级落实领域模型成果，体现领域本质、把握领域规律，通过持续的丰富、迭代而沉淀出的形式化、符号化的领域核心数据资源。

1. 主题对象的主数据

数字化后的政府、企业不仅仅拥有业务场景数据、社会场景数据，还要对场景数据进行萃取、关联、打标、精练，像商业领域构建精准营销的人、货、场（场景）那样，长期构建符合行业领域特点的主题对象数据，比如医疗领域的患者主题数据、金融领域的客户主题数据、网络安全领域的关键信息基础设施资产主题数据，等等。这类主题对象数据是大数据业界所称的主数据，是反映领域本质的目标对象的全生命周期、全使能过程、全关注视角的数据。

不管是政府管理还是企业服务，业务的本质都是围绕拉通供需方的信息，通过构建全维度、精细化、多关联的供给侧对象目标和需求侧对象目标的主题数据，认知供应侧的产品能力和需求侧的能力需求，在拉通供给和需求的基础上，动态设计、构建符合供需双方利益的相应场景。所以，数字化的一个重要使命就是解决领域主体、客体、行为的全维主题数据的沉淀，并在此之上进行分析和应用。

在选择和确定行业领域的关键对象目标，来规划构建主题对象数据时，应综合考虑这几个要点。

1）政府、行业领域或企业关注的关键工作对象目标及潜在工作对象目标，为了挖掘价值和发现风险，需要被政府、行业领域、企业主动发现、长期经营、持续迭代，服务于政府或企业的主要业务或全部业务。

2）政府、行业领域或企业政策、规范、程序、制度、业务主要作用的对象目标。

3）这些对象目标在该政府部门、行业领域或企业具有较强的稳定性、不可分割性，并力求对这些对象目标的刻画准确、客观、全面、鲜活。

4）这些对象目标刻画的维度、精度可以基于行业经验和动态数据自动化计算给出，也可以由业务人员不断去添加、更正、评价，使之成为行业或企业真正好用的基础资源数据。

5）关于场景数据是否向主题数据内的某个实体对象分发，应由行业领域专家或业务骨干针对数据来源的条件和特点，通过一个或多个载体让场景要素与实体要素对准归一，共同进行时空印证，符合对准指标的数据才会向该主题对象的特定维度分发，并激活后继指标精度计算和更新。

在医疗行业中主要构建患者、医生、病案等主题数据；在网络安全领域中主要构建攻击者、被保护核心资产、攻击案事件等主题数据；在金融行业中主要构建客户、资金、项目等主题数据；在商业领域中主要构建消费者、商品等主题数据；在社会公共安全领域中主要构建安全风险者、风险易感者等主题对象，等等。只要找准了行业领域的主题对象目标，我们就可以在这些对象目标的主题数据域中，从不同的社会、领域视角不断地完善主题对象的维度、标签、关联、活动和精度度量。行业领域的专家会以主题对象为基础，从不同的视角开展数据分析建模，源源不断地发现价值和预警风险，达到领域业务的主动作为、创新发展。

2. 核心要素（关键元素）的主数据

在考虑行业领域主题对象目标数据的萃取、提炼、更新时，我们无法回避另一个问题。即对场景数据中的关键主体，往往采用一系列的标识符、ID 等数据特征，用以标识、承载、指代主题对象目标。比如，通过身份证件号码、手机号码、网络账号、医保卡号、银行卡号等标识符、ID 指代某个人，用汽车牌照号码、发动机号指代一辆车，用 MAC 地址（媒体访问控制地址，联网设备网络模块的物理地址，全称 Media Access Control Address）指代一台电脑或一部手机，等等。但是，一个标识符、ID 与其指代的对象是有时空约束条件的，一旦解绑关联，就不再指代原先的对象。有些虽然终身可以指代，比如身份证件号码，但可能由于识别验证控制不严，造成证件号码冒用等问题。主题对象鲜活的属性信息、关联信息、活动信息析出及置信指标计算的质量，往往取决于对场景数据的提取、关联、打标等萃取计算的置信度效果。一个场景可能由多个采集主体以不同手段感知而产生场景数据。往往由于不同采集主体的感知目的不同、采集重点不同、采集方法不同，一些标识符是被采集者声明的、一些是技术手段识别的、一些是第三方数据关联得到的，有些采集者可能本就不关心标识符、ID 承载的是不是真正的属主对象。因此，不同的采集形式会造成标识符、ID 与指代的对象目标置信度不一样，甚至有的场景中的主体角色会利用服务商控制规则不严的漏洞而故意冒用他人标识符，这就造成我们从场景数据中提取、萃取标识符、ID 时，并无十足的把握直接对准，无法只凭标识符、ID 就将场景数据向主题对象目标分发。这时，往往需要行业领域专家对原始场景数据进行分析、辨别、识别、计算标识符、ID 等关键要素与主题对象关联的置信度，并针对性地设计科学的计量尺度和分发规则，以提高场景数据向主题对象目标分发的准确性、有效性，否则对象目标的主题数据将可能张冠李戴，造成数据质量低下，从而导致数据分析出来的价值、风险不准。

同时，作为领域核心的标识、ID 等要素，即使它们与主题对象的关联置信度不高，但它们的时空分布、关联、关系、行为、言论等却具有很重要的基础资源价值。往往我们针对这些关联、指代置信度不高的数据开展建模分析，恰恰是攻击、违规、欺诈、内鬼等风险发现的重要渠道和来源。比如，在一些制度不全、管理不善、机制不灵的医院，可能会出现个别医院工作人员拿着熟人的医保卡或公费医疗卡，为其开药结算。再比如，超市收银员常常会用自己或者亲戚的超市会员卡，给没有会员卡的顾客刷商品会员价，给自己或亲戚超市会员卡累积积分，甚至会有人把自己的身份证、手机号、银行卡等贩卖、租借给诈骗团伙从事违法犯罪活动，等等。对这些关联、置信度不高的核心要素数据开展分析，我们可以及时分析和预警海量业务数据中潜藏的风险事件、违规行为。

因此，我们会将行业领域中需要重点关注的标识、ID 等核心要素，按照主题对象目标一样的思路构建全生命周期、全使能过程、全关注视角的资源数据，此为行业领域的另一类主数据，我们一般称之为核心要素主数据。

核心要素主数据的要素选择，符合这几个特点：

1）重要的元素，需要被政府、行业、企业长期经营、持续迭代，对挖掘价值或发现风险有重要依赖，服务于政府或企业的部分或全部业务。

2）要素具有可计算性，以通过计算就能自动进行要素的匹配。

3）要素在多种渠道的场景数据、基础数据中存在。

4）要素的分布、关联、关系、重要行为、重要言论的确定可以自动化实现。

选择构建核心要素主数据的要素，可以是政府分配的社会身份号码、常用通信号码、互联网服务商网络账号、常用硬件特征码、金融账号、医保卡号、就诊卡号等。

主数据建模即框定行业的主题对象、核心要素，搭建领域对象、要素的框架结构，迭代维度、规制精度、丰富关系，构建主题对象、核心要素的知识体系和图谱。有了对象、要素的模型知识图谱和鲜活数据，政府、企业中有理想、有动力、有准备、有担当的人，就能主动研判形势、提炼需求，按图索骥，建模挖掘，积极探索主数据带来的价值机会，或者发现主数据对象要素身上暗藏的风险，不断创新和迭代出符合新形势、新需求、新发展的业务分析模型。

4.4 价值——核心业务数据

社会活动的本质是价值和风险的生生不息。围绕价值利用的闭环是发现价值的端倪、刻画价值的全貌、评估价值的收益、促成价值的显现的周而复始。围绕风险管控的闭环是发现风险的端倪、刻画风险的全貌、评估风险的代价、干预风险的发展的往复循环。由数据而生的价值，包括挖掘价值和发现风险。

激发价值的发生，压制风险的发端，是一切社会活动的动机；价值的持续放大，风险的有效控制，是一切社会活动的目的；价值的点滴湮灭，风险的可控释放，是一切社会活动的归宿。人类智能始终在发现和利用价值、挖掘和控制风险的实践中大放异彩。数字化了的镜像世界和数字化了的人类智慧，自然也要在产生社会价值数据和社会风险数据的实践中放飞能力、绽放光芒。

　　数据会从直接和间接两个方面体现价值或风险。在价值方面，数据既可以作为要素、资产，通过数据交换、交易体现自身价值，此为数据资产直接交易产生价值；也可在社会和行业知识加持之下开展数据分析计算，挖掘出数据蕴藏的社会价值和业务价值（见图4-4），此为社会或者商业价值。在风险方面，既包括数据作为实体被攻击、被偷窃、被破坏、被滥用，针对数据实体自身的风险，此为直接的网络实体安全风险，也包括加载社会和行业知识之下，通过对数据分析计算发现数据中蕴藏的社会和行业风险，促进管控和消解风险，降低或不产生损失。

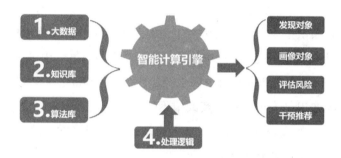

图 4-4　数据成果经过智能分析挖掘才能产生价值

　　一切社会活动都源于价值或者风险。每一次价值或风险的发现都在开启一笔政府治理业务或者企业服务业务。我们希望，在处理这笔业务发现、刻画、评估、干预业务闭环中，价值和风险数据都会驱动引擎，智能动态地聚合资源、投放资源，科学有序地驱动、引导业务流转，完成价值的高效利用和风险的有效管控，同时，也积累起围绕价值和风险的全生命周期的数据，并从业务处理和资源利用中发现优秀案例、提炼领域知识。

　　智能化是数字化的目标和归宿。不管是政府治理还是企业服务，都需要一个承担起场景融合、知识迭代、科学赋能的角色，持续智能地挖掘和利用价值，智能地挖掘和管控风险。这个角色指向了中台。构建融合各类资源、释放智能力量、挖掘价值风险的大引擎，成为中台的一个伟大使命和历史责任。

4.5 知识——参考数据

知识是人类在长期的生活及社会实践、科学研究及实验中积累起来的对客观世界的认识与经验，是把有关认识和经验关联在一起所形成的信息结构，是客观世界中事物及事物之间关系的抽象、归纳和提炼。所以，知识是人类关于自然、社会、思维的认知体系，是人类认识世界的成果和结晶。人类知识体系的分类方法很多，从学科角度可以分为自然科学、社会科学、人文科学、应用科学、形式科学等五大知识体系。

自然科学知识是人类在适应自然、改造自然的过程中通过科学实验形成的规律性、原理性的知识体系，比如物理学、化学、医学、生物学、地球科学、天文学知识等，属于实验性知识范畴。

应用科学知识是人类在社会生产生活实践中不断总结提炼形成的，适应世界、改造世界的经验、模型等知识体系，比如二十四节气、中国古代四大发明、行业技法战法、业务分析模型等，属于经验性知识范畴。

社会科学知识是人类在社会实践中不断体会、感悟出来的融通性、本质性的知识体系，比如人类学、考古学、人文地理学、经济学、政治学、心理学、社会学、管理学等，属于感悟性知识范畴。

形式科学知识是人类在社会实践中不断总结、归纳和形式化的理论方法知识体系，比如数学、统计学、计算机科学、系统科学、控制学等，属于归纳性知识范畴。

人文科学知识是体现以人为本原则、揭示人类社会本质规律、关注表达艺术技巧的知识体系，比如艺术、文学、哲学、历史、宗教、语言等，属于艺术性知识范畴。

知识分为概念型知识、陈述型知识、程序型知识。**概念型知识**也叫概括性知识，是指原理性、抽象性、组织性、概括性的直接语言表达的知识。**陈述型知识**也叫描述性知识，是用语言进行直接陈述的知识。这类知识主要用来回答事物"是什么""怎么样"的问题，可用来区别和辨别事物。这种知识与人们日常认识的知识概念内涵较为一致，也称为狭义的知识。**程序型知识**也叫操作性知识，是难以用语言直接清楚陈述、只能借助于某种作业形式间接推测其存在的知识。这类知识主要用来回答"怎么想""怎么做"的问题，主要以产生式和产生式系统表征，用来解决做什么和怎么做的问题。[一]

陈述型知识一般是构成某个知识点的直接语言陈述的参考特征。比如说，我们会用长、宽、高描述一个物体的 3D 特征；用一系列五官、身材相关的词语描述一个人的外形特征；用一系列图像特征点规则描述一个人的人相，等等。在实务中，通过引用这些陈述性语言表达的参考特征，人们就能直接对实务进行属性分类，或者对对象进行业务定格。

程序型知识一般是推导某个知识点的计算逻辑序列的参考特征，主要是我们平常所称的数据分析"模型"。比如，我们在安全运行系统中，可以通过引用一段风险预测模型脚本，执行异常分析计算逻辑，主动发现系统运行的风险，确保系统鲁棒性；在智能医疗诊断系统中，可以通过引用一段诊断模型脚本，对患者的体征现状及历史医疗健康档案执行诊断处理逻辑，主动预警患者罹患疾病的种类及程度。通过将优秀诊断案例进行数字化，以及可穿戴设备、居家监测、社区检验检查、医院全方位问诊等多源、多渠道、全社会的方法对健康管理对象进行全面数字化，再预置丰富的医疗诊断程序型知识模型，我们就可以逐步实现智能健康、智能医疗。

陈述型知识和程序型知识在学习和获取上往往是相辅相成的。陈述型知识的获得常常是学习程序型知识的基础，程序型知识的获得又为获取新的陈述型知识提供了可靠保证。比如，我们学习外语时，词汇和语法规则的学习是为了掌握陈述型知识，当我们通过大量的反复练习，对外语的理解和运用同本语种语言一样流利时，关于外语的陈述型知识就转化为程序型知识了。陈述型知识的获得与程序型知识的获得是学习过程中两个连续的阶段（如"解方程首先要知道等式两边平衡的规则"，能说出这一规则的是陈述型知识，而操作过程的技能则是程序型知识）。[二]

人类大脑会通过长期记忆海马区来存放各种知识，并通过不断的刺激而巩

[一]　陈琦，刘儒德. 当代教育心理学 [M]. 北京：北京师范大学出版社，2007.

[二]　同上。

固知识记忆。但是物质世界、人类社会、虚拟空间一直在不断地扩展新知识，人类已经无法记住全部的人类知识，哪怕只是一个人自身工作领域的知识也不可能全部记忆下来。因此，人类的知识需要通过书本在图书馆保存以便随时调阅，随时帮助人类学习和巩固知识。磁记录和光刻记录发展以后，人类能够以模拟电子化的形式记录更多的信息了，通过视频、语音等形式可以把电子化的知识再现。随着计算机的发展，模拟电子化开始实现了数字化，知识可以被计算机按照"0""1"的数据形式存储下来，并被随时调度使用。随着脑科学和数字信息科学的双向高度发展，人脑和计算机结合的集成技术必将出现，通过计算机给人类大脑扩容也可能出现。在脑机技术还没有真正商用之前，我们可以通过物联技术、数字技术、人工智能技术、可视化技术、VR/AR/MR，将计算机中存储的知识数据以多元化、多渠道、多模态的声、光、电、味、触等人类常规感知能力进行呈现和交互。

人类的知识在计算机中应该是什么的形态呢？对陈述型知识和程序型知识而言，计算机中的形态是多样的。

陈述型知识包括与陈述性表达的行业相关的社会通识和业务知识，一般会以词表（比如样本词表等）、句子（比如知识概念定义等）、图示（比如思维导图、UML 图等）等方式进行存储。为了使计算机能够对陈述型知识进行计算、匹配等处理，我们会将词表、句子、图示等进行专门加工，即对陈述型知识进行数字化，以可计算的"0、1"的数据形式处理和存储知识。比如，将词表进行组合形成"与、或、非"的规则，将句子变形为匹配网络，将图示转变为可以相似度模式匹配的特征值，将二进制序列哈希成可计算值，等等。

程序型知识一般是由处理逻辑组织成的程序段，这些程序段一般称为模型、过程、函数等。程序型知识一般有可读和不可读两种形态存在。第一种是以标准化、规范化的保留字、运算符、词法、句法、章法及变量等因素构成的表达体系，对处理逻辑进行组织、存储，向引擎们传递意图，并以标准化、规范化的输入、输出定义外部交互的接口。第二种程序段则是只以标准化、规范化的输入、输出定义外部交互的接口，而内部的处理逻辑则没有标准化、规范化的表达体系，不同的供应商提供的处理逻辑表达形式和组成结构等都是互不公开的，两家的模型－程序型知识是无法跨供应商解析互用的。需要调用对方的能力时，只能以标准化、规范化的接口去调用对方的组件，共享对方的模型所承载的能力资源。第一种可共享的程序型知识需要遵循可共用的规范标准体系，全社会或全行业或一定范围内可互见、可互识、可互用，能够促进知识的进一步共建、共享、共用。第二种程序型知识的解读需要由封装知识的供应商提供解读的引擎，知识和引擎同步发布才能构建出能力。这类程序型知识主要在视觉、听觉等 AI 领域或者非公开的领域行业中广泛存在。各家的模型、算法、知识互相不可用、不可见，这种体系下，陈述型知识同样不可跨供应商共用。

领域的陈述型知识和程序型知识数据资源，是在领域样本类陈述型知识模型和处理逻辑类程序型知识模型的指导下，对领域知识的形式化数据表示。领域的陈述型知识模型和程序型知识模型是领域建模的重要组成部分，分别遵循对象模型和处理模型两类基础模型的框架、结构、方法和基本规则，以领域业务专家为主力军，通过专项、日常、自主学习等多种推进策略开展知识的学习、训练和迭代积累。

领域大模型是另一种形态的领域知识体系，是在大语言模型（LLM）的基础上，运用强大算力、智能算法对大规模领域知识和领域数据开展处理，通过无监督学习的预训练（pre-training）、有监督学习的指令微调训练（fine-training）、基于人类反馈的强化学习（RLHF）奖励训练的过程迭代，对 LLM 持续迁移、知识蒸馏，形成以向量数据库形态存储的领域大模型训练数据成果。大模型引擎运用这些数据成果，既可以输出 LLM 的自然语言处理能力，又具有专业领域知识的学习训练、逻辑推理、生成涌现等智能处理能力，从而服务于领域的知识问答、文本生成、业务推理等实务场景，实现精准推荐、智能投放和多模态生成呈现。

领域大数据平台预处理后的社会场景数据，已经在领域知识的加持之下，拥有了领域关联和领域标签，可用于领域大模型的无监督知识增量学习训练，不断完善领域大模型的数据基座。领域的要素资源、主题对象、业务事务、知识规律（经过确认的领域知识）等数据，属于领域大数据平台中规整、多元、动态的更高价值密度领域数据，则用于领域大模型的有监督业务指令微调学习训练，促进领域大模型持续迭代升级。领域大模型的知识、模型在赋能领域实务时所产生的质量评价、实效评判、安全评估等使用效果数据，正是对领域大模型开展 RLHF 训练的关键数据，以之开展领域大模型的奖励训练，可以不断评价和完善领域大模型的质量。

4.6 表达数据的数据——元数据

数据形式化和模式化"一切资源"，既包括明细数据、主数据、核心业务数据、知识数据等资源实体形式化的数据，也包括表达基础设施、中间件、AI、安全、功能、控制、行动、保障等能力资源模式化的数据。元数据是一种特殊的数据，是能够表达数据、表达知识、表达处理模式的数据，用以表达我们对资源的认知，指导生成资源、组织资源、运营资源、调度资源、评价资源、管控资源，对资源治理，让资源生效，促进资源发挥价值。

大道至简，衍化至繁。"形而上谓之道，形而下谓之器"。在万物有形之体之上，冥冥中有支配它们动作的规律，而且这些规律是可以和物质分离的。《老子》有云："道生一，一生二，二生三，三生万物。"我们对现实世界（物质世界）万事万物、人类社会点点滴滴的认知，都是先辈们、先哲们从实践中一步一步归纳总结、提炼抽象，逐渐沉淀下来的自然法则、客观规律的传承。我们学习、实践、再思考，就是要主动学习知识规律，指导实践活动，提高活动效率，提升活动质量，并在实践中不断地丰富法则、总结规律、迭代知识。

大音希声，大象无形。元数据就是规律法则，就是规矩方圆，就是从道向术、从理论到实践的意图传承。元数据从低级到高级是逐步迭代的，在指导实践的具象过程中，上层的元数据被更高度抽象的低层元数据所指导和表述。元数据从高层到低层是被逐步抽象的，最终抽象为资源的基本属性、基础关系、原子方法等描述。

元数据实际上也是一种知识，是一系列能够被计算引擎解读、指挥引擎运行、驱动引擎赋能的知识数据，是被计算引擎或工程技术人员消费的数据。元数据可以是用于表达数据资源的元数据、表达技术资源的元数据、表达业务资源的元数据、表达系统运行的元数据等。

表达数据资源的元数据，能够表达数据的来源、数据基础组成、组织存储方式、数据集基本情况、数据质量血缘情况、数据服务的能力、数据调度使用方法等。不管是内部还是外部，建设者还是第三方，通过解读数据元数据，就能够认识数据、存储数据、管理数据、治理数据、使用数据、评价数据。程序开发者通过活用数据的元数据和构建动态的程序框架，就可以动态地构建数据录入、数据处理、数据分析、数据呈现的界面和处理程序。数据使用者也能通过解读数据元数据并基于元数据的各类引擎，动态感知数据资源的不断丰富、持续迭代、能力提升，激发业务创新，促进资源利用。

表达技术资源的元数据，则是表达各类计算、存储、网络、安全等硬件，数据库、流处理、AI、NLP 等中间件，可视化、数学算法等组件，以及其他特定服务的技术资源的元数据。通过描述技术资源的元数据，我们可以对这些技术资源形成全面的认知，知悉技术资源是什么、在哪里、怎么存、怎么用、怎么调度，方便各处理引擎在业务场景中动态发现、按需调度这些技术资源。

表达业务资源的元数据，是表达业务流程、业务模型、业务知识、业务计算组件、业务可视化组件、业务行动力、业务保障以及业务人员、组织机构、岗位职责等与业务休戚相关的资源的元数据。通过描述业务资源的元数据，各类业务处理引擎能够根据场景的特征，动态聚合、适配相应特征的业务资源，推进场景智能感知、标签智能标注、对象智能分析、情报智能预警、决策智能辅助、行动智能推荐、业务智能流转、资源智能投放、呈现智能适配，逐步实现业务智能化。

表达系统运行的元数据，是针对信息系统的应用及组成应用的前台或后台功能、接口，表达它们的基本信息、依赖信息、主从关联、运行环境、功能情况、性能信息、处理逻辑等，以及将这些功能或接口连接起来形成数据流、业务流、控制流的调度引擎等能力的元数据。主要包括表达数据接入引擎、流处理引擎、数据组织引擎、鉴权引擎、业务流引擎、数据分析引擎等能力资源。通过系统的元数据，可以在开发应用和业务实战的场景中，动态发现、聚合、配置可资调度的应用、功能、接口等资源，实现场景驱动资源。

元数据本身也是数据，所以元数据本身也会被元数据进行全生命周期管理。元数据驱动是构建智能体、组织智能资源、输出智能化力量的关键。

除了从资源视角来看待表达资源能力元数据之外，另外的一个视角看元数据，则是通过问题域建模而沉淀的元数据，分别从问题域的基本概念层面、业务逻辑层面、物理实现层面的模型设计，用于人机（计算机系统）交互及机机（计算机系统 – 计算机系统）理解和处理。我们将在本书后面的章节中专门讨论。

元数据是对领域"一切资源化"的资源建模及对领域业务、内务建模所形成的模型成果的数据形式化表示，是被系统引擎和人机交互消费的数据资源，用以描述、表达资源的业务、技术、管理等特征，传递业务意图、目的、要求等信息。

当领域在领域模型体系的指导、约束之下沉淀了丰富、鲜活、体系的明细数据、主数据、知识数据、元数据，我们就实现了对世界场景的镜像、行业本质的萃取、人类知识的提炼，这些不断丰富的场景、持续经营的对象、终生迭代的知识，为价值和风险的挖掘提供了十分宝贵的数据基础。当我们构建成了元数据驱动的引擎，这些变换的场景和迭代的知识将通过元数据实时地驱动着大引擎运转，这些数据化成果将会被有效地融合、计算、推演，源源不断地以数据的形态沉淀价值和风险，以丰富多样的可视化应用形态呈现价值和风险。

4.7　数据养成

数据是需要养的。养数据就是对数据资源开展经营，既对实体数据资源开展融合、增值的经营，使数据更加丰富、更加立体、更多关联、更加精准，也要对描述表达数据资源的元数据开展全生命周期的经营，让数据资源的业务、技术、管理方面的特征更丰富、更鲜明、更可用，促进数据资源更加可信、可管、可控。

关于数据建设，我们会在第 6.5.2 小节中详细讨论数据融合、增值、赋能建设。这里，我们先简要讨论一下数据养成的涉及面。

数据养成关注的是数据全生命周期管理、全使能过程处理、全关注视角治理的经营和运营过程，追求的是通过数据的经营和运营，使数据在业务支持能力、技术服务能力、管理控制能力等方面输出的成果具有丰富性、动态性、高维性，促进高质量、高效率、低成本的数据赋能。

数据养成的目标对象包括本章研究的场景数据、核心要素数据、主题对象数据、领域事务数据、知识规律数据以及描述一切资源的元数据。

数据养成的主要任务包括数据的采集（采）、处理和管理（治）、赋能使用（用）、合规管控（管）、知识学习（学）等几个方面。

数据采集的养成，是把数据"**养多**"，构建与完善多源、多维、多手段、多主体的领域数据感知能力体系。

数据处理的养成，是把数据"**养厚**"，对丰富的感知数据第一时间在社会共识、领域知识的加持下开展接入、融合、增值的智能化处理，产生资源特征增维、品种增类、领域增关联的数据增值，分门别类地动态丰富和更新领域的明细数据、主数据、参考数据。

数据治理的养成，是把数据"**养健**"，并对这些数据成果同步开展元数据、质量、血缘、分类分级、标准化适配等多视角的数据治理，既优化规范数据实体，也优化规范描述数据的元数据，让业务人员和系统引擎都有高质、规范、可管可控的目标对象，促进人机最大合力的形成。

数据组织的养成，是把数据"**养活**"，把对领域的原始数据资源、核心要素资源、主题对象资源、知识规律资源的概念内涵、业务需求、工程技术、管理控制等在数据存储组织方面的认知和确立的过程，由原来的乙方自作主张、越俎代庖的机械低效方式向领域甲方亲自操刀、按需配置的动态建模组织方式转变，通过概念建模、逻辑建模、物理建模的策略再建模，让数据资源组织的形态及其业务能力、技术能力、管理能力，以元数据的描述方式向使用者、管理方、运营方、监督方动态、全面、真实地呈现，促进数据资源最大效率地发挥价值、管控风险。

数据赋能应用的养成，是把数据"**养精**"，为数据赋能和数据实战应用双向融合、双向互动，既解耦又协同。在赋能方面，可以根据领域实战需要，主动对明细数据、主数据等资源从业务原子化这个层面，做好关键业务指标的统计分析准备，也可以从不同场景、不同任务等视角，主动对不同的领域基础对象开展可视化的数据展示建模。在数据实战应用方面，则要落实特定业务视角的数据分析模型建模和运行执行的支持，输出可直接用于特定业务目的的成果。

数据合规管控的养成，是把数据"**养安**"，科学管理好数据资源，从国家安全、公共利益、个人和组织权益等视角对数据开展安全分类分级，并在分类分级基础上，在进行数据采集、数据存储、数据使用等关键性处理时，构建数据安全处理策略和动态访问控制策略，驱动数据处理引擎或动态访问控制（鉴权）引擎消费，强化数据的安全管理和规范使用。

数据处理知识的养成，是把数据"**养智**"，通过运动式建模、日常建模、机器自主学习等多种手段对领域陈述型知识、程序型知识进行采集、整理、组织，以元数据描述表达知识的概念和业务、技术、管理特征，促进知识在数据的感知、认知、推理、决策、管控中更加智能。

| 第 5 章 | CHAPTER

元数据驱动

　　元数据是对领域"一切资源化"的资源建模及对领域业务、内务建模所形成的模型成果的数据形式化表示，是被系统引擎和人机交互消费的数据资源，用以描述、表达资源的业务、技术、管理等特征，传递业务意图、目的、要求等信息。元数据驱动，就是领域数字化引擎通过消费业务模型、技术方案、管理策略的元数据，动态发现场景所需资源，动态解读管理者的意图，达到按需调度、智能执行、可管可控的目的。

5.1　初识元数据

　　元数据是用来描述数据的数据。单单这样说不太好理解，我们来举个例。

　　下面是契诃夫的小说《套中人》中的一段，描写一位名叫瓦莲卡的女子：

　　他姐姐年纪已经不轻，三十岁上下，个子高挑，身材匀称，黑黑的眉毛，红红的脸蛋——一句话，不是姑娘，而是果冻，她那样活跃，吵吵嚷嚷，不停地哼着小俄罗斯的抒情歌曲，高声大笑，动不动就发出一连串响亮的笑声：哈，哈，哈！

这段话里提供了这样几个信息：年龄（三十岁上下）、身高（个子高挑）、相貌（身材匀称，黑黑的眉毛，红红的脸蛋）、性格（活跃，吵吵嚷嚷，不停地哼着小俄罗斯的抒情歌曲，高声大笑）。有了这些信息，我们就可以大致想象出瓦莲卡是个什么样的人。推而广之，只要提供这几类信息，我们就可以推测出其他人的样子。

这个例子中的"年龄""身高""相貌""性格"就是元数据，是用来描述事物有哪些特性的数据。

年龄

三十岁上下

身高

个子高挑

相貌

身材匀称，黑黑的眉毛，红红的脸蛋

性格

活跃，吵吵嚷嚷，不停地哼着小俄罗斯的抒情歌曲，高声大笑

当然，这几个元数据可以刻画一个人的外貌和性格，但不够精细，只是一个方面。另外，从小到大，我们都填过"个人信息登记表"之类的东西，这类表格会规定各种登记项目要求，如姓名、性别、民族、籍贯、照片、住址、单位、学历、职称等。这一套元数据下来，我们就可以对一个人的基本情况有大概的了解。

我们到一个很古老的图书馆去借书，肯定不是直接到书库里去翻找图书，而是先根据自己今天的借书目标，到图书索引架里去翻找图书的索引卡片，根据索引卡片上的信息，由图书馆管理员从书库中取书借出。图书的索引卡片上记录了图书的书名、分类、作者、出版社、语言、版本、内容梗概等图书基本信息，图书馆的库号、排号、柜号、层号等图书存放信息，以及借阅人、借出时间、还入时间等借阅记录，等等。这些描述图书出版信息、图书存放信息、图书借阅记录信息的项名，就是图书馆图书借阅信息的元数据。

图书基本信息

书名：《元数据：用数据的数据管理你的世界》

分类：计算机

作者：[美] 杰弗里·波梅兰茨，（译）李梁

出版社：中信出版社

语言：中文

版本：2017.2 第一版

内容梗概：元数据是一张地图，是一种能用更为通俗易懂的形式表达对象复杂性的方法。

图书存放信息

库号：IV

排号：A1

柜号：10

层号：b1

序号：1003

借阅记录信息

借阅人：石一

借出时间：2022-02-02

归还时间：2022-03-03

在现代图书馆的借阅信息系统中，图书索引已不再是一抽屉一抽屉的索引架，而是变成了图书借阅数据库，一张张图书索引卡片也变成了一条一条结构化的图书描述和借阅信息。在图书馆图书借阅信息系统中，描述图书基本信息、存放信息、借阅信息的数据项等逻辑结构，以及图书数据库的物理存储结构等，都是图书借阅数据库的元数据。当然，现代图书馆信息系统的功能远不止借阅这种最原始、简单的功能，很多现代图书信息系统都实现了图书对象的数字化，不仅不需要借阅实体的图书，还实现了掌上数字化阅读，读者可以在阅读时进行数字化批注、标注，前人阅读时的批注、心得、效果等都可以成为后来读者的可阅读信息。当然，现代图书信息的元数据也比传统借阅信息的元数据要丰

富得多、复杂得多。

比如，陕西省图书馆对"西安事变"这个事件，从事变简介、人物志、大事记、纪念旧址、档案史料、历史图库、追忆广角、历史评价、研究论著、机构学者、今日报道、影视文艺等方面整合了相关文献资料，重点通过人物、史料、研究论著、视频等栏目多方位和多层次地揭示"西安事变"的始末及其对近代中国史产生的重大影响。对"西安事变"可进行如下元数据元素标引[一]：

正题名＝"西安事变"特色数据库

主题词或关键词＝西安事变；张学良；杨虎城；蒋介石；双十二事变（不同的关键词用分号隔开）

四库分类＝史

出版者名称＝陕西省图书馆

出版地＝西安

创建日期＝2009-10-19（字段格式必须为 YYYY-MM-DD）

发布日期＝2010-09-11（字段格式必须为 YYYY-MM-DD）

更新频率＝不定期更新

内容形式＝文本

媒体类型＝电子

学科类型＝人文与社会科学

运行环境＝Windows 系统

文字语种＝chi（中文）

访问方式＝互联网访问（取值字段填写内容为：互联网访问；局域网访问）

适用对象＝普通用户（取值字段填写内容为：普通用户；少年儿童；残障人士）

发布地址＝http://*.*.*:8080/sxlib/xianshibian/index.htm

数据提交单位＝陕西省图书馆

数据提交日期＝2015-01-07（字段格式必须为 YYYY-MM-DD）

〇 《浅谈图书馆元数据的应用》，来自百度文库。

CDOI=（此为唯一标识符字段，数据库必备字段，因"西安事变"现阶段没有做唯一标识符认证，所以未填写）

……

再看一个例子，喜欢处理数码照片的朋友应该知道，每张数码照片都包含可交换图像文件格式（Exchangeable image file format，Exif）信息。它就是一种用来描述数码图像的元数据，其中 IFD0 存的是主图图像信息的元数据，IFD1 存的是缩略图图像信息的元数据，子 IFD 存的是拍摄信息的元数据，GPS IFD 存的是图像 GPS 地理信息的元数据，可交换性 IFD 存的是可交换的信息，MakerNote IFD 存的是厂商自己独有的注释（每个厂商的这一项都不一样），等等。Exif 信息主要包含以下元数据：

ImageDescription　图像描述、来源，指生成图像的工具

Artist　作者，有些相机可以输入使用者的名字

Make　生产者，指产品生产厂家

Model　型号，指设备型号

Orientation　方向，有的相机支持，有的不支持

XResolution　X 方向分辨率

YResolution　Y 方向分辨率

ResolutionUnit　分辨率单位，一般为 PPI（每英寸像素数）

Software　软件，显示固件（Firmware）版本

DateTime　日期和时间

YCbCrPositioning　色相定位

ExifOffset　Exif 信息位置，定义 Exif 信息在文件中的写入位置偏移量，有些软件不显示

ExposureTime　曝光时间，即快门速度

FNumber　光圈系数

ExposureProgram　曝光程序，指程序式自动曝光的设置，各相机不同，可能是 Shutter Priority（快门优先）、Aperture Priority（光圈优先）等。

ISO speed ratings　感光度

ExifVersion　Exif 版本

DateTimeOriginal　创建时间

DateTimeDigitized　数字化时间

ComponentsConfiguration　图像构造（多指色彩组合方案）

CompressedBitsPerPixel(BPP)　压缩时每像素色彩位，指压缩程度

ExposureBiasValue　曝光补偿

MaxApertureValue　最大光圈

MeteringMode　测光方式，指平均式测光、中央重点测光、点测光等

Lightsource　光源，指白平衡设置

Flash　是否使用闪光灯

FocalLength　焦距，一般显示镜头物理焦距，有些软件可以定义一个系数，从而显示相当于 35 毫米相机的焦距

MakerNote(User Comment)　作者标记、说明、记录

FlashPixVersion Flash Pix 的版本　（个别机型支持）

ColorSpace　色域、色彩空间

ExifImageWidth(Pixel X Dimension)　图像宽度，指横向像素数

ExifImageLength(Pixel Y Dimension)　图像高度，指纵向像素数

Interoperability IFD　通用性扩展项定义指针，和 TIFF 文件相关

FileSource　源文件压缩比

……

在日常生产、生活中，元数据无所不在。只要有一类事物，就可以定义一套元数据。元数据最大的好处是，它可以使信息的描述和分类实现格式化、结构化，从而为机器处理数字化的事物提供了基础，为智能化创造了可能。

1. 元数据的定位

元（Meta），一般被我们翻译成"关于……的……"。事实上，这个 meta 前缀来源于希腊文，表示"在……之后"，有"归纳""总结"的作用。所以，元代表着"本原""体系"的意思。

元数据（Meta Data）就是关于数据的数据，一般是有关数据组织情况的数据（如存储在数据库里的数据，规定了字段的长度、类型等）。对于这个定义，我们可以有两种理解。

一种理解，元数据既关注 meta 的归纳、总结、体系性的本原作用，是某类事物的共同特征的结构化描述体系，也关注对该类事物个体的每个特征进行具体内容的描述。也就是说，实现了对事物个体信息的结构化特征和具体特征内容的双重描述。

比如说，关于一本书，在典型的图书馆系统中，我们往往可以检索得到如下信息：

题名

　史蒂夫·乔布斯传（美）

著者

　沃尔特·艾萨克森（Walter Isaacson）著

出版者

　中信出版社

出版日期

　2011

附注

　541 页

ISBN

　978-7-5086-3006-9

在这种理解和主张的元数据体系中，元数据是由元数据项目和元数据内容共同构成的。在这里，"题名"就是它的元数据项目，"史蒂夫·乔布斯传（美）"就是元数据内容。再比如，"著者""出版者"都是元数据项目，而"沃尔特·艾萨克森（Walter Isaacson）著"和"中信出版社"就是元数据内容。

事物个体自带元数据的数据文件还有很多，比如音频文件、视频文件、HTML 文档、Office 文档、XML 文档、Oracle 数据库导入文件等。这些数据文件自带的元数据主要用于机读理解和传递意图信息，也可以用于解析展示用途，由相关关注方进行识别、理解，传递、交换信息。

另一种理解，突出 meta 的归纳、总结、体系的初心，体现其描述某类事物共性、特性体系的定位，而不去关注该类事物个体的特征实例化内容，也不关注事物个体的个性化特征和内容的描述。这种主张下的元数据，只关注人的名字、年龄、身高、相貌、性格等特征的描述体系，而不去关注瓦莲卡、三十岁上下、个子高挑、身材匀称、黑黑的眉毛、红红的脸蛋、活跃、吵吵嚷嚷、不停地哼着小俄罗斯的抒情歌曲、高声大笑等具体的实例内容。如果体现在图书馆系统中，这种元数据只关注图书的题名、著者、出版者、出版日期、附注、ISBN 等图书的特征体系，而不再关注史蒂夫·乔布斯传（美）、沃尔特·艾萨克森（Walter Isaacson）著、中信出版社、2011、541 页、978-7-5086-3006-9 等具体内容。

前一种带个体特征内容的结构化元数据，伴随每一个事物个体的数据一起交换。这种结构化、体系化的元数据，便于人类和计算机认识、理解每个事物个体。比如，每一本书在印刷时，都会有一页专门描述题名、著者、出版者、出版日期、ISBN 等元数据信息，在图书馆编目时可以直接使用，读者也可以直接翻看该页内容，了解该书的编目情况。再如，使用数码相机拍摄每一幅图像生成数码相片时，相片的数据文件中会同时存放主相片信息、缩略图信息、拍摄位置信息等结构化和体系化的相片的元数据，方便专门人员或相片处理软件理解图像的相关信息，有针对性地进行图像处理。

后一种不带个体特征内容的结构化元数据，只是对一类事物的共性、特性的特征描述体系，是对这类事物的模式化知识描述，引擎在识别、处理这类事物的数据时，可以使用预置的知识结构、模式逻辑，识别共性特征，传递处理意图，进行程序化处理，促进或确保同类事物处理过程和生成结果的规范化、体系化、全面性、普适性。

本书研究的元数据，一般情况下是后一种理解和主张之下的元数据体系，主要研究事物类的特征体系的元数据。对需要个性化体现个体事物特征的，会专门强调使用了前一种带个体特征内容的元数据体系。

另外，还有**第三种元数据的理解**，元数据表示的是另一类数据的基础数据。比如，4G/5G 的手机信令基础数据（手机卡号 IMSI、小区 CellID、基站号 BSC、经纬度等基础数据项）是通话、短信、数据上网的元数据。这类元数据的理解一般只在特定领域的特定语境下适用，本书不研究这类元数据的定位。

2. 元数据的互认

利用元数据来描述资源后，我们就可以做很多事情。比如确定资源，为资源提供检索点，在不同系统之间进行数据交换，传达意图，等等。

可是，我们每个人都可以对资源进行描述，取的名字（元数据项目）和取值的样子（元数据内容的约束）会千奇百怪，怎么办呢？

因此，就有了元数据标准规范。

元数据标准规范包括元数据结构标准（即元数据包含哪些项目及项目之间的联系结构，如都柏林核心集等）、元数据内容规范、元数据取值规范、元数据编码规范（用于机读记录的存储和交换，如 MARC）等。

我们以 MARC 为例，先简单体会一下元数据标准（本章后面将详细讨论元数据标准规范）。

在传统的图书馆中，我们购买了很多书。为了让图书馆管理员知道自己有什么书，我们就需要把每本图书的信息写在一张小卡片上，分门别类地存放在一个个目录框中，每本图书存放在图书馆的具体位置也会记录在这张卡片上，图书馆管理员可以根据位置信息快速定位图书存放的物理位置。

随着计算机的发展，我们认为把书目的信息存到计算机里是更好的方法。再随着网络的发展，我们觉得应该来一个图书馆大联合，把所有的图书信息都一起存起来。但是每个图书馆都有自己的一套记录方法。因此，MARC 格式就应运而生了。MARC 就是在计算机出现后为系统间交换书目数据和相关信息而设计的。

当然，在传统图书馆的手工编目时期，使用的术语与现在的计算机编目不同。比如，那时候我们把一本书的"元数据"写在一张张卡片上，称之为"款目"（Entry），而在计算机里，关于一本书的数据记录就叫作"记录"（Record）。

在机读编目中，我们把要著录的元数据项目（著录项目 area）称作"字段"（Field）。

中国使用的 MARC 标准是 CN-MARC 格式。它规定了关于图书文献资源的记录方式。

比如，在数据字段区，它对于 101 字段是这么规定的：

101 $a 正文语种 $b 中间语种 $c 原作语种

那么我们就要编目成：

101 $achi $ceng

——chi 是中文，$achi 表示中文图书文献；eng 则是英文，$ceng 表示原著是英文

再比如，它规定 210 字段的编目形式如下：

210 $a 出版、发行地 $c 出版、发行者名称 $d 出版、发行日期

根据这个要求我们就要写成：

210 $a 北京 $c 机械工业出版社 $d2003

——发行地：北京；发行者名称：机械工业出版社；发行日期：2003 年

随着互联网的快速发展，人们对元数据互操作的需求越来越广泛，要求也越来越高。XML 与元数据的结合大大提升了元数据的表达能力，更好地促进了元数据交换和交互操作，可适用的场景也越来越丰富，后续会详细讨论这方面内容。

5.2 元数据概述

元数据是用于定义和描述其他对象（如数据对象、功能对象、流程对象、业务对象等）的数据。对于数据对象来说，元数据是关于数据的数据，用于描述数据对象的各种特征。元数据是在信息系统中，指导系统的各类引擎有效地连接场景、连接知识、连接资源，让系统按照预设流程展开逻辑处理并输出既定成果的特殊数据。元数据是供系统消费的数据，是指导组成系统的各类引擎科学、有序、安全运行的参数，是驱动系统部件自动、动态、可控地行动和指

挥系统统一、协调、智能地运转的生命线。如果说领域的活动和能力释放是生产面话题的话，元数据就是指挥领域活动和能力释放的灵魂。元数据研究的是控制面的话题。元数据只是间接地作用于生产活动，是被元数据描述的数据、功能等实体资源。实体数据属于生产面的资源，是可以被生产活动直接用于生产赋能和产生效果的对象的数据。

在系统中，从技术赋能视角看，各种系统部件和系统处理的资源都会被数字化为数据这个载体（见图 5-1），以被加工、传输、存储、调度、使用、治理、管控。在智能化的系统中，还会引用元数据这个载体，来表达资源及其各维各域的特征，供资源消费方有效地发现资源、理解资源、调度资源、利用资源、管理资源。从社会和业务价值视角看，数据处理引擎在知识和元数据的加持下，原本只是客观记录事实的场景数据会被打上业务和社会属性标签，增加更多内部、外部的关联，还会被赋予场景数据的技术组织形式和技术访问方法，方便计算引擎自动调度和使用，从而变成了可供自动分析处理的更高价值的信息。信息在更高层次的抽象、归纳、精练的基础上，还可以不断地完善和迭代知识。

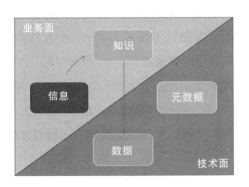

图 5-1　数据是技术映射业务的一种形式

数据是客观记录物质世界、人类社会、虚拟空间的事实细节的符号及其集合。在大数据资源体系中，数据用于客观记录所有的资源细节，包括每一条场景明细数据资源、每一个核心要素或主题对象主数据，还有每一个模型资源、功能资源、服务资源、中间件资源、可视化组件资源、安全资源、网络资源、

AI 资源、人才资源等细节数据。

信息是当社会通识和领域知识作用于客观记录的数据时所产生的反映特定时空、特定领域的属性、标签、关联等，这些属性、标签、关联和元数据一起便构成了具有社会或领域意义的信息。所以，信息是在一定的行业领域中存在价值意义的数据，既具有时空性，更具有行业领域特征，并可以向外界传递其本身对于行业领域的意义。

知识是广泛的社会通识或者行业领域知识，行业领域的知识体系、知识结构一般都有其领域特点。一般来说，相同领域的知识结构、知识体系具有通用性和可开放性。知识是用于处理客观数据，使其呈现行业领域特征并迸发行业领域价值和意义的催化剂、助燃剂。同时，知识还是中台通过归纳、抽象、演绎、关联等手段，精练信息、完善自身知识框架、丰富知识结构、迭代知识体系的增色剂和调味剂。

元数据是关于资源情况的数据，是使资源全生命周期的管理更有效、服务更优质的"人生导师"（见图5-2）。元数据主要是在技术层面上指挥数据处理引擎成为导航仪、执行器，让资源得以被更快捷地发现、更应景地处理、更便捷地使用、更全面地评价、更安全地管控。同时，元数据是在业务知识、技术知识、管理知识的指导下，在图谱等技术支撑下，由运行者根据自身业务需求和资源特点构建的资源实例化模型承载。

元数据是某单位资源知识图谱和本地实际业务环境相结合的成果，只用于引导和控制本地实体资源（数据）的发现、组织、处理、服务、控制和评价，在另一个项目实施时，需要重新梳理形成新项目本地资源的自有元数据。所以，元数据不像知识那样具有行业开放性、通用性、可借鉴性，而是具有封闭性和非通用性。

5.2.1 元数据的定义

对于信息系统所处理的数据、模型、知识、服务、功能等各类领域业务资源，信息系统组件、引擎、工具、算法、算力等各类系统部件技术资源，以及系统的各类系统部件、各类资源依存的组成结构和相互联系、相互作用的关系

（以下统称为"对象"）而言，元数据是表达这些对象的构成要素、组成结构、要素关系、外部联系、行为活动的数据。通过元数据对对象的描述和表达，引导资源对象被科学、全面、动态、有效地发现、探索、理解、刻画、调度、使用和评价，通过对这些元数据的探索和使用，能够促进政府、企业高效率、高质量、低成本地构建智能化治理和服务能力，促进产品开发和服务交付，促进规范化作业体系的构建。

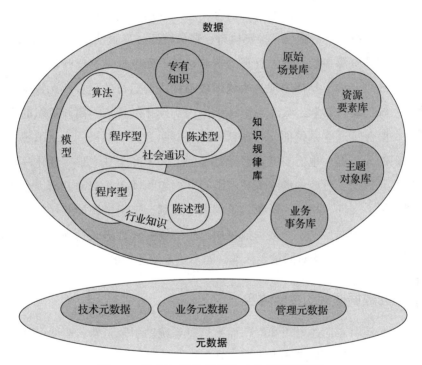

图 5-2　数据与元数据伴生才具有可解释性

元数据是系统互联、认知和交互的语言，用于定义语素、词法、句法、章法等几个核心层的基本语言体系和语法规则，并利用这些基本语法规则约定系统如何陈述其所处理的对象和对象的组成要素、组织结构、关联关系、处理逻辑等特征，以及约定在系统内的部件间或系统间如何建立对话、如何交换信息等。

元数据是一座供系统运行查阅信息的图书馆"宝库"，用于向负责处理数字化资源的治理人员、数控设备、计算机引擎展示领域或组织内有什么资源、是什么资源及资源适用范围等。

元数据是一张"地图"，用于向资源的需求者表达资源在哪里、怎么获得资源、怎么调度资源、怎么利用资源等信息，促进资源的发现、规划、引导使用。

元数据是一本作业"指导书"，指导特定系统的各类内部引擎科学、有效地感知场景、认知世界、组织要素等，指导业务处理和为实战赋能。

元数据是一套神经系统的信元集合，用于驱动系统内各部件间及系统之间有效地建立联系、通达指令、控制执行、释放资源、反馈结果、评价效果。

元数据是资源在控制面被管理的资源特征。元数据不会离开信息处理系统而直接生成生产力，具体表现为系统内各部件协调运行的配置。元数据是一个组织内系统的运行参数，具有在组织范围内实例化的特点，离开组织的系统运行环境，服务于这些系统的元数据就不再有实际意义。如果一个组织想借用另一个组织的元数据，也需要通过参考借鉴的方式，完全独立地实例化一套自己组织内的元数据。行业内的组织或者跨行业的组织间出于资源共享，会通过订立规范性标准文件，来统一资源目录的表达规则，突出资源的共性特征，达到资源互认、互用的目的。元数据描述规范里的统一元数据表达规则，仍只是系统内开展元数据实例化时的重要标准，而不是系统运行的实际元数据本身。

5.2.2　元数据框架的主要内容

元数据是用来描述资源和策略而被信息系统的引擎消费，驱动引擎按照业务意图、技术路径、治理要求有序运转并获得不同预期能力的数据。系统引擎通过解读元数据而知悉不同资源的价值、能力、调度方法、处理逻辑，引擎在元数据指导下调度资源并加工处理，从而让资源在引擎调度下联合起来，产生源源不断的业务信息化能力、业务智能化能力、业务规范化能力。元数据通过"是什么、怎么用、如何管"三段式的表达方式，向外界传递资源的价值所在、调度使用、多元治理等特征信息。我们分别称之为资源的**业务方面特征元数据、技术方面特征元数据、管理方面特征元数据**，这里表达的元数据是某类资源元数据在业务方面、技术方面、管理方面的特征。前面我们讨论资源的分类表达，恰巧也分为业务类资源的元数据、技术类资源的元数据、管理类资源的元数据，我们在那个场景里会将它们分别简称为业务类元数据、技术类元数据、管理类元数据。尽管很容易混淆，但为了话语空间的一致性，我们就这么约定。

业务方面特征元数据是描述资源业务方面特征信息的元数据，表达的是资源的业务方面特征，主要是对资源概念性层面建模和逻辑性层面建模的成果进行形式化表示，用来描述资源的分类、资源的定义、资源的作用域、资源的能力域、资源的标准遵循、资源的要素、资源的框架结构、资源的组成、资源的关联关系等。业务方面特征元数据从领域业务视角，用行业领域通行的话语体系描述资源的能力价值所在，主要解决资源是什么的问题。

患者资源元数据的业务方面（举例）

概念域

　　概念定义

　　外延

分类域

　　社会分类

　　主领域 / 行业：医疗

　　相关领域 / 行业：卫生、健康、保险、药品、生物、心理

　　社会属性：人类 | 健康

　　技术分类：数据资源 | 主题库 | 人对象

　　业务分类：患者

来源域

　　来源：提供方、采集方式、资源性质、来源系统标识

　　接入方式：数据库访问 /API 访问 / 文件交换、增量方式 / 全量方式

　　更新：更新频次、增量

　　置信度

　　⋮

内涵域

　　基本信息：标识信息、生物识别信息、人像信息、民族信息、籍贯、

常住地，等等

生物信息：血型、人像、性别、身高、体重、基因，等等

健康基础信息：血压、血糖、血氧、心率、体温、尿酸、胆固醇，等等

过敏信息：过敏史、过敏物（药物、其他过敏物），等等

基础疾病：高血压/低血压、高血脂、高血糖/低血糖、慢性胃病、慢性肾病、慢性肝病、肠病、心率，等等

体检信息/检验检疫信息：检验机构、检验操作人、检验类型、检验指标结果、检验报告，等等

动态监测信息：社会穿戴设备、医疗级穿戴设备、居家、第三方检查检验、养老机构监测，等等

诊断信息：就诊机构、就诊科室、问诊医生、诊断结论，等等

治疗信息：治疗机构、治疗类型、主治医生、治疗情况、治疗结果、医嘱信息，等等

康复信息

病案报告信息

⋮

能力域

刻画与医疗相关的基本信息、遗传信息、动态体征、卫生健康相关轨迹、医患关系、健康习惯、体质特性，等等

可适用范围，等等

（一般基于能力分类来系统性体现对象的能力体系，相比于分类域的特性，能力域的特性更多的是对业务类属性所体现的能力的描述。实体类对象能力域主要体现为其对社会有用的方面，一般能力都是在被场景使用时产生的，相对比较隐性和间接。而过程类对象能力域主要体现为其业务功能，因为直接面向受众，一般看起来会直接产生能力，更显性一些，但其能力一般都需要实体类对象被处理后才能真正产生。）

组成域

结构：根节点、层级、被继承节点的标识、约束限定、扩展信息，等等

要素（数据项集）：数据项名称、数据项类型、数据元素编码、字典集、值域、长度、格式规范，等等

关联：实体 A 的属性 1、实体 A 的属性 2、关联类型、关联确立时间、关联最早显现时间、关联显现次数、最后显现时间，等等

关系：实体 A 的属性、实体 B 的属性、关系类型、关系确立时间、关系最早显现时间、关系显现次数、最后显现时间，等等

行为：行为分类、行为时间、行为地点、行为作用实体 A、行为被作用实体 B、行为情况、影响程度，等等

活动：活动分类、活动时间、活动地点、活动情况、活动影响程度，等等

⋮

规模域

资源总量

资源日增量

⋮

标准域

（遵循的国家 / 行业 / 业务标准规范）

技术方面特征元数据是描述资源技术配置及调度方法等方面细节信息的元数据，表达的是资源的技术方面特征，主要对资源物理建模层面的成果进行形式化表示，用来描述资源的组织方式、存储技术、存储配置、编写语言等。技术元数据侧重于在系统间、系统内部件间及系统引擎内部对处理逻辑及交互资源的操作进行描述。通过技术方面特征元数据的解读，引擎可以组合出访问资源的请求指令，直接操作资源。技术方面特征元数据主要解决资源怎么用、如何互操作的问题。

患者资源元数据的技术方面（举例）

语言域

模式语言：XSD

模式语言版本

遵循的语言标准

交换语言：XML

交换语言版本

遵循的交换标准

标准域

遵循的基本技术要求

遵循的接口规范

遵循的存储规范

版本域

患者资源定义的版本

存储域

数据库技术类型

数据库实例信息

表空间

表名

表注释信息

触发器

字段信息

字段：字段名、数据元素编码

主键

外键

索引

访问域

接口类型

接口标准

服务地址

参数

输入输出

功能域

　　可查询字段

　　可订阅字段

　　可统计字段

性能域

　　可并发查询数

　　可并发订阅数

　　可并发统计数

管理方面特征元数据是描述资源治理、控制方面特征信息的元数据，我们对资源进行概念层面建模、逻辑层面建模、物理层面建模时形成的资源治理和控制面的成果都会形式化地表示为管理元数据，用来描述对资源进行治理、控制、评价的指标体系、指标设计、评价要求、评价方法、评价模型、计算规则、量化阈值等。通过管理方面特征元数据的使用，我们可以引导使用资源的引擎对资源质量进行多维评价，促进对资源的动态改进、动态治理；可以对资源进行分类分级，为资源的动态访问控制做好准备；可以对资源进行继承繁衍的计算，评价资源的血缘关系；可以对资源进行标准规范的适配性计算，控制资源的规范性；可以对资源的安全、运营、运维、开发等进行设定，促进和控制资源的安全管理、有效治理、运营经营、开发利用；可以对资源进行产权、使用权、归属权、保存权等权属的控制，促进资源的流通和交易。管理方面特征元数据主要是促进资源更好用、更规范。

患者资源元数据的管理方面（举例）

生成域

　　生成时间

　　建立者信息：组织机构、操作者、确认者、责任人

质量域

　　数据质量

　　功能质量

　　性能质量

安全质量：分类、分级、加密、脱敏等

交易质量

权属质量

血缘域

数据集

数据项

评价域

数据一致性

数据完整性

数据实时性

数据来源评价

数据关联置信度

数据标签合理性

数据提取效果

数据清洗效果

安全域

分类

分级

加密

脱敏

权属域

产权

使用权

归属权

保存权

交易域

交易对象

交易性质

　　　　交易标的

　　　　交易信息

　　　　原资料是否销毁

　　标准域

　　　　遵循的管理规范

　　建议域

　　　　建议需求

　　　　采纳情况

　　　　落实情况

　　评价域

　　　　评价类型

　　　　评价情况

　　　　评价度量

　　运维域

　　　　维护时间

　　　　维护记录

　　　　流程信息

　　领域内承担业务智能化的感知、认知、推理、决策、行动、内控等**系统智能引擎**，承担具体业务信息化处理的收集、存储、使用、加工、传输、展现、流通等**资源处理引擎**，承担业务规范化管理的敏感识别、分类分级、风险处置、动态控制等**资源管控引擎**，以及承担智能场景对接、智能模型构建、智能引擎配置、智能呈现编排的**参与人**，都要通过业务方面特征元数据去发现、探索、理解资源，通过技术方面特征元数据去配置、调度、使用资源，通过管理方面特征元数据去治理、控制、评价资源。

　　元数据成为行动与意图、供给与需求、响应与请求、技术与业务、资源与场景、控制与生产之间的数字化媒介，以自动感知、相互理解、动态拉通、精细配置、协调处理、精准控制的催化剂、润滑剂、助燃剂的角色定位，为组织之间、系统之间、部件之间的资源共建、共享、共用、共赢架设了桥梁。

元数据定位于供给侧和需求侧交流、沟通、传达消息的自动化语言。资源提供方通过资源全生命周期管理来经营好资源，并通过元数据向外表达资源能力、价值和使用、评价资源的方法、接口。使用方根据元数据表达的资源图谱，动态地发现资源、调度资源、使用资源、评价资源。

因为有了元数据这个动态的资源图谱体系，对资源丰富、调整、变化等任何能力和状态，需求侧随时可以动态发现、动态调整，供给和需求再也不用通过电子文档、纸质媒介、口口相传等落后手段交换信息，也不会因为信息不畅、时效不高、信息不对称等问题而产生误解、异常、错误。

元数据是行动与意图、供给与需求之间动态沟通的桥梁。陈述类资源和程序类资源是两种完全不同的资源，其元数据的组成也不一样。场景、主题、知识、人才、服务等陈述类、能力类资源，需要表达的是事物的对象特征，可用基础"对象模型"的基本思路和方法对它们进行对象化、标签化，来定义资源的元数据。模型、规则、策略、流程、方案等程序类、控制类资源，需要表达的是处理逻辑，可以用基础"处理模型"的基本思路和方法，对它们进行对象化、标签化，来定义资源的元数据。

5.3　元数据的表示

元数据是描述和表达资源特征，拉通系统内部件协同和系统间资源互操作的灵魂。应用系统连接的业务资源、操作系统连接的技术资源、数据库系统连接的数据资源、动态访问控制系统连接的安全资源等对象类资源，以及处理流程、业务模型、存储过程、控制策略等程序类资源，都是领域的业务实战场景和内务管理按需调度、智能投放的资源。要让资源智能地围绕场景转，就需要我们将所有资源通过元数据连起来，能够互认、互操作，自动地发现、理解、调度、使用一切资源。

不管是对象类资源还是程序类资源，都需要统一的元数据语言体系去规范化描述、刻画、表达。描述、刻画、表达资源需要用统一的元数据语言体系和语法规则，定义元数据基础元素和结构规则，将概念建模、逻辑建模、物理建模形成的资源成果转化为统一的元数据语言体系表达的元数据形态。

统一建模语言（Unified Modeling Language，UML）是一种面向对象和面向处理的属性描述、结构设计、关系刻画、流程编排、文档编制等建模操作并能够较好可视化的标准方法、标准工具和标准语言，独立于任何具体程序设计和编程语言。UML 可以辅助构建和输出资源的概念模型、逻辑模型，并存储为元数据成果，为物理建模的建立打下好的基础。有的 UML 建模工具甚至可以按照一些通常的程序描述语言体系输出技术元数据成果，比如 XML、XSD 等。一般来说，针对程序类资源和对象类资源的技术元数据，在通过 UML 建模并形成图表和文档等非结构化、半结构化成果的基础上，还是需要选择或共同制定一套资源元数据描述的结构化、规范化语言体系和语法规则，以标准化元数据描述表达和解读生效资源能力，拉通资源供需双方的话语空间。

5.3.1　元数据的基本构成

元数据是一个体系，自底向上是继承、是派生，自顶向下是解读、是诠释。

元数据以元数据元素为基础单元，以元数据元素构成元数据实体，再开展元数据实体的实例化，从而构成描述资源的元数据。元数据元素是由一系列表达、约束元素特性的属性构成的。元数据元素和元数据实体是对对象类资源、处理类资源开展全维度、全过程的分解，通过泛化、抽象、归纳形成的有共识且恰当的原子化。通过元数据元素和元数据实体的派生、继承、衍化、编排、组装，可逐步形成表达具体事物和表达特定处理的元数据成果。反过来，要想认识资源实体，就要认识资源的元数据。通过对资源元数据的使用，由浅入深地认识、理解、解读资源实体的完整内涵。也就是说，通过循迹资源元数据的组成结构，从元数据实体到元数据元素解读元数据属性，一层一层剥开获得描述资源的有效信息，洞察对资源的定义、表示、分类、关系、操作、方法、控制等含义和处理要求。

元数据的基础组成包括表示元数据语言体系和语法规则的元 - 元数据，被元 - 元数据表示的元数据属性，以及以元数据属性为基础组合构成的元数据元素、元数据实体等元数据项等（见图 5-3）。

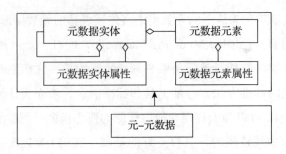

图 5-3　元数据的基础构件

其中，元数据属性是最小粒度的元数据构件，用于表达元数据元素、元数据实体等元数据项的特性。元数据属性表达的是元数据项的定义、性质、操作、表示、语义、关系、方法、控制等特征。因此，所有的元数据属性及属性值对的集合，决定了元数据项表达的所有资源的总的能力范围和大小。在一个元数据体系中，全部的元数据属性集合一旦确定下来，一般就会比较稳定，不会轻易变化，往往会以行业领域基础标准规范的形式固定下来，确保行业内元数据基本能力和命名空间、话语空间的统一。

元数据元素是用于构建元数据的最基本单元。一个行业领域的数字化进程中，表达资源的业务、技术、管理方面特征都是由元数据元素及其组合来承载的。科学全面地形成承载各类资源特征的元数据元素的全集，是行业领域数字化元数据体系规划建设的关键。当行业数字化技术路线和数字化目标确立下来后，承载资源特征表达的元数据元素全集将会很快趋于稳定。一般来说，行业领域会通过元数据元素标准的方式进行统一规定，并通过统一的元数据元素提请、审核、生效的管理流程，开展元数据元素全生命周期的管理，既确保元数据元素的权威性、科学性，又提高元数据元素的时效性、实战性。元数据元素的丰富性和广度应以能够覆盖对象类资源和程序类资源为目标，支撑动态生成和运营两类资源的主要元数据实体，对外表达资源的能力。同时，元数据元素的作用域和深度应以能够表达两类资源业务方面、技术方面、管理方面的全部特征为目标，让实战场景随时解读和利用资源业务、技术、管理方面的能力，让资源的作用发挥到最佳。

元数据实体是一组说明资源的共性特性及资源特性间的共性关系的元数据元素组合。元数据实体是从概念上对某类事物的共性特征和共性关系进行提炼、归类、抽象、泛化，并使用描述事物特性和关系的元数据元素以特定的结构组合表示的元数据项。一组元数据元素被基于领域认知组成元数据实体之后，这些元数据元素就不再是一个个孤立的粒子单元，而可以被人类用于认知和表示某个事物、某个原理、某种联系等。通过元数据实体，人类已可以感知和理解其所表达的事物的稳定共性特性和关系。行业领域的任何资源都可以由元数据属性、元数据元素、元数据实体等基础单元刻画出其组成要素、构成结构、关联关系、关键活动。我们平时对资源开展认知和经营时，往往会引用元数据实体作为主要构件来构造资源的模型，而不会以元数据元素为主要构件来构造资源的模型，因为后者不仅效率低下，还容易丢三落四。

资源是领域最核心的生产资料，但资源会随着时间的推移而不断丰富和变化，因此对资源进行全生命周期运营和数字化表达，对提高生产力至关重要。以元数据实体为基础开展资源元数据的构建和经营，可以促进数据、功能、服务、模型、知识、流程、组件、硬件、软件、安全等资源特征被其元数据科学地描述、表达、呈现，从而支撑着资源被实战场景按需调度、精准配置。随着形势和任务的发展，领域的资源体系会不断地丰富和动态地迭代，表达资源的元数据也会发生永恒的变化。因此，为了让资源能够被业务实战第一时间发现和利用，让资源的动态鲜活度和动态丰富度真正转化为业务实战应对瞬息万变的形势的快速、有效的响应能力，行业领域应该制定支撑元数据动态描述、动态管理、动态交换的标准体系，而不是用静态的标准去规定每个资源的特征，从而成为僵化、不合实际的资源目录。

5.3.2　元数据语言体系

长期以来，人们最朴素的交换元数据的方式就是电子或纸质形式，资源提供方会通过文档说明资源的属性、关系、特征、作用、位置、使用方式等。这种朴素的元数据自然语言表达形式，只能部分解决人类相互交流、理解的需要。非数字化、非格式化、非规范化的交换形式往往容易造成信息不完整、不准确、不可开放、不可重用，也无法由计算机程序解读和执行。

元数据是既能供技术人员解读，也能让系统引擎解读和消费的数据。元数据同样可以作为一种数据资源，被抽象层次更高的元数据描述和表达。为方便表述，我们暂且把表达元数据的元数据称为"元数据语言体系"，俗称"元－元数据"。

元数据语言一般要满足以下三方面的功能定位：

一是定义元数据的语言体系和语法规则。元数据语言体系的元－元数据，需要明确词法、句法、章法等元数据语言体系和语法规则的数字化表示方法，能够引导处理引擎解读元数据所表达的意图和目的，促进引擎按照元数据指导对元数据表达的实体资源开展科学、动态、自动、智能的处理、存储、交换。

二是定义对象类资源元数据和程序类资源元数据的组成要素、组成结构、相互作用、相互联系、活动（行为、操作等）等的关键特征的数据化表示方法，以及相关保留字、控制规则等数据化的表示定义。对象处理引擎和程序执行引擎利用语法规则解读元数据对资源特征、结构、关系的表示，理解建模者想表达的意图和目的，准确执行相应的程序指令、动态迭代相关的领域对象、自动控制处理的策略节奏，从而促进领域更为广泛、更加深入地感知世界，更快频度、更为精细地迭代知识，更加精准、更加智能地赋能应用。

三是定义元数据元素和元数据实体等基础元数据的继承、集成、衍生、联系等关系的表达规范，包括元数据的根实体、继承层次、继承关系、结构表达、约束规则，等等。结合重点类型资源元数据从元数据元素和元数据实体继承、衍化的实例化，形成对象类资源元数据实体、处理型资源元数据实体以及元数据类型实体、元模型等成果的过程的表示方法。

人类语言需要语法规则，表示元数据的语言体系同样需要语法规则。

人类有汉语、英语、希伯来语等多种语言，不同的语言有可能采用不同的语法规则。元数据的发展是由不同政府组织、不同标准组织、不同行业组织、不同企业组织自发或者在某个领域和某个区域内协商约定的。元数据的语言可能千差万别，元数据的语法也可能千差万别。同时，人类的语言虽然不同，但都是为了约定或自然地表达世间万物和万物运动而产生的，需要表达的目标是一致的。因此，人类的语法需要表达的规律、本质是一致的，逻辑是一致的，语法是可以用统一的逻辑原语来表示的。元数据的语法也是一样，是为了表达信息系统和系统运转而约定的，元数据语法所要表达的目标是统一的，可以用统一的原语规则来进行逻辑表示。基于同样的原语逻辑而建立的元数据语言表达体系，是可以相通的，也是可以相互转换的。也就是说，我们的编程语言尽管语言体系不尽相同，但它们表达的事物组织逻辑、程序处理逻辑是一致的，都能被计算机引擎识别而转换为计算机机器指令执行。同样的例子，我们的数据组织中间件会有自己的数据存储和数据处理的表达形式，但都支持标准的结构化查询语言（Structured Query Language，SQL），以便进行跨数据库中间件的统一数据管理、数据操作、数据控制。

人类语言的语法包括词法、句法等基本规则的约定，也包括章法规则的约定。元数据的语法可以通过设计相应的词法、句法等基本规则来实现人类语言规则的继承，这样一来，既可以促进人类理解，也能达到与计算机互通的效果。

元数据的语法除了遵循和继承人类基本语法规则外，还在数字化的数据组织和程序语言基本规则方面，加强了章法规则的约定，通过全结构化的表达方式，提高元数据的互通性、可读性、可用性、稳定性。比如，使用框架保留字约定开始、正文和结束的总体框架，使用控制保留字控制处理的顺序、循环、分支、跳转等执行秩序，使用关系保留字控制程序中处理对象之间的隶属、层次、关联等关系，等等。

元数据的章法规则的运用为构建结构化对象的元数据提供了基础条件。一般来说，数据组织逻辑的结构化章法用于构建对象类资源的元数据，程序处理逻辑的结构化章法用于构建过程、策略、模型、方案等处理类资源的元数据。

元数据需要一套表示词法、句法、章法等的基本规则，这些基本规则包括对词的组成及词基本属性的约定规则、对句子组成及句子基本属性的约定规则、对章节组成及章节基本属性的约定规则。由这些基本规则组成的基本的词、基本的句子、基本的章节，是元数据的基本元素。

每一种元数据语言都会设置一些保留字或特殊字符，用于描述词法、句法、章法的基本规则。通过这些保留字的组合应用，便可以利用词、句子、章节等基本规则表示资源的组成结构、实体、属性、关系、活动等特征的元数据。同样，通过使用规则和保留字或特殊字符解读资源元数据的词、句子、章节等表达的特征，我们就能理解元数据所表达的资源或资源特征。

我们前面把资源分为程序类资源和对象类资源。为了有效地服务智能化目标，我们需要把程序类、对象类资源用统一的元数据表达语言来描述，以便让元数据互联互通，以元数据的通达实现程序类资源和对象类资源之间的通达。其中，两类资源元数据的技术方面，也就是资源的物理建模，是以实现机读为目标的，是描述资源的技术实现和技术服务能力的元数据部分。因此，资源的技术元数据以结构化、规范化为目标，标准化、开放性地设计元数据的语法体系。

5.3.3　对象类资源的元数据描述

对象类资源元数据以构造陈述事物特征的元数据为主要目标，一般以对象建模形态的知识结构为主要依据，继承构建事物的关注维度的元数据体系。对象类资源的全生命周期管理、全使能过程处理、全关注视角治理需求，会以对象的行为活动域维度为主，进行元数据的设计和定义。对象类资源一般会以面向对象的方法构建树状结构的元数据体系，刻画事物对象资源的组织形态。

在元数据指导机读识别资源之前，我们想要互用且互操作数据、知识、服务、人力等对象类资源，通常通过非结构化的文档、图表或半结构化的电子表格等形式，在资源供给和需求之间传达资源能力和调用资源的接口信息。资源调用方和供给方往往需要理解了对方以非结构化或半结构化文档、图示表达的意图后，在自己的系统中按照对接文档的说明进行对应的配置，甚至需要重启代码设计开发，具备对接条件了，才进行接口的联调测试，之后才能让两个系统之间进行协作。这种方式只是通过类似自然语言的形式表达了对象类资源的业务方面的能力等信息，勉强算作资源对象的概念建模和少部分逻辑建模的成果，只能满足于人与人之间的相互理解，无法实现机读和自动化传递、实现意图。因此，如果没有对象资源的技术方面特征元数据的设计，系统之间的交互将会耗时耗力，隐患很多，还经常会错误百出，效率、效果不佳。

　　为了提高效率和成功率，人们后来开始在软件设计中引入类似应用系统的 Profiles 配置文件、操作系统的 Registry 注册表专用数据库、数据库系统的 Schema 数据字典等多种对象类资源的元数据描述形式。这些可以被计算机引擎解读和执行的元数据，有效解决了一定领域内意图和行动之间的自动传递。这种自发、朴素的局部资源的技术特征元数据化，未使用统一的业务、技术、管理方面的特征体系来定义和描述资源特性，跨系统、跨部门、跨层级、跨领域的资源仍然无法被实战场景发现、理解和调度使用，围绕场景的更多资源智能配置仍然无法达成，更没有对各类资源采用统一描述语言和语法规则，无法由统一的引擎完全自动地、深入地解读和执行元数据描述的资源。

　　对象类资源的技术方面特征元数据需要采用统一的描述语言体系和语法体系，来达到跨系统的意图与行动一致性处理的目的。业界对对象类资源的模式定义一般遵从万维网联盟（W3C）推荐标准 XSD（XML Schema Definition）标准体系，侧重于交换场景的元数据规范化，满足跨领域、跨层级、跨系统的对象类资源的互操作共享。我国的《元数据的 XML Schema 置标规则》国家标准（GB/T 24639—2009）引用 XSD 规范，对对象类资源的元数据制定了置标的规则，聚焦于以 Schema 标签体系和 XML 结构规则为基础，对对象类资源元数据进行表达和描述，规范对象类资源的概念建模、逻辑建模及物理建模成果到元数据形态的转化。类似 XSD 规范来表达对象类资源元数据的还有 JSON（JavaScript Object Notation，JavaScript 对象标记法），这是一种轻量级的数据交换格式规范。

　　XSD 标准可指导我们使用 XML Schema 文档结构化描述语言来表示对象类资源的元数据，用于表达对象类资源的实体、属性、结构、关系、注释、分类、序列等特性，以及资源及其要素的继承、次序、约束等更精细的关系特性信息。XML Schema 可针对未来的需求进行扩展，其支持的描述广度和深度、命名空间、数据类型、标准遵循等具有覆盖广泛、开放性、权威性等特点，具有普适性和知悉度，解析的技术组件也非常丰富，开发者的适应性很好。

　　下面这段 XML Schema 代码描述了 Car_Information（车辆信息）类对象的组

成结构、一组该车辆信息对象的自身注释信息项，以及 Car_Base_Information（车辆基本信息）、Car_Owner_Information（车主信息）、Car_License_Information（行驶证信息）三类对象及其属性信息项与注释信息项。

```xml
<?xml version="1.0" encoding="utf-8"?>
<xs:schema xmlns:xs="http://www.w3.org/2001/XMLSchema">
<xs:element name="Car_Information">
<xs:complexType>
<xs:annotation>
    <xs:documentation>车辆信息</xs:documentation>
    <xs:documentation>Car_Info</xs:documentation>
    <xs:documentation>描述车辆的基础信息</xs:documentation>
</xs:annotation>
<xs:sequence>
    <xs:element ref="Car_Base_Information" minOccurs="1"
        maxOccurs="1"/>
    <xs:element ref="Car_Owner_Information" minOccurs="1"
        maxOccurs="1"/>
    <xs:element ref="Car_License_Information" minOccurs="0"
        maxOccurs="1"/>
</xs:sequence>
</xs:complexType>
</xs:element>

<xs:element name="Car_Base_Information">
<xs:complexType>
<xs:annotation>
    <xs:documentation>车辆基本信息</xs:documentation>
    <xs:documentation>Car_Base_Info</xs:documentation>
    <xs:documentation>描述车辆的一组基本信息</xs:documentation>
</xs:annotation>
<xs:attribute name="Type_Car_Number_Plate" use="optional"
    type="xs:string">
    <xs:annotation>
        <xs:documentation>号牌种类代码</xs:documentation>
        <xs:documentation>Car_Number_Type</xs:documentation>
        <xs:documentation>车辆号牌种类的代码</xs:documentation>
    </xs:annotation>
</xs:attribute>
<xs:attribute name="Car_Number_Plate" use="optional"
    type="xs:string">
    <xs:annotation>
        <xs:documentation>号牌号码</xs:documentation>
        <xs:documentation>Car_Number</xs:documentation>
```

```
            <xs:documentation> 车辆的车牌号 </xs:documentation>
        </xs:annotation>
    </xs:attribute>
    <xs:attribute name="Car_Indentification_Number"
                use="optional" type="xs:string">
        <xs:annotation>
            <xs:documentation> 车辆识别代号 </xs:documentation>
            <xs:documentation>Car_Code</xs:documentation>
            <xs:documentation> 车辆的唯一标识，即车架号 </xs:documentation>
        </xs:annotation>
    </xs:attribute>
    <xs:attribute name="Type_Car" use="optional" type="xs:string">
        <xs:annotation>
            <xs:documentation> 车辆型号 </xs:documentation>
            <xs:documentation>Car_Model</xs:documentation>
            <xs:documentation> 车辆的型号 </xs:documentation>
        </xs:annotation>
    </xs:attribute>
    <xs:attribute name="Engine_Number" use="optional" type="xs:string">
        <xs:annotation>
            <xs:documentation> 发动机号 </xs:documentation>
            <xs:documentation>Engine_Code</xs:documentation>
            <xs:documentation> 发动机的编号 </xs:documentation>
        </xs:annotation>
    </xs:attribute>
</xs:complexType>
</xs:element>
<xs:element name="Car_Owner_Information">
    ...
</xs:element>
<xs:element name="Car_License_Information">
    ...
</xs:element>
</xs:schema>
```

5.3.4　程序类资源的元数据描述

程序类资源元数据的**业务方面特征**也就是程序类资源的概念建模、逻辑建模的成果，主要用来描述处理类资源的模块算法设计、过程处理细节、程序控制流程以及处理涉及的数据说明等信息，目的还是便于业务人员和编程人员等的解读。

为了实现人员理解和信息传递的效果，业务方面特征元数据也应采用统一的表达语言体系，比如使用业界共识的处理设计语言／程序描述语言（Process Design Language/Program Description Language，PDL），这种语言类似于自然语言，又像某种程序设计语言，但并没有严格的语法要求，能够满足人类之间的相互理解需求，一般以伪代码或程序注释的形式存在，计算机一般无法直接理解并执行文档表达的意图。但这样的 PDL 为程序类资源元数据提供了一种思路，为我们描述程序类资源元数据该有的元数据元素进行了关键字、程序结构、输入输出等的覆盖，可以借用。实际上，我们设计大多数高级程序语言时，可以将 PDL 的程序逻辑、结构转成程序语言自己的关键字、程序结构，基本不用太多人工干预，甚至大多数关键字都不用变换。

每一种程序设计语言都有自己的基础元素和语法规则及程序结构描述方法，通过程序语言的组织编排工具，将关键字、操作符、控制标识等基础元素和输入输出、数据说明、执行顺序、控制规则等描述程序要素，按照语法结构组织成描述对象类资源、程序类资源的元数据，再通过继承、衍生，持续丰富、迭代，形成描述一切业务流程、处理逻辑、模型战法的程序类资源的元数据体系。对应的程序语言解析、执行器或者对应语言的编译器，将这些元数据翻译为机器可直接执行的指令，动态实现元数据编制者的意图和目标。下面是 PDL 的一种示例：

（1）数据说明

```
declare< 数据参数名 >as< 限定词 >
限定词可能的数据类型结构：
array< 数组 >
list< 列表 >
char< 字符 >
structure< 结构 >
```

（2）主程序结构

```
begin< 程序名 >
    < 操作语句 >
end< 程序名 >
```

（3）子程序结构

```
procedure< 子程序名 >
begin
    < 参数表 >
    < 操作语句 >
```

```
        return
      end<子程序名 >
```

（4）执行顺序结构

布尔型分支结构：

```
if <条件 > then
    <操作语句 >
else if <条件 > then
    <操作语句 >
else
    <操作语句 >
end if
```

while 循环结构：

```
loop while <条件 >
    <操作语句 >
end loop
```

until 循环结构：

```
loop until <条件 >
    <操作语句 >
end loop
```

for 循环结构：

```
for i=1 to n
    <操作语句 >
end for
```

（5）出口结构

退出本层结构：

```
escape
```

退出本模块或本程序结构：

```
return
```

（6）调用结构

call 调用其他服务能力：

```
call <地址：服务（参数）>
```

（7）输入 / 输出

```
get <输入变量表 >
put <输出变量表 >
```

程序类资源**技术方面特征的**元数据，需要完美地规范化、结构化。使用双方甚至多方共识的语言体系，严格遵循标准语法，确保机读时意图被完整、一致地传递。Java、C、Python、汇编、存储过程等模块化、结构化、程序控制、调用规则明确的程序设计语言，实现了从 PDL 逻辑表达语言到物理程序语言及计算机执行语言的飞跃。由关键字、操作符和控制标识等组合搭建起来的程序元素和程序框架，语法规整、章法有序、表达清楚、信息一致，机读为主，人读为辅，人读机读皆可。用这些编程语言编制的程序模块、存储过程，可以由语言解析引擎解读转换或由编译器转换为机器执行语言，让计算机执行我们的意图和指令。这些语言体系的关键字、操作符、控制标识等语法元素和组合规则，既是各类程序语言的语法体系，也是程序类资源技术方面特征元数据的一个重要内容。

我们可以用以上程序语言的基础元素、组合规则、框架结构等作为通用型元数据的描述语言，或者再共同制定一整套标准化的程序类资源元数据的描述语言。有了这个共同遵循的程序类元数据语言，今后不管是处理流程、程序模块，还是处理模型、存储过程等，都可以用此程序类元数据进行表达，不同平台上开发的程序、模型、存储过程等就可以直接跨平台、跨领域、跨系统、跨技术框架顺利地非部署运行。

本质上，程序类资源是一类特殊的对象类资源，只是除了对象类资源的属性、组成、关系、活动等特征外，程序类资源还要通过程序语言体系和语法规则，描述资源的处理逻辑。因此，描述程序类资源的元数据，既要按照对象类资源元数据的方法描述资源在业务方面、管理方面的特征信息，还要遵循统一、规范的程序语言和语法规则，落实资源物理建模成果在技术方面特征元数据的描述任务。对于程序类资源的元数据，我们可以扩充 XML Schema 的标准体系或者精确化 PDL 的标准体系，使 XML Schema 或 PDL 等标准体系具有直接指导解读和理解流程、处理、模型等程序性逻辑的能力，也可以制定类似 XML Schema 的程序类资源 XML 描述语言体系，促进跨平台、跨系统、跨技术架构的模型共享和协同。

我们采取类似 XML Schema 定义对象类资源元数据的描述规范，以统一的命名空间（Name Space，NS）来描述程序类资源的元数据，比如，扩展形成 XPD（XML Program Definition）描述规范体系，对程序类资源元数据描述进行语言体系和语法规则的支持。这个 XPD 体系，不仅兼容 XSD 关于对象类资源模式的命名空间、词汇表和 XML 语言章法体系，还扩展出支持程序结构、程序控制、处理逻辑、参数变量声明等描述的专用词汇表，以及表达单步操作的句法规范。当这个 XPD 描述规范被多方解析器、执行器接受时，由此 XPD 交换的业务流程、处理逻辑、计算模型就可以被跨系统解析执行。如果 XPD 被业界认可并被 W3C 接纳为标准，那么所有支持 XPD 描述规范的程序处理引擎，就能像动态识别对象类资源的 XML Schema 一样，不用提前约定就能跨系统执行远端提交的程序逻辑，从而达到异构平台协同的目的。

利用 XPD 模式表达的程序类资源元数据，用于指导系统引擎自动解析和执行资源实体的逻辑，这样的一步步解析、一步步执行行为，是全程可管、可控、可监督、可评价的。不同于第三方函数或者第三方服务的调用，对这些动态库封装的函数和远程部署的服务，使用者只能被动地、黑盒化地调用，不可控制处理过程、不可预知处理结果，无法中途干预、监测和评价，只能干等着响应第三方的返回。

XSD、XPD 等资源模式描述规范，给定了统一命名空间约束规范和结构化框架约束规范，为业界的异构处理互操作、资源互联通提供了统一的语言体系和语法规则，能够大大促进业界的资源共建、共享、共用。同时，充分利用 XML 便于扩展的特点，XSD、XPD 描述规范也为特定领域、特定生态内开展自定义命名空间、自定义框架结构等提供了充分的空间和表达的便利，可以促进特定领域和特定生态内的特殊资源的共享、共用。

5.4 元模型

元模型是模型还是元数据？元数据是关于其他对象的数据，是描述各种资源对象特征的数据。所以，元数据也是关于模型和描述模型的数据。同时，元模型是关于其他模型和描述其他模型的模型。元模型是一种特殊的模型。因此，元模型不是元数据，但模型会通过元数据进行描述和表达，模型元数据是模型以元数据形态呈现的一种形式。元数据元素、元数据实体、元数据实体实例也是一种对象，用建模的方法对这些元数据项构建模型，是一种研究和实践元数据的典型方法论。

在元模型是模型的论断基础上，我们再来说说对元模型的定义，以统一元模型的话语空间，为我们讨论和利用元模型做下约定。

在国家标准《信息技术　元数据注册系统（MDR）第 3 部分：注册系统元模型与基本属性》（GB/T 18391.3—2009）中，对元模型的术语解释是："说明一个或多个其他数据模型的数据模型。"在国家标准《信息技术　互操作性元模型框架（MFI）第 2 部分：核心模型》（GB/T 32392.2—2015）中，对元模型给出两个解释：定义模型语言的模型；定义其他数据模型的数据模型。关于 MDR 对元模型的定义，在两个标准中的说法基本一致：元模型是描述其他模型的模型。而 MOF（Meta Object Facility，元对象设施）对元模型的定义，则提及语言和语法规则的基础地位，已不再定位于一般模型。

基于以上标准和讨论，为方便统一话语空间，我们采用 MDR 对元数据的术语解释，将元模型定义为"描述其他模型的模型"，主要定位于描述从社会共识或领域沉淀抽象出来的一般模型，用于表达社会或领域对相关资源及资源性质、结构、关系等特征的共识，指导领域形成关于资源对象的统一认知，从而在领域业务中贯彻落实一致的法律、政策等方面的要求。为了形成关于模型的完整概念体系，我们再引入元 – 元模型这个层次的术语，来解决 MOF 关注的"定义模型语言的模型"的问题（见图 5-4）。

在特定领域中，元模型参照国家、社会、行业的通用法律政策、标准规范及领域知识积累，对领域内的对象类资源和程序类资源开展概念建模和规范化描述，为相应对象的模型实例化提供构造框架、组成结构、要素成分、共性特征、关联关系、重点活动的参考，从而以一般模型或本体模型的定位，在概念上指导和规范具体资源模型的构建、继承、约定、约束和经营。元模型作为一种模型的抽象模型，同样适合以元数据元素、元数据实体为基础，转化为模型的元数据形态成果。

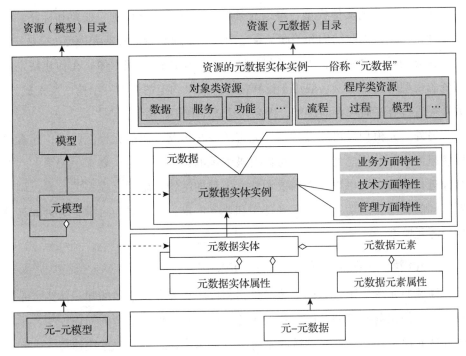

图 5-4　元模型在模型和元数据体系中的定位

通过不同层次、不同类型的资源元模型的构建和使用，领域将会沉淀出覆盖领域主要资源的元模型体系。领域中往往会在不同层级抽象、构造元模型，形成层层递进的元模型体系，以层次化的元模型体系体现领域的概念体系。这个层次会从最高级、可直接引用构造特定资源实体模型的元模型，逐层向底层延伸，覆盖较高抽象资源、高度抽象资源，直到底层对象类和程序类资源的基本特征元模型。

业务人员、技术人员在对特定资源开展建模实践时，既可以逐层从高度抽象的底层元模型继承、集成、衍生形成具体的资源模型，也可以直接引用高级资源元模型成果，继承元模型对资源的业务、技术、管理等方面概念建模的共性特性成果，再配置资源的个性化属性、关系、方法、活动等特性，从而快速构建具体的资源实体模型，并注册实体模型相应的元数据。

模型和元模型都是领域的模型，实体的模型也可以抽象为元模型。对于成熟、普适、经典的实体模型，可以对其特征进行共性化识别、抽象和标注，去除个性化特性，提取结构和关联关系，形成一个新类型的资源元模型。

元模型是一种参考模型，是描述特定类型资源的知识本体。在构建特定类型资源模型时，元模型一般用于指导构建者按照约定的框架、结构、要素成分、关系等进行有序而规范的操作，提高构建效率和构建质量。

另外，元模型是可以被改造、完善的。在运营资源的元模型时，构建者可以调整元模型的概念约定，既可以对被继承的元模型结构、要素、关系的共性特征进行裁剪，也可以根据需要调整元模型的结构，增添元模型的要素，调整要素间的关系，以切实符合客观现实和业务需求，形成更为科学、更恰如其分的资源元模型。

1. 元模型是不同层次资源的基本构成知识

领域的元模型体系即该领域对象类和程序类等资源描述的知识体系，是供领域内实例化资源模型及沉淀相应描述模型的元数据时参考的知识模型。丰富的领域元模型积累，将为领域的系统平台快速搭建、场景数据快速接入、知识模型快速积累、领域主数据快速沉淀、行业应用快速开发等提供参考。

领域的元模型体系需要覆盖领域元数据元素、领域元数据实体、领域资源三类元模型。

2. 元数据实体的元模型

业界一般都会重点关注资源的元模型，因为资源模型是领域内研究、经营、利用、分析、研判的重点目标，所以重点关注资源的元模型更能直接体现实战需求，以便高效、高质量地构建资源的实体模型。

当一个组织机构实施一个类似于资源中台（比如数据中台、业务中台、技术中台、安全中台等专业中台，或者将各类资源综合在一起的资源中台）的项目时，一般都会将行业用户视角理解、关注的资源构建成资源的模型体系。为了在数据中台中快速、全面、科学地构建资源模型，往往需要灌入领域的资源元模型，为资源建模提供关键的参考和对标。

磨刀不误砍柴工。想要得到高效率、高质量构建资源元模型或者实体资源模型的效果，我们需要积累抽象层次更高的**元数据实体元模型**，封装出业务、技术、管理等方面稳定的特征概念体系，得到丰富的、粒度恰到好处的、概念稳定的、承上启下的中间层的资源元模型。这样在对具体资源构建模型或对相对具体类型的资源构建元模型时，就不用临时去组装最小粒度的元数据元素来构建资源模型或者高级资源元模型，通过元数据实体的拖曳组装、继承就能快速地构建了，而且，由于得到了资源元模型共性特征的继承，领域知识经验、业务规则和法规政策、标准规范能得到很好的传承。

比如，在某个医疗机构的数据中台里，为了高效率且高质量地构建医生、患者、医疗器械等主题对象的数据组织模型和沉淀数据组织的元数据，我们会构建一批抽象且稳定的低层级逻辑对象的医疗领域元数据实体模型。比如体温这个对象，我们会使用元数据元素及低级元数据实体构造体征指标、体温测量方法、体温指标组成、体温度量等稳态元数据实体的元模型。同样，我们还可以构造出炎症、淋巴水肿、血氧、心率等稳态医疗元数据实体元模型。通过对这些元数据实体元模型进行概念建模、逻辑建模甚至技术共性的物理建模，我们形成了这些低层级逻辑对象在业务、技术、管理方面稳定的概念定义、规则及约束。有了这些不同粒度、不同层次、稳定可靠的元数据实体元模型，我们就可以通过组织、引用、继承这些成果，高质量且高效率地构建医生、患者、病案等高级资源元模型或实体资源模型。

一旦形成了医生、患者等数据组织的实体资源模型，我们就可以形成医生、患者的数据组织的元数据，并注册迭代到资源操作系统（ROS）之中（见图 5-5），开展全生命周期运营和赋能服务。有了这些高级对象数据组织的元数据，我们在指导分发、存储、加工、使用这些数据资源时，引擎就能动态解读在数据组织体系中，对各类医疗对象分别存储了什么、在哪里存储、怎么存储的、怎么调用、怎么使用，等等。

当然，为了更好地把优秀、精华的对象模型沉淀下来，我们可以在建模某类对象模型的同时，通过复用这个实体模型的共性特征，抽象形成该类对象的元数据实体元模型，为再构建类似元数据实体时继承、复用这些共性的经验和认知做准备。

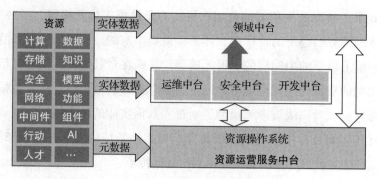

图 5-5　ROS 是一切资源的操作系统

3. 元数据元素的元模型

相比元数据实体的元模型，元数据元素的元模型往往会被忽视。实际上，对元数据元素进行建模也是抓住领域原子化的本质，提高元数据管理效率、治理质量，优化领域特征、精细化领域管理的重要一环。

元数据元素是用于构建元数据实体和资源模型或元模型的基础原子化单元。元数据元素在丰富性和广度上，应能够覆盖对象类资源和程序类资源两类元数据实体的构建。同时，元数据元素在作用域和深度上，应能够覆盖表达元数据实体和资源模型或元模型的业务方面、技术方面、管理方面特征。

以数据组织为例，我们要描述数据组织对象的业务方面特征时，元数据元素用于描述组织类资源模型或元模型的标识、属性、关系、活动，这些元数据元素也称为数据元，其元模型主要体现为数据元的标识类属性、定义类属性、关系类属性、管理类属性等四类公共属性以及表示类属性、方法类属性、受控类属性、附加类属性等扩展属性（见表 5-1）。在构建数据元的元模型时，具体企业机构可以以国家标准、行业标准等为基础，既对八大属性的属性细节进行需求建模，舍弃一些不必要的属性，也可以通过扩展附加属性，增加行业领域关注的其他属性。这样构造的数据元的元模型既简捷又实用，可以减少后续实体数据元定义时的繁文缛节，提高建模效率和质量。有了简捷科学的数据元的元模型，具体机构便可以高效地定义、迭代机构 IT 系统中全局生效的数据元实体集合，为机构内各对象类资源定义其元数据实体模型和元数据实体实例打下坚实的基础。在《信

息技术　元数据注册系统（MDR）第 3 部分：注册系统元模型与基本属性》（GB/T 18391.3—2009）中，通过对数据元的属性进行分类规范，构成了表示数据元的基本框架、总体结构、基本属性、关键约束等属性体系。这些属性的选择、取值及关系等的共性组合，就是元数据元素的模型或元模型，这些属性的选择、取值、组合的描述数据就是元数据元素的元模型及其描述元数据。

表 5-1　元数据元素的属性分类

属性类别	属性名称	是否必选属性	说明
标识类属性	内部标识符	是	标识类属性用于标识数据元
	中文名称	是	
	英文名称	否	
	中文全拼	是	
	标识符	是	
	语境	否	
	版本	是	
	同义名称	否	
定义类属性	说明	是	定义类属性用于描述数据元的语义
	对象类词	是	
	特性词	是	
	应用约束	否	
关系类属性	分类方案	否	关系类属性用于描述数据元之间的相互关系
	分类方案值	否	
	关系	否	
管理类属性	状态	是	管理类属性用于描述数据元的管理与控制
	提交机构	是	
	注册机构	否	
	主要起草人	否	
	批准日期	否	
表示类属性	表示词	是	表示类属性用于描述数据元的表示
	数据类型	是	
	表示格式	是	
	值域	是	
	计量单位	否	

（续）

属性类别	属性名称	是否必选属性	说明
方法类属性	方法类型	否	方法类属性用于描述数据元被使用的方法
	方法标识	否	
	方法表达格式	否	
	值域	否	
受控类属性	控制类型	否	受控类属性用于描述数据元被控制的方法
	控制子类	否	
	控制计量	否	
	计量取值	否	
附加类属性	备注	否	附加类属性用于描述上述属性以外的其他属性

元数据元素的元模型解决了元数据体系中元数据元素的知识本体的构建，元数据元素集合的持续丰富和迭代完善，为数据、服务、组件等对象类资源的元数据实体建模和元数据实体实例化打下了重要的原子化基础，也为程序类资源的元数据体系建设准备了必要的条件。

4.两类资源的元模型

对象类资源的元模型相对简单，只要以引用元数据元素集合和集成元数据实体为基础，并有一定的组成结构和恰当的关联关系，就能形成资源的元模型框架体系。

相对于对象类资源的元模型，程序类资源的元模型除了要继承相对简单的对象类资源元模型框架体系，表达"程序也是特殊对象"的对象类元模型特性和程序输入、输出等对象类元模型特性外，还要使用过程类逻辑描述规范，构造符合业务流程、处理逻辑、分析模型等的程序类资源元模型或元数据实体实例体系。所以程序类资源的元模型，是对象类＋程序类资源元模型的合集。

元模型不一定是模型体系的必选项，元模型对应的元数据也不是元数据体系中的必备项。在一些独立的组织机构内，往往没有行业或者领域元数据标准规范的要求和约束，在这样简单的场景下构建元数据驱动的数字化技术体系，由于业务简单，对任务不重、数量不多的资源元数据实体的实例化过程，可以运用元数据元素和元数据实体的基础描述规范，直接定义只在组织机构内生效的元数据元素实例和资源元数据实体实例，而不需经过元模型构建和被参考的过渡环节，效率更高，概念也更容易理解，意图更容易贯彻。

5.5　元数据的作用

元数据承担了领域建模成果的形式化沉淀和资源特性表达的职责。元数据的作用就是让领域及领域之外的各方认知资源的业务、数据、技术方面的特征体系，拥有从不同视角去生产资源、提供资源、设置资源、了解资源、解读资源、认知资源、调度资源、使用资源、评价资源、治理资源、管控资源的机会、条件和方法。

通过元数据的生成、探索、匹配、推荐，不同角色可以达到不同的目的。

资源提供者可以以资源特性元数据探索领域的其他资源、应用场景、知识模型等特性，认识到所提供的资源在领域内存在的必要性、迫切性及定位和地位，找到资源生产的价值，增强资源提供的责任感和使命感，从而铆足生产和提供优质资源的动力。

资源控制者可以对资源开展分类分级、加密脱敏和动态访问控制策略的设置，将规范管理、有效控制、科学赋能的意图落实到领域数字化的全时、全程、全域。

资源使用者可以发现、探索、理解、调度、使用与自身场景特性相匹配的各种资源，让场景得到恰当、全维、自动的资源精准投放，提高工作效率和质量，集中精力办最该办的事。

资源建模者可以根据一个或几个简单输入，甚至从一个事务处理场景的特征入手，切入模型编排场景，让数据资源、算法资源、基础模型等模型要素自动地推荐出来，建模者不需再绞尽脑汁地去搜寻资源，而是把精力放在业务逻辑编排和效果验证之上，促进模型策略的高产、高质、高效，进而让领域平台越来越智能。

资源治理者可以把各种治理的意图和目标通过元数据传递到采集、处理、组织、服务、使用、评价的方方面面，驱动引擎不断地优化完善，让资源质量更好、效率更高、管控更精准。

资源运营者可以从使用、评价、效果、建议等信息中捕捉资源改进需求，动态调整和优化技术方案、处理逻辑、应用功能、服务模式、运行配置，让资源更容易使用、更符合实战。

不管是对象类资源还是程序类资源，在 XSD、XPD 等描述规范的加持下，它们的元数据具备了业界广泛互认的条件，异构系统之间的引擎通过解读元数据，能让实体资源具备共享和处理的互操作协同。同时，XSD、XPD 的描述规范让元数据更具开放性、动态性，类似于 UML 的建模工具层出不穷，在资源的业务、技术、管理等方面越来越广泛和越来越深入的元数据的加持下，建模工具越来越智能、越来越方便，将各种资源动态、精准、智能地投放给建模人员，使复杂的工作变得越来越简单。

下面以医疗体系里的患者为例，研究一下动态的元数据给智能化的医疗带来的惊喜变化和深远影响。

某地方专科医院原来只专注于心、脑方面，后来因为响应国家心肌梗死和脑中风急救通道计划，成了地方的胸痛中心和卒中中心。原来的专科医院在理念、业务、技术、管理等各个方面都是以病案为中心而治病救人，医院的信息化技术系统也都是各专科自成体系，再通过医院信息化系统（Hospital Information System，HIS）来拉通，形成数据资源的调用通道。各心、脑专科的学科信息化技术系统中，沉淀的主要是诊断、治疗、康复、检查、检验等场景的碎片化数据，没有形成以患者为中心的数据体系。国家心脑急救通道计划要求加强心脑血管疾病的预防和急救，需要建立筛查、发现、干预的一整套信息化能力体系，以数据收集和风险分析为重点，对患者进行更多维度的体征监测、风险发现和及时干预。随着急救通道计划的推进实施，国家对胸痛和卒中的监测指标、风险模型、干预方案也不断改进和持续完善，指标、模型、方案的变化在所难免。在这样的需求背景下，该医院的数字化系统设计该走向何方？

传统的 HIS 规划、建设、运行的思路，就是由医院向 HIS 服务商提出数据、模型、方案等业务需求，由 HIS 承建方去设计数据结构、构建分析模型、提出技术方案，再由 HIS 承建方的技术人员设计、开发、测试、验证、改进、部署，实施周期长、需求落地打折扣、实际效果很差。传统的 HIS 需求落地路径为何漫长、偏差、低效呢？主要是其技术路径是纯静态定制思路，任何数据组织定义、处理逻辑编排、分析模型构建，都是承建方的技术人员在交互调研、需求理解、需求确认的基础上，通过孤立的设计、硬编码等路径实现的，缺少动态的设计思想和技术架构。静态的技术路径缺少开放式技术架构的设计，缺少元数据体系的设计，缺少元数据驱动的设计。在这样的技术框架之下，患者的数字化档案体系无法动态运行，也就无法构建动态监测、发现、干预的心脑疾病急救体系。

科学地设计医疗数字化的关键是以元数据驱动的技术思路，构建新型、动态的体征监测矩阵体系、患者数据采集和汇聚体系、以患者为中心的数据治理体系、面向动态分析动态呈现的数据资源应用体系、医疗知识模型持续进化体系，并通过元数据将这些体系的能力动态串联起来，形成更加完善、更为科学的数字化医疗体系。其中，以元数据驱动的思路构建患者数据治理体系是医疗数字化科学设计最重要的标志。

要构建以患者为中心的数据治理体系，首先要树立以人民健康为中心的思想，从国家、社会、医疗机构、个人等各个方面营造构建个人健康档案的社会环境。有了现代医疗信息化政策和技术支撑，我们可以稳步推进以患者为中心的数字化之路：

第一阶段是无元数据阶段。将碎片化的问诊、诊断、检查检验、治疗、康复、随访等医疗信息重新识别、组装、融合，形成以患者为根的医疗信息，构建初级的患者医疗数字档案。这个初级的患者医疗档案阶段是没有患者医疗数据组织的元数据的阶段，只会以不算规范、信息缺失的文档资料呈现部分的初始设计，经常出现实际运行参数已经改变，文档还是原来的状态，管理和运行完全脱节的情况。

第二阶段是静态元数据阶段。对患者的医疗档案的数据组织形态进行模式抽象，形成刻画患者医疗档案数据组织的元数据，并使数据组织元数据与实体医疗档案数据结构的变化一致。此阶段的数据组织元数据一般是被动的、外挂式的，实体数据变化元数据并不会自动跟着变化，另外，即使元数据变化，也不会影响实际患者医疗档案的数据结构。

第三阶段是动态元数据阶段。患者的医疗档案的数据结构不再采取静态人工变动的方式，而是随着数据组织的元数据变化动态调整数据结构。这个阶段的元数据是内生的、主动的，由元数据的变化驱动实体数据的变化，元数据时刻影响实体数据的组织结构的变化。

医疗数字化发展到元数据驱动的第三阶段时，在动态元数据驱动实体数据组织结构变化的技术路径下，对患者医疗档案进行刻画调整、需求完善、维度迭代，都可以作为日常业务，由医疗机构的运营人员进行患者信息的组织模式建模，形成患者医疗档案的新的数据组织结构的元数据，由数据组织引擎消费元数据去动态、自动地影响实体患者医疗档案的存储结构。在动态元数据形态下，由于患者医疗档案数据组织结构的变化完全取决于元数据的变化，患者医疗档案的组织者、访问者、运营者、维护者，便可以通过元数据来发现、探索、理解患者医疗档案数据的覆盖范围、组织形态、业务能力、访问控制、服务模式等信息，并根据数据组织形态、服务模式、访问控制等信息动态生成实体数据的访问指令，动态获取实体数据的响应结果，再按照元数据进行结果数据的深度分析或动态展示。这种基于元数据变化动态编排请求指令、动态处理反馈数据、动态展示患者信息的医疗实战应用，就是元数据驱动的应用。

在数据存储组织和分析应用方面实现元数据驱动，只是医疗数字化过程的一个方面，患者数据的感知和加工是医疗数字化更重要的另一极。科学、安全、有效，全时、全维、全手段地感知和获取患者体征数据，并通过元数据驱动的数据融合、业务融合、技术融合、知识融合的加工处理，才能让患者医疗健康档案成为有源之水，才能让以患者为中心的患者医疗数据的档案触角更多元、特征更丰富、信息更鲜活、度量更精准。

首先，以患者为中心构建体征数据感知手段体系。通过穿戴设备监测、居家感知、社区卫生机构服务、社会健康管理、第三方检查检验、线上问诊、医院诊断、医院治疗、医院康复、术后随访等全时空、多环节、丰富多样的手段，感知和获得患者丰富的体征数据（见图 5-6）。

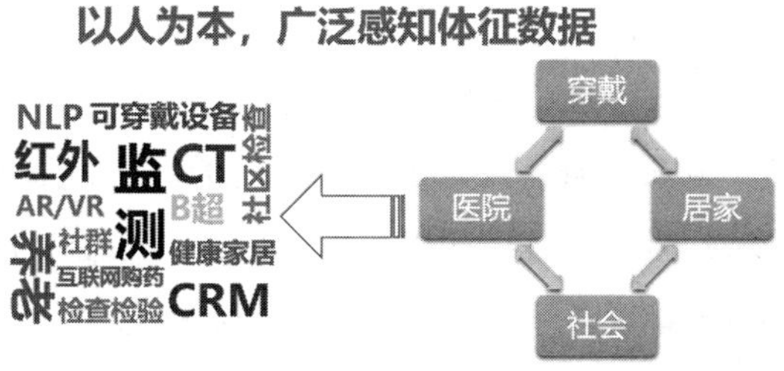

图 5-6　以感知资源元数据总揽患者体征数据收集能力体系

其次，在健康医疗知识、诊断分析模型以及 AI、NLP 技术的加持下，由元数据驱动的数据处理引擎，对多种来源、多种手段、多种形态的患者体征感知数据进行识别、提取、清洗、关联、比对、标识等实时加工处理和动态分析，获取更多高价值的病症特征信息。这部分是实现数据融合、业务融合、技术融合、知识融合的核心环节。在技术大发展、数字化智能化大背景下，感知数据不断变化、业务场景不断变化、技术能力不断进步、领域知识不断完善，在数字化资源大融合这个核心环节，如果仍然采用低效率的传统 HIS 模式，根本不可能将技术、数据、业务的优势转化为生产力，构建元数据驱动的医疗大数据处理引擎才是出路。

最后，健康医疗是人类社会知识密集型的行业领域，在医疗数字化进程中，健康医疗领域知识模型的丰富、继承、迭代，是医疗领域永恒的话题，需要在医疗数字化体系中重点强化知识模型的技术支撑，通过多种形式促进广大医护工作者、医学科研机构、药械研发机构、医学教育机构等开展学术研究、知识积累和模型构建，不断丰富和迭代医学领域的知识。同时，健康医疗是人与自然对抗的领域，前人留下的药典、医典以及在医学和药学探索实践中的经验教训，都是人类社会可以继承和发展的知识瑰宝，我们也要对这些在不同载体上存放的宝贵资料进行数字化、标签化、知识化、模型化，促进人类医学知识体系的丰富和完善。在健康医疗知识模型的技术支撑体系方面，我们同样需要以元数据驱动的技术路径，设计开放、动态、智能的建模工具，采用统一的规范对模型和知识进行元数据描述，促进跨系统、跨平台、跨区域、跨机构的处理引擎统一解读和执行模型逻辑。

我们在前文中讨论了以患者为中心的数字化医疗技术体系构建思路，现在重新回到该心脑专科医院增加了地区胸痛中心、卒中中心职责之后的医疗数字化建设的话题上来。国家心脑急救通道计划提出了筛查、监测、发现和联动处理及处理时限的要求，但本质是构建以患者为中心的心脑专科监测、发现、诊断、救治、康复的闭环管理体系，核心是以患者心脑急救为突破点，以动态的患者医疗档案为重点，将医疗健康的触角从院内伸向院外，形成以患者为中心的胸痛、卒中医疗急救保障体系。

从医院这个典型的医疗机构来看，智能医疗的目标实现需要打破原来 HIS 连接器的定位，重构以患者为中心的新医疗数字化技术支撑体系，即在感知、认知、记忆、推理、决策、行动、内控等各个方面，规划医院的数字化基础设施、资源体系和服务能力，构建以患者为中心的医疗"大脑"。同时，以患者为中心的医疗数字化强调医疗要走出医院，尤其是在感知层，要能够有效连接社区卫生机构、第三方检测机构、智能设备平台、智慧家居、智慧城市等各种健康体征数据产生的渠道，形成社会、家庭、个人全时空的立体化感知体系，合规、实时、广泛、精细化地感知和获取患者心脑方面的体征数据与其他相关数据，让鲜活的源头不断地丰富每个患者心脑方面的特征维度，持续迭代关键指标的计算精度。

随着传感技术、AI 技术、物联网技术的不断进步，体征等感知技术日新月异，医疗级设备、民用级感知设备不断丰富，感知精度持续精准。不少民用的健康、运动监测设备对体征情况感知的指标和度量精度已可作为医学参考。这些医疗级、民用级感知技术走出医院、广泛民用，体征数据日益丰富、日益精准，心率、血压、血氧、血糖等监测技术和设备尤为多样，以患者为中心的心脑学科的医疗数字化要能不断转化科学进步带来的数据红利，让多渠道、多时空、多来源、多态异构的感知数据高效地融入患者的健康医疗档案。面对来源复杂、结构复杂、数据价值不同的感知数据，医疗数据化系统必须有一个强大的引擎，它能够提供智能、简便、高效、高质量的接驳能力，支持患者或医疗机构快速、简捷地添加新的感知数据源，实现即插即用、按需配置。

在新一代数字化、智能化心血管医疗技术体系中，另一个十分重要的基础工作是让医护人员参与到人工智能的知识学习、知识训练的过程中来，将监测、诊断、治疗、康复、随访等经典医疗方案和检查检验指标分析模型，以及传统医典和传统药典等知识、经验、技法，进行输入、标注、建模，形成丰富的心血管病症的数据分析模型和知识体系。

元数据驱动的数字化医疗体系就是要构建丰富多彩的感知数据简捷配置工具和知识模型的建模工具，让各类人员都能简便有效、可管可控地参与建模和配置，形成体征数据快速汇入、医疗知识持续迭代、知识数据融合处理、患者数据智能分析的元数据成果，驱动数据处理、数据分析、数据呈现等核心医疗数字化引擎实时、动态、智能地运转，不断收集患者的动态体征数据，实时分析患者的风险隐患，及时向医疗机构及患者双向预警，智能调度医疗急救资源，实现心血管疾病早监测、早发现、早预警、早干预、早救治，真正落实国家心肌梗死和脑中风急救通道计划。

5.6　元数据的消费

5.6.1　元数据是拿来用的

元数据是系统引擎消费的数据。元数据承载的是领域对资源的业务认知、处理需求、目的意图，表达的是资源的内涵、资源的能力、资源的使用及治理方法（见图 5-7）。系统引擎通过元数据的解读和执行，就能实现场景特征、业务目标与所需资源的智能匹配，让源源不断的场景数据得到知识模型的加持和实时精细的处理，引导鲜活、多维的场景数据持续地丰富迭代业务目标、领域对象的关注维度和度量精度。引擎还能对因融入鲜活场景数据而产生维度精度变化的目标对象，主动牵引相应的对象分析模型，自动挖掘业务价值，预警领域风险，焕发智能化的效益。

元数据是数字化、智能化时代系统平台的核心控制类数据。发挥元数据核心价值的唯一路径就是让其成为生产、经营、管理、治理的控制面，生产能力和控制能力一体化部署，内生嵌入式运行，实现业务流（流程、加工、赋能）、资源流（数据流、知识流、技术流、措施手段流）、控制流（元数据驱动、安全管控策略）的完美结合，资源伴随着业务，控制规范着业务，控制约束着资源恰当、充分地服务着业务，让资源、业务、控制天人合一、知行合一，让业务更高效、更智能、更规范。

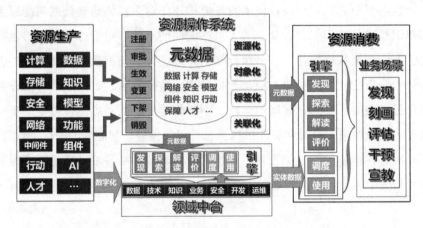

图 5-7　以 ROS 支撑资源智能加工和智能投放

1. 不只是为了治理而引入元数据

自提出元数据这个概念以来，元数据出现的绝大部分场景都是定位于资产治理的，而且主要作用于数据资产的治理，用于开展已有数据的质量监测检查、血缘的分析、数据标准化适配、数据的静态分类分级等。在这样的模式下，先有实体数据本身，后来再通过各种探测、扫描、备案工具，利用已经存在的数据存储，采集数据的存储结构，形成数据资产目录。做得较深一点的会对实体的数据本身进行样本记录内容的分析，来感知数据模型和数据质量、数据分类分级等信息。

在这样的数据管理模式下，数据质量、数据血缘、数据分类分级所依赖的元数据，都会滞后于实体数据的变化，是后知后觉的数据治理。如果扫描、探测、备案等工作机制不完善，运行不顺畅，跟踪不及时，数据资产治理系统里存储的数据模型与生产系统中实体数据的结构偏差越来越大，根本无法客观评价数据资源情况，还会造成质量、血缘的分析偏差，数据分类分级错误等，造成数据资源管控策略的失效，反而耽误事。

引入元数据，治理只是目的的次要方面。其目的的主要方面是元数据驱动，以元数据的生产、运营、流通和消费，让系统牵引着业务开放起来、动态起来、智能起来、规范起来。元数据驱动的中台各种处理引擎，通过解析执行元数据动态适应不断变迁的大千世界、持续迭代的业务变化、千景千面的应用需求、不断深化的管控要求、持续精进的技术进步，以不变应万变，让 IT 技术体系成为智能化业务腾飞的翅膀，不再是制约业务发展的瓶颈和牵制领域进步的桎梏。

元数据是内生的，不是外挂的。前面谈到的后置式数据资产治理只会产生外挂式的元数据，这样的元数据并不会影响实体数据的创建、变动和运行，也不会给业务带来质的改变和影响。元数据驱动，需要元数据是先验、前置的，存放数据的实体数据表、实体数据库是基于元数据的技术方面特征来指导创建的，实体数据表、实体数据库的变化也是因为元数据变化而等效变化的。当描述资源可用性的元数据特征被设置为资源不可用时，实体数据表、数据库就被置为不可用状态。对实体数据表、实体数据库中的数据进行的各种操作，是由元数据描述的数据模型引导、约束、管控的，对数据的访问，也是在元数据的分类分级特征约束下动态控制的。

我们说元数据是内生的，就是要先有描述实体资源的元数据，再有被元数据表达的实体资源（见图 5-8）。在领域的系统平台中，都是通过元数据的建模和配置工具形成了丰富的各类资源模型及其元数据，各种引擎才有可消费的对应元数据，以元数据的变化驱动引擎动态处理实体资源和智能赋能，从而带来领域的质量变革、动力变革、效率变革，实现业务质的飞跃。

元数据建模工具要喜闻乐见，就是把动态、变化、繁杂的任务、意图、要求，从感知到认知再到成为可变元数据的复杂过程，变成像搭积木一样的简单建模操作；就是通过元数据驱动，让数据资源、算法资源、模型资源、技术资源、管控资源等自动围绕建模场景的进程随变，达到精准投放、按需配置，让先进的设计和技术的进步使原本操作烦琐、资源不清、交互生涩的建模过程变得一学就会；就是要通过友好的建模体验，把领域知识积累和领域模型建模实践变成领域可操作的关键基础业务工作。不再只是把知识和建模这样关键的业务转嫁给支撑的 IT 公司或者专门的数据分析机构，造成业务知识、技战法、模型的精髓偏失和时机丧失，还容易造成数据主权和数据安全问题。即便 IT 公司或专业分析机构把模型建出来了，往往也是形似而神不似，在一些对抗复杂、形势变化很快的领域业务场景，模型的变更节奏更是跟不上快速的业务形势变化，造成模型失效，影响业务工作。

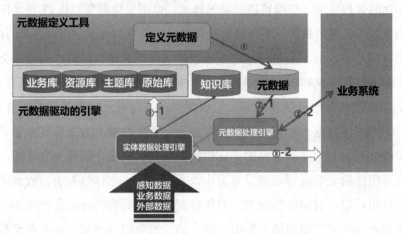

图 5-8　元数据架起了意图和行动之间的桥梁

　　元数据驱动原理就是由通用的处理引擎或与资源相匹配的特定处理引擎，按照统一的元数据语法规则、描述规范，甚至统一语言体系，通过解读元数据描述的资源组成框架、结构、要素、关系等特征，逐层解析组成资源元数据的基本结构、实体、属性、关系、活动等特征，以及对特征的操作、关系、语义、方法等值域、取值的含义和约束，由引擎按照对结构、实体、属性、关系、活动等特征的表示、概念、含义及统一约定的处理规则，对资源实体或按照资源实体编排好的流程逻辑进行处理。

　　元数据驱动的引擎是在解读待处理资源的元数据的基础上，按照资源的元数据业务、技术、管理方面特征的指导，对实体资源进行创建、操作和访问等处理。元数据驱动是由元数据引导引擎去创建资源、操作资源。比如，大数据平台中对数据的动态接入、实时处理、科学组织、精细治理、智能服务等引擎，都是由相应的建模工具生产出模型及其元数据后，这些引擎通过消费对应的元数据，产生自动化、智能化的处理和运转，落实由元数据转达的意图和要求，从而源源不断地输出我们期待的能力和资源。再比如，业务系统需要访问大数据平台的主题对象数据，就需要先访问资源元数据的服务引擎，获得主题对象数据的数据结构、数据组织方式、数据接口类型、数据访问地址等元数据，根据反馈的元数据情况动态生成访问主题对象数据的指令，再向大数据平台实体数据服务引擎发出请求，获得精准的数据资源反馈。

这样看起来，一次实体资源的访问一般会经过元数据访问及实体资源访问的两次供需交互，从而获得实体资源最新变化调整所带来的红利。通过前面一次元数据访问的交互，使用方可能从资源元数据中理解实体资源的最新状态，再以新的资源元数据为指导，动态生成利用了资源新特征的实体资源访问请求。比如，通过对主题对象数据资源的元数据的访问和解析，业务系统可以动态感知主题对象数据的组织模式、资源特征的变化，从而让业务系统动态适应和充分利用资源的新变化，让实战业务从实体资源变化中获得更多、最新价值数据的回报。

当然，对于频繁的主题对象数据的请求，我们也不必每次都去查询一次资源元数据，在较短的时间窗口内只请求一次元数据而多次提交实体数据的访问请求，这样既能提高访问的效率，又能确保分享到主题对象数据增维、增值带来的红利。如果元数据的运营服务平台采用了主动向元数据消费方通报元数据变化的机制和能力，那么，资源消费者就不再需要时刻纠结资源元数据有没有变动的事了，等着运营服务平台把变化通知给我们就行。

2. 元数据是数字化时代领域业务和谐、开放、共享、协作的催化剂、放大器

一切资源化、服务化既是数字化、智能化的目标任务，也是数字化的路线遵循。元数据则是一切资源化、服务化的能力载体和表达形态。

在系统平台的内部，元数据承载了资源的概念分类、业务逻辑和物理实现，从资源的业务、技术、管理等多个方面，供给方将资源立体、全面、多维地展现给需求方，为系统平台作用域内资源供给和需求的拉通，提供了和谐、动态、智能配置的基础。

在系统平台的作用域外，元数据也会以资源目录这个新面目、新窗口形态，呈现在跨系统、跨领域、跨区域、跨层级、跨部门的不同需求者的眼前。这样的资源目录往往以标准和规范的形式进行编写、汇聚、传递。这些资源目录根据不同外部需求者的角色定位，获得资源元数据概念层面、逻辑层面、物理层面及资源在业务方面、技术方面、管理方面的资源特征视图，以资源目录传递资源的某些必需特征，促进资源的开放和共享。

有了系统平台外部拉通的资源目录，业务流程、功能、服务、模型等业务资源和AI、安全、计算、中间件等技术资源，就会在一定领域、一定共享范围内被发现、被理解、被调度，实现全局性的或者双边性的业务协同、流程耦合、任务协作，真正实现全域协作、合成作战、在线协同，网络化、数字化、智能化将会越来越清晰，越来越接近。

5.6.2　元数据驱动的评价指标

评价元数据驱动的成熟度往往要从平台基本实现元数据驱动、平台内元数据驱动的覆盖面、异构平台的元数据互认和互操作等几个层面进行评估，形成一定的评级体系。

首先，平台内基本实现元数据驱动。

一个组织内的技术系统、技术平台和运行体系走的是不是元数据驱动的基本路线，可以通过这些评估指标进行评价：

是否按照元数据驱动的思路开展技术方案的设计。对目标原则、需求分析、功能设计和技术路线、产品选型、能力交付，以及业务模式、工作任务、运行制度等，是否按照以不变应万变的初心，提出元数据驱动的基本要求。

在元数据的技术交付体系中，元数据只是用于生产监测，还是既满足生产监测，也将元数据内嵌到生产过程之中，生产和控制同步建设、同步运行，实现生产和控制的统一。

在关键的流程控制、生产管理、能力服务等引擎中，元数据是指挥引擎无条件运行的作业指导书。如果元数据在关键的业务生产引擎中是内生的、浸入式的、嵌入的，则该组织就是元数据驱动；如果元数据的变化与引擎的运行是无关的，就不是元数据驱动。

任何时候去检查，表达资源的元数据与资源实体的逻辑设计、物理组织会始终保持高度一致。只有当资源元数据的变化可以完全自动地牵引资源实体的同步、同等效果的变化时，才是高度统一的、元数据驱动的资源运营和服务体系。

引擎对元数据的解析、执行是全面自动化的，确保即插即用，不会因为元数据的调整导致引擎不能正常适应，需要人工介入才能恢复正常运转。

其次，我们要力求元数据驱动能够在组织机构的平台内实现更大范围的覆盖和更深程度的落地。

元数据驱动的作用域覆盖可以从两个方面来评价（见图 5-9），一是元数据所能表达的资源能力的特征广度。我们既要能表达资源的技术能力方面的特征，还要能够表达对资源进行治理管理方面的特征，以及业务概念域、业务能力域等业务方面的特征，让每一类资源都能通过元数据尽显资源概念建模、逻辑建模、物理建模的成果。二是元数据所能表达的资源种类全面性和覆盖性，让"一切资源化、资源目录化"的元数据覆盖的资源种类最大化，这样才能尽可能多地向实战场景精选精推更多、更贴合的资源。

一切资源化是智能化追求的终极目标，其中哪些是核心资源、哪些是关键资源、哪些是重点资源，在不同领域、不同场景中，往往各不相同，同样的领域在不同时期的认知也不一样，不同的需求偏向对核心、关键、重点的理解就会有不同的定位和边界。在当前网络化、数字化、智能化的大潮下，数据无疑是所有领域、所有行业的关注点共识，是重中之重的核心资源。数据的融合、增值、赋能是数据资源发挥智能化价值的关键，因此，围绕数据感知、认知、推理、决策、行动的感知资源、模型资源、知识资源、AI 资源、可视化资源、业务行动资源等也是数字化时代的关注重点。同时，数字化时代，急剧聚合的数据资源和广泛深入的加工处理让数据的价值和风险齐升，对数据进行科学治理和安全管控的资源也变得举足轻重。因此，对这些围绕数据**全关注维度、全生命周期、全使能过程**的各类资源的元数据建模设计，将是领域数字化资源运营的核心关切、重点任务。

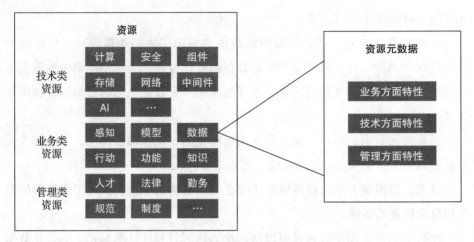

图 5-9　元数据表达资源的业务、技术、管理特征

　　元数据描述资源特征的广度和深度影响着资源的利用成效，尤其针对数据、功能、知识等核心关键资源，要力求对资源在全生命周期管理、全使能过程处理、全关注维度治理等三个方向进行元数据描述的立体化覆盖，覆盖核心资源业务、技术、管理方方面面特征的元数据描述。比如，对于数据资源，我们需要将数据资源的元数据覆盖到数据产生、数据汇聚、数据融合处理、数据组织、数据治理、数据管控、数据服务、数据使用、数据交易、数据处理知识积累等"采、治、用、管、学"的方方面面的属性、关系、活动等特性。

　　最后，更进一步实现跨异构平台元数据的互认互操作。

　　我们要想实现跨平台、跨领域、跨系统、跨层级、跨部门的元数据互认，还需要在元数据驱动的基础上，通过元数据语言体系和语法规则的标准化工作，让异构的平台之间进行元数据的互认。比如，甲厂商的平台产品上构建的数据分析模型，在乙厂商平台的引擎上同样能够平滑地运行。这样的元数据驱动体系突破了异构系统之间的元数据屏障，实现了资源更大范围、更深层次的共享和协作。

5.6.3　元数据驱动实践演进路径

　　元数据驱动的中台技术路线是将数字化历程引向智能化目标达成的必由之

路。有了元数据驱动，中台引擎既可以通过元数据理解场景需要，又可以借助元数据了解和获取与场景相关的各种资源，再通过元数据导入领域专家们关于特定场景与特定资源拉通和融合的经验、技法、战法的最新建模成果，引擎就可以为场景自动配置相应的好用够用的资源，实现资源向场景的精准推荐、智能投放、精细控制，领域智能化将会一步步迈向成功。

不管是作为技术提供方的乙方，还是作为技术消费方的甲方，元数据驱动的实践过程都是一个着眼长远战略、顶层设计和立足循序渐进、逐步落地的历程，而不是一战而成、一蹴而就、大起大落的运动式行动。

有了元数据描述的对象类资源，我们就可以部署元数据驱动的引擎动态地探索、解读和调度、使用这些对象类资源，让资源为我所用。有了元数据描述的程序类资源，我们就可以部署元数据驱动的引擎动态地探索、解读和解析、执行这些程序类资源的处理流程和业务逻辑，从而实现目的意图、技法战法、处理要求跨平台、跨系统、跨层级、跨领域、跨部门的有效传递，促进异构兼容、开放共享、资源共用、协同作战目标的达成。我们要想实现对象类和程序类两类资源的共建、共享、共用，前提是要围绕着统一的元数据体系和元数据生产、元数据消费这"一体两翼"开展技术能力体系的构建。

在整个数字化、智能化技术界元数据驱动刚刚起步的时期，围绕元数据的"一体两翼"技术能力体系的构建，前提条件是关键技术路线、产品能力、生态体系的突破，这是国家、行业、企业对决战数字化、智能化信心和决心的关键所在。因此，元数据驱动的起步在于国家引导、行业引领和头部企业的技术突破，其中头部企业的技术突破尤显重要。

对于元数据驱动的头部技术企业，首先，需要具有超前的意识、体系化认知、坚定的决心，勇于担当责任、自我革命、自主创新，在战略思维、战略布局、战略投入上取得突破，坚定元数据驱动技术的道路。树立和坚持这个战略定力很难，在无人区拓荒时期，"进取心"不是人人都可以胜任的荣誉。

其次，头部企业需要在元数据语言语法体系、描述规则方面取得突破。在原来以资源管理为主要目的的元数据实践基础上，跳出外挂管理的条条框框，将元数据语言语法体系、描述规则的作用范围覆盖到资源的业务、技术、管理等全视角特征之上，让资源特征表达的元数据体系具备驱动引擎的条件。

再次，头部企业需要在元数据的生产、消费上取得突破。这里的突破是指在生产和消费统一元数据的核心组件的突破，有了这样生产和消费元数据的核心组件，企业就可以封装百花齐放的建模工具和适用不同场景的处理引擎，为元数据驱动的产品体系、交付生态提供支撑。

最后，头部企业要推动企业自身和合作生态企业以统一元数据为目标开展循序渐进的产品替代。这个产品替代过程是一个长期的过程，可根据轻重缓急灵活地计划，既可以完全按统一元数据进行设计和研发新产品；也可以由原产品团队在原产品上封装一个外壳，按统一元数据规范进行转换适配，适配一个生效一个；还可以对原来就基于配置文件或配置参数开展场景部署而具备一定改造条件的产品，提供适配服务，按照统一元数据规范与原产品配置文件或参数进行转换服务，从而使原产品在一定程度上与统一元数据达到适配。以上三种策略是一个从强到弱的统一元数据驱动的方案选择，后两种方案都不可能达到完全元数据驱动的效果，驱动效果达到什么程度，往往取决于原产品配置参数、配置文件在产品引擎中的设计和实现的情况。还有一种产品，既找不到原产品研发团队，也无法通过配置文件或参数达到动态调整的功能设计和实现，这种情况下，只能按照第一种策略重新设计和研发新产品替代方案。

我们在前文中讨论了作为技术供应方，尤其是头部技术提供企业如何开展元数据驱动的技术和产品演进的问题。对于行业领域建设方，应该如何将技术体系向元数据驱动的能力体系演进呢？

元数据驱动的技术线和数字化战略应由行业领域企业或政府部门优先确立下来，以此为基础开展新时代数字化智能化发展战略规划。虽然用户并不关心具体的技术实现细节，但是元数据驱动的技术路线却是企业和政府数字化、智能化的关键决定因素，是否采用元数据驱动直接决定数字化能否真正走向智能化，决定资源能否被最科学地组织、最全面地刻画、最动态地呈现、最应景地投放、最大化地利用、最精细地治理。

政府、企业应该循序渐进地推进元数据驱动的技术、业务、管理能力体系的建设落地。通过搭建元数据驱动的中台，持续不断地经营好数据、业务、知识、技术等资源及其元数据，为元数据驱动业务实战夯实基础、提供舞台、备好资源，吸引和拉动业务各方开展元数据驱动的业务应用改造。政府、企业元数据驱动的中台搭建和业务应用的改造替代，可以与提供技术的头部企业的元数据驱动技术和产品演进发展同频共振，以便最早地享受到技术进步的红利，从而在数字化、智能化进程中，更早地在领域里获得突破、拔得头筹，更早地在动力变革、质量变革、效率变革上取得翻天覆地的进展，享受到智能化带来的生产力和创新力的腾飞。

5.7　元数据的应用场景

1. 元数据驱动的领域平台

元数据驱动技术路线是真正实现网络化、数字化、智能化的必由之路。制造、流通、交易、金融、教育、健康管理（医疗）、文化、军事、外交以及企业管理、应急管理、城市管理、自然治理、社会治理等各个领域的智能化都跳不出这个技术路线。

前面我们研究了在元数据作用下，心脑专科医疗机构从信息化到数字化变迁的思路。这里我们再以 IT 服务型企业的数字化、智能化为例，分析一下元数据在 IT 企业内务管理和业务服务中的应用场景。

一个 IT 服务型企业，其核心竞争力来自企业内部和外部两个方面。内部是企业要素的潜力挖掘和能力释放，这是内务。外部则是企业供给与需求的匹配能力和品牌形象，这是业务。

很多企业经营管理中最大的问题往往不是技术、资金，而是不知己、不知彼、不知供需拉通的方案，既不知道公司的内务情况，也不了解业务对象的需求情况，甚至不知道自己的产品服务供给如何匹配现在用户的需求，更不知道在将来生产什么样的产品、提供什么样的服务。说白一点，就是没有用数字化的思路和体系经营好内部要素，发掘好本质需求，规划好技术路线，设计好解决方案。

那如何用数字化的思路解决知己、知彼、知供需的方案呢？

一方面，需要抓住内务的本质。企业内部管理的核心是盘活企业的要素资源，让人力、技术、产品、方案、资金、生产资料等资源进行数字化，并经过日常化、精细化、智能化的运营，使其处于最佳可用状态，再通过元数据的建模和对象化、标签化将资源的业务、技术、管理方面的能力和特征表达出来。

比如，对人力资源，需要刻画员工的教育背景、技能训练、项目经验、产品经历、客户口碑、同事评价、技术专长、科研成果、知识产权、职业规划等关注维度，并在对各种渠道感知、获取、采集数据的处理中，关联、识别出与此员工有关的场景数据，迭代形成人力资源的动态档案。通过构造员工对于企业发展的价值点和风险点的评价指标体系，不断丰富迭代 HR 专题数据分析模型，通过对鲜活的人力资源动态档案进行量化分析，析出员工对企业的商业价值和潜在风险。基于员工的特点和其职业规划，对员工开展动态评估、动态配置，人尽其才，让每个员工的职业特点与企业的战略方向同频共振、相得益彰，互相成全、共同进步。

再比如，对企业的技术资源，尤其是企业在产品研发、交付研发、驻场服务等实践中，会沉淀很多的控件、组件、部件、算法、模型，也会积累不少的行业知识、社会共识和领域元数据模型等，这些组件、算法、知识、模型，都具有重复利用的可能，只要通过一定的数字化经营，进行科学的分类、打标，并以元数据的形态表达出来，就可以变成企业的重要技术要素资源和行业 Know-how 资源，由企业的敏捷开发平台对技术要素资源按需配置、精准推荐、智能投放，由企业的行业交付管理平台在同行业领域的新机构、新项目中支撑对行业 Know-how 资源和领域元模型资源的借鉴复用，从而提高产品研发、交付配置、方案编制的效率和质量，使企业达到降本增效的效果。

另一方面，需要抓住业务的本质。企业对外供给市场的本质，核心是发掘客户的潜在需求，帮助客户挖掘价值、规避风险，让客户的利益最大化。为了科学地发掘客户的需求，企业在服务客户的过程中，需要分出不同发展阶段和不同水平的行业和客户。对高端行业和高水平客户走聚能蓄势战略，从这里持续地吸取战略设计、技术创新和领域知识精华，从行业和客户发展的视角，深入分析行业和客户的关键痛点和创新需求，积累战略设计和解决方案、沉淀行业经验 Know-how，实现从 0 到 1 的突破。对发展水平不高的行业和客户则要转化战略、输出方案，将高端行业和高水平客户沉淀的技术、产品、方案、知识做 1 到 100 的复制。不管是高端行业、高端客户，还是客户的成功项目、成熟系统，都要以行业、客户、项目、系统等为目标对象，襄助企业、政府合法开展数字化经营，让成功的事物都有其表达的知识模型、指标体系和度量标准，同时也让失败的事件有其鲜明特征和评判依据，促进战略、方案、产品、能力的脱颖而出，沉淀模式，转变成果，发扬光大。

不管是对内的内务管理本质，还是对外的业务赋能本质，都需要对企业关键要素和业务关键对象持续开展**全关注维度、全生命周期、全使能过程**的经营，才能让要素对象的完整画像、动态变化和最新状态跃然纸上，清晰表达出来。对事物的"三全"认知是一个持续完善、演进和优化的过程，事物发展中会出现新的关注、环节、要点、特性、影响等问题和变化，这些新问题、新变化是不可能在数字化初期就能预知到和设计好的。因此，为了应对关注维度、生命周期、使能过程的变化，需要设计一个开放的动态体系，让负责内务运营设计和业务运行设计的关键人员介入到持续的模型创建和模型迭代过程，通过对象经营和模型构造来沉淀元数据，不断转化领域对新问题、新变化的应对策略，由元数据驱动引擎动态变起来，焕发出内务和业务的应变能力、创新能力。

2. 元数据驱动的领域保障平台

通过元数据驱动，除了构建满足内务管理和业务服务等直接赋能的智能领域性平台，我们还可以在保障领域营造数字化能力科学绽放的场景，以元数据驱动的技术路径，构建领域的智能安全平台、智能运维平台、敏捷开发平台，促进领域的业务、技术、管理等资源安全地构建、规范地实施、有序地运行、可靠地支撑。

元数据驱动的安全平台。安全资源在哪里？安全能力有什么？安全能力怎么用？对什么开展安全风险分析？有什么安全风险？怎么预警分析安全风险？安全风险怎么应对？数字化背景下的安全保障平台不再是在网络边界装个安全防火墙和 VPN 设备，应付应付等保合规、对付对付安全检查，而是要实打实地对每一个数字化资产进行全生命周期、全使能过程、全关注视角的安全保护。不同的资产、资产所处的网络环境不同、资产承载的数字化资产能力也不一样，应该分别配置什么样的安全能力，如何与网络环境、数据处理、业务链条等形成一体化安全方案？这些都是数字化时代必须面对和急需回答的问题。科学识别不同资产及资产部署场景的脆弱性和威胁，精细化、精准化、科学、恰当地动态配置安全能力，并与安全执行能力体系形成联动、协同，给数字化安全保障平台提出了更高的需求，也成为安全保障引擎设计的基本要求。

要想使安全保障引擎能够恰当、动态地感知需求，自动、精准地配置安全能力，那就只有元数据驱动这一条路。元数据驱动的安全保障平台总体设计思想是，以建模的思想认知安全框架、认知安全对象、认知安全资源、认知资产威胁、构建安全策略，以一切资源化的思想，将资产精细安全防护、主体持续信任评估、行为动态访问控制等安全能力进行资源化、目录化、全局化、标准化管理，以元数据驱动的思想，将各类安全资源的业务、技术、管理等特征传递给安全执行引擎，驱动引擎动态、自动拉通供需，让资产得到最恰当的安全保护。

元数据驱动的运维平台。运维平台的使命是确保数字化环境下的生产、控制等各类系统时刻处于稳定、可靠、恰当的技术保障之下。在数字化、智能化背景下，人们对运维平台提出了更高、更新的需求，核心是将运维平台的监测、分析、决策、配置等运行维护能力资源化、目录化、服务化，让生产系统既能对运行环境及其状态动态掌握，也能通过主动调度运维能力，动态开展分析和决策，实现生产与运维的一体化、协同化。要想实现按需调度、动态配置的运维能力，数字化背景的运维平台要像数字化安全保障平台那样，**以元数据驱动的技术路线，将运维对象特征化、指标化，将运维能力资源化、服务化，将运维分析和决策模型化，以元数据驱动思路设计和实现运维分析决策引擎，由运维引擎主动监测和识别计算场景的资源占用和资源消耗，动态感知和识别场景的资源需求，以元数据驱动运维引擎执行相应的分析模型和决策策略，从而进行风险预警、向运维人员推送预警信息，甚至自动启动运维调整策略，实现自动运维。**

元数据驱动的开发平台。"快速构建应用程序、业务系统，满足人员个性化、场景个性化需求，实现千人千面、千景千面，让界面友好，该有的有，不该有的坚决没有，不零乱、不打扰"。在这样的敏捷开发软件模式下，用户可以自主配置界面、呈现次序的局面，这是开发公司和用户梦寐以求的景象。这样的敏捷开发平台在互联网领域已经开始出现，类似于腾讯 TAPD、华为 DevCloud 等。但是，要想能在实战系统的场景甚至让用户直接参与到功能界面的配置和处置逻辑的编排，就对敏捷开发平台提出了更高的灵活性和可视化、便捷性、可配置等要求，不仅需要提供一系列界面友好的配置工具，更需要有一个元数据驱动的开发引擎，能够把所有被元数据表达的页面框架、计算组件、可视化组件、通用工具、待呈现目标数据等各种资源连接起来、组织起来、调度起来，按照应用配置人员、职责、运行环境等各方面的特征需要，智能导航式地推送给开发人员，由开发人员进行便捷的挑选、组装、配置，形成可运行的动态功能界面或服务。这是元数据驱动的功能和服务敏捷开发的场景。同样，我们可以通过业务建模工具、数据建模工具、技术建模工具，以元数据驱动的技术路线，开发出业务分析、数据融合、数据组织、技术赋能等模型。

3. 运营元数据的资源操作系统

元数据是供系统引擎消费的数据。使用标准化 XSD 定义的对象类资源和 XPD 定义的程序类资源，引擎可以识别和处理由建模者所思所想的资源模式和处理逻辑，按照元数据描述的资源概念、资源定义、资源能力、资源表现、资源调用规则等丰富的资源特征，资源的消费者可以借助引擎动态地发现资源、探索资源、理解资源、调度资源、使用资源、监测过程、评价效果、释放资源。

元数据的生产和消费，以及处理、管理、治理，同样需要一个技术平台体系，对各类资源元数据开展统一的生成、注册、生效、变更、使用、评价、失效、销毁等全生命周期管理。这个运营元数据的平台类似于计算机的操作系统，对计算机的中央处理器（CPU）、内存储器、寄存器、磁盘外存储器、网络等内置硬件部件，输入设备、输出设备等外部硬件设备，以及系统软件、中间件软件、工具软件、应用软件等各类软件资源，进行统一的注册、运营，形成动态的配置注册表或配置文件、数据库，由操作系统统一对外发布资源能力，提供统一的对接接口，让业务应用可以无缝地发现、调度和使用这些资源。

不管是赋能业务的核心领域平台，还是保障领域平台运行的安全平台、运维平台、开发平台，它们掌管的实体资源信息都需要统一纳管和统一赋能服务，元数据就是一个组织内的平台、系统、业务、管理、能力等各种资源的配置和策略信息，对这些配置和策略信息的管理和赋能就是资源运营的本质。

为了让使用者能以统一的标准规范和语言体系发现领域资源和保障资源，往往在设计数字化领域平台或保障类平台时，就应该同时规划一个对资源的元数据进行统一管理的平台，即资源操作系统（资源运营服务平台），把一切资源的元数据都注册到这个操作系统，一切资源的消费者都从资源操作系统里感知资源、理解资源，得到资源的调度方法。在元数据引导下动态调度资源，可以确保消费者得到的永远都是最新的资源能力和最佳的应用效果。

5.8 元数据描述的典型目标

元数据用于沉淀和表达领域的所有对象类资源和程序类资源，对象类和程序类是技术视角的元数据基础分类方法。从领域数字化目标及更贴近业务的视角来看资源元数据分类，则可以分为业务资源元数据、技术资源元数据、数据资源元数据、管理资源元数据、保障资源元数据等类型，这样可以从领域视角对资源元数据进行比较完备的覆盖。我们在第 3 章已经进行了归纳性框定，这些资源都会形成对应的元数据成果。在这里，我们参照资源的分类，简单列一下典型资源的元数据的列表。具体每种资源的元数据细节，可以参照本书第 5.3.1 小节，这里不一一展开。

（1）业务资源元数据

业务资源元数据，大类上主要包括：分析模型元数据、应用元数据、功能元数据、服务元数据、行动元数据、流程元数据等。

（2）数据资源元数据

数据资源元数据，大类上主要包括：数据感知元数据、数据接入元数据、数据处理元数据（提取、清洗、关联、比对、标签、分发等）、数据组织元数据（原始场景数据、核心要素数据、主题对象数据、知识规律数据、业务事务数据等）、数据基础服务元数据、数据治理元数据等。

（3）技术资源元数据

技术资源元数据，大类上主要包括：基础设施元数据（计算、存储、安全、网络等）、中间件软件元数据、组件元数据、AI 元数据、算法元数据以及其他技术类服务元数据。

（4）管理资源元数据

管理资源元数据，大类上主要包括：质量分析模型元数据、血缘分析模型元数据、资源评价元数据、资源分类分级元数据、授权策略元数据、权限元数据、岗位职责元数据、人员 / 机构元数据、角色元数据、标准元数据、法规元数据等。

（5）保障资源元数据

保障资源元数据，大类上主要包括：组织机构元数据、人员元数据、安全元数据、装备元数据、运营元数据、运维元数据、开发元数据等。

6

|第6章| C H A P T E R

中台——数字化中枢

通过前面的讨论，我们已经准备好以系统的理论去观察领域、以直击本质把握规律的方法去认识领域、以模型的思维去认知领域、以一切资源化的理念去组织领域、以数据的形态去表示领域、以元数据驱动的技术路线去驾驭领域，还准备以内生安全的纵深防御体系去护航领域。领域数字化的一切思想基础、理论方法、目标方向、技术路线都已准备就绪。现在，我们就差一个平台性基础设施来承载它们，让各个视角的准备都可以聚在一起内化为领域数字化、智能化的力量，让一切先进的因素都能在领域智能实务中发挥价值、绽放光芒。

这个平台性基础设施就是中台的主要目标任务。通过搭建中台，我们将以系统的方法去架构领域体系、内外关系、行为活动，主动紧扣领域的本质和规律；以模型思维抽象解构领域事物，动态构建体现领域本质要求和现实需求的对象实体、属性、关系、活动等模型，以科学、全面、动态、贴源的模型体系指导领域实践行动；以一切资源化思想将领域各类事物、处理逻辑等全部标准化、数字化到统一的资源体系之中，以资源操作系统的理念经营数据、功能、知识、技术等全要素资源，为资源在实战业务场景的智能推荐、精准投放打下

246

坚实基础；以元数据驱动的思想让中台各类引擎动态地适应形势发展要求、领域需求和技术进步的变化，以不变应万变；以数据的形态持之以恒地连接世界、智能处理、持续沉淀体现领域本质要求和现实需求的原始场景、核心要素、主题对象、领域事务、知识规律等资源体系；还要以控制的思维构建增强回路的正反馈闭环，用内生安全框架思想构建安全可信合规的纵深防御体系，将数据、功能等核心资源的全生命周期管理、全使能过程处理、全关注视角治理的活动置于动态保护之中，全面促进资源开发和利用。

中台，是我们的理念、思路、理论、方法和业务、知识、技术、资源的集大成者。

6.1　引入中台

中台是在特定领域中承担连接资源、融合资源、增值资源、承载资源、对资源经营、让资源说话、使资源释能的核心职责和任务，向领域业务和组织内务提供资源智能投放、按需配置、可控利用的基座性平台，促进领域资源的聚能蓄势、开发利用、有效保护，促进领域发展的动力变革、质量变革、效率变革，促进领域业务的科学开展、创新发展、智能拓展。

在数字化大背景下，中台是以数据为主要操作对象的各种引擎和工具等搭建起来的复杂计算机系统。这些工具、引擎在领域数字化知识和数字化模型的加持下，对场景、工具、知识、人力、资本、技术等数据形态的要素资源开展收集、加工、治理、组织、服务等智能处理活动，源源不断地沉淀体现领域本质的场景、要素、对象、业务、知识等资源数据体系。

一切数字化了的资源在元数据驱动的中台引擎牵引下，可以智能推荐、精准投放、应人应景地赋能于业务实战场景，极大提升实战场景的资源配置质量、配置效率、配置水平，促进领域源源不断地输出智能化生产力、创造力、内控力，促进领域高端信息化、业务智能化、操作规范化。

以中台化的工具、引擎等技术能力为基础支撑，通过技术建设、数据建设、知识建设、业务建设、安全建设，我们可以搭建政府治理中台，落实国家治理能力和治理体系现代化的构建要求，也可以搭建企业经营中台，满足企业按需生产、个性服务、降本增效的供给侧创新发展需求。

在某个特定的领域中，一般都会有主司业务赋能的领域主业中台，也会有促进领域主业中台更好、更科学、更先进地运行的领域安全中台、领域运维中台、领域开发中台等保障性、辅助性的中台。在以元数据驱动为技术路线的中台建设模式下，还会有一个确保领域主业中台和各类保障中台的资源得以全生命周期科学管理、科学经营、科学服务的资源运营服务平台，我们往往称之为资源操作系统（Resource Operation System，ROS）。

6.2 中台的内涵

中台是以不变应万变的唯一选项。

马云在一次演讲中说到信息技术（Information Technology，IT）时代和数字技术（Data Technology，DT）时代的区别。IT时代是为了自身的业务目标构建系统，DT时代是为了他人的业务目标构建平台。IT时代以"我"为中心，是利己的，是为了让自己变得更强。DT时代以"别人"为中心，是利他的，相信别人比你重要，相信别人比你聪明，相信别人比你能干，相信只有别人成功，你才能成功。平台就是要让别人更强大，开放和承担更多的责任。IT时代到DT时代，最重要的标志是如何帮助别人成功。

我很认同马云的这个观点。平台为他人的创业、创新、创造提供舞台。中台比平台的内涵更宽广、更深邃，不仅仅提供舞台，还要为表演者主动拉通各种资源，提前准备好各种"灯光道具"，提供分析决策支撑，围绕剧情发展智能调度灯光道具实现智能协同，甚至为表演者制定计划、指导训练、导演演出。平台和中台要为不同的他人、不同时期的他人、不同场景的他人、不同目的的他人提供舞台，应变能力将是中台永恒的追求和最基本的素质。

关于中台，当前还没有一个特别恰当的定义，一般通过举例类比来说中台。街头配钥匙的师傅有一个小型的车床，你给他一把想复制的钥匙，师傅会找出一把与原钥匙同型的钥匙坯，原钥匙就成了这笔业务的知识参考——模具，车床会依照原钥匙齿波把钥匙坯加工成一样的新钥匙。这个小型车床就是这个师傅谋生的小中台。工厂里的数控机床也一样是个中台，设计师通过绘制模具，向数控机床传递目标产品的模型和参数，然后数控机床会对送入的坯料按照模具的模样自动生产出成品。在街头配钥匙的小型车床和工厂的数控机床，是业主自购工具作为引擎，构建自己的中台，业主自建模型，生成自己的产品，这种模式适合于引擎工具短小精悍，价格、技术、人力等需求都相对可控的情况。还有一种模式，业主不自购工具，由第三方构建引擎，业主自建模型，然后租用第三方的引擎能力跑模型，生产自己的产品。后一种模式适用于建构引擎中台，属于资本密集、技术密集、劳动密集的场景，只有通过集约化、生态化、供应链的合作，才能各取所长、科学分工、高效创新。在此模式下，富士康通过集约劳动力资源构建高效、规模化的手工组装能力，向苹果公司提供手机、iPad 等产品组装服务，台积电通过集约资本资源和技术资源构建芯片晶圆、制程能力，向苹果公司提供 A14、A15、A16 芯片的制造能力，AMG（Amazon、Microsoft、Google）等云服务厂商通过集约化、规模化服务器资源、网络资源构建云原生的基础设施服务能力，为政府、企业提供专业化的公有云基础设施服务。在全球化大背景下，创新、高效、低起点和生态、分工、高协作，正成为时代的主流，也为创新创业提供了土壤。类似于车铣刨磨、数控机床等中台型工具引擎，富士康、台积电、亚马逊等中台型生态平台，都是典型的中台形态。

从让阿里巴巴公司产生中台思想灵感的芬兰 Supercell 游戏公司的技术中台，到阿里巴巴提出的"大中台、小前台"，再到政府、企业风风火火上中台，然后阿里巴巴自己又把大中台拆成数据中台、技术中台、业务中台，并进一步拆分出安全中台、AI 中台、客户中台，一会儿建中台，一会儿拆中台，一会儿做厚中台，变来变去。因此，只要还没有给中台一个科学的、恰当的、社会普适的内涵界定，这种乱象就不会停止。

中台这个名词的出现，最初是为了在技术开发中解耦模块、复用成果、敏捷开发，促进分享信息、减少重复"造轮子"、提升创新效率等。中台被阿里等公司引入后，开始从技术延伸到数据、业务方面，后来又延伸到 AI、安全、营销、客户等越来越多的方面，但万变不离其宗，核心的目标都聚焦在分层解耦、资源共享、成果复用、高效创新等方面。

人类之所以能把感知、认知、推理、决策、行动、内控等各种能力协调得很好，正是因为大脑能够对各种能力统一调度，中台的作用与之类似（见图 6-1）。如果把各种资源分开建立各自的中台，独立地组织、调度，而不是在一个统筹的、中枢思想指导的并由统一体系指挥调度下的中台规划、设计、建设和协同，企业得到的只会是瘸腿、低能效的弱智能。所以，从中台出现之日起，就该着眼于构建一切资源统筹运营和能力服务的体系。只是因为不同的资源纳入中台的时机不尽相同，才会分出轻重缓急。

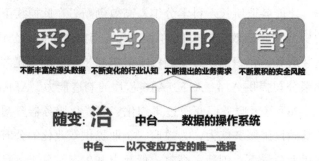

图 6-1　中台让数据全生命周期管理、处理、治理有了一个家

既然将中台视为在一定领域构建一切资源运营服务的体系，那我们就试着从资源的产生、处理、组织、服务、管控的全生命周期管理和赋能的视角，从场景捕获、知识挖掘、资源积累到价值挖掘利用、风险发现管控等各个视角，对中台给出一个相对科学、恰当、稳定的定义。

中台是政府、企业在网络化、数字化、智能化浪潮中，通过建设和应用体系化的引擎、工具、组件，持续积累和活用社会通识和领域知识，持续沉淀直击政府、企业业务本质的数字化成果，牵引感知、认知、记忆、推理、决策、行动、协调、内控等能力的丰富迭代，以场景数字化驱动数据、工具、知识、人力、资本、技术等要素，全面、协调、可持续地融合、关联、反应、表现，高效率、高质量、低成本构建生产工具、资源体系、智能服务，源源不断地输出智能化生产力、创造力、内控力，满足政府治理能力和治理体系现代化构建要求，满足企业按需生产、个性服务、降本增效的供给侧创新发展需求，可被称为"中枢""大脑"的系统化、体系化的大基座，以及服务于对内内务治理、对外业务赋能的资源运营和生产力生成体系。

6.2.1　中台类似于人的"大脑"

中台既然定位于"大脑""中枢"，就该主从分明、分工清晰、协调一致、控制有序，大到国家治理、政府管理，中到企业服务、机构运行，小到居家环境、个人健康，微到穿戴设备、纳米机器人，等等，都需要有一个大脑和一套被大脑统一指挥的部件，形成自洽的系统，并通过接口与外部连接，形成更大的自洽系统。我们以人类智慧的组织结构来类比，设想一下智慧健康领域大脑的结构体系。

人体是由多个专业系统组成的复杂巨系统。消化系统负责获得营养、免疫系统负责对抗异常、内分泌系统负责机体调节、血液系统负责输送物质、神经系统负责传送指令和信息、运动系统负责支撑人体和四肢运动、呼吸系统负责获得氧气和排出废气，等等。人体八大系统外加免疫系统的每个专业系统，都是由血管和神经把功能相关的器官和组织连成网络，形成自洽运行的专业子系统。这些专业的人体子系统在人类大脑的总控之下构造出一个各司其职、各尽其能、协调运转、近乎完美的人体综合系统。当人体遇到外部威胁侵入或内部器官异常时，大脑都会立即分析研判、即时决策并产生动态控制指令，动态调度相关器官行动起来抵御外部侵袭和化解内部风险。当然，在人体获得食物补充或者精神食粮时，大脑也会指挥对应的人体器官立即行动起来，从食物中汲取营养价值，从精神食粮中获得愉悦。

人类的智慧是感知世界、认知世界、推理分析、思考决策、有效行动、内生控制等综合能力的体现。大脑就是承载人类智慧的核心，由人类神经系统牵动人体各专业子系统协作活动而形成生产力、创造力、自控力。通过模拟人类大脑感知、推理、决策、指挥、内控及专业系统行动能力的数字化、智能化，我们就可以一点点地构建起领域智能体系，让领域具有一定的类人智慧。

"智慧健康"就是要模仿甚至局部超越人类智能，以耳聪目明、记忆丰富、知识渊博、思维敏捷、表达清晰、高效协调、行动得体、内控精准为目标，综合运用感知物联、局端网络、互联网、云计算、大数据、人工智能、智能设备、智能控制等多种技术，构建健康领域数据感知能力、信息处理能力、知识学习能力、分类记忆能力、运算分析能力、思考决策能力、形象表达能力、自主行动能力、协调指挥能力、内生控制能力等综合体系，打造以健康大数据智能化"大脑""中枢"为核心的机体生态。

6.2.2　中台牵引的机体生态

感知。丰富健康数据采集获取手段，围绕身体体征指标，体内、体表、体外多种场景，医院、社会、家庭、个人各方联动，以物联网、移动网、互联网、电信网、视频网、健康医疗网、社会协作网的连接互通，分类、全维、智能感知人体体征数据，打造集视觉、听觉、嗅觉、触觉等多维度、高精度、巧密度、强关联度、深集成度、耳聪目明的健康大数据立体感知能力体系。

学习。转化机器学习、深度学习等人工智能技术和神经网络、分类聚类等分析算法成果，以广大卫生健康领域科研教育机构、医务护理人员、社会医学力量喜闻乐见的分析建模工具和自动化行为自主学习引擎，促进医务人员和社会专家将长期积累、抽象归纳、总结提炼形成的客观规律、知识体系、认知经验、技法战法等成果转化为策略模型，打造健康领域渊博的知识体系和迭代能力。

认知。对健康领域大数据资源深化处理、有效治理、科学组织，以精细化多学科智能分析和精准投放健康风险为导向，把握健康领域业务本质，以人为中心，构建组织得当、体现本质的原始场景信息、核心要素信息、主题对象信息等健康领域对象认知和存储记忆区，形成全局性健康医疗的总关联、总索引、总导航，打造分类科学、持续累积的健康大数据资源组织体系和认知能力。

思考。协同云端、边缘、终端计算基础设施、智能设备的计算能力，构建弹性高效、伸缩自如的云端集约算力和实时处理、即调即用的局端边缘算力，以场景和知识驱动算力的投放配置，以应用导向算力的调度使用，从预防、监测、诊断、干预、康复、随访等重点环节入手，开展卫生防疫、医疗服务、患者跟踪、风险服务、风险管控、健康管理、药械研发等业务领域的价值和风险分析，并智能匹配策略预置方案及优秀案例，开展决策或辅助决策，打造思维敏捷的健康大数据分析思考、决策能力。

表达。可视化、形象化应用表现是智慧健康能力呈现的关键，结合 AR/VR/MR/XR、裸眼 3D、移动终端、智慧大屏、智能终端、机器人等人机交互和呈现技术，立足既能符合宏观决策、预警预判、综合研判等高端应用场景的要求，也能适应定位追踪、抽丝剥茧、关联串并等实战应用场景的需要，打造多维全面、脉清络明、直观可视的健康大数据形象表达能力。

协调。人类的智慧体现于其强大的社会性，能够以多样的交流、恰当的博弈、平衡的利弊，形成和谐、协调的局面。智慧健康既要确保全局性总控中心、区域中心、专科中心等核心要件协同高效，还要确保卫生、健康管理、医疗、药械等各部件协调运转，也要卫生健康医疗与其他领域各方协作有力，打造高效的智慧健康统筹协调能力。

行动。大力研发、引进健康专用智能机器人、智能穿戴设备或联动社会行动力量，组织更好更丰富的场景适配、按需调度、行动得体、安全可控的行动资源，在监测、护理、配药、康复、助行等方面打造自动化、无人化、精细化的健康干预行动能力。

内控。人类智慧不同于一般动物，人类有恰如其分的内控、自控能力，拥有辨别是非、对错、善恶、廉耻的能力，并通过自我培养，形成了一个伟大的控制系统。智慧健康既要加强系统、网络、数据的自身免疫安全能力建设，更要强化各类健康能力、健康资源分级分类、精准授权、动态配置，在机理上解决"可为、不可为"的规则控制，打造自控自省的健康领域的风险内控能力。

6.2.3　机体生态部件间的逻辑

学习（知识库）、记忆（认知信息）、思考（关联运算和决策）、内控（安全策略）是"健康大脑"的核心，为健康资源的处理、分析、推理、决策、展现、规范管控使用提供平台，是健康资源使能的基石。

感知（采集数据）、表达（智能呈现）、行动（智能行动）、协调（医务运行）

是"智慧健康"的外在体现。其中，"感知"是由五官、四肢、皮肤等器官采集外部信息并源源不断输送到"大脑"。"表达"是由五官、四肢、皮肤等器官去展现"大脑"分析决策的结果，并通过"行动"施以力量对外界产生影响，干预健康。"协调"则是由"大脑"决定五官、四肢、皮肤等器官中谁适合去表达、怎么出色表达、表达到什么程度，以及控制与谁联动协同、如何协同和怎样协同执行等。

另外，在人体中，"血管"是网络、"血液"是网络流量，传送着业务和数据的能量和营养，抵达人体的边边角角。"心脏"是发动机，给网络血液的流动输送源源不断的力量。"神经"就是"大脑"控制五官、四肢、皮肤等器官并控制地方、专科"分大脑"协同的控制网络，输送控制指令到人体的四面八方。

6.2.4　脑脑相连积聚智慧

从社会整体智慧健康事业和能力体系来说，健康"大脑"不仅控制着健康领域主管部门的感知、学习、认知、记忆、思考、表达、行动、协调、内控等机体部件自洽地运转，还与地方分支主管机构、专科管理机构、医疗机构及其他健康相关机构的机体"分大脑"，社会服务、健康家居、智能穿戴等机体的"小脑"，通过神经相通、心灵感应、知识传导，实现全局性、区域性、行业性、网络化的统一协调、步调一致，实现联知、联查、联治、联动分析、协同计算、联合行动。这样的脑脑相连、集成联动，才能感知更大范围的场景、积累更为丰富的知识、沉淀更全维度的目标、呈现更多视角的能力、投放更加精准的价值，智慧健康的光芒才会更加灿烂。

6.2.5　中台是领域"大脑"

中台的终极目标是希望它像人脑一样，可以自主地沉淀知识、捕获信息、认知世界、感知价值、推理决策、控制风险。人类大脑是自然界持续进化、物竞天择、浑然天成的结果，人体在大脑的总控下，是一个十分奇妙的、自洽自控的、堪称完美的机体生态系统，人类在短期内不可能创造出与人脑一样的生物体形态，也无此必要。人类需要构建全面数字化的有机体，不仅把人类自身的能力数字化、智能化，还要集成更多人类天生不强或根本没有的数字化能力，围绕人类的社会、业务场景，智能化地运转赋能，为人类服务。

人类通过仿生传感、仿真建模、模数转换、软件开发、工程集成等科研工作，不断地拓宽和深入研究人及自然界其他物种的特殊能力，越来越多的研究成果得以集成和转化，在某些方面的研究和应用甚至突破了人类能力极限或者弥补了人类的缺陷，比如蝇类复眼仿生视觉、蝙蝠超声波感知仿生听觉、狗和苍蝇气味感知仿生嗅觉、鸟类空气压力感知仿生触觉等，都在不断地弥补人类生理能力的缺憾。比如，传感技术、物联技术弥补了人类在感知能力方面的缺憾，计算机技术、云计算技术弥补了人类在计算能力方面的缺憾，存储技术弥补了人类在记忆能力方面的缺憾，智能协同专家系统弥补了人类在学习能力方面的缺憾，等等。各种技术创新、开发和集成大大拓展和增强了人类智能的空间，突破了人类能力的极限。

人类机械化、电子化、信息化、数字化多个发展进程中，前面的阶段一般是从某项技术突破、局部技术应用中获得的某种人力替代或能力增强，并没有形成系统化、资源化、智能化的领域"大脑"思路和工程实践。只有到了计算机操作系统（Operation System，OS）这个核心引擎出现之后，才得以把感知输入、认知处理、推理分析、决策输出等各种能力动态装配、有效管理、智能调度起来，才具有了自动化、动态化、按需使用的体系化能力和实现智能的基本条件。这样的操作系统包括 UNIX 操作系统家族、Linux 操作系统家族、Windows、Android、iOS、HarmonyOS（鸿蒙）等。这样的操作系统使得不同领域的科学家、工程师、行业精英、业务骨干，可以利用计算机，集中精力构建自己领域的专业系统、应用工具、领域模型、业务功能。可在 20 世纪 70 年代以前，计算机并没有一个称得上"操作系统"的东西，那时对计算机的任何操作都需要专业技术人员把意图变成计算机能够处理的信号，最早用专门的按键去操作，后来把指令用汇编语言的形式，在纸带上打孔再输入到计算机里去，或者通过打孔机对纸带打孔而输出处理结果。

计算机的操作系统把基础硬件能力和对外接口都通过"元数据"进行描述，新加入的硬件能力都按照要求编写驱动程序和接口程序，并按照该类硬件元数据规范注册到操作系统中（比如 Windows 的注册表、Linux 的 Profiles 配置文件中）才能生效。同时，操作系统往往会把常用的硬件驱动程序内置到操作系统升级包中，这样大多数硬件都不需要再下载驱动程序包，实现即插即用。操作系统除了向下通过元数据和驱动程序获得使用硬件设备的能力，更重要的是向上支持中间件和应用软件，自主地通过解读硬件资源的元数据获得有哪些适用可用的硬件及硬件能力的调用方法，再通过标准化接口调用这些硬件能力。这样，应用软件开发变得简单很多，好的开发工具（高级程序语言）还在开发环境中集成了很多控件、组件、部件和可视化的工具，很多软件的功能模块开发工作通过拖曳就可以完成，软件开发开始像搭积木一样简单、好玩。

我们对中台提出的期待是能够把政府或者企业的数据资源、计算资源、知识资源、模型资源、行动资源、软件资源、人才资源、AI 资源等，像计算机的操作系统管理 CPU、内存、磁盘、输入输出设备那样，把资源的全生命周期都管起来，既要管每一类资源的存在信息，更要管每一类资源的认知信息，让使用者及时认识资源，随需随用。

这些资源的认知信息就是刻画资源的元数据，用于告诉中台以及第三方应该知悉的资源信息，让调用方能够通过元数据发现资源、认识资源、调度资源、使用资源、评价资源。这些资源的认知信息，主要是在资源的生产者、运营者、管理者们使用中台的可视化资源管理工具或者以服务方式开放给第三方，对资源进行的日常管理工作中形成的。作为资源的操作系统，中台需要提供即插即用的资源能力，对资源快速注册、智能配置、即时生效，终生治理。

一个行业、一个组织要实施数字化、智能化战略，规划构建一个科学的中台是必由之路。其中，资源运营服务中台（资源操作系统，ROS）是元数据驱动的支撑基础，领域中台（Dom）是核心，安全中台（Sec）、运维中台（Ops）、开发中台（Dev）是保障（见图 6-2）。

资源运营服务中台即一个组织机构以领域资源的科学、规范、高效、稳定加工处理和开发利用为目的，对组织机构所属或所能连接的各种资源，从资源的全维度特征，围绕资源的全生命周期开展动态描述、主动运营、精细治理，形成资源的业务方面、技术方面、管理方面的特征元数据，构建支撑领域资源感知、认知、推理、决策、指挥、行动、控制的大脑、中枢。资源请求者以描述表达资源的元数据为引导、指导，对资源开展发现、探索、理解、分析、调用、评价、控制等实践。资源运营服务中台是对一切资源开展科学治理、运营，让资源聚能蓄势，并指导引擎向实务提供场景赋能、释放势能、降维打击的操作系统。

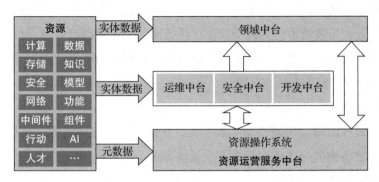

图 6-2　科学规划的中台示意图

安全中台、运维中台、开发中台，是以资源运营服务中台为基础的安全基座、运维基座、开发基座，运营着安全、运维、开发等保障类资源的模型及其元数据，支撑领域资源的基础治理、运行维护、业务创新。安全中台、运维中台、开发中台通过元数据驱动相应的安全、运维、开发引擎对各自的实体资源进行连接、融合、加工、组织、服务、赋能和知识模型学习，以安全能力、运维能力、开发能力的资源化、服务化生产，向领域内的网络畅通、系统运行、资源治理、业务操作提供安全可靠、持续不断、创新发展的保障，促进领域实践的精细化、精准化、智能化。

领域中台是对领域所属或连接的所有品类资源，在资源运营服务中台之上，开展资源模型学习积累和元数据运营治理，并通过元数据驱动领域引擎对实体资源进行连接、融合、加工、组织、服务、赋能的领域基座。领域中台通过领域建模工具和领域处理引擎，构成了每一类资源从本体认知建模到模式落地，从个体产生、增值再到赋能、见效的资源建模、资源处理的能力。在各类领域模型知识、元数据的牵引下，领域处理引擎不断地感知资源、融合资源，让资源增值，沉淀更能体现领域需求、更好反映领域本质的数据资源、业务资源、知识资源，聚能蓄势。领域中台也会着眼于实战应用、应景于千变万化，持续丰富、不断迭代数据计算、领域分析、对象刻画、可视呈现等业务模型、基础组件、通用工具，支撑快速构建实战应用，动态调整、个性表达，让资源更好地刻画历史、评估当下、预测未来。

同时，领域中台通过调度安全中台、运维中台、开发中台资源化、服务化的资源能力，为领域中台资源全使能过程处理、全生命周期管理、全关注视角治理提供嵌入式、主动式、动态式的高效稳定运行、精细安全管控、应用开发创新的保障。

一个领域的数字化进程中，对领域内的事物进行数据化只是数字化的初级阶段。对领域内的知识进行动态数字化，并运用持续迭代的数字化知识成果，去加持领域事物的全使能过程处理、全生命周期管理、全关注视角治理活动，才可能实现领域业务的智能化，才是数字化的高级阶段。

在领域数字化规划建设运行中，领域中台对领域实体资源进行全生命周期管理、全使能过程处理、全关注视角治理，资源操作系统围绕着领域实体资源的元数据，也就是对表达领域实体资源的模式特征元数据进行全生命周期管理、全使能过程处理、全关注视角治理。智能化是实施数字化的根本目的。因此，科学的领域数字化规划设计一定要同步规划、同步设计、同步建设领域中台和资源操作系统，并在设计建设过程中，确保资源操作系统与领域中台相伴相生，使实体资源的元数据深深嵌入到实体资源处理的内部逻辑之中，内生、主动，而不是外挂、被动，不能可有可无，形同陌路。

因此，中台作为对资源操作的系统，一般应包括资源实操生产面和资源管理控制面两个方面的融合、组织、调度，一个是基础，一个是核心，基础是资源的操作系统，核心是领域的资源中台。从数字化的数据成果来看，也应包括资源的实体数据和资源的元数据。

资源操作系统对数据建模、业务建模、知识建模、安全建模等形成的元数据进行全生命周期的管理。通过元数据的动态管理，对领域各类资源进行全维、全时、全关联的经营，让领域业务场景该见、可用的资源都能以最新、最优的状态呈现，让资源在最合适的场景释势赋能、发挥价值。

6.3 中台的驱动力

动力是意图和目的的表现，是驱动领域创新、促进领域发展的势能释放，是推动事物运动、领域前进的力量。这种意图和目的一般来自领域价值势能的释放、领域风险势能的规避。

驱动力是使动力从意图目的到力量表现的承载、目标、路径和方法，可表现为内驱动力及外驱动力。内驱动力体现为自主性，外驱动力体现为被动性。

领域的任何业务都既存在内驱动力，也存在外驱动力。在数字化智能化背景下，内驱动力是一种内生主动和知识驱动的业务运行模式，内驱动力运转的业务将会产生领域的智能化效果。外驱动力则是一种传统的、守株待兔式的业务运行模式，外驱动力一般表现为事务处理的形态，牵动着业务工作信息化。

6.3.1 知识驱动

内驱动力一般是领域在抓住本质、把握规律的基础上，主动地运用本质规律，总结领域知识、经验、技法、战法，通过构建领域模型和驱动领域引擎，从海量的社会、业务等场景明细数据和领域要素、主题对象等主数据中，自主地挖掘价值、发现风险，以线索驱动事务、以情报引领业务，打主动仗。

领域的营销、商机、治理、管理类业务，一般以内驱动力为主要途径，主动挖掘价值点和风险点，通过主动作为、主动干预将价值转化成效益，将风险影响控制到最小或者将其消除。比如，数字医疗应该以患者为中心，通过患者或潜在患者的体征监测，承载医疗诊断方案所建的模型，主动发现体征异常和疾病预警，并主动推荐、提醒、强制被监测者的后继行动，以干预控制疾病的进一步发展。在电商平台上，通过对消费者的浏览、收藏、加购物车、下单、评价等数据的分析，积累消费者的商品喜好、商品兴趣、购物习惯等标签，推荐引擎则通过执行推荐模型，向消费者适时推荐合适的商品，促进商品成交。

6.3.2　场景驱动

在数字化智能化条件下，领域获得外部输入的信息后，数据处理引擎根据输入信息的特征，自动匹配相应特征的模型、知识等资源，进行动态处理，预警情报、线索，产生事务处理任务，驱动业务高效有序地发展。这样的对外部信息的数字化智能化处理，看起来好像是外部输入的因素驱动的，但实际上，这个驱动还是由领域内部的引擎、使用内部持续丰富迭代的知识模型，对外部输入信息智能投放资源实时动态处理，从而主动地从外部感知输入信息的处理中，获得领域价值，发现领域风险。严格来说，其仍然是一种内驱动力。

场景驱动即把领域业务事务处理以及领域之外社会感知、社会事务的现场，以还原场景细节的思想，感知和采集同时空出现在场景中的要素以及要素之间关系、要素关键活动等数据。领域中台在获取到这些场景明细数据后，数据处理引擎会根据场景数据的特征，自主动态地匹配恰当的模型知识等资源，还原场景中隐藏着的业务标签、业务关联，富化场景维度、精准特征度量，同时，产生业务对象、业务要素的增类、增维、增关联，并驱动对关联领域对象、关联事件场景开展价值挖掘、风险发现。一帧时空影像可能挖出巨大领域价值，一截场景片段可能揭出惊天内幕，见微知著，一叶知秋。场景驱动是领域智能化的关键路径，在价值利用和风险应对方面有重要作用。场景驱动有时也被称为"数据驱动"，这里的数据就是指外部输入的明细数据。

6.3.3　事务驱动

外驱动力恰恰与内驱动力相反，一般不由领域主动发起价值挖掘或风险发现，而是被安排、被调度、被要求去处理某个事务工作，可能是被调度去开展某个价值点的变现，也可能被安排去消除某项业务的风险，等着任务来，有事干事，无事歇着。比如，传统医院门急诊的医生坐诊制，就是等着患者上门，除非患者坐到医生面前，否则医生根本不知道下一位患者是谁，更不知道患者的体征状态、指标数据，双方的信息交互是从零开始的，患者传递体征信息、医生了解患者信息往往都来自一问一答之中，效率低下、质量低下、效果低下，医患双方都很无奈。

在数字化智能化体系中，外驱动力模式可以通过场景驱动的内驱动力模式进行优化，实现以场景为中心的高阶信息化，视事务为场景，以智能感知场景要素和要素特征为输入，由资源推荐引擎主动匹配相关资源，精细、精准地向业务场景投放，让业务趋向智能信息化。比如，在以患者为中心的数字化智能化问诊系统中，当患者坐到医生面前的时候，视觉、温感等智能系统立即完成了患者识别、体温测量、面部体征扫描、语音识别、NLP 语义识别以及患者档案数据的调取，通过知识驱动全维数据的分析，诊断引擎匹配恰当的诊断预案并向医生和患者动态、渐进式调整问诊方案和交互问询的项目，不断完善病症指标，确定度量赋值，逐步析出、突显患者症结，推荐下一步检查检验方案。当医疗机构的知识体系、智能水平、患者数据积累极大提高之后，这种智能引导式的问诊模式就可以通过患者端 App 或者嵌入到患者智能穿戴、居家监测的健康医疗设备之中，让平台可以更全更早地完善患者的病症指标数据，让医生和患者通过体征数据就可以开展远程问诊和诊断，可以由数据驱动决定是否构建医患的见面交互场景，以及决定患者是否需要到医疗机构接受更进一步的专业检查检验。

6.3.4　元数据驱动

与知识驱动、场景驱动、事务驱动主要定位于驱动实现领域业务目的不同，元数据驱动定位于驱动各种系统引擎，让引擎能够适应千变万化的需求目标，构建动态的业务、技术、管理的模式。

元数据驱动的中台引擎技术体系也是一种基于模型驱动的内驱动力。元数据存储的都是元模型指导之下资源建模成果的刻画描述信息，引擎们通过解读、解析这些描述信息，可以自主、主动地理解各种资源的特性、能力和处理要求，并按照元数据描述的特性、能力、要求进行指定的处理，不再需要人工过多地介入。领域业务、技术、运营、运维、管理、安全等各方人员，只要通过全生命周期地管理运营这些资源的元数据，让元数据与所表达的资源的实际特征一致，元数据就可以指挥引擎按照领域需求自动化、智能化地运转，高效率、高质量地组织好各种资源，不断产生领域的生产力、创造力、自控力（见图 6-3）。

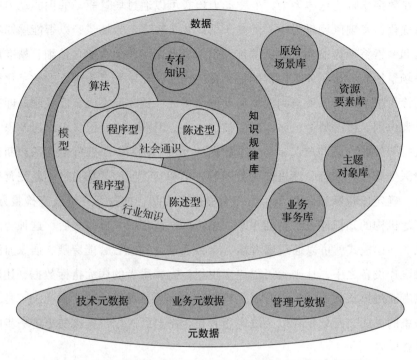

图 6-3　元数据驱动数据资源自动化被发现、被理解、被使用

6.4　中台的使命

中台是创造融合性价值和感知系统性风险的基石，是数字化、智能化战略的必由之路。

中台技术体系、中台生产力及利用生产力持续沉淀的领域资源构成了领域的中台。

中台技术体系是一个由系列引擎、系列工具、系列组件和服务、系列元数据组成的体系。在中台技术体系中，元数据是灵魂，工具是元数据的生产者，引擎是元数据的消费者，组件、接口、服务是元数据指导之下的中台赋能发动机。

中台生产力是在中台技术框架支撑之下，数字化的硬件、软件、数据、知识等要素综合作用之下生成的技术能力、业务能力、数据能力的总和。

领域资源是在中台技术体系、生产力支撑和社会共识、领域知识的加持下，广泛连接、不断丰富、持续迭代的数据、业务、技术、知识、安全等资源的总和。

中台是中枢、是大脑、是操作系统，是承前启后、承上启下、拉通内外、聚合资源、融合增值、动态赋能的基座。一方面，中台要实现政府、企业对数据、工具、知识、技术、人力、服务的要素资源化、资源目录化。对政府、企业的全要素资源开展数字化融合蓄能，实现资源的增维、增类、增关联，对资源开展资产化运营治理和基础服务。另一方面，中台要通过共性业务组件构建、共性服务工具下沉，以资源数字化和模型原子化为基础，构建数据建模、对象分析、智能检索、智能指标计算等基础数据计算组件，数据时序分析、空间分析、关系分析、焦点分析等基础可视化组件，图像、语音、自然语言处理等基础人工智能组件，并通过标准、分层、多态的服务提供敏捷化功能配置、积木式应用组装的支持，让应用再不用去操心"造轮子"的事，以高效率、高质量的应用创新能力和精细化、智能化的资源降维赋能，服务领域高阶信息化、业务智能化、行为规范化。

对于中台产品，分层解耦的架构规划和设计将原来静态流程编排和静态处理过程编排的技术模式替换成元数据驱动的策略持续配置和动态运营，以实现动态流程、动态处理过程的智能推荐和自动执行。

中台不仅要练好自身的内功，还要构筑开放、动态、自适应的支撑体系，适应百变的感知、认知、应用、管控的要求和需求。

6.4.1　构筑开放、动态、自适应的操作系统

1. 让你拥有一组融合增值、精益赋能的引擎心脏

输入—处理—输出模型（IPO 模型）是世界上一切活动的普适模型，适用于宏观、中观、微观，人类、动物、植物，农业、工业、服务业等自然的、人造的各类系统。计算机处理系统的设计是十分经典的 IPO 模型的代表，其软件

体系，比如操作系统、中间件系统、应用系统等，都是在 IPO 模型指导下的控件、组件、部件、模块、子系统、系统，一层层组装、嵌套起来的。如果把中台看成一台复杂的设备系统，那么，中台前继有输入，后续有输出，中间就是一个处理模块。

在政府、企业等各种业务场景中，场景数据是典型的输入，价值和风险是典型的输出，处理即将输入的数据按一定的业务逻辑计算处理后输出成果。中台的系列处理程序模块或者系统往往被称为一组"引擎"。传统的定制化"处理"程序都是程序员写好的固定逻辑。中台的引擎则不同，引擎对输入的信息、输出的结果、业务处理逻辑，都不是定制化的，而是通过标准化建模而沉淀为元数据来描述的。引擎通过解读输入数据的描述元数据来认识输入的数据，通过解读计算逻辑的描述元数据来执行逻辑处理，再通过输出数据的描述元数据向后继的处理模块或系统传递输出数据。

中台的各个引擎就像一个个可编程的数控机床，它们本身并没有行业知识，如果直接给它送料加工，则只会是送进去什么、吐出来什么，空转空耗，耽误事。只有根据来料特点，动态判断应该加载的对应模具、模型和对应的催化剂、辅料配料，按照模型所描述的逻辑自动处理，引擎们才能输出所期待的成果。

一个复杂的领域中台往往有很多各司其职的处理引擎，它们除了被来料驱动和在知识模型指导下完成独立的加工处理之外，还需要被一个更高视角的调度引擎来组合它们形成生产线，从而在流程模型的牵引下，按部就班地协同处理，形成智能化业务能力。

因此，从技术能力框架看，中台包含了一个大型调度引擎和一系列处理引擎。中台的核心能力由一系列引擎构成并动态按需行动。同时，为了让中台能够自动地、协调地、恰当地对数据融合、使数据增值，流程调度引擎把这些小的处理引擎动态地、应景地、自动地串接起来，组成一条条流程各异的数据处理链条，形成一个个适合场景特点的动态资源处理的闭环（见图 6-4）。

元数据是引擎作用的规矩方圆。不管是中台的调度大引擎，还是处理资源的小引擎，它们都是在消费用于表达输入、输出、处理、控制的元数据，得以产生实体数据的融合、增值、赋能、鉴权管控能力。而负责元数据生产的则是一系列与引擎对应着的建模工具。这些模型生产并沉淀元数据的工具，是一系列能够激发专家兴趣、捕获行业知识、积累业务战法、沉淀行业 Know-how 的利器，既能支持行业专家骨干人工交互来编排产生业务经验模型，还能以机器自主学习为主要技术路径，从专家骨干的经典业务行为日志和业务配置中，自动总结、抽象、提炼形成业务技战法模型，从而产生和迭代描述输入、输出、处理模型的元数据。

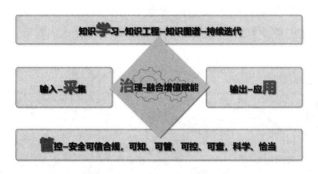

图 6-4　元数据驱动覆盖数据全生命周期管理

2. 让你拥有一套体现本质、萃取进化的数据资源海洋

中台的各个引擎、工具为政府、企业提供了资源融合和增值的新基建技术能力之一。构建新基建不是目的，在新基建上积累沉淀符合政府和企业内部治理、外部赋能的资源体系才是核心。

中台里的资源都是以数据的形式输入、加工、存放和输出的。政府、企业构建了中台后，需要持续地把业务资源和支撑业务处理服务的资源在中台数字化建模，形成各种描述资源的元数据，并以元数据去指导中台的各个引擎对实体资源数据开展输入、处理、存储、赋能等活动。

业务资源的内涵很广泛，但最能反映业务本质的资源一般是政府部门、行业、企业长期关注、动态积累、持续迭代的资源，也就是第 4 章所称的主数据。

在政府、企业中台的基础硬件、基础软件、中台引擎等新基建技术框架搭起来之后，首先就是要围绕主数据资源生产和赋能，组织业务精干力量，深入地梳理、分析、抽象、提炼反映行业本质的主数据。通过设计科学的主数据资源体系的元数据，为数据融合、数据增值找定目标，为数据赋能夯实基础。

当然，内外部形成的场景明细数据也是业务的重要资源，同样需要组织业务精干力量认真审视，根据明细数据的数据增值需求和要求，科学设计场景明细数据的资源体系元数据。主数据、明细数据的种类、数据项、数据组织等资源的特征，应根据工作需要、业务调整、社会形态动态变化，及时进行资源模型调整，更新迭代元数据，并基于元数据的变化，动态调整主数据、明细数据的实体数据资源的组织，既满足当前业务实战对数据资源的需要，还要为今后业务需求的扩展、变化打好数据资源的维度基础（见图 6-5）。

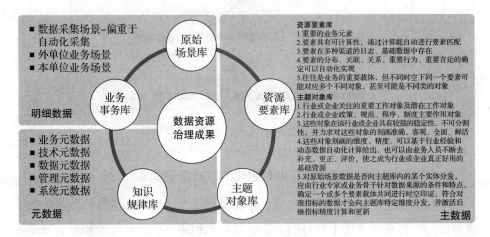

图 6-5　数据资源治理成果

所以，元数据驱动的数据中台、数据组织体系是资源的元数据变化在先，实体资源的组织结构的变化在后。有了业务专家们设计的主数据、明细场景数据的元数据成果，中台里司职数据组织的引擎便可以根据数据组织的元数据成果进行主数据、明细数据的实体数据建库，或者适时调整实体数据库的数据结构，给后续源源不断的主数据和场景数据的输入提供动态可调可配的粮仓。

3. 让你拥有一个精准授权、精细管控的规则关隘

资源的汇聚融合、精华萃取和全维立体的组织存储为资源的共享共用提供了更加坚实的基础，资源的利用成本降低、利用效率提高，政府、企业的工作

效率、工作质量得到极大提升。同时，数据的聚集、融合和增值，数据的关联度、价值密度更高，在提升数据服务能力水平的同时，也平添了更多的资源风险，精细化的管理和精准化的授权使用是否准备充分、能否落到实处，成为资源生命周期里最关键的环节。

中台既要提供资源好用够用的生产力释放环境，更要打造规范使用的内控力体系，才能形成生产、安全双轮驱动，营造统一策略、共治共管、科学赋能的良好局面。

数据有敏感度特性。世界的社会性同样会在数据上投射。物质世界、人类社会事物的机密性、敏感度、隐私权等特征，会被数据承载和表现。数据具有社会性，国家法律规定、社会道德规范约定的规定、准则、要求，都应该在数据的全生命周期中得以投射、加以识别、给予约束、有序管控。

对数据测绘、识别、标注敏感度，进行精细化分类分级管理和脱敏、加密、去标识、匿名化等数据处理，是可管、可控地汇聚、处理、存储、使用、共享、销毁数据的基础。数据敏感度的确定会受到多方面因素的影响。

受数据承载的个人和组织私密性因素的影响，数据如果被非正常处理和使用，将可能侵犯公民隐私权，给个人生命健康、财产、精神以及社会活动等造成影响，或者企业秘密可能被侵犯，给企业造成声誉损害或直接商业利益的影响。比如，数据中包含公民健康信息、金融信息、住址信息等个人隐私信息，或者包含企业经营信息等非公开信息。

受数据承载的国家、社会的属性因素影响，如果数据承载的内容行为信息被非正常处理、利用，将可能对社会秩序、公共安全造成影响。比如，数据中包含的暴力恐怖、淫秽色情等违法、不良信息或不法行为等。

数据的量质演变因素也会对国家、社会、行业领域的安全产生影响。规模化了的数据如果被非正当利用，将可能影响国家安全、社会安全、领域安全。比如，一定规模数据中，通过数据处理和分析产生的尚不宜公开的金融运行、经济风险、基因特征等重要敏感信息。

影响数据敏感度的因素很多，同样的数据往往会因为识别的主体不同、视角不同、规模不同、时间点不同，对数据进行识别、标注敏感度的分类、定级结果就可能不同。

数据的敏感度分类分级工作应当体现在收集、存储、传输、加工、使用、提供、公开、删除、销毁、交易等全周期、全流程中，根据不同环节处理特点，确定管控需求和要求，在对应知识模型的牵引下，施以匹配的测绘、识别、标注、管控、保护的手段措施，动态确定数据的敏感度结论。数据敏感度分类分级的成果将会注册到数据资产体系，成为管控资源访问的特征点。

授权。遵循数据处理最小化、必要原则，授权管理者按照最新规则，根据用户的工作职责挂接系统预置的角色，以承担任务的类型为核心并配合不同网络环境、不同终端、不同应用功能等，分别确定用户所在的任务场景对相应敏感度数据资源的使用策略方案（见图 6-6），使业务场景有好用够用的数据资源配置。

业务类型	公开数据	身份数据	地址数据	行为数据	轨迹数据	金融数据	健康数据	其他隐私数据
住院护理								
门诊								
门诊治疗								
急诊								
化验检验								
住院治疗								
互联网问诊								

图 6-6　数据资源与任务精准匹配的矩阵

鉴权。在数据采集、传输、加工、存储、使用、公开、删除、交易、销毁的各种业务场景中，所请求的数据能否在此场景被加载，是由请求数据的业务场景相关特征、属性，使用授权时的策略方案动态决策确定的。比如，鉴权引擎要综合考虑当前业务场景中的实际任务、执行任务的核准状态、请求者身份认定及其责任分工、业务场景所处的网络环境、终端、使用的 App 类型等因素，还要综合考虑终端的安全风险情况等，对数据全生命周期管理、全使能过程处理、全关注视角治理才能达到全面、科学、恰当、有效的效果。

关隘。在中台里，有一个以动态鉴权（动态访问控制决策点）为基础的统一的资源出口，既解决了资源统一服务能力问题，也提供了精准、精细、精确的资源统一管控，确保请求者对数据资源的操作符合依法合规和好用够用的原则，从此动态关隘出口提供出去的资源，一定经得起实践的检验。

所以，对数据的分类分级、敏感度确定、权限的授予、动态的鉴权等管理控制，需要有一整套的法律政策、管理制度、知识体系、人员队伍、教育训练、技术系统等来支撑和保障，需要按照日常业务和运营任务进行规划、建设、运行。

4.让你拥有一个承上启下、即插即用的资源插座

中台的一个基本任务是将政府部门或企业所有的感知、认知、推理、决策、行动、协调、内控能力，包括数据、业务、知识、软件、硬件、外部资源等所有资源，统一遵循"一切资源化、资源目录化、目录全局化、全局标准化"（资源"四化"）的要求，全部以元数据形式开展全生命周期的动态运营管理，将实体资源始终保持在最客观、最鲜活、最全面、最准确的状态，让资源数据和表达资源的元数据全程统一、始终一致（见图 6-7）。基于中台的资源运营管理中心，资源请求者可以通过对元数据主动探索、标化解读、按图索骥，动态地、自主地、高效地发现资源、认识资源、申请资源、使用资源、评价资源、释放资源。

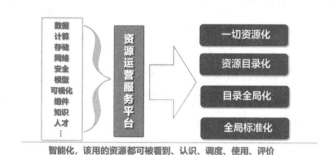

图 6-7　资源"四化"

资源是要被运营的，中台承担着运营资源的基座角色。中台运营的资源既涵盖政府、企业通过中台建立的全部资源，也包括外部能力注册、连接到中台上的资源。

由中台运营着的政府、行业、企业资源，可以通过提供特例化服务、标准化接口、工具性功能对外赋能，体现资源的价值（见图6-8）。接口是使中台认知、让中台赋能的唯一路径。基于接口开发的中台可视化功能，中台提供了最终用户直击中台的能力。更多的实战业务系统功能则通过标准化的接口，按需动态地配置组合资源，获得中台中数据、模型、知识、数据库中间件等资源。有些资源不具备通用的表达能力，或者资源组织形态十分复杂或者不适合暴露资源细节，例如安全、人才、AI、行动、计算、加密等资源，中台会把这种特定的资源和接口一起绑定，形成特例服务的形态，由中台或业务系统功能组合形成赋能终端用户的能力。

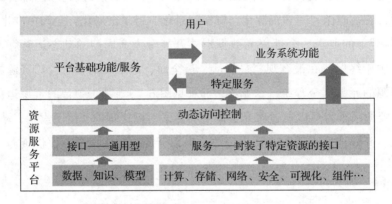

图6-8　中台资源对外赋能的方式

接口作为中台资源对外赋能的唯一路径，都是要标准化、规范化的。接口以元数据形式进行描述，以元数据的变化来表达接口能力的迭代。由元数据描述的接口天然就是标准化了的，具有机器可读性、接口规范性、组织系统性、访问动态性、调度稳定性、调试自主性。

中台的标准化接口会覆盖中台经营着的所有内外部资源。外部能力即使自身没有标准化接口，也会因为纳入中台的运营，再由中台对外提供能力时，进行标准化处理。因此，中台是能够承上启下、连接内外的服务体系。同时，因为中台的元数据化和接口的标准化、规范化，所有的资源一经接入和接口配置，这些资源就变成了可用状态，实现即插即用，随调随用。

6.4.2　打造以不变应万变的领域中台

只有开放、动态、自适应中枢，才能应对场景多变、知识迭代、业务多样、管控多样的领域需求和形势需要（见图 6-9）。我们通过商业渠道买回的中台只是获得了一系列的引擎和工具产品。组装搭建好骨架和技术基础能力之后，战略坚定的领导者、思路清楚的决策者、目标明确的执行者、脚踏实地的操作者才给中台赋予了源源不断的生命力、生产力。我们利用中台不断积累知识、不断感知世界、不断丰满资源、不断创新应用、不断优化控制，开始了持续迭代的征程，中台才从一个简单无聊的工具引擎的骨架，逐渐成长为感知全维、知识渊博、记忆丰富、认知深刻、思维敏捷、决策高效、行动有力、内控有效、协调顺畅的机体生态。

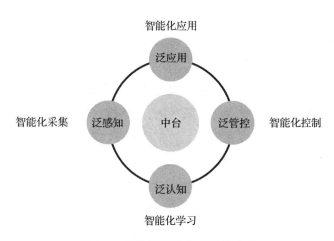

图 6-9　元数据驱动中台随机应变

1. 让你拥有一个横聚纵集、海纳百川的感知驳口

中台牵动泛感知。中台是用来感知世界的。有了一切数字化、世界数据化，中台才有计算的目标和条件。如果无法有效获得政府、企业关注的对象目标的感知数据，或者无法高效地接驳感知能力，中台的所有能力将只会是持续的空转状态。没有蔬菜、米面、肉品等原料，有再好的炊具、再厉害的厨师、再丰富的调料，也没有办法做出一道菜品来。中台牵动泛感知，就是持续推进泛在

感知、边缘智能工程，建设立体、泛在的感知体系，深化视觉、听觉、触觉、嗅觉、信号等感知维度，建设区域、领域的智能计算基础设施，分享中台分发的行业知识和模型，提升图像处理、语音识别、自然语言识别等边缘智能处理能力，实现多手段采集、多模态输入、多智能识别、多渠道汇集，更广、更深地实现场景数据化。

2. 让你拥有一个自动积累、持续迭代的知识宝库

中台促进泛认知。中台是用来认识世界的。中台引擎和工具的搭建构建起了处理数据的框架。中台源源不断地接驳到立体化感知数据，也打好了认知世界的数据基础。有了框架引擎、有了场景数据，我们还需要有处理场景数据和认知客观世界的知识、模型，才能使林林总总的碎片化数据变成我们系统性认知世界的资源。如果我们的数控机床有胚料而无模型、模具，机床也没有办法让胚料变成成品。好的可视化编辑工具能够将目标产品的需求转化为数控机床一步步的处理指令，沉淀为产品模具、模型，这是智能制造的关键。

中台促进泛认知，就是充分应用基于中台元数据驱动的可视化建模工具，构建符合本行业、本单位概念型、陈述型、程序型知识体系，长期积累、持续迭代社会通识数据库、行业知识库、业务模型库、领域样本库，推进政企单位或行业牵头，社会专家、行业精英、业务能手、企业骨干不断建立数据处理模型和数据分析模型。中台促进泛认知，就是提供喜闻乐见的可视化建模工具，以原始场景、核心要素、主题对象、规律知识、业务事务五大数据资源及其元数据为分析对象，为便捷、高效、趣味地建立模型、调试模型、迭代模型提供支撑；中台促进泛认知，就是推进知识模型成果在大数据智能化采、治、管、用、学各领域全链条、全闭环的智能生效，让中台变成使数据增值、让数据说话、用数据规范的智能基座。

3. 让你拥有一个应人应景、高效创新的应用工坊

中台推动泛应用。中台是用来改造世界的。搭建了中台框架，接驳了感知世界的数据，迭代了认知世界的知识，沉淀了认知世界的资源，已经具备了挖掘价值、发现风险的能力基础和必要条件。那么，我们该如何利用好这些感知、

认知、推理的成果，主动地、高效地、简明地、便捷地、应时应景地呈现成果，辅助人类利用价值、控制风险，影响世界、改造世界呢？

中台提供了一个应用创新协同的平台，控件、组件、部件、工具、模型等各种"轮子"都是此平台运营的主角，平台为它们提供了全生命周期管理和服务的能力。在此平台上，既方便开发者借鉴复用"轮子"来迭代创新更多的"轮子"，更方便创新者按需利用"轮子"来快速组装产品，避免重造"轮子"。

创新平台就是开放的应用工坊，组件、工具、特例服务是工坊预制厂的产品，它们以原始场景、核心要素、主题对象、业务事务、知识规律等沉淀的实体数据资源及相应元数据为工作对象，设计开发数据建模、对象分析、智能检索、智能报表等基础数据计算组件，数据时序分析、空间分析、关系分析、焦点分析、行为分析等基础可视化组件，图像、语音、自然语言处理等基础人工智能组件，并通过标准服务向业务应用提供能力。在创新平台上，每个人都可以找到自己的定位分工，把自己最擅长的技能智慧发挥出来。美工设计人员可视化控件组件，业务研究专家设计数据分析模型，业务应用专家组装业务功能界面，运营流程专家配置业务流程，业务合规专家设置控制规则，甚至每个用户都可以根据自己的终端特点和习惯微调自己的显示界面，全面实现自主配置、千人千面、应时应景，以实战场景数字化驱动中台引擎精准推荐数据、功能、人才、手段等资源，推动风险隐患主动发现、全维研判、评估决策、积极干预的业务智能化。

4. 让你拥有一个策略动态、权责相当的合规生态

中台适应泛管控。中台是要科学秩序治理的。科学、恰当、合规地赋能才能促进资源的有序开发和利用。要实现资源与场景恰当、智能地配置，需要三加一的能力基础（见图6-10）。"三"是指实际场景激活的任务事由、科学分类分级的资源数据、执行场景任务的人或加工目标资源数据的程序。"一"是将任务事由、资源数据、人或程序三者进行可信确认、统筹运算、动态决策、智能配置的访问控制策略。"三加一"的动态访问控制策略是数字化时代资源精准赋能、业务智能运行的核心控制逻辑，是促进资源开发利用的必由之路。

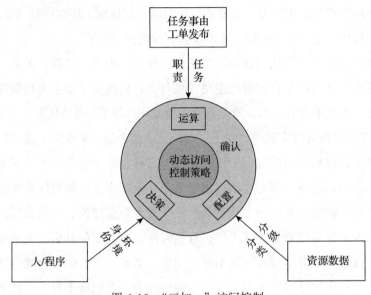

图 6-10 "三加一"访问控制

动态访问控制策略是法律规章、行业政策、领域规范、业务要求在中台中的集中体现，是对领域业务场景的具体任务授权赋能的制度载体。数字化时代的动态访问控制鲜明彰显以任务事由为核心的策略生成、策略决策、策略执行。同时，策略会综合考量任务执行主体、被访问的资源客体、运行环境的分类分级和持续信任评估。

用于动态访问控制决策的策略是政府、企业在社会治理、生产流通、社会服务过程中，主动适应法律规定、工作规范、业务规则的要求和形势发展的需要，统筹协调资源访问的任务事由、请求、响应、计算、资源等各方主张诉求，以丰富多彩的授权建模工具吸引和支撑领域开展权责配置的动态建模，从而不断丰富、持续迭代，形成拉通业务场景、对应资源、参与主体等各方因素及处理逻辑的模型成果。

关于动态访问控制策略及其决策执行，我们会在第 7 章中讨论。

6.4.3 领域中台的价值

领域中台的核心价值是以数据、功能、知识等要素资源化为关键目标和任务，为深化资源供需变革提供数字化、智能化支撑，力求供应侧、需求侧的维度更加全面、度量更加精细、信息更加对称、控制更加精准，促进行业分析专家拉通供需信息、凝练行业规律、构造业务场景，推动智能挖掘商业价值、发现隐患风险、恰当施以行动，创新全维化刻画、精准化配置、柔性化生产、个性化服务，实现精益生产、业务智能、规范管理、降本增效。

1. 实现事务的高阶信息化

在实战业务场景数字化的基础上，从场景的要素特征出发，以中台智能搜索引擎自动匹配、智能聚合与业务场景对应的数据、功能、知识、模型、人才等资源，主动推荐给业务人员，让资源智能适配事务，实现资源的"一站式"精准投放，"让数据多跑路、让事务少跑腿"，以全面、准确、智能、合规的资源服务提高事务的高阶信息化水平。另一方面，随着业务场景要素的确立和变化，以中台的智能流程引擎驱动业务流程的动态建立和调整，以最短的流程实现科学、合规、高效的业务控制。

2. 实现业务的智能化

对各种社会场景、业务场景的感知数据开展提取、关联、打标等实时流式处理，并以场景数据自动关联、迭代更新业务目标、核心要素、主题对象的相应维度数据，再触发中台智能分析引擎，自动匹配对象分析模型并进行指标计算，主动将领域价值和风险隐患以情报、商机、线索等形式精准推送到责任单位、责任部门、责任人员，实现智能预报预警。开展行动类资源的注册经营和行动预案的制定运营，丰富和持续迭代价值风险与行动资源的协同方案，让风险和价值的后续处理得到自动化、智能化的行动联动。

3. 实现行为的规范化

数据汇聚、融合、增值后，数据等资源的敏感度更高。通过中台大数据控制流引擎和安全、可信、合规的纵深防御能力，可以自动开展资源的分类分级，对行业进行精细化规范，根据职责任务以及实施任务的环境、终端、App 等场景因素，智能化匹配权限控制策略，科学授予资源使用的权限。中台对所有的资源请求均通过鉴权服务自动适配授权策略，动态计算请求的职责任务、场景因素与待请求的资源适配情况，确保权责统一，实现可知、可管、可控、可查。

6.5 中台的任务

数字化和智能化是政府、企业必须坚定的战略方向。政府、企业数字化包括了立体采集、精细治理、精准管控、智能应用、迭代学习五个方面的主要目标和任务（见图6-11），另外还会有数字化人才培养、数字化机制建设、数字化法规保障等相关目标任务。下面我们从政府、企业等领域视角，分解一下数字化任务。

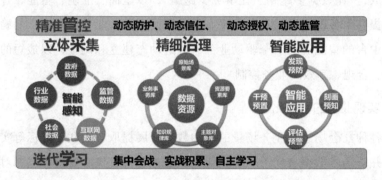

图 6-11　采、治、用、管、学构成了数据的关键活动框架

以资源开发利用为中心的数字化、智能化目标，决定了数字化是围绕资源的融合增值赋能过程，以数据这个最核心的资源为例，它就是围绕着数据资源的采、治、用、管、学五个主要方面开展数字化工程的。在整个数字化工程中，通过中台对资源开展融合治理和赋能管控是核心，也是当今数字化工程中的难点、重点。

中台任务是数字化任务的重要组成部分，主要包括搭建中台技术框架，构建中台生产力，开展领域资源经营，科学赋能业务。核心体现在实现资源的精细化治理和精准化管控。

中台可以从不同的视角或者不同的资源类型来称谓领域中台的某一个方面，

称之××中台，比如数据中台、业务中台、技术中台、安全中台、AI中台、知识中台、开发中台、运维中台等。

中台建设包括领域中台、资源操作系统、安全中台、运维中台、开发中台等建设。其中，领域中台是中台建设的核心，指领域的数据建设、业务建设、知识建设、技术建设、组织建设、制度建设等方面的建设任务（见图 6-12 ）。

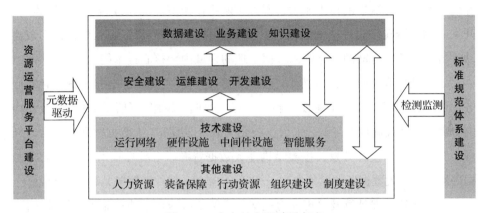

图 6-12　中台的主要建设任务

6.5.1　技术建设

技术建设为领域实施数字化和实现智能化提供技术基础和关键技术支撑。在以数据和数据处理为核心承载及主要特征的数字时代，技术框架、技术路线、核心技术、技术产品的选择决定着数字化智能化战略的效果和实施代价，甚至决定着战略成败。技术建设是全局性IT、DT环境建设的重要任务，为中台建设提供硬件环境和基础软件环境等技术设施保障。在中台建设中，大数据处理赋能技术能力、资源运营服务技术能力、安全保障技术能力、运维保障技术能力、快速资源应用开发技术能力等各方面都有技术能力建设任务。

以领域中台为例，我们在规划领域中台技术建设任务时，要考虑到硬件和基础软件等技术产品购置建设与领域数字化智能化技术产品开发建设的建设路径、建设方法、建设难度和牵涉精力不同。一方面，我们会把网络、云平台、中间件、AI服务等购置及集成的任务列为基础设施类技术建设，这部分建设任务的关键在于技术产品选型和标准适配确认等方案设计和采购集成等技术工作上。另一方面，我们会把数字化智能化领域中台建设的重点放在数据、功能等核心资源之上，突出构建资源全生命周期管理、全使能过程处理、全关注视角治理等活动的技术能力。这方面任务在建设方法论上主要通过设计、开发、部署百花齐放的定义工具、建模工具、配置工具，形成构建、管理、运营领域资源模型并形成元数据的技术能力，源源不断生产出资源的元数据，再通过设计、开发、构建资源融合、资源增值、资源赋能的引擎来消费资源元数据，形成主动、智能、按需行动的实体资源数据处理的领域中台核心技术能力体系。

中台硬件和基础软件等技术产品购置集成建设主要以标准化、资源化、服务化为关键指标开展选型建设，包括计算、存储、网络等硬件基础设施及相应的IaaS（基础设施即服务）云平台、PaaS（平台即服务）大数据中间件平台。领域中台技术产品设计开发，主要是构建大数据资源融合处理技术平台DaaS（数据即服务）和大数据资源赋能服务技术平台SaaS（软件即服务）等技术能力。

一是构建数据计算及呈现能力框架。围绕实战应用的快速装配、持续迭代，建设的一批资源应用的基础工具、通用工具、组件配置工具和被元数据驱动的组件引擎组成的软件能力体系，实现特定视角降维深度探索、分析、研判，实现实战场景的价值挖掘和风险发现、评估、决策。

二是构建数据融合处理治理能力框架。围绕数据接入、数据处理、数据治理、数据组织、数据服务等数据生命周期建设的一批模型及元数据的配置工具和被元数据驱动的计算引擎组成的软件能力体系，实现资源高维度、多视角的升维增值，为支撑全业务、适应全场景、跨越全时空提供核心要素、对象的高维资源准备。

三是构建各类中间件能力框架。围绕数据计算、数据库存储、AI、安全等通用的软件类中间件服务能力，以资源化、服务化为原则，通过遴选、购置和部署而搭建组件、中间件环境能力体系，一般称之为通用平台即服务。

四是构建云化的计算存储等基础设施能力框架。围绕计算资源、存储资源、安全资源、网络资源等能力，购置相应的硬件基础设施，并通过资源化、服务化方式，向 PaaS、DaaS、IaaS、业务应用、感知体系等能力的部署提供标准化硬件运行的环境。

1. 中台是资源化的基础设施体系

经济学家亚当·斯密提出："分工是社会发展的必然，而且分工将极大地提高生产效率。"

从经济学角度看，"新基建"能力云化赋能是 IT 产业发展的重要方向。分层解耦、异构兼容、能力丰富、定位精准，是云计算时代基础设施能力的时代要求。IT 基础设施是为领域场景聚合资源、孕育潜能、迸发力量的计算基础，在科学的 IT 基础设施之上构建资源使能体系是中台的宗旨和使命。

云化的"新基建"可以提供全时在线的服务能力，以精益化可配置的云化能力满足不断变化的赋能需求。"云化"基础设施将传统自购自用的 IT 基础设施固定资产成本投入转变为可预期、可控制的成本支出，按需配置，随需随用，大大降低了成本，提高了触及资源力量的效率和效果。另一方面，云计算有利于实现集约化、规模化、按需在线、最小能耗的经济学原则。数据中心化、云化计算等"新基建"战略实施，可通过规模集约、智能管控、弹性配给、错峰负载，对电力供给、运营支出、人才使用等资源科学配置。

为了更好地服务于数据处理活动和业务感知、认知、推理、决策、行动、协调、内控活动，IT 基础设施资源的模块化、可调度、精细化、可用性正成为领域中台的主要方向和实践指标，资源化、服务化的云化能力正使资源及资源触及越来越精细、越来越标准化、越来越智能、越来越可控。

模块化： IaaS、PaaS、DaaS、SaaS 等各层的模块分层解耦，模块化、标准化、精细化程度越来越高，灵活性、可重组、可配置的能力越来越强，为智能化打下的基础也越来越坚实。

可调度： 云化能力可发现、可调度、可监测能力越来越强，用户不用关注云化能力的位置，随需随调，智能投放。

精细化： 分钟级的虚拟机、秒级的容器、毫秒级的服务等云化能力越来越丰富、越来越精细，选项更加多样，调度的细粒度化使计费更加精益，核算更趋合理。

可用性：云化能力的自管理、自运维越来越强，系统自愈性增强，调用者可以不用再关注稳定问题。

随着以容器服务化为代表的技术思想出现，云原生思想指导下形成的技术体系已经从最早的硬件虚拟机、容器化等计算基础设施的管理和使能，进入无服务器计算（Serverless）时代，并逐步从计算云原生延伸到 PaaS 层数据库中间件资源化、服务化，再到 DaaS 数据处理分析能力模块化、服务化，SaaS 层数据计算、可视化能力组件化、服务化，认证、权限、AI、NLP 等能力标准化、服务化，甚至感知手段、行动能力、勤务保障等也在呈现资源化、工具化、模块化。云原生思想催生了一切能力资源化、服务化，为应用场景的资源调度使用扫清了很多障碍，大多数应用开发企业可以一门心思放在数据分析和应用创新上，而不用再去关注环境、技术、资源的准备、配置、部署、运维等非主要资源处理任务，大大促进了应用的敏捷创新，促进了应用的低成本高效率迭代，促进了应用能力的弹性扩展。

在领域中台的 I（aaS）、P（aaS）、D（aaS）、S（aaS）各层资源能力体系中，即包括了平台自建并具备全生命周期运营条件的组件、中间件，也包括平台自建但不具备全生命周期运营条件的以及由外部系统注册到平台仅提供能力服务的组件和中间件。比如，安全、加解密系统、AI、NLP、认证、权限等组件、中间件能力往往不是平台自建或无法实现全生命周期管理的能力。这些非自建或无法开展全生命周期管理的组件、中间件等提供的服务，业界也给了一个子类，算是 PaaS 的一个子集，叫后端即服务（Backend as a Service，BaaS）。

云原生思想大大促进了政府、企业、社会、IT 行业领域快速培育形成资源化、服务化理念思维，"一切资源化、资源目录化、目录全局化、全局标准化"已成为数字化、智能化道路上关键的思路、原则、目标、方法、路径。

2. 中台是人见人爱的技术能力体系

（1）构建元数据驱动的中台引擎能力体系

构建元数据驱动的中台引擎能力体系，就是用元数据驱动的设计思想，以数据元数据驱动数据处理引擎、以业务元数据驱动业务处理引擎、以技术元数据驱动技术处理引擎、以管理元数据驱动控制处理引擎，让引擎实时动态、随景而变，不再呆板无趣。在一个覆盖所有资源、开放动态的资产运营和服务平台之上，以元数据的动态经营、动态探索、动态引导、动态控制，实现"一切资源化、资源目录化、目录全局化、全局标准化"，以及元数据指导下的资源动态配置、精准投放、智能推荐。

引擎一般是自动化的处理子系统，对输入的待处理任务——一般都是数字化成数据形态的任务自动适配相应的处理模型，解析处理逻辑并执行操作，按照要求输出处理结果。引擎是策略执行面的系统能力，一般不必设计界面与用户交互信息。通过元数据的获得、解读、执行，引擎能够在各种知识模型和相关资源能力的加持下，落实资源的融合、资源的增值、资源的赋能，自动地、智能地识别场景、聚合资源、精准投放。引擎需要主动地感知元数据、认知元数据、解读元数据、适配元数据，自觉地以元数据指导任务处理的能力调度和指令执行。

实时流数据处理。相比较传统的定时批式数据处理机制，实时流数据处理机制是领域智能化的关键。由数据驱动的实时流数据处理引擎对源源不断实时流入的场景数据，引擎负责动态匹配相对应的数据处理元数据、数据治理元数据、数据组织元数据，以**数据处理元数据**驱动引擎动态调度数据服务、计算服务、AI 服务等资源能力，开展数据读取、数据转换、数据对账、数据提取、数据清洗、数据关联、数据比对、数据标识等实时预处理（见图 6-13），以**数据治理元数据**驱动引擎开展数据标准化、数据质量、数据血缘、数据分类分级等实时数据治理，并以**数据组织元数据**及**数据分发元数据**驱动引擎对实时处理、治理的数据成果进行动态组织配置、动态分发处理、按需分类存储。

此实时流数据处理平台核心是两类引擎，一类是数据读取、提取、清洗、关联、比对、标识、分发的重点环节**数据处理引擎**，另一类是把前面各重点环节数据处理引擎串起来的**流处理调度引擎**。这两类引擎基于输入的场景数据特性，自动驱动数据处理引擎匹配本环节与之对应的数据处理模型和数据处理流程模型，对场景数据开展实时处理，并基于预排的调度元数据自动进行流转。

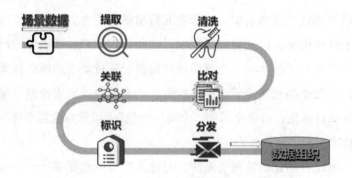

图 6-13　中台的实时数据预处理建设任务

业务流程控制。业务流程引擎通过标准化服务接口接收业务系统流程服务的请求，包括为新增业务初始化并反馈对应的业务流程链，当正在开展的业务中与流程相关的因素发生变化时，业务系统可传递因素变化情况，主动请求业务流程引擎重新审视业务流程的影响，或由业务分析产生的流程变换事件通知业务流程引擎进行流程的相应调整，或由业务流程引擎主动感知业务场景的因素变化而产生业务流程变化。业务流程引擎负责对一笔业务的现行业务流程与因因素变化事件引发的流程片段进行合并增减计算后，向业务系统返回最新业务流程。这种模式下，业务不再千篇一律，而是根据业务对象和关键要素及其变化情况智能设计、动态调整流程，对重点、疑难、敏感的业务重点关注、强化管理、有的放矢，对其他的业务适用简易程序，从而节约业务成本，提高工作效率，提升工作质量。

数据智能分析。数据智能分析引擎使用数据分析模型的元数据，满足定时分析任务场景及实时的动态接口调用场景（来自 SaaS 应用服务层数据计算组件或业务应用层的调用）、数据实时处理的分发场景、建模工具部署验证场景等多种调度场景，解析由元数据表达的数据分析模型的处理逻辑，调用平台数据、数据计算、AI 分析、数据算法、计算单元等各种资源能力，开展数据智能分析计算，从而输出数据智能分析结果。

智能搜索引擎。通过对实战业务场景数字化，主动获取场景的关键要素及其特征，主动推荐与场景关键特征相匹配的数据资源、功能资源、服务资源、模型资源、知识资源等，为实战应用精准投放有效资源。搜索引擎一般提供检索条件定式响应和递进式智能推荐两种服务模式。以递进式智能推荐模式为例，一般会以单检索因子为入口，通过使用数据组织元数据主动匹配该因子对应的全部数据资源并启动自动搜索，将中标的核心要素数据、主题对象数据记录中与该因子关联度高的其他因子，自动作为新的检索因子再次匹配数据资源元数据并自动检索数据资源，以一层层递进式智能推荐输出。对推荐确认的数据资源，根据中标的数据种类使用对象画像、要素画像、场景画像、知识画像等元数据，智能反馈画像全景数据及可视化呈现。

数据资源目录服务。数据资源目录服务引擎提供统一的资源模型及其元数据注册、管理、更新、销毁、探索、解读、调度、评价等全生命周期管理、全使能过程处理、全关注视角治理的功能或服务，对数据资源、功能资源、服务资源、可视化资源、组件资源、计算资源、存储资源、模型资源、AI 资源、人才资源、知识资源、安全资源的模型以及元数据，向实战应用和第三方开发提供资源的探索、发现、调度、监测、评估、释放、回收等标准化服务。资源服务平台也提供检索定式响应和递进式智能推荐两种资源目录的服务模式。

（2）中台要有消费元数据的智能引擎，也需要生产元数据的智能工具

工具一般是人机交互的处理子系统，由用户输入或在特定引擎智能辅助下输入信息，产生特定的输出成果。相对于引擎来说的工具是用户用以描述对象类资源或者编制过程类资源的应用软件程序。工具是针对对象进行模型定义和管理的系统能力。在描述对象或过程资源时，工具可以调度一些有关推荐引擎的组件，根据用户已经开展的工作场景成果特征自动匹配和推荐相关数据资源、模型资源、算法资源等，达到智能辅助输入的能力。行业专家和资源运营者通过使用与各类生产引擎对应的建模工具，主动生产、长期经营、持续迭代，不断地丰富和完善资源及其元数据特征。比如，在数据资源的处理中，这些工具会涵盖配置数据建模、数据接入定义、数据组织定义、数据治理定义、业务流定义等各类数据资源的建模场景。建模和定义元数据的工具可以是百花齐放的，同样的资源建模及其元数据生成工作可以采购或开发多个建模工具。这样用户们就可以有多种选择，只要生产的元数据是符合规范的，用户可以自行选择和使用更适合自己的工具。

数据接入配置管理。数据接入建模工具提供统一的数据接入定义能力，前向以可视化、智能化能力方便用户对接多种来源、多种模态、多种载体、多种模式的数据资源，配置数据读取策略，调研数据规模，智能辅助探索并构建源头数据的模型及其元数据。后向则可智能化辅助用户配置数据处理、数据治理、数据组织、数据服务、数据分发等数据处理模型及其元数据。

数据组织配置管理。数据组织建模工具提供统一的数据组织模式建模的能力，生成数据概念建模、逻辑建模、物理建模成果及其特征元数据表达，可体现为可视化定义工具和标准接口服务两种形式。由用户或第三方开发者配置数据资源模型及其元数据，描述数据资源是什么、有什么、怎么存放、怎么调度、怎么评价等明细特征。

数据标签和数据分析模型建模管理。数据标签建模工具和数据分析模型建模工具提供统一的可视化、智能化建模界面或服务接口，支撑构建与数据有关的计算模型。数据标签建模工具支持领域人员配置数据价值提取、数据格式清洗、数据关联确立、数据标签标注等实时流处理的模型及其元数据，此为数据标签模型。数据分析模型建模工具支撑领域分析人员配置对原始场景、核心要素、主题对象、业务事务、知识规律等数据资源分析的模型及其元数据，用于指导构建场景数据、要素数据、主题对象等数据资源的分析模型。

数据集成智能化就是把行业对数据的理解和认知，通过智能化建模的工具，由行业精英骨干们持续地丰富和迭代进来，让数据集成引擎在持续迭代的认知元数据指导下，进行数据的智能增值，包括数据种类增加、数据维度增加、数据关联度增加、维度精度的计量。

数据治理配置管理。数据治理建模工具提供统一的可视化、智能化配置界面或提供标准化接口服务，由用户或第三方开发者配置数据分类分级、数据资源权限注册、数据质量控制、数据血缘管理、数据标准化等数据治理模型及其元数据。

业务流程配置管理。业务流程控制建模工具主要满足支撑业务处理、安全管理、运营运维等各种业务的流程初始化、流程变更、流程流转、流程终结等动态流程管理。流程配置分别提供统一的可视化、智能化配置工具或提供标准化接口服务，由用户或第三方开发者配置业务流程模型及其元数据，包括根据业务类别、单位及单位内设机构等因素配置的一般性、基础性业务流程模型及其元数据，也包括因数据等因素变化产生流程调整事件和局部流程片段增减影响的定义，从而对业务流程配置局部环节增减的建模并沉淀相应的元数据。

智能搜索组件配置管理。智能搜索建模工具提供统一的可视化、智能化配置界面或标准化接口服务，由用户或第三方开发者配置智能搜索元数据，包括拉通相关数据资源、匹配关联关系，构建场景画像、要素画像、对象画像、知识画像等集成化部件建模及其元数据。

数据计算组件配置管理。数据计算建模工具以场景明细数据、要素和对象主数据、参考数据等资源的数据组织模型及其元数据为基础，提供统一的可视化、智能化配置界面或标准化接口服务，配置态势分析、专题分析、专项分析、综合报表、定制报表等商业智能（BI）分析数据计算分析模型及其元数据。

可视化配置管理。可视化组件建模工具提供统一的可视化、智能化配置界面，支撑领域业务人员或技术支撑单位针对待呈现数据，配置时序分析、空间分析、关系分析、焦点分析、行为分析等基础可视化组件模型及其元数据。针对不同的数据项类型、规模、维度以及图像、视频、语音、文字等数据特点，配置基础可视化的控件模型及其元数据。针对不同场景及行为特征，配置场景可视化组件模型及其元数据。

（3）中台是一个科学、全面、庞大且成系统的能力体系

组件一般是引擎或工具的一个局部功能模块。其中，有一批不一定封装成引擎、工具产品的功能模型，或者即使封装在产品中但也不显山不露水的组件集、服务集，连同在引擎、工具产品中显性呈现出来的组件、服务能力，共同形成了强大的中台能力体系。

通过定义输入、输出和调度引擎、工具、组件集、服务集的局部能力，调用者便可以利用这些局部能力构建特定视角的新系统能力，这样的组件可以是数据计算类、数据组织类、数据呈现类、AI能力类等模块。

（4）由行业主导、动态可变的元数据驱动的中台才会是智能的中台

元数据，第 5 章已经详细阐述，社会知识、业务知识、系统知识、技术知识通过元数据这个"使者"在引擎和工具、意图和实现之间传递，元数据承载的是人类的知识经验、技法战法的积累，元数据是智能化能力的核心载体。元数据体现的是政府和企业的管理意图、业务要求、控制策略，表达的是中台所承载的资源体系、经验知识、服务能力。

一个组织内通过各种建模沉淀的元数据，体现的是该组织的资源的个性化实例，一个组织的元数据到另外一个组织一般是无法直接使用的。同行业的不同组织因领域本质规律的同一性，建模成果是可以相互借鉴的。因各单位的泛感知、泛认知、泛应用、泛控制的个性化客观存在，借鉴行业模型及其元数据时，一般都需要本地化的调整适配。

针对元数据全生命周期管理的工具及全使能过程处理服务的引擎（见图 6-14），可以封装为一套平台产品体系，很多地方往往称之为数据治理平台或数据资产管理系统。

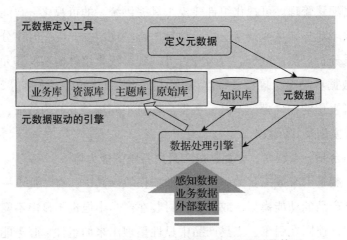

图 6-14　元数据全生命周期管理工具和引擎体系

元数据要真正地成为指导引擎动作的灵魂。数据资产管理系统或治理平台，不该只是外挂式的元数据管理系统，不该只是为了元数据而管理元数据，而要防止资源元数据和实体资源成为两张皮，无法与资源同频共振，沦为摆设。一般来说，大多数用户对元数据应该是无感的，他们可能不关心中台是不是元数据驱动的，但需要中台的灵活、可变给他们带来的资源智能供给的快感和幸福。不过，元数据对于中台项目承建方或中台运营方来说，则会带来非常明显的价值增值，以及直观的获得感体验。元数据驱动的中台意味着带给公司的是更多行业的快速切入、项目交付周期和成本的快速降低、项目实施质量效率的快速提升、客户满意度幸福感的持续增长。

引擎、工具、组件等关键词会不断地出现。引擎、工具往往是成对出现的，中间的桥梁就是元数据，工具生产元数据，引擎消费元数据。因为有了元数据这个动态的驱动，中台就具有了智能。

3. 中台技术建设的主要成果

中台技术建设的主要成果如表 6-1 所示。

表 6-1　中台的技术建设成果

成果项	成果描述	
元数据	技术建设成果类资源的元数据，包括业务、技术、管理方面的特征	
ROS	资源运营服务平台	资源的注册、核准、生效、变更、下架、评价、治理等全生命周期管理，以及资源查询、分析、调度等服务的处理过程控制
SaaS	资源赋能建模工具集	各类控件、部件、组件、构件
	资源赋能引擎集	
DaaS	资源加工处理引擎集	接入、处理、组织、治理、服务
	资源建模工具集	
PaaS	中间件配置工具及引擎	资源化、服务化、标准化
IaaS	基础设施配置工具	计算、存储、网络等设备及其云化的服务单元、云管系统等
	基础设施引擎	
安全	安全引擎集	实体安全防护：识别、保护、监测、响应、恢复等 动态访问控制：认证、权限、审批、审计、环境感知等 综合管理及策略控制：基础管理、态势感知、决策控制、事务处理、指挥调度等
	安全建模工具集	
其他技术	配置工具及引擎	AI、运维、开发等

6.5.2 数据建设

数据建设就是通过数字化将一切领域资源都以广义的数据形态进行采集、存储、加工、传输、提供、使用等处理，构建持续迭代的政府、企业数据、功能、知识、模型、计算、网络、安全、AI等各类资源体系。狭义的数据建设是指经过科学计算、长期积累形成的反映本行业本质和本单位特点的资源的数据组织成果，数据资源的类型包括原始场景数据、核心要素数据、主题对象数据、规律知识数据、业务事务数据等（见图6-15）。领域的数据建设一般指狭义的数据建设。数据中台以数据融合组织和数据赋能服务等数据建设为目标，是集合数据采集交换、共享融合、组织处理、建模分析、管理治理和服务应用于一体的综合性数据能力平台，在大数据生态中处于承上启下的地位，提供面向数据应用支撑的底座能力。

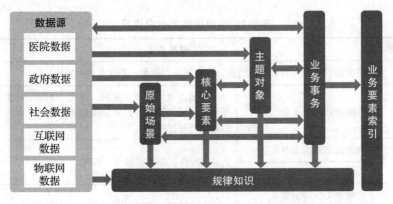

图6-15　中台数据建设任务是构建元数据表达的数据体系

政府、企业的核心业务目的是挖掘和利用价值、发现和管控风险，收获更多的经济效益，赢得更好的社会效果。业务的目标体现为强基固本（资源融合）、价值挖掘（风险发现）、价值利用（风险管控）、重点营销（打击震慑）。

这些业务目标的实现，除了要有元数据驱动的中台技术体系，还需要在中台技术体系支撑之下，持续地连接场景、感知世界，活用知识、融合数据，让源源不断、全面动态的源头数据不断地输入中台，并在丰富的社会共识和领域知识的加持下，充分还原场景中参与的人、物、组织、关系、行为、活动等行业、领域和社会特征，让原始场景更多维度、更多关联、更加多彩。在充分还原原始场景的基础上，中台还需按照政府、行业的业务需求和本质要求，形成以核心要素和主题对象为重心的全生命周期数据。知识数据是中台引擎处理明细数据构建主数据的催化剂、助燃剂、黏合剂，构建知识的数据体系是数据建设的一个重要任务。以特征鲜明、关系多样、行为丰富的原始场景、核心要素、主题对象、业务事务的关键样本数据为基础，通过自主学习、机器学习、监督训练，领域知识将可以得到不断丰富、持续迭代，使知识体系顺应社会的瞬息万变，紧跟业务的快速发展，促进领域智能的永续进化。

因此，数据建设的任务既要审视和优化政府、企业的数据感知体系，也要支撑高效构建业务实战的数据应用体系，更为关键的主体任务是在中台底座之上构建反映本企业本质的数据资源体系，定义场景数据的接入、处理、治理、组织、服务的模型及元数据并持续迭代，驱动实时流式处理引擎和知识模型对连接着的碎片化场景数据，按照业务本质特点和需求，形成适合本单位的原始场景、核心要素、主题对象、规律知识、业务事务等数据资源体系。

当前，大多数机构开展数据分析和数据赋能，往往交由拥有数仓技术并具业务经验的乙方，由乙方技术人员拿着自己的建模工具、分析引擎，从关注的不同源头数据里抽取、转换、装载，自行构建封闭的数据组织体系。即使机构在大数据平台已有治理好的明细数据、主数据，这些技术人员也只视其为数仓的源头数据，按照自己的特定目的再抽取特定数据项重建一遍数据库。多个数仓服务商，就会重复建库多遍，数据又从统一管控散落到多个不可控主体手中。而数字化时代的数据量大、价值密度大的特点，往往会因为多次的分别抽取、重复建库，严重威胁基础设施能力体系的运行，数据控制权旁落带来的违规风险也急剧增大。这种数据融合、治理、赋能、管理的现状，是当前甲方尤其是甲方大数据责任部门遇到的最窘迫的情况，技术路线的落后、产品能力的缺失严重制约了数字化能力的生成和数字化成果的输出，也成了数字化决策者们最犹豫不决的主因。

1. 从融合的视角审视数据感知体系

融合即开展数据融合、技术融合、业务融合。数据是场景数字化、知识数字化、要素数字化、对象数字化、业务数字化、保障数字化的结果。数据融合的目标就是要让场景更加立体、知识丰富迭代、对象多维鲜活、处理更加智能、业务更为流畅、保障更为周到。场景和知识是数字化、智能化的两大核心基础要素。没有场景的数字化，智能化就是无源之水，就没有来料加工，中台数字大脑就成了空转的机器；没有知识的数字化，智能化根本无从谈起，费尽周折、持续不断感知来的场景数据，过中台大脑如同清汤寡水，毫无生机，也不会产生新的价值。

如果说非要比一比场景和知识两大核心基础要素谁更重要，我会说场景数字化更关键。不管是政府开展社会治理还是企业商业服务，知识是催化剂，场景才是驱动因素，无场景就无业务，场景无处不在。知识更多的是行业知识和社会通识的积累，关键在于知识能够推动行业自我迭代性和持久的创新力，相对来说是软功夫。场景数字化涉及和影响的方面很多，影响因素众多，需要制度、机制、技术、管理、资金保障等多管齐下，其复杂程度、推进难度、影响面可想而知，场景数字化的难度很大，成败更取决于高端决策、战略规划、顶层设计、强力推进、坚实保障，所以说，场景数字化更为关键。但场景数字化与知识数字化积累都重要。

场景数字化能力应该如何构建？在第4章中，我们对立体化场景数据感知体系进行了详细讨论。在这里，我们再重点讨论一下立体化、智能化，体现融合性。

场景数字化感知体系的立体化融合，能从多个视角和不同维度构建场景信号采集和数据聚合能力，通过渠道整合、技术融合、数据聚合，丰富场景数据的收集面、感知线、采集点。一是法律面，用好法律手段和合法措施，依法自建采集技术能力和合法交易渠道；二是政策面，用好政策手段和技术措施，建设符合政策规范、行业特点的技术能力；三是管理面，用于管理手段和基础措施，寓采集于管理和服务，管理即采集、服务即采集；四是社会面，用好利益手段和服务措施，合法、合理、合情地提供社会服务，与消费者订立合约，以承诺和实施全生命周期、全业务流程的数据安全保护能力，合法开展收集、存储、使用、传输、加工、提供、公开等活动，获得国家、社会和被收集人的认可，提升场景数据采集能力。任何一个面都需要梳理主要的社会运行的业务流和数据流，分析感知数据的链条，识别关键数据采集点，合理布局采集技术能力，以实现技术融合。对于某个使用场景数据的行业来说，因为法律生效、政策执行、管理实施、社会服务而采集的场景维度数据理应不少，但由于采集数据的主体分散、数据孤岛、标准不一，中台需要为了数据融合而开展数据聚合，依法合理解决多主体收集，让处理的数据看得到、连得上、调得了、聚得来、合规则等问题。

场景数据的智能化整合，一方面要考虑数据处理过程中的知识丰富性、时代性和知识运用水平，关键在于知识迭代的实时性、精细性，知识调度的资源化、服务化，知识应用的标准化、引擎化。另一方面，要充分转化视觉、听觉、触觉等 AI 技术和 NLP 技术等社会知识成果和技术能力，提升场景感知的智能处理深度，获得更加宽广、更细粒度、更准精度的场景维度。

2. 从增值的视角设计数据处理体系

（1）升维增类，聚能蓄势

数据是领域的核心资源。通过数据增维数据，以数据产生新的数据，在数据融合的基础上，以数据增值之道为领域聚能蓄势。数据建设是领域中台建设中的核心任务。以计算机领域视角看数据，我们可以通过讨论明细数据、主数据、参考数据、元数据来看待数据建设，而从业务视角看，则投射在场景数据、核心要素和主题对象数据、知识数据、行业价值数据等方面的建设。数据增值建设是对场景和领域核心要素、主题对象负责任，对数据开展融合、处理、富化的过程，使每个场景、每个要素、每个对象个体都拥有最全要素、跨越最广时空、建立最多关联、了解最新活动的刻画写照。通过数据建设，我们要对数据持续增值，对数据升维增类，使数据更多关联，让数据聚能蓄势，为数据更好地服务领域智能化做好基础且充分的准备。

一方面，我们要想方设法让业务场景、社会场景的背景信息和更多细节显露出来。明细数据是某个时空点的场景数字化后的成果数据。从行业领域来看，场景一般指行业领域的特定时空的业务处理现场，或者自然、社会运行的特定时空的现场。所以，业务场景的处理数据和社会场景的关注数据都属于从原始场景中获取的数据。我们在第 1 章和第 4 章中都已经非常鲜明地反复讨论过数字化的一个重要任务，即对原始场景背后隐藏的要素、要素关系、关键活动等细节信息，在基础信息、认证日志、社会共识、领域知识、主数据等其他数据的加持下，通过关联分析、模型计算、AI 识别、NLP 语义识别等智能计算还原出来，使场景数据最大可能地还原事实，接近真相，并结合领域经验知识的使用给出场景的行业判断，打上业务标签。原始场景数据是对历史瞬间的客观记载和基于当时情境的历史认知及判断。如果没有在一开始就基于当时的历史背景、现场情境和客观佐证信息进行关联、判断和打标，一旦时过境迁，很多背景信息和关联信息将会灭失或者产生失准，历史现场很难重新还原。因此，在最恰当的时机开展原始场景的数据识别、关联、增维、打标等活动，是领域数字化和领域数据建设中最关键、最基本的数据融合需求。当然，随着人类对自然、社会的认知越深刻、知识越丰富、信息越全面，我们也可以对有价值的历史瞬间增添更深、更精、更多的认识，可以对原始场景数据增加标签、增加关联，或者对历史场景瞬间进行新的注解。

另一方面，为了更加科学、更多视角、更为主动地发现价值和预警风险，我们需要抓住行业的本质，在社会共识、领域知识的加持下，以业务模型元数据指导场景数据驱动提取、清洗、关联、比对、标识等数据处理引擎和面向对象的指标分析引擎，对原始的业务场景、社会场景数据开展丰富且深入的加工处理，关联并沉淀行业长期关注、长期经营、长效赋能的数据资源。围绕领域的主题对象、核心要素，我们会千方百计地设计场景、收集数据、融合增值，使主题对象、核心要素的视野更宽、维度更全、度量更准、关联更多、活动更鲜活，为行业的业务提供更高价值密度的数据基础。比如，在数字医疗领域中，我们会以患者为中心，通过全景体征监测、健康体检、寻医问药、检查检验、诊断治疗、康复随访等各种场景、各种途径，采集患者的体征数据，再通过医典知识和诊断分析模型，持续迭代患者健康档案，不断丰富患者平时和病时的健康个性标签指数，为持续分析患者健康状况、体征指标、病症情况提供良好的患者数据。我们还可以以医保卡号为核心要素，通过登记、使用、交易、记账、报销等环节的呈现、读取，关联关键的医事、药事、健管数据，构建医保卡号全生命周期和全处理环节的关键数据体系，针对医保卡号这种核心要素数据建模分析，可以为制定医保政策、核定医保标准、调整救济比例、发现医保违规风险等提供最坚实的支撑和保障。

再一方面，比起主题对象这种主数据，核心要素往往在行业内更为常见、更加广泛，它的全局性、可见性、可用性、适用性将更加关键。因此，对于行业来说，应该构建全局性的领域核心要素的资源数据体系，促进核心要素关键的分布、关联、关系等形成全局视图，提供总关联、总索引、总导航，为全局提供核心要素的基础能力服务。领域核心要素的生成主要来源于数据感知采集层面和一线的事务处理，因此，分支机构的数据建设是核心要素资源数据体系的源头活水，全局性核心要素数据大库要靠分支机构分库的定时汇聚、计算而形成。因此，分支机构一般应该扁平化直接向总部报送核心要素的关键分布、要素关联、要素关联的每日增量数据和存量变更数据，在初建阶段，应该提供一次全量的核心要素资源的有关数据。

（2）场景数字化是世界数字化的起点

世界上任何事物、任意维度的完美刻画，实际上都源于点点滴滴的历史积累和提炼萃取，绚丽多彩的历史画卷也都是由一个个平凡的人、一件件普通的事、一幕幕平常的场景组合而成的。对一幕幕时空点的场景记录和刻画，才是世界数字化的起点。物质世界、人类社会、虚拟空间里一幕幕瞬间场景中的人、地、物、事、情，既能组装成宏伟的人类历史画卷，也能勾勒出一个人的多彩人生、一件事的波澜演进。

从对场景进行影像记录和数字化提取的数据成果中萃取、分析、标注领域的人、地、物、事、情等对象目标的数字画像，是领域数字化唯一的正途（见图6-16）。为了使场景数据的融合更加贴近领域本质和形势需要，在数据处理引擎对场景数据开展数据提取、数据清洗、领域关联、业务比对、特性标识等加工处理时，应该能够全面、动态、科学、应景地嵌入相关的社会共识、领域知识、业务模型，让场景数据的增维、领域对象的增类、全域资源的增关联效果凸显出来，让资源的增值成果更能反映领域本质、更能符合时代需要、更能体现业务实战。

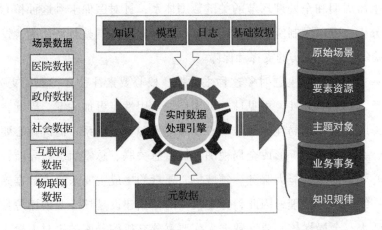

图 6-16　元数据驱动的数据预处理引擎

对场景数据开展去重清洗、维度关联、关注比对等融合处理时，需要对标的领域知识、基础资料、认证日志、窗口数据等基准数据有时效性的要求，越新鲜、越实时的场景数据对认证、窗口数据的时间跨度要求越低、数据量越小，计算的代价也就越低、成功率越高。另一方面，场景数据的及时获取及融合处理，意味着可以更快地迭代核心要素、对象目标的维度数据，也就可以更早地对要素、对象相应的业务指标进行计算和研判预警，从而得以对风险发现在早控制在小，也可以对业务价值及时预测，利于更加主动地让潜在价值转化成业务成果。

在某个单位的网络安全系统中，我们可在用户注册、终端登录、Radius 认证服务器 / 路由器地址 NAT 转换、认证服务、业务服务、资源服务等关键服务节点或关键网络节点上记录服务日志或网络流量日志，从安全视角基于日志重构端（终端）到端（服务端）的访问链闭环，从而通过模型分析识别违规和安全风险。

在这个业务场景中，每个关键服务节点、网络节点都是一个个碎片化的细节场景数据采集点，这些节点采集的日志数据可以通过一环一环的特定标识时空对准，环环相扣形成行为主体的身份标识等特征的关联，从而使每个场景可以关联到现实的人、地、物、组织等具体的事物，还原场景要素的关键特征、关联和标签。网络安全保护的一个重要任务就是要通过日志对准和访问链重构，评估端到端的网络流信任链、业务流信任链、数据流信任链的信任度，从而发现攻击或者违规的风险。

用户注册时会注册用户名、数字证书、人像生物特征等身份认证因子。本地用户终端入网时会分配静态 IP 地址和登记 MAC 地址。在复杂的网络环境中还会部署 RADIUS（Remote Authentication Dial In User Service，远程用户拨入验证服务），服务于远程用户的接入和内外网地址转换。在这样的网络环境中，本地用户通过静态 IP 地址和 MAC 地址，可以在网络上通过 IP 地址确定用户终端，同时为了防止 IP 地址的仿冒，在二层网络中还可以通过 MAC 地址确定用户终端。远程用户接入的，Radius 分配给远程终端的动态 IP 地址与服务端网络的 IP 地址及端口在一段时间内会临时绑定，所以在终端侧记录的 IP 地址与应用服务侧记录的 IP 地址及端口需要查询内外网地址转换日志（NAT 日志）进行对准。远程的用户接入，通过终端侧的 IP 地址查询 Radius 认证日志可以得到接入用户的身份标识符。

同时，用户的认证系统通过用户名 / 口令、数字证书、生物特征等多种身份因子的验证确认，可以对使用终端的用户确定身份，关联上用户唯一的标识符。高阶一点的认证系统在用户认证之后可以给用户发一个临时的用户会话期令牌（Token）或者分配一个会话标识符（SessionID），便于用户在访问应用服务和资源服务时携带，应用服务或资源服务通过向认证系统验证令牌的真伪和状态来确认访问行为的用户可信度。

以上的 IP、端口、MAC 等是网络环境中的关键标识，通过报文头就可以直接解析得到。对服务节点、网络节点日志里记录的 IP、端口、MAC 等标识，就可以实现网络层的环环相接，形成访问信任链。但是，仿冒 IP、MAC 的网络攻击还是可能出现，仅仅通过 IP、MAC 等数据对准，还是可能存在信任链危机风险。于是，在网络安全保护方案中，可以在用户从终端发起访问请求到应用服务、资源服务响应访问请求的闭环中，将用户认证时分配的临时会话令牌携带在访问请求中，应用服务、资源服务在响应用户的请求前，先检查和验证临时会话令牌的合法性和可用状态，从而在应用层解决信任评估和信任传递的问题。再进一步，在网络安全保护方案中，还可以利用密码体系，在终端请求到服务响应的闭环中，请求方对请求的事项内容进行加密和签名，服务方再对加密的内容进行解密和一致性验签，从而保证只有访问的双方可以认识或确认双方的通信内容。

网络安全保护方案提供的是安全保障能力，同时，我们可通过各节点收集的日志，对网络层 IP 闭环、应用层令牌闭环、表示层加密签名闭环重构三道信任链，在重构过程中发现异常、识别风险，从而构建信任视角的风险态势感知的能力。

（3）元数据驱动的数据融合

上面讨论场景数据融合处理时，我们提出应该动态、应景地嵌入领域知识和数据加工模型。这里的动态和应景应该如何实现呢？这里有一个核心的技术前提，即开展数据融合的处理引擎是元数据驱动的。在对场景数据开展融合处理时，信息提取什么、怎么提取？开展哪些清洗、清洗的规则是什么？要做哪些关联、与什么数据关联、怎么关联？与什么业务规则比对、比对逻辑是什么？开展哪些特性的标识、如何标识？融合的场景数据及增值出来的数据成果应该向哪些类型的数据分发、分发的依据是什么？等等。

这些配置性的问题在以前数据仓库、数据集市甚至最近的数据湖的技术路线中，往往由外包服务的技术公司人员通过需求调研过程，由业务人员将对这些问题的当时认识和回答静态地传递给技术公司，技术公司人员回去开展需求设计、技术设计和组织模型开发后，再到用户现场进行部署调试。这样做存在很大的弊端：一是时效性差，在一些对抗性较频繁的领域，往往模型部署上线，形势已经变化，模型已经无法满足需求；二是经过业务人员、技术人员间多层传递的交互确认，不仅业务意图表达不到位，业务需求也因层层转述、层层衰减而造成需求失真的情况，真正部署的模型效果往往不是针对用户开始讨论的需求；三是静态设计、定制开发的模型即使在部署初期能够发挥一些作用，但随着领域接入的场景数据越来越丰富，业务也不断有新的变化，业务人员无法根据数据丰富度和业务形势变化开展模型的优化调整，根本享受不到大数据带来的业务红利。在大数据智能化的大背景下，传统的静态需求调研、静态技术设计、静态模型开发、静态上线部署的技术路线，已无法满足数字化时代的需要。

我们说元数据驱动的融合处理就是确保这些配置性的问题不再在技术人员、业务人员之间反复、逐级地层层传递，以线下交互识别、静态设计、定制开发、延时部署等过程低效运行，而是让业务人员使用可视化建模工具，结合实际场景编排融合处理过程和处理逻辑而形成元数据表达的数据加工模型。待处理的场景数据流向处理引擎时，引擎会根据场景数据的元数据特征动态、自动地匹配业务人员定义好的处理模型，按照模型中的处理流程和处理逻辑，对数据进行提取、清洗、关联、比对、标识和分发处理。如果领域中对某种场景数据有新增的处理要求、处理需求，或者对前面确定的处理需求有所调整，业务人员通过增加或优化处理模型，就可以通过驱动控制引擎对场景数据产生新的融合处理动作。业主躬身入局建模方能确保中台终身先进，乙方提供建模服务只能把水平拉到中等（见图 6-17）。

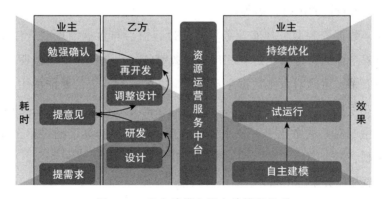

图 6-17　乙方建模和甲方建模的差异

3. 从效能的视角牵引数据赋能体系

资源降维，领域赋能。从业务场景和社会场景感知获得的数据，经过了融合知识、融合技术、融合业务的智能化处理，我们不仅拥有了全景、全维、全要素的场景明细数据，还沉淀了领域主题对象、领域核心要素等动态全域、全时、全息的主数据。通过升维增值、聚能蓄势，这些数据已为领域高阶信息化、业务智能化、操作规范化提供了十分重要的数据资源基础准备，既有对历史的忠实记载，也有历史对世间万事万物的刻画评价，这些都将成为领域永久的财富。

经过聚能蓄势形成的数据资源是领域巨大的财富宝藏，在任何时期都可以结合当前的社会和领域的情境，服务于现实社会的需要，用以挖掘具有现实社会意义和现实领域意义的价值，或者发现具有现实影响的领域风险、社会风险。

在服务现实需要时，业务需求者往往只是从某个视角来看待这些全要素、全维度、全时段、全地域的资源数据。他们只需从特定的需求点出发，调度使用特定数据的特定维度、局部画像，对资源进行横向或纵向切片，从中寻找对其当前业务场景、当前任务有关联、有价值的局部数据资源或数据资源的局部。比如，从资源的质量维度分析资源的治理和运营质量，从体现资源价值的一些经济、社会、交易等维度分析挖掘领域中促进社会进步、经济发展、商业营销的价值，从资源的个人隐私、公共利益的影响维度，分析发现领域中涉及的社会安全、个人权益的风险，等等。

因此，数据资源服务现实业务场景的过程恰恰与数据治理融合注重场景、要素、对象个体的特征富化过程相反，资源赋能过程是一个对场景明细数据和领域核心要素、主题对象主数据主动降维显能的过程。资源赋能的主要动力来源于现实业务场景，根据场景需要，主动地连接与之特征相关的历史场景、核心要素、主题对象的数据，释放个体资源数据的单项势能，通过单个体降维、多个体关联、复合模型求精，使业务场景获得资源加持、势能释放，促进业务特性的彰显和业务指标的析出。

以高质量降维赋能的初心，践行数据融合增值的使命。 为了能够更全面、更专业、更精细地在现在和未来的业务场景中资源赋能，在数据建设中，要始终以体现领域本质、长期赋能生效、支持全面业务、适应形势发展需要为目标，对领域进行本质建模、全维建模、迭代建模，以动态知识模型驱动引擎加工处理多景、多源、多态的原始场景数据，沉淀领域核心要素、关键对象等主数据资源，以更高维度、更准精度、更多关联度、更鲜活的活跃度，服务领域业务对象在特定业务维度的定向突破、降维打击。

元数据驱动的数据赋能。 元数据驱动的数据治理，数据中台已把各服务方的经验以建模方式转化为数据处理模型和数据组织模型，并沉淀为明细数据、主数据、业务数据的元数据的组成部分，由这部分元数据驱动中台的处理、组织引擎，将服务方的经验转化到统一的数据加工和数据组织成果之中，不再需要自行重复抽取、重复建库。元数据驱动的数据赋能，数仓技术服务方，不再从自行建库的宽表中访问数据，而是通过解读元数据去了解数据组织的情况并按最新的数据组织结果和访问方法，去获取目标数据，开展数据分析和数据呈现。

有了统一建模体系和元数据驱动的中台能力体系，数据加工、数据组织、数据赋能、数据合规管控等数据处理任务，全部统一交由中台总控和调度执行，基础设施能力才能得到最科学的调度使用，数据访问的科学合规控制要求也才能得到最可靠的落实。

4. 中台数据建设的主要成果

中台数据建设的主要成果如表 6-2 所示。

表 6-2　中台的数据建设成果

成果项	成果描述
元数据	数据资源的元数据，包括数据元数据业务、技术、管理方面的特征
ROS	各类资源元数据的全生命周期和服务处理的操作数据
DaaS	原始场景数据资源、核心要素数据资源、主题对象数据资源、业务事务数据资源、知识规律数据资源、其他数据资源

6.5.3　业务建设

1. 中台业务建设的定位

一般来说，信息化领域所称的业务建设就是直接用于业务操作、业务调度、业务分析的实战业务系统建设。比如，电商平台里用于消费者商品搜索、下单的业务系统，用于商家货物上架、理货、交易的业务系统。再如，短视频社交平台里用于观众搜索、浏览、观看、评价短视频的业务系统，用于主播制作、上架、互动的业务系统，等等。

中台的业务建设不同于直接用于业务操作的专业业务系统建设，它定位于为专业业务系统提供业务资源的服务能力建设，属于"造轮子"工程。中台的业务建设为了快速搭建实战业务系统而准备了很多的零件、部件、组件、配件等要素以及组装这些要素的平台，可以在此基础上通过自由组合配置，运用无代码或低代码技术快速开发出实战业务系统。比如，前面说的电商平台会向商家提供快速搭建店铺的部件、零件等标准化组件，可为商家提供商品展示、购物车、下单、结算、物流、客服、售后等一系列基础店铺功能，还可为商家提供连接消费者、连接物流、连接支付等流通领域核心的主数据、主功能支撑。更重要的是，电商平台还提供商品及消费者的主数据建模赋能服务，通过商品标签和消费者标签的自动关联分析，将商家的商品精准推荐给恰当的消费者，帮助商家实现精准营销。

数据建设是聚焦于数据融合增值、聚能蓄势的资源富化工程，业务建设则聚焦于向实战业务提供数据资源降维赋能的工具、组件、部件、服务的能力，方便实战业务从专业的、独特的视角去洞察数据资源，从中获得业务价值、行动能力。

当然，中台业务建设除了向业务实战提供数据建设成果的高效赋能捷径外，还会连接数据之外的其他资源，比如业务行动资源、勤务保障资源、数据可视化资源、AI/NLP 智能资源等，为业务高效率、高质量、低成本开展能力赋能，促进数据等各类资源的开发利用，服务实战实效。

中台的业务建设也不全等同于 SaaS 层的能力。SaaS 侧重于生成并提供软件化的服务能力，可以被用户直接使用或以服务形式嵌入自身的应用功能中发挥作用，主要是以工具和服务向实战应用提供的能力。中台的业务建设则为快速搭建专业业务系统，并将各类资源组织好向用户提供资源赋能做准备。既要向专业业务系统提供零件、部件、组件等构件通用化、工具化、服务化的能力，还要提供资源连接、资源计算、资源组织、资源呈现等模块化、服务化的资源价值服务能力，既有技术的服务能力，更有业务的服务能力。

制造汽车，整车厂出厂的是可直接驾驶的成车，但车厂制造汽车并非自己去生产一个一个小零件，而是由产业生态的厂商提供发动机、变速箱、制动等各种部件，玻璃、轮胎、座椅等各种配件，螺帽、螺栓、卡扣等各种零件，车身、底盘、传动等各种构件，整车厂再以关键构件为基座将各种部件、配件、零件等连接组装起来，从而造出可直接向消费者交付的整车。资源化、服务化、组件化、标准化十分有利于社会分工协作和集约化生产，有利于部件、配件生产方面专业性、创新性的发展。

2. 中台业务建设内容

数字化的中台业务建设的目的就在于为高效率、高质量、低成本打造实战业务能力做准备（见图6-18）。中台的业务建设为业务实战可做的准备很多，包括预制消费者画像、商品画像、商品搜索、下单、支付、物流、客服等基础业务部件，文字、视频、图片、动画、图文等通用可视化控件（零件），店铺布局、商品要素框架、商品展示布局、九宫格布局等基础业务构件，模型构建、研判推演、流程编排等建模工具，供需分析、关联分析、喜好分析、购物车分析等数据计算组件，等等。

图 6-18　中台业务建设的主要内容

通过业务建设，中台将会拥有丰富的通用工具、组件、部件、模型、服务等各种资源，专题业务系统通过组织这些资源，便可以广泛连接数据资源、行动资源、勤务资源、专家资源、终端资源等，高效组建实战模块单元，极大地提高资源匹配、资源组织、资源投放的效率，焕发场景适配、精准推荐、按需投放、资源聚焦生效的综合活力。

企业或政府成功数字化的标志之一，就体现在中台业务建设方面，在此抽象并沉淀了一批体现领域本质的基础业务能力部件。这些中台业务建设的基础业务能力部件，连接的是一切数字化、资源化、服务化了的内外部能力，展现的是融合增值而沉淀的领域资源成果，体现的是领域核心业务的本质，牵动的是内部高效且协同的运转，彰显的是对外业务管理和服务的合力（见图 6-19）。这几个方面的基础部件体现的正是大多数行业领域生产力的主要方面，是领域数字化的认知、推理、决策、行动、内控等智能化业务基础能力，是领域业务生产力生成的夯基础、筑防范、布控制、巧干预、精宣教等关键业务基础能力，是领域内务管理方面以情报导战、协同指挥、一致行动、勤务保障、舆论机器等科学协调运转的保障业务基础能力。

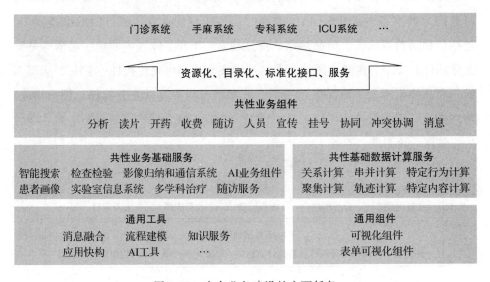

图 6-19 中台业务建设的主要任务

中台的业务建设还会围绕业务行动、装备、勤务等建设业务保障性基础能力，将保障性基础能力按照资源化、服务化、标准化开展建设和运营，为实战业务任务的执行提供按需调度、智能配置的准备。

通过以上中台的业务建设，领域中台既拥有了丰富的零件、配件、部件等基础性功能组件和工具，又拥有了覆盖全面、符合本质、体现实战的领域基础业务能力部件，还拥有了以业务实战任务为中心的保障性业务基础能力调度条件。以此为基础，在高端的专题性实战业务系统，非专业技术的领域人员甚至可以利用低代码敏捷开发平台，通过拖曳等简单操作和可视编排，高效率、高质量、低门槛、低成本地搭建业务框架、构造业务功能、配置业务流程、编排管控策略，并个性化地调整和定制界面呈现，实现千人千面、千景千面。

3. 中台业务建设的主要成果

中台业务建设的主要成果如表6-3所示。

表6-3　中台的业务建设成果

成果项	成果描述
元数据	业务建设成果类资源的元数据，包括资源的业务、技术、管理方面的特征
功能组件	控件、零件、配件、部件等基础性功能组件
业务部件	对象画像、关系分析、轨迹分析、喜好倾向分析等基础业务部件
特定服务	对特定资源封装且具有特定功能的服务
基础工具	具有用户界面的资源查询、分析、管理、编辑等通用的基础工具
建模工具	具有用户界面，可由授权用户开展模型编排、变更等处理的通用模型编辑工具
行动	通过资源化、服务化将领域基础业务行动能力以标准化的接口和统一动态访问控制，从而被实际业务场景智能推荐、按需调度
勤务	通过资源化、服务化将领域基础勤务保障能力以标准化的接口和统一动态访问控制，从而被实际业务场景智能推荐、按需调度
人才	通过资源化、服务化将领域人才资源以标准化的接口和统一动态访问控制，从而被实际业务场景智能推荐、按需调度
装备	通过资源化、服务化将装备保障资源能力以标准化的接口和统一动态访问控制，从而被实际业务场景智能推荐、按需调度
感知	通过资源化、服务化将可资利用的前端感知能力以标准化的接口和统一动态访问控制，从而被实战业务场景智能推荐、按需调度
其他资源	通过资源化、服务化将资源能力以标准化的接口和统一动态访问控制，从而被业务场景智能推荐、按需调度

6.5.4　知识建设

如果没有知识，再好的数据中台都是清汤寡水；如果没有知识，再好的感知技术都不能明察秋毫；如果没有知识，再好的应用平台都只会毫无生机。知识是人类感知世界、认识世界、认知世界和融入世界、改造世界、发展世界的经验总结，是照耀人类继承和指引人类文明发展的明灯。

知识结构是一个领域、一个组织或一个人所拥有的知识体系的构成情况，一般与知识点的数量、分类、层次及关联性、体系性、动态性等有关。知识结构反映的是领域的知识深度、广博的知识宽度和科学的知识关联度，是成为领域专家、全面解决问题的关键因素。因此，知识结构决定了解决领域问题的能力。

通过自己的学习、巩固、积累和关联、演化，你的知识结构会不断深化，知识点会日益丰富，慢慢就汇成了属于你自己的在该领域的知识体系。

1. 知识就是力量

知识就是力量。知识是感知世界、认知世界和改造世界的添加剂、催化剂、助燃剂，是人类社会不断进步的源泉，是领域创新发展不竭的动力。

人类在思考、情感、行为、社交、内控等活动中处处都会体现出智能，除了因为人类具有智人的生理特征外，还因为人类能够通过不断的学习、实践、总结、记忆形成自己的知识体系，并在其活动中运用这些知识去处理感知来的场景，产生对场景的针对性反应，从而产生智能化的成果。同时，人类还可以通过处理场景不断地总结、归纳、抽象，丰富和完善自己的知识体系，从而在新的场景处理中析出更加丰富、更应时应景、更高价值密度的信息。

知识点的持续丰富和知识结构的不断完善意味着指导处理场景情境的知识更加充分，可以从场景中解析关联出的要素及关系、行为、活动等特征标签更加多样，可以从场景中发现和挖掘出更多的价值信息。知识是生产力生成中不可或缺的关键要素，是质量变革、效率变革、动力变革的动力源泉。

随着科学技术的广泛进步和人类社会的高速发展，新技术、新制造、新集成之下各种新生事物层出不穷，事物的构成要素、组成结构、关联关系及相互作用、相互影响日益复杂。人类驾驭这些新生事物及其运行体系所需要的知识更加丰富、结构更加复杂、关系更为多元、迭代更新更快，知识爆炸对人类大脑生理极限形成了挑战，人类对新知识的学习、记忆、运用等处理不得不借用计算机人工智能外脑进行扩容、代理，甚至替代。数字化知识处理已成为数字时代最关键的任务之一。

我们在第 4 章中已经讨论了概念型知识、陈述型知识、程序型知识及领域大模型的分类。在中台的知识建设中，我们会以程序型知识和陈述型知识建设为主研究知识框架、构建方法和经营管理。

在某个领域里，知识是感知领域、认知领域、业务推理、业务决策、业务行动、业务内控的动力源泉。

领域知识包括了与领域相关的社会共识和领域自身业务知识。领域知识是领域方方面面的公共需求品，需要经过系统性学习积累以及从社会事务和领域业务的长期实践中总结提炼出来，更要作用到领域生产的各个角落。通过中台开展知识建设可以体现公共需求和共同贡献，人人为我、我为人人。

中台的知识建设的核心是以知识数字化为目标，构建数字化的知识体系、数字化知识的生产工具、元数据驱动的知识引擎，以及围绕全生命周期知识运营服务的技术能力。

2. 知识的数字化

数字化的领域知识体系要从领域性、体系化、数字化三个方面对知识进行准确的界定，并以这三个特性为目标来指导知识构建和知识应用的全过程。

领域性表现为知识既需有领域特点，又要对领域负责，让领域的业务和治理都能得到知识的引领和指导。知识的领域性除了领域自身的知识点和知识结构外，也包括与领域有关的社会共识和其他领域知识。只要是对领域发展和管理有用的知识都应纳入进来。

体系化体现为知识不只有知识点，更要系统地形成领域知识体系，既从广度上覆盖领域的方方面面，深度上面向领域的宏观、中观、微观不同层次问题域，也从结构上构建起领域知识的总体框架、组成结构、相互关联、相互作用、相互影响的系统性大厦，形成知识图谱。

数字化体现为体系化的领域知识，全部以数据的形态、可被计算机处理的格式、标准化共享共用的形式，在领域数字化的全生命周期中被输入、被处理、被引用、被参考，从而成为领域数字化的核心内容、关键任务。

数字化的领域知识体系既需要全面覆盖领域业务方面的知识体系，也要积累对领域数字化的技术实现的知识体系，以及让领域数字化可管、可控、可知、可查的管理知识体系。也就是说，领域的知识体系要以有效指导领域业务、内务、创新、监管、研发、外协、标准等方面能力的构建、配置、运用、管控为目标，力求加大知识体系的广度、深度，让领域的业务、技术、管理都能泽被于知识的作用而实现智能化、精细化、精准化。

领域知识建设既要顶层设计构建体系性、层次性、内涵性领域**概念型知识**体系，也要持续积累专题词条、特定样本、特定关系等领域**陈述型知识**，更要不断丰富迭代体现领域本质规律和领域智能化处理逻辑的领域**程序型知识**。同时，也要注重通过领域大模型的实践，利用所涉及领域的社会场景数据和领域实战业务数据，通过科学的学习训练，自动识别、分析新的领域社会形态，自动识别领域实务中自觉或不自觉采取的应对新型社会形态的业务方法，从而不断创新工作模式、涌现技法战法。

不管是概念型知识，还是陈述型知识、程序型知识，都要始终将数字化贯穿于生命周期管理，通过知识建模将知识资源化、数据化，以知识数据承载数字化的知识结构和知识点。通过元数据将领域知识和知识体系以知识点和知识结构的特性一一表达出来，从业务方面、技术方面、管理方面对领域知识的特征进行数字化精细刻画，促进知识与领域业务处理、内务管理的深度融合，指导领域的感知、认知、推理、决策、行动、内控等智能处理，促进领域的发展和创新，促进领域业务在质量、效率和动力方面的不断升华。

在数字化的知识体系下，知识体系的构建和运用将不再受制于人脑的容量和人的精力，知识学习从一个人勤勉地学变成无数计算机不知疲倦地学，知识记忆从人脑的学了易忘变成了计算机的过目不忘，知识运用从一个人的低效转化变成系统引擎的自动化运用、智能化使用。

3. 知识的经营

与中台技术建设的阶段性、间歇性特征不同，中台的知识建设与数据建设、业务建设一样体现为长期性、日常性。知识积累是一项日常性领域业务经营工程，知识的产生和完善都应由领域业务人员为主角自觉或不自觉地长期坚持。知识的经营体现为知识全生命周期的精细化、智能化、日常化的经营、治理，使知识始终处于最佳的状态，为知识的运用提供支撑服务和保障。

在数字化之前，知识散落在领域业务人员头脑里、书本里、档案资料里、法律政策规范条款里，以及第三方知识服务商、领域研究、教育机构里，等等。在这样的知识环境中，学习知识的成本很高，但运用知识的效率却很低。比如，医学的知识广而且深，一个专业知识水平高的医生往往在从医之前已进行了大量的知识学习，并需要终生学习、终生积累，而且突出的医生非常少，大部分医生的知识结构、知识水平不是很高。在一些传统行业，尤其是传统制造业，人们的知识水平普遍不高，技术能力也不强，产业的全球竞争力自然就不强。知识决定着人们的能力和水平。个人、组织在领域里的水平高低往往取决于所掌握知识体系的广度和深度。

数字化的知识学习、知识积累有三种途径（见图6-20），分别是运动建模、日常积累、自主学习。**运动建模**是一种集中会战式的、运动式的建模活动。一般指在知识体系的数字化初期和传统知识向数字化知识变迁时，集中地将档案、书本、头脑里的知识通过知识建模工具集中式转化成数字化的知识。知识的批量导入也算是一种集中会战方式。**日常积累**则一般由实战业务人员在平时工作中根据业务形势和需求变化随时增加或更新完善知识模型，让业务技战法和新知识点及时数字化，边战边建。**自主学习**是知识学习的最高境界。学习系统会对一些数据分析挖掘和线索研判过程，尤其是业务专家、业务骨干操作过程的日志数据、业务数据，进行主动分析和重组，通过多人、多次的自主学习，可以提炼出新的逻辑处理过程，这样的逻辑处理过程往往就是一个新的技战法，可以推荐出来由业务人员进一步确认而成为新的知识模型。大模型的学习训练是无监督自主学习及有监督强化学习相结合的典型场景，为从数据感知到知识沉淀的实践提供了十分重要且有效的方法参考和能力建设范式。

不管是集中会战还是边战边建、自主学习，都需要准备得心应手的知识学习工具，也就是领域的知识建模工具。知识建模工具负责向知识数字化的建模人员提供交互界面，让建模人员编排知识处理逻辑和操作动作，提供样例数据验证知识的有效性。对建模成功的知识成果，生成知识实体数据和知识元数据，知识的元数据注册到知识资源的运营平台。知识建模工具可以丰富多彩、百花齐放，只要建模的知识成果符合中台的数据组织和元数据的描述规范即可。

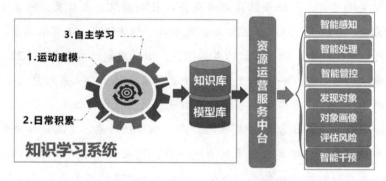

图 6-20　中台知识建设的三个主要途径

知识的高质量和最佳服务状态取决于知识全生命周期管理的水平，在于知识从产生、生效、上线、变更到下架、销毁等生命周期管理过程的精细化、动态化，还在于知识的服务、调度、交易和管控、质量、评价等全使能过程处理和全关注视角治理的智能化、精准化。中台给知识资源提供全生命周期管理、全使能过程处理、全关注视角治理的运营服务平台，知识的生成、存储、使用、加工等处理都在一个中台上完成，外部对知识的发现、理解、解读、调度、使用、评价等都通过知识的元数据传递信息。通过知识元数据，知识使用者可以自动化地探索、理解和调度知识，还可以评价知识，促进知识的完善。

用图和可视化技术来计算、存储、加工、展示知识，是一条不错的知识处理的技术路线。知识体系具有鲜明的多维特征和关系特性，知识点作为一种对象，其要素属性和知识点之间的联系关系都是知识计算的突轴点和计算特征。图是面向对象开展实体－关系计算、组织的最佳理论支撑，基于 NLP 和图计算技术开展实体识别、关系提取、实体统一、指代消解等实体－关系计算处理，以及知识对象的实体－关系存储，知识对象的实体－关系搜索、分析处理，可以充分沉淀领域知识体系及充分挖掘知识体系的价值。

运用图理论和图技术形成的知识体系的成果，我们称为知识图谱。这类以图技术开展知识和信息处理的技术，业界俗称"知识图谱技术"。也就是说，业界在说"知识图谱技术"时，其作用的对象可能是知识，也可能是信息。所以仅就技术来说，业界所称的"知识图谱技术"应精确称为"图谱技术"，当图谱技术作用于知识时，形成的成果是体系化的知识图谱，当图谱技术作用于信息时，形成的成果是体系化领域对象的信息图谱。我们在这里讨论的是知识域，因此，知识图谱及其所涉及的信息都是知识相关事项。

知识图谱的能力既包括将知识以图数据库等技术进行组织和存储，也包括从繁杂的领域信息中提取和生产领域知识，还包括对存储的知识体系进行搜索、分析，以及将知识体系通过多媒体、多形态与人类进行交互的图示化呈现。

中台知识建设形成的知识图谱技术能力支撑领域更有效、更高效、更直观、更深入地构建和经营知识体系，促进领域的知识体系持续丰富和演进，促进知识体系在领域感知、认知、分析、推理、决策、行动、内控场景中指导应用。

知识图谱可以形象地呈现知识点的属性特征和知识点之间的关联关系从而构成知识体系，能够通过度量每个属性、关系的指标值有效地支撑信息的可解释性。在机器学习尤其是深度学习的人工智能场景中，引擎后面的知识体系是一个黑盒，往往从输入到输出的逻辑因果关系是不可解释的，甚至有时会由于学习样本的片面性造成输出结果违背常规通识。有了数字化、图谱化的知识体系和知识表达基础，以领域技战法处理逻辑为主的程序型知识便会遵循约定俗成的表达语言、语法规则、描述规范，其人机交互的过程、处理的逻辑、执行的次序、层次的关系等都以知识图谱形态得到了规范、精细、精确的数字化，不仅可以在展示模型计算成果支持的同时呈现产生成果的过程，还可以在实战场景中动态评价、优化和完善模型。这种可解释、可重放、可优化的知识应用模式和知识表达能力，不仅解决了知识应用最基本的能力的彰显，还具备了传道、授业、解惑的知识传播能力，有效缓解了现行视觉 AI 等深度学习、机器学习的知识体系不可解释、不可共用的问题。知识体系的数字化、图谱化及显性逻辑表达是人类从数字智能通向**通用人工智能**的必然道路，为人类数字化知识体系多源学习、优化迭代、广泛运用、深化应用开辟了更加广阔的空间。

4. 知识的利用

知识数据是业务处理所消费的参考性数据。虽然知识的本质是参考类的数据，但它却指导和促进碎片化场景数据插上业务特征的翅膀，是让数据融合、增值、赋能的关键。知识数据可以用于领域的哪些实战场景？知识数据如何与场景数据、主题数据、要素数据、业务数据产生关联并生效出彩？知识数据如何广泛而深入地影响业务实战？这些问题的回答正是让知识成为领域前进动力的关键。

在传统数据仓库的数据分析应用中，聚合数据、加工数据、分析数据的知识模型来源于乙方工程技术人员对业务的调研和整理，并通过编程或静态处理逻辑编排集成到从数据收集到数据赋能展现的全过程中，业务人员从提出需求到呈现分析结果都再无机会介入到知识模型的建立、调整和数据加工分析处理中去。从数据的感知、认知、加工到分析、决策的一系列过程中，会用到很多的知识点。对知识点的应用会因时而变，对知识点间的关系是否用、何时用、怎么用也会因时而变，形势变化引起知识的应用变化是必然的。传统数据仓库的静态绑定知识点、知识点关系的应用模式，一定无法适用数字时代形势快速变化的业务场景。

一个业务链条从场景感知到加工处理、对象认知、对象分析、方案决策等一系列处理环节都必须深化知识的应用。每个环节用什么知识、怎么用、用到什么程度等配置建模工作，应该交给行业领域专家和一线实战人员去经营，这样才能确保知识用得广、用得专、用得深、用得活。统一的元数据描述的数字化知识体系为知识在领域和各类业务、业务的各个环节、环节的各个逻辑中活用打下了基础。现在的任务是让数字化的感知系统、数据处理系统、业务分析系统、智能决策系统、指挥调度系统、统一行动系统，都能够提供基于元数据驱动的处理引擎来动态解读元数据，动态使用知识数据开展数据的加工处理，让知识的力量恰如其分地迸发出来（见图6-21）。

在这里，什么业务、什么环节、什么逻辑操作中使用什么知识、模型，是由业务人员使用建模工具定义出来的。业务人员建模出来的知识、模型成果会以元数据的形式描述出其业务特征、技术特征和管理特征，这些知识模型的特征因为遵循了统一的元数据语言体系和命名空间，可以自动地匹配并推荐给相同特征或相关联特征的原始场景数据、主题对象数据、核心要素数据或业务事务数据，从而体现出知识模型丰富迭代给正在处理中的业务带来的主动变化。这是新知识产生或旧知识更新时驱动牵引的原处理逻辑定义的变化，简称"**知识驱动**"的处理逻辑定义。另一方面，在定义场景数据接入处理流程时，由于待接入的场景数据拥有了元数据的规范化描述，场景数据的元数据特征会自动匹配和推荐出有相同或相关联特性的知识模型，经过负责接入定义人员的确认和编排，完成特定场景数据处理模型及其元数据的建模。引擎在处理这类场景数据时，就会引用编排的处理模型对数据开展动态的处理。这是新类型场景数据所驱动的数据处理逻辑生成的定义，简称"**场景驱动**"或"**数据驱动**"的处理逻辑定义。

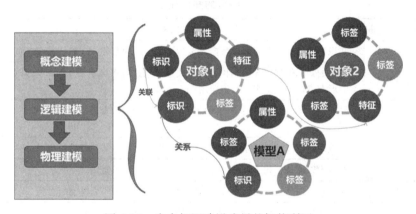

图 6-21　中台知识建设成果的智能利用

大模型学习训练出的成果在领域数字化中的作用正在显现，尤其是基于大模型的内容生成式模式和多模态呈现模式，正在解放人类的部分的脑力劳动，大大推进数字化历程迈入智能化的步伐。要让大模型的领域知识更好、更贴切地服务于领域生产场景，领域大模型的生成式引擎，除了消费自训练、自组织的大模型向量数据外，还要连接多元的外部语言大模型和其他专用领域大模型，同时以元数据解读和引导为路径，动态访问领域大数据平台的领域知识规律数据、领域业务事务数据、领域要素资源数据、领域主题对象数据等，开展基于多元相关性数据的动态文本生成，并向用户提供多种模态可选的个性化输出。

除了专用的学习训练工具和聊天交互工具外，领域大模型还要向领域大数据平台和领域应用系统提供 SaaS 化的接口能力，开放大模型学习、大模型训练、大模型使用、大模型管理的接口，按照结构化、半结构化、非结构化等多种形态接口规范开展输入与输出对接，一方面促进领域大模型学习训练深度融入领域大数据的处理和治理场景，另一方面为领域应用系统提供嵌入式领域大模型的生成和涌现能力，促进领域大模型能力深度融入业务实战场景，促进业务实战思路和方案的创新扩展，促进实战业务场景中的精彩呈现。

5. 中台知识建设的主要成果

中台知识建设的主要成果如表 6-4 所示。

表 6-4   中台的知识建设成果

成果项	成果描述
元数据	知识建设成果类资源的元数据，包括知识资源的业务、技术、管理方面的特征
领域知识体系	领域的知识框架、知识结构、知识关系等构建的知识体系实例，一般以知识图谱的形态进行知识组织和知识应用
元模型	领域内各类资源共性特征的元模型，用于指导对应资源的元数据生产、交换和治理
概念型知识	领域内体系性结构、原理性陈述、层次性分类、总结性概述的知识实例
陈述型知识	领域中以词条、句子、样本等进行直接陈述的知识实例
程序型知识	为了特定目的对特定资源进行指定逻辑加工的处理序列模型的实例
领域大模型	基于通用大语言模型学习训练而成的垂直领域大模型，通过通用大语言模型及其他专用垂直领域大模型的多智能体联动，形成领域实战场景的应景文本生成及多模态输出呈现的能力支撑
其他知识资源	其他形态表达的领域知识的实例

6.5.5　安全建设

为什么要把安全建设列为中台建设重中之重的任务呢？中台通过对一切资源的运营、经营，资源的聚集、融合、关联、增值所带来的聚能蓄势达到了前所未有的高度。随着聚合资源的增加、处理知识的丰富、推理分析的深入，中台经营的资源在领域大放异彩的同时，风险也在急剧增加。发展和安全是一体之两翼，数字化突飞猛进地发展，需要伴随数字化安全的深化。没有网络安全就没有国家安全，没有数字化安全就没有数字化发展。安全建设是中台建设任务里与数据建设、业务建设、技术建设、知识建设同样重要的关键任务。

中台的安全建设不同于传统的以边界防护为主的网络实体安全。数字化智能化大背景下的中台安全建设，需要以数据和功能等核心资源的全生命周期管理、全使能过程处理为主要目标，以内生安全引领新型安全要求、安全需求，呼唤着新的安全理念、安全思想、安全框架、安全技术路线的战略设计，提出了高效率、高质量的数字安全新思路、新方法、新方案的供给需求。

中台的安全建设是与领域发展面相对应的控制面，内容非常丰富、繁杂，对传统网络安全的思想、方法、框架、技术、方案都提出了新的挑战。为了能系统性地阐述清楚新安全体系，我们将在第 7 章专门讨论。

6.5.6　中台牵动的感知建设

感知建设并不属于中台建设的任务，但感知建设的质量影响着中台建设成果的效益发挥。如果没有源头活水，再高端的中台只会空有一副好皮囊而毫无生机、作用平平。感知体系的布局、质量、能力、水平，决定着碎片化场景数字化的维度、精度、密度、关联度和集成度的效果。

中台牵动的感知体系规划建设，其定位将更加精准明确，布局将更为科学有序，目标将更显有的放矢，任务将更加清晰具体。因为有智慧的中台在后面融合增值、蓄势赋能、统筹调度，感知体系便可以将精力和能力充分定位于感知这一神圣的职责之上，感知体系的每个感知能力个体都会找到最适合自己的定位，有一分热发一分光，发挥好螺丝钉和专精特的作用。同时，个体由于得到了中台知识和 AI 能力的加持以及元数据驱动力的浇灌，其感知能力、智能水平会得到更大的提升，感知体系获取的场景数字化成果与中台的匹配能力、对接效率、呼应程度也会更好。

中台牵动和加持的感知体系从此可以摆脱个子小功能全、不专不精、信息孤岛的尴尬局面，可以一门心思在独特站位上发挥自身专精特能力优势，获得最佳的观测感知效果，为中台源源不断输出最不可或缺的特定视角、特殊维度、特有精度、特别关联的场景数字化数据。

中台承担着领域的运营和服务重任，并且承载着领域对历史的、当下的需求满足以及未来应时应景需求变化的适应。因此，中台对如何科学布局感知体系、应该部署什么感知能力、不同部位感知系统应该具备什么精度要求、如何让不同感知能力关联形成合力等拥有最具说服力的权威性和话语权。同时，中台牵引的感知体系设计和部署也更加有利于现有感知体系的优化，可以对智能、专业、高精度与非智能、民用、低精度的感知设备系统互补，让更多现有非智能感知系统设备通过数据的拉通、拟合，构建智能化的小型互助感知体系，提升从智能初级阶段到高级阶段这个充分利旧、平稳过渡时期的适应能力。

在数字化大背景下，构建感知体系应立足数字化、智能化、资源化、服务化，让中台对感知体系拥有统领全局的指挥权，从而让领域业务实战场景可以通过中台大脑，动态实时地调度每一个感知系统能力，可以为了特定的实战任务动态使用智能感知设备系统的特定功能，以获得更全维度、更高精度、更多关联度的场景数据。

人类的感知体系完全是被大脑控制指挥着承担各自的感知任务的。领域的感知体系应该像人类大脑一样指挥和控制各种感知能力，可以遵循领域中台大脑对每个感知能力个体的布局和指令，各司其职又互补协同地感知领域场景，形成一个应时、应景的智能感知体系。

比如，在智能医疗、数字健康领域，以人为本的数字化健康管理和智能医疗体系要求对个人尤其对患者等重点目标，构建全时、全景、全视角的智能感知体系，以专业医疗级监测器材、民用级监测设备、通用体温视频监测设备等各种感知设备系统，将感知的触角从原来医疗机构就医这一特定场景，拓展到生产、生活、社交、运动等各个场景，医疗机构、居家、工作场所、户外等各种环境，工作、娱乐、休息、睡眠各种时点，让感知体系数据的场景更加接近平时真实的情境（见图6-22），从而获得目标患者最科学、最权威、最真实、最实时的体征数据和病情信息，为精细化诊断分析和真实情境下的健康监测提供场景数据支持。

图 6-22　中台牵动下的感知体系建设

6.5.7　中台呼唤整体数字化转型建设

中台以及支撑中台科学运营的建设任务有很多，除了上面讨论的业务建设、数据建设、技术建设、知识建设、安全建设、感知建设等关键建设之外，还有制度建设、体制建设、人才建设、运维建设、标准规范建设、保障建设等。中台及以中台为基座的所有数字化建设成果，都会以"资源"的形态纳入资源运营服务平台，被资源操作系统以元数据的形态智能推荐、精准投放在领域的业务、内务的实务场景之中，从而实现中台支撑的领域数字化、智能化。

中台及中台牵引的数据建设、知识建设、应用建设、技术建设等只是从技术、工程视角出发的实践。数字化转型仅有工程、技术的支撑还无法真正释放以中台为基座的数字化红利，还需要同步开展与之相适应的法律、政策、标准等数字化转型的制度体系设计，实现从信息化向数字化的全面转变，让以中台为基座的业务、管理、技术成果成为从规划、设计、建设到运行一脉相承的数字化实战体系，以动态、可变、弹性、集约的制度、模式主动适配瞬息万变的领域新形态，这样才真正步入科学数字化转型的新业态。

数字化转型和深化领域制度性变革是数字时代领域可持续、蓬勃战斗力生成的两大引擎。数字化规划实施是深化领域变革的战术性支撑工程，实施深化领域变革也是领域数字化转型战略科学、有效实施的关键性保障工程。领域数字化战略实施可以大力支撑领域的体制改革、机制健全、模式创新、资源盘活、动力焕发、质量提高、效率跃升等目标顺利落地。

系统思维、数智思维引领的领域制度创新、模式创新等坚定的改革创新精神和改革举措落地实施，将可以推动和保障领域数字化转型战略的顺利实施，数字化、智能化红利才可能汩汩溢出，资源智能投放到政府治理和企业服务实战场景的目标才能真正得以实现。

6.6 中台的特质

最近网上出来一些论调，"数仓出局，中台已凉，数据湖称王"，认为中台已是明日黄花、日薄西山，数据湖正在成为新的高地。这种论调其实是对数据仓库、数据湖、数据中台的认知不足，对它们的内涵、外延、定位、边界、关系不清。让我们一起来将将这几者的关系和中台的特征、本质。

数据仓库，是指需要业务智能化的企业，为了特定分析性报告和决策支持目的而构建的集成化数据环境。数据仓库本身并不"生产"任何数据，但可以通过抽取、转换、装载所需的外部数据，定时按预置模型进行计算分析、呈现，提供辅助决策支持。数据仓库的特点有：面向特定分析主题和特定目的，处理的是特定准实时或定时结构化数据，总体上部署轻便快捷，输出的是固定格式报表、周报月报、中国式复杂报表，大屏呈现等。

数据集市总体上是数据仓库的简化版形态，经常是在数据仓库分析基础上形成的更专题型的小型数据仓库，更为聚焦。

数据湖则是一类集成了多种数据库技术，用于存储自然/原始格式数据的数据存储系统，数据湖中有结构化数据、半结构化数据、非结构化数据、二进制数据等各种形式的数据。通过多种数据库技术的融合，可以向应用提供更高性能和更多功能的数据库服务场景。

中台也提供了数据的抽取、装载、组织、使用等数据的管理和处理能力，但与数据仓库、数据湖、数据集市等相比，还有很多不同的特质（见表6-5）。

中台是将政府、企业的各类生产要素通过数字化处理和运营形成全维、实时、鲜活的企业数字化资源和资源目录，由业务场景数据和业务知识数据驱动，支撑实现自动推荐、自动预警、动态管控的中枢性平台。中台由包括实体数据资源、硬件资源、中间件、中台工具、组件服务等在内的一切资源以及它们的元数据组成。数据包括结构化数据、半结构化数据、非结构化数据和二进制数据等各种类型的数据。在存储原始格式的基础上，中台还会根据行业和企业自身的特点，构建、丰富、迭代形成原始场景、核心要素、主题对象、业务事务等反映企业本质、符合广泛业务需要的多种新型数据组织形态。中台处理的是领域全部资源，面向的是当前和今后的各类业务实战，以业务高阶信息化、业务智能化、业务规范化为目标。

表 6-5　中台与数据仓库、数据湖及数据集市的比较

能力大类	能力小类	中台	数据仓库	数据湖	数据集市
技术框架	元数据驱动	●	○		○
	对象化、标签化	●	○		○
	实时流式处理	●	○		○
	异步批式处理	○	●	○	●
	静态知识加持	●	○		○
	动态知识加持	●			
	知识图谱加持	●	○		○
	支持实时事务处理	●			
	支持实时数据分析	●	○		○
数据资产化	支持感知数据全接	●		●	
	支持业务数据存储	●			
	提取、打标、关联	●	○		○
	原始格式数据	●		●	
	原始场景数据	●		○	
	核心要素数据	●			
	主题对象数据	●	○		○
	知识规律数据	●	○		○
	业务事务数据	●			
	业务要素索引	●			

（续）

能力大类	能力小类	中台	数据仓库	数据湖	数据集市
支撑管控	元数据定义迭代	●			
	数据敏感度分类分级	●			
	静态数据鉴权		●	●	●
	动态数据鉴权	●			
	数据资源目录	●			
组件服务	一般检索	○	○	●	○
	智能搜索	●			
	智能画像	●			
	外部技术定制模型	○	●	●	●
	用户自主建模	●			
	可视化支持	●			
	实时分析预警	●	○		○
资产化覆盖	数据	●	○		○
	模型	●	○		○
	功能	●			
	计算	●			
	中间件	●			
	AI	●			
	安全	●			
	人力资源	●			

注：●—适用　○—部分适用　空—不适用或基本不适用

从上表可以发现，中台的特质体现在以下几个方面：

1）中台是一个政府或企业组织中的核心基础设施，拉通政府部门或企业的所有资源，为其高阶信息化、智能化、规范化供给源源不断的生产力、创造力、管控力，为政府或企业科学、高效、智能、安全、低成本的运行提供根本性的支撑保障。

2）中台的建设包括技术建设、数据（资源）建设、业务建设、知识建设、安全建设等非常全面、丰富的建设任务和内涵。中台建设不再单单是一个简单的中间件系统建设，也不只是一个数据分析系统建设，更不限于"特定数据"单一的资源。中台建设将包括数据、技术、业务、人才、功能、服务、知识、模型、AI、可视化等各种对行业智能化有价值的所有资源的数字化建设。为了能够让中台不断跟上行业、社会的千变万化，知识体系动态更新、业务模型持续迭代成为中台建设中长期的任务和责任。

3）中台对各类资源处理都是实时的、动态的、智能的，是反映政府部门和企业本质的。中台对接了政府或企业信息化、智能化所需要的全部资源，这些资源一经发现，就需要在社会共识和行业知识的加持下进行资源的增维、增类、增关联，实时地转化为更加符合业务需要的原始场景数据、核心要素数据、主题对象数据，从而对要素、对象自动触发因特性变化而引起的价值挖掘和风险分析，真正地实现业务智能化，实现场景驱动的业务智能。

4）中台是元数据驱动的。中台产品只是一系列建模工具和处理引擎构成的平台技术框架，具体处理什么、怎么处理、输入什么参数、输出什么成果等真正的社会共识、行业知识、业务需求，都是由元数据告诉引擎的。同时，这样的元数据驱动是由行业主导并深度介入的，这样的元数据才贴近行业、贴近业务。中台引擎是由元数据驱动的，因为用户参与了元数据的丰富和迭代更新，所以，中台的引擎们实际上随时随地在落实业务的需求、应对形势的变化。

中台的定位是以数据为核心的资源运营服务，数据中台属于"数据资源即服务（DaaS）"的范畴。数据仓库、数据集市也是数据资源分析应用的范畴，但其仅面向特定任务提供数据分析能力。要想适应新的分析需求，数据仓库要重新做一遍 ETL 和建模分析的过程，无法满足数据资源即服务（DaaS）和能力精细化按需供给的需要。数据湖的定位是以数据存储和检索为核心的平台型中间件，属于"平台即服务（PaaS）"的范畴，为数据治理赋能提供能力，而不是数据治理和赋能本身。中台会根据技术和业务的需要，在技术建设中选择应用数据湖的技术能力，从而在数据建设的数据物理建模时，按需调度数据湖跨中间件数据管理特性或者某种数据湖中间件产品能力，体现中台数据组织的技术先进性、跨平台性。中台也可以通过定义元数据的形式，集成和融合各个阶段数据仓库建设中沉淀的数据组织、分析模型、处理规则、可视化组件等成果，将其变成中台运营着的资源，随时随地被业务发现、调度、生效。

近期兴起的数据编织（Data Fabric）也针对数据中台开始了新一轮的炒作。

实际上，数据编织的思想包含了元数据驱动、资源化治理、动态访问控制等基本思路，提出的是数据分布式融合、增值、赋能解决方案的方法论，是数据中台的一种特例。我们提出的数据中台"一切资源化、资源目录化、目录全局化、全局标准化"的思想和方法论，是满足集中式、分布式、集中与分布混合式多种工程场景的集大成者。

实际上，数据仓库、数据湖、数据编织、OLTP 数据库、OLAP 数据库、数据集市等几个不同层面、不同侧重的思路、技术和方法应该与数据中台协同起来，共同支撑领域数字化、智能化的战略设计和解决方案的落地。

6.7　中台产品通用化

中台产品化、成熟度、普适性足够高，甲方才能终身受益，乙方才能历久弥新。

数字化、智能化大潮浪潮汹涌，一方面，各行各业数字化战略意识和建设需求十分活跃，这给大数据智能化建设带来了广阔的市场空间。另一方面，大数据智能化规划建设涉及数据融合、业务融合、技术融合以及体制、机制、人才、资金等方方面面的变革，中台是支撑和保障数据治理、业务应用、安全管控等目标得以高效率、高质量、低成本实现的关键，科学合理的技术方案和成熟开放的产品体系是中台成功的必要条件。

以通用中台产品构建中台技术体系，是高效搭建中台、成果借鉴转化、低成本持续进化、企业可持续发展、数字化转型实践，实现中台定位、体现中台价值、突显中台优势的必由之路，是用户和公司的必然选择。与以数据仓库、数据集市、数据湖、中台定制等思路构建的大数据平台相比，中台产品的通用化十分关键和必要。

（1）让甲方终身受益

中台通用产品化才能确保中台高质量实施。具有较高成熟度的中台技术框架和产品体系，大部分实施都是配置工作，用户可以最大程度参与项目工作，大大减少现场交互讨论的内容，减少了定制开发、现场改造软件的过程，可以大大缩短项目实施时长，降低现场实施的复杂性、失误率，真正降低政府、企业中台建设的实施风险。

中台通用产品化才能确保中台终生进化。使用通用的中台产品构建中台，政府、企业的大数据智能化事业可以不再受制于中台产品提供商的业务水平，而是以中台为基座，真正实现用户对数据融合、知识建模、应用创新、管控规则的长期积累、持续迭代，数据成果、知识成果、业务成果、规则成果越来越丰富，中台越跑越聪明。中台产品化还有利于在重点区域、重点部位场景中使用优秀"小脑"产品，实现立体感知和边缘智能，实现"大脑"与"小脑"的无缝对接，心灵相通。

中台通用产品化才能确保中台持续开放。中台以统一运营服务平台开放资源，对技术生态、对行业专家、对中台产品商自身一视同仁，技术生态通过服务接口、行业专家以可视化工具享受开放服务，以统一的元数据驱动调度、融合数据、模型、计算、AI 等能力，完全公开、透明。

中台通用产品化才能确保业主长期受益。长期以来，电子化、信息化、数字化等浪潮一波接着一波，但数据、知识、功能、计算、人才等资源从来没像当今这样按照要素化、资产化进行融合，中台将按照"一切资源化"思路对这些资源进行标识、处理、生效，按照行业特点对要素、主题、知识进行对象化长期经营、持续迭代，这将会对业务模式、应用创新、运行机制等产生深远影响，长期利好促进企业发展、提高政府治理水平。

（2）让乙方历久弥新

中台通用产品化才能提高公司的核心竞争力。成熟、开放的通用中台产品，是公司奠定新基建、数字化软件领域领导地位和公司竞争力的核心利器，是公司开拓行业渠道、引导行业规划、承担行业建设、积累行业知识的重要法宝，是公司引导产品方向、设计产品战略、规范产品路线、完善产品门类的核心支点，是公司引入战略资本、研发核心技术、培养人才队伍、凝聚团队士气的定海神针。

中台通用产品化才能提高公司的生态地位。数字化、智能化浪潮已把政府、企业裹挟其中，高涨的热情、海量的需求、巨量的市场正吸引着越来越多的企业入局。但是，数字化技术体系非常复杂、产业链很长，只有构建技术生态才能角逐这个蓝海。中台的定位和价值决定了有中台产品和拥有中台产品的公司才能够主导构建技术生态。谁成功打造了通用中台产品体系，谁就能主导技术生态的构建。

中台通用产品化才能利于公司产品创新。中台是打造应用生态、拓展感知体系、积累行业知识、精益控制策略的重要基础，各政府、企业的感知、认识、推理、决策、行动等场景迫切需要快速搭建千人千面、精准好用的产品和工具。基于元数据驱动、集成"一切资源"、开放灵活的中台产品，就是公司产品规划、产品设计、产品验证、产品市场的创新底气和充分条件，中台赋予行业产品的创新优势不是任何其他产品能提供得了的。

中台通用产品化才能推动公司快速发展。通用中台产品是公司选择行业、拓展行业、引导行业、把控行业的利器。有了中台产品，进入行业、在行业站稳的效率极大提高、成本极大降低、成功率大大提升。同时，中台有利于公司在行业内深耕和拓展，获得最大化的业绩呈现。由于中台通用产品化，项目交付的人员层次素质要求降低，交付人力需求减少，时间需求减少，公司项目总体交付成本将大幅降低，盈利能力将变得很强。不断迭代的中台通用产品将来可以通过逐步硬化发展，获得更好的知识产权保护、更广泛的场景适配、更丰厚的利润回报、最大化的资本青睐，促进公司快速成长发展。

6.8　不同的中台视角

既然中台把资源操作系统作为定位之一，那么在实际的中台规划建设中，我们就该按照"资源化、服务化"的思想，构建开放、动态、按需配置的框架和元数据驱动的工具引擎产品体系，为"一切资源"提供统一的运营和服务平台基础能力。

在这样的框架和体系下，一个行业、一个区域、一个企业，甚至企业内的一个部门、一种业务、一种资源，都可以完全独立地形成一个中台，由元数据驱动的技术产品形成技术框架和产品支撑体系，再在发展中持续丰富和迭代行业、企业的 Know-how，让它开始源源不断地为我们的业务提供智能服务，不断挖掘价值、指导业务。这样不同目的、特定理由定义出来的形形色色的中台，可以完全独立地开展体系化的特定类型实体中台建设，然后与资源运营服务平台对接，纳入统一的资源操作系统和资源服务体系，统一向实战赋能。也可以通过标签化、特征化对资源进行逻辑规划、分类，再由引擎按照标签、特征进行分类隔离，形成逻辑上的中台，类似于云内租户式的逻辑中台。

当然，这样的中台可以是综合性的资源中台，提供全面业务、技术、数据、AI、安全等多方面的资源组织、资源运营、资源服务；也可以是单一的、专题性的资源中台，如提供业务智能化的业务中台、提供技术支撑智能化的技术中台、提供数据资源智能化的数据中台、提供AI智能能力的AI中台、提供安全可信合规纵深防御的安全中台，等等。

在一定的发展时期，我们可以根据业务需求、行业发展、资源现状、技术进步等情况，选择一类或者几类资源体系，先规划建设局部资源能力的中台发挥成效，后面再根据发展情况，适当整合新的资源，实现资源统筹、多元化智能。只要是纳入中台的资源，都应该按照统一的元数据驱动体系和统一的资源描述框架持续丰富和迭代资源的特征体系，为不同类的资源之间找到可以融合处理的特征和标签架起资源互融、互通、互用的桥梁。

1. 系统性的中台分类方法

我们可以把中台系统性地分为主流的资源运营服务中台、领域生产中台、安全中台、运维中台、开发中台，等等。

资源运营服务中台（ROS）主要定位资源的运营和服务，管理的对象是资源的元数据。通过资源的注册、审核、生效、变更、评价、销毁等全生命周期的管理，让资源可知、可调、可用、可评、可管、可控，资源对象包括数据资源、知识资源、模型资源、可视化组件资源、计算组件资源、功能资源、手段资源、业务资源、行动资源、人力资源，等等。

领域（生产）中台的核心定位是对各类资源实体进行领域化融合、本质化增值、精细化治理、智能化赋能。在ROS治理好的资源元数据的指导下，让原始采集的场景数据资源动态适配资源处理引擎，开展各类资源的连接、融合、增值、赋能和基础服务，持续沉淀反映行业领域本质的原始场景、核心要素、主题对象等领域资源数据。以场景和知识双驱动，牵引各种应用引擎按需调度、精细配置、精准投放资源，按照模型的逻辑执行指定策略，生成强大而智能的领域生产力，支撑业务实战应用和内务精细治理。领域生产中台承担着数据中台、业务中台、知识中台、技术中台、勤务中台等多种角色，承载着业务操作面和业务运转面的主体元素。

安全控制中台主要定位于提供资源的全生命周期的安全、可信、合规等资源安全保护能力，让资源可管、可控、可查，促进资源科学、安全、高效、合规地生效。

运维中台的主要定位是对信息基础设施及基础设施环境的运行保障，确保资源能够稳定、可靠、高性能地生效。

开发中台的主要定位是提供可视化组件、计算组件、引擎及配置工具等开发资源的组织能力，为产品研发、交互研发、用户配置等提供敏捷开发的环境，促进千人千面、千景千面的形成，以最小化配置、最大化能力适应场景的个性化需求和要求。

2. 以业务的方法对中台分类

以业务的方法对中台进行划分，可以分为数据中台、业务中台、知识中台、安全中台、AI中台、计算中台、认证中台、审批中台、人力资源中台、勤务中台、指挥中台、行动中台、手段中台、监察中台，等等。

比如，数据中台主要定位于业务视角的数据聚合、融合、增值、赋能、基础服务等数据使能，提供精细化、智能化、动态化的数据接入、加工、组织、治理、服务等数据处理和数据模型计算、智能可视呈现的能力体系，向实战应用场景提供数据智能推荐、资源精准投放。

因此，叫什么中台并不重要，重要的是在中台经营的资源是否实现了资源化、服务化，中台资源是否以规范的元数据进行业务、技术、管理方面的特征描述和表达，中台的资源元数据是否纳入统一资源操作系统进行资源运营治理和服务，从而实现资源的智能推荐、精准投放、按需调度、规范管控。

7

第7章 | C H A P T E R

内生安全

安全与发展相伴相生。发展是生产力,是力量;安全是生产关系,是调节。安全是为了让力量能够在合适的场景、用合适的方式、以精准的力度作用于恰当的对象之上,使发展更加和谐、健康、有序。独立于发展的安全毫无意义,离开安全的发展不可持续。在网络化、数字化、智能化的大潮中,不管是国家、政府、企业,还是我们的社会和家庭,安全和发展要同命运、共进退,让发展和安全同步规划、同步建设、同步运行。

在数字化时代,网络安全的视角已不能再仅限于网络自身的实体安全,比如只关注终端、网络边界、服务器、数据库等看得见摸得着的实体安全,而是要从原来的网络实体安全延伸到数据安全、信息安全、知识安全、业务安全等更全要素视角的网络空间安全,树立大网络空间安全观。

安全遵循木桶原理,任何一块短板的出现都可能成为能力削弱甚至体系崩溃的奇点(见图7-1)。安全的体系性、完整性、科学性十分关键。安全体系的构建需要顶层设计,用一个科学和相对完整的安全规划设计,根据轻重缓急来逐步推进安全体系的构建。任何以为购买一件产品或建一个系统就能解决安全问题的想法都是不可取的。

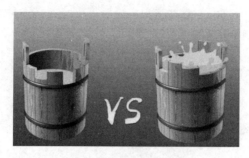

图 7-1　木桶原理示意图

对网络安全建模，要用系统化的框架思维，抓住安全的本质要求，按照核心、重要、一般等等级要求，围绕资源和能力等资产逐步构建安全体系。这就要求组织内的各个方面、各个层级都能由衷地、发自内心地增强安全意识、增强安全认识，提升对安全的认知能力和水平，以内生安全为建设理念，自觉、主动、积极地开展安全战略规划、安全顶层设计、扎实安全建设、强化安全运行，真正构建起与发展相匹配的网络空间内生安全能力体系。

内生安全就是要对关键信息基础设施和企业信息化系统构建内生安全框架及安全可信合规的纵深防御体系，对企业的数据、功能等核心资产进行贴身安全防护和动态访问控制。其中，身份的多维综合认证和持续动态评估是主体信任的核心，任务明确、事由充分、多因素决策是动态访问控制行为合规的核心，资产安全分类分级和精细化分类保护是客体安全防护的核心。

7.1　安全需求

在数字化时代，物质世界、人类社会已高度孪生并发展于网络空间。现实世界生产、生活、社交、学习等功能越来越多地搬上网络运行，网络空间集聚的数据越来越丰富、规模越来越庞大，数据所承载的信息价值密度越来越高，网络空间里高价值数据和社会运行功能带来的高风险也愈加突出，国家安全、公共利益、个人和组织权益等各种维度风险齐聚到网络空间之中。但是，当前网络空间中高价值数据、强社会功能所集聚的高风险与所应匹配的安全保护能力相去甚远，我们的网络安全形势和安全保护能力水平不容乐观。

网络安全界长期以来的主流安全设计思路，是以网为界、画地为牢，采用围栏、隔离、划区等做法把网络分隔成若干安全等级不同的区域，再在隔离带上穿墙打洞，设置门卫、岗哨，层层查验网络通行的身份或静态规则，进入区域以后，就什么也不管了，即使管，也没有管好、管细。

传统的"以边界为中心"的网络安全思想影响很深，监管、产业、市场等各方呈现出来的安全政策、监管措施、安全产品、安全服务、运行机制、工作要求、安全人力资源等，往往是以边界"能不能挡住、会不会被拿下"这个最粗放的标志作为安全核心评价指标。在这样的大背景下，系统、网络的运行者，往往以边界"不被拿下"作为安全建设、安全运行的追求，安全设计和安全建设也是简单化为堆设备、买服务等形式化的行动。

这种"重边界安全、轻资产保卫"的安全能力建设思路，肯定不可能把主要的安全行动能力投射到数据、功能等核心资产的保卫上。同时，分隔的、零散的、各自为政的身份认证、应用授权、事由确认、边界防护、业务审计等能力，往往是在不同时期、以不同目的、由不同的承建者分别设计、分散建设、各自运行的，没有顶层设计、没有统筹规划，根本无法形成统一、协同、有效的安全能力体系，造成从请求到裁决再到响应的业务访问、网络访问、数据访问的过程链条断裂，无法形成真正有效的保护合力。

当网络安全需求、安全要求、国家意志从网络边界防护向数据、功能等核心资产保卫转变时，人们才发现网络安全界的视角从来没有关注到数据、功能等更细粒度、更为复杂、更加动态且相对抽象、相对缺少抓手的保护要求和安全目标需求上来。即使是惯用的攻防、威胁等需求分析方法，也没有真正深入到数据、功能这些最核心的作用目标之上。数据安全保护领域的资产识别、分类分级、隐私计算、加密脱敏等安全需求，没有设计、没有产品、没有服务、没有方案、没有标准规范，产业端、产品端、人才端、方案端的积累都很少，甚至连对数据安全保护的全生命周期、全使能过程的要求，还是以《中华人民共和国数据安全法》这种最刚性的形式第一次系统性地提出来的。法律开始施行了，网络安全界才开始补课，补监管政策的课、补标准规范的课、补技术体系的课、补安全人才的课、补产品能力的课、补解决方案的课、补体制机制的课。甚至，一批攻防对抗、威胁主导、边界防护的陈旧思想、老套思路、"三件套"产品体系，仍然长期影响着新思想、新理念、新框架、新体系、新技术、新标准、新规范的推陈出新和创新发展。

《中华人民共和国数据安全法》开了一个先河，第一次让全社会认识到数据才是网络空间中举足轻重的核心资产、生产要素，确立了数据以及数据全使能过程、全生命周期安全保护在网络空间安全领域里的重要地位，明确了全社会数据安全保护的责任要求。让网络安全界终于逐渐开始认识到网络安全不只是防边界，数据安全不只是做数据库审计、数据防泄露。不仅是数据，网络空间中任何资产的安全保护都需要保护其全生命周期、保护其全使能过程。安全保护既要符合政策规定要求，也要符合程序规范要求，还要符合安全规范要求，既要维护国家安全、公共利益，还要保护个人权益和组织权益。

纵深，就要把安全能力从关注边界，拓展到主体信任、行为合规、资产安全的全链条。

没有网络安全，就没有国家安全。网络空间安全已与人类社会的和谐、有序、健康发展休戚相关，科学地识别、认知新时代网络空间的安全需求是规划、设计、建设、运行安全保障体系的关键。以数据、功能为核心的安全保护理念体现了数字化时代网络空间安全的本质要求。数字化大形势下的网络安全需求一定要跟上时代发展的要求，围绕核心资产的安全保护，打破在外围绕圈子的"边界"防护思想，以核心资产的分类安全防护为轴心、以主体—行为—客体访问全链条的动态访问控制为主线、以动态网域防控面为辅助，构建点线面结合的立体、内生、动态的网络空间安全框架，形成以资产为核心的安全、可信、合规的纵深安全防御体系（见图7-2）。

内生安全既是自觉、自驱、发自内心的责任，更是科学、有效、把握本质的行动。

数字化时代下的安全需求已经从门卫式的边界防护向保镖式的资产保卫转变。新的安全行动能力体系要把触角延伸到事前审查身份事由、事中控制到访行为等关键环节，对需要保卫的网络空间数据、功能和系统、计算、网络等重要资产，进行全资产要素、全生命周期、全使能过程、全链条环节、全安全视角的安全保卫。

贴身保卫：标识资产、分类保护、协同防护

持续信任：多维身份认证、动态持续监测、动态调整信任

业务合规：事前授权、事中控制、事后监督

图 7-2　安全、可信、合规的纵深安全防御体系

一方面，我们要打破以边界为中心的安全需求认识，将安全需求定位于核心资产的保卫，并以直接保护核心资产为基础，将需求视角由内而外拓展开去，一路追溯，一直到发起访问的请求者，识别出网络访问路径上的每一个设备、每一段网络、每一股流量、每一名人员、每一次行为，业务交互路径上的每一个角色，数据、功能等核心资源管理路径上的每一个环节核心资产（见图 7-3、图 7-4），形成全链条覆盖、全要素纳控、重点环节增强的安全行动能力。

另一方面，在数字化背景下，核心是保护数据和功能的安全。数据本身就承载着国家运行、企业运转、个人隐私等社会信息和业务信息，是社会和业务价值风险的载体。数据的价值和风险往往会通过功能呈现出来。当然，不需要通过功能，数据的价值和风险本就存在。功能往往通过处理和展现数据而呈现自身的价值，当功能被违规用于处理数据时就会有风险。但是，有些功能并不是用于处理数据的。比如智能手术刀、火箭发射按钮等功能不需要作用于数据就自带特定的能力。关于对数据的保护，法律层面已经提出了明确的要求，既从数据处理流程上将安全保护的要求覆盖到了收集、存储、使用、加工、传输、提供、公开、销毁、交易等全生命周期，又从数据风险对国家安全、公共利益、个人权益、组织权益影响的社会性质的分类角度，以及核心数据、重要数据、一般数据等多个等级，提出了数据分类分级的要求。数据安全保护的法律责任要求正将安全建设从边界的、静态的安全，强行拽向数据、功能等核心资产动态保卫的需求轨道，安全产业也开始从供给侧主导向需求侧主导转变。

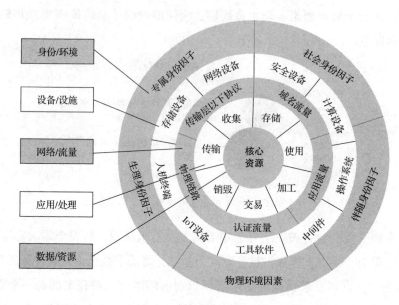

图 7-3　数字化时代数据成为需要保护的核心资产

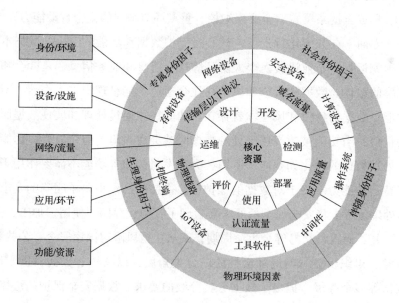

图 7-4　数字化时代功能成为需要保护的核心资产

再一方面，全链条的安全行动能力不仅对链条上的资产进行牢牢的安全防护，更要将业务访问中的请求方、裁决方、响应方等不同角色都纳入决策视角，并将任务类型、事由因素等作为关键要素纳入动态访问控制的决策闭环，以全链条各种参与因素的综合决策实现安全、可信、合规等执行能力融合的安全效果。通过全链条中关键对象的安全能力部署，可在业务访问闭环的关键环节统一实现持续的身份信任、行为的合规控制、资源的安全防护，确保全链条、全要素、全视角、全方位的安全、可信、合规。

7.2　内生安全框架

构建安全的"木桶"。我们要先弄清对哪些、什么样的待保护对象配备何类型、何尺寸、何能力、何效用的"木板"，列出需要配置的安全行动能力清单和指标需求。一方面，防止出现该有板的地方没板、在需要长板宽板厚板的地方用了短板窄板薄板的情况，减少漏洞等脆弱点出现的机会。另一方面，安全体系被突破还有一种可能是维系木桶完整性连接的结构出现了松动甚至崩溃。

想要理清安全行动能力清单，我们必须抓住安全的本质，这样才可能全面、准确地识别安全行动能力的需求，才能明确真正的安全建设目标和任务。科学的安全木桶需要将安全能力的视角，从以边界为中心的单一边界防护向以数据、功能等核心资产为中心的全链条、全要素纵深安全保卫转变，为核心资产配备贴身防护、主体信任、行为合规的安全行动能力支撑（见图 7-5）。

在设计内生安全框架时，既要关注各种安全行动能力的全面性、有效性、可用性，还要在总体上将各种安全行动能力纳入一个"大脑"中，统一管理、集中调度、综合决策、协同控制、一致行动，保证各种安全行动能力处于"安全大脑"的牢牢掌控之下，用规范、动态、实时的控制流、感知流，将各类安全行动能力牢牢系在一起，确保各得其所、各尽其能、取长补短、协调统一，用最小的代价取得最大的安全效果。

内生安全是新一代安全框架的核心思想，以保护核心数据、关键功能为主旨，构建贴身安全防护、持续信任评估、动态合规控制的基础能力以及统筹协调的综合管控能力，形成主体信任、行为合规、资产安全的纵深防御体系，形成体现安全本质的安全大数据资源体系和系统性态势感知能力体系，知己、知彼、知威胁，各司其职、立体监测、资源重构、综合分析、统筹决策、协同行动，用最小的代价得到最大的安全效果。

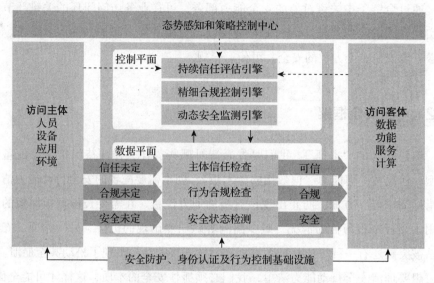

图 7-5 安全、可信、合规的能力应嵌入处理关键逻辑之中

分类安全保护、持续信任评估、动态合规控制，才是各司其职的纵深防御，即以"一中心三个体系"的内生安全总体框架为遵循（见图 7-6），构建安全、可信、合规的纵深安全防御体系，实现实体安全、身份可信、行为合规。

"一中心"，即建设统一的安全管理和策略控制中心，该中心是安全大脑，包括资产管理中心、态势分析中心、策略控制中心、事务处理中心，以核心资产的全方位保护、全维度感知、全时空融合、全视角刻画、全要素分析、全流程管控为根本目标和关键任务，构建动态防护、动态信任、动态合规、动态监管的综合能力体系和知己、知彼、知威胁的安全数据资源体系及态势感知体系。对核心资产进行全生命周期的动态管理和安全保护，对安全数据进行全域感知、精细治理、灵活应用、精准管控，使中心成为所有安全资源综合管理、统一调度、融通协同、一致行动的心脏，形成由安全大脑指挥的全要素、全维度、全环节的安全、可信、合规的纵深防御体系。大脑掌控下的精细识别、恰当防护、有效监测、适度响应的安全保障体系，才是科学的安全保障体系。

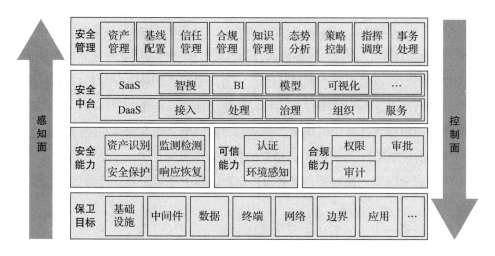

图 7-6　内生安全框架

"安全防护体系" 要覆盖数据、功能、网络、设备、计算、系统等实体及实体关系、业务链条，核心是要构建资产识别、安全保护、监测检测、决策响应、恢复控制的动态安全防护能力体系，保障资产的机密性、完整性、一致性，实现从把门式网络边界安全管理向贴身安全保卫的模式转变，变被动为主动，变单点为立体、变静态为动态，变局部为全局。

"零信任体系" 要构建对任务、身份、环境等主体的多因素认证、识别、判定和持续动态信任评估的能力，形成全视角、全要素、全属性等因素的信任闭环机制，向业务访问、资源访问、网络访问等行为合规控制提供动态信任评估成果。

"动态访问控制体系" 要实现访问行为动态控制、业务动态监管，对核心资产构建动态访问控制等可用性安全能力，既要通过消费零信任体系感知的访问行为人及访问行为承载的设备、应用、环境等主体状态变化及其信任度动态评估成果，确保行为主体的动态、持续、多维度综合信任，又能按照统一的任务、事由、岗位职责与数据、功能、计算等资源的配置策略，支撑访问行为的动态权限授予控制、任务审批确认、动态行为审计，形成基于属性和策略的动态访问控制技术能力，确保权责统一、依法合规。

"一中心"是内生安全框架的管理面、控制面的能力，经营的是安全保护的关键资产、安全知识、风险模型、处置预案等对象的全生命周期及其运行生效，统筹的是全面安全、可信、合规的所有安全执行能力资源，输出的是综合管理、综合分析、综合决策、综合调度等综合能力。安全防护体系、零信任体系、动态访问控制体系是内生安全框架的执行面能力体系，既承担"一中心"下达的安全生产控制能力任务，也承担"一中心"的安全感知数据采集能力任务。配置、控制的策略来自"一中心"，感知的日志数据服务于"一中心"。

内生安全既要一致对外，更要刀刃向内，确保主体可信、行为合规、资产安全。

构建以资产为中心的内生安全理念、战略、产业、能力、服务迫在眉睫。搭建新框架、营造新局面的前提是要推动网络安全界的全面解放。

第一，要从思想认知上解放。把安全认知、安全视角从网络实体安全为主，拓展到网络空间全要素安全上，对数据、功能（应用、信息系统）、信息、服务器（云）、边界、终端、网络等各类网络实体及其安全交互行为、业务流程链条开展安全保卫。

第二，要从理念思路上解放。从攻防对抗的测试式、碎片化、局部性安全防护，向内生安全框架下的体系化、结构化、全局性的安全保卫转变。从简单粗暴的攻防测试制造安全需求、外挂堆叠设备，头痛医头、脚痛医脚，强制、逼迫引导建设的模式，向以网络流、数据流、业务流为主线的安全识别、安全设计、安全建设、安全运营转变。从关键生产节点、节点间关系和业务访问链条上主动识别安全需求、研发安全产品、设计安全方案、配置安全能力，让安全保护设计与关键资产生产活动息息相关、相辅相成、相伴相生，让安全能力覆盖资源处理的全使能过程、全生命周期、全治理视角，让网络安全建设从"要我建"转向"我要建"。

第三，要在技术体系上解放。要从盒子式专门设备、专门软件的技术产品模式、产品形态，向安全能力资源化、服务化技术模式和产品形态模式转变；

从专用、静态、外挂的安全部署模式向按需使用、动态配置、内生嵌入式的安全运营模式转变；从简单边界安全单点防护向以数据、功能等为核心保护目标的安全可信合规纵深防御技术体系转变，实现资产分类保护、信任持续评估、访问行为动态控制。

第四，要在产业政策层面上解放。网络安全的理念创新、体系创新、技术创新、产品创新、模式创新，都需要国家对产业的悉心培育、正确引导。在网络空间安全产业中，旧的技术体系、产业分工、利益格局正在成为实现新的内生安全目标和数据安全保护的障碍。通过国家产业层面的推动，设立专项攻关、专项行动、专项资金支持，可以将网络空间安全产业从"三件套"边界防护产业格局导向到符合内生安全框架和安全可信合规纵深防御体系的技术、产品、服务等产业方向上来，重构新型网络空间安全市场，丰富新型安全能力的供给和配置。

第五，要在监管行动上解放。通过多年的重要信息系统等级保护制度的执行和近年来"护网"行动的开展，以攻防开道、以打促建的目的已经达到，各关键信息基础设施、重要信息系统的运行主体的责任意识、安全意识已毋庸置疑，建好安全堡垒的热情高涨。如何构建新型的关键信息基础设施、重要信息系统的安全保障体系，尤其是如何按照《中华人民共和国数据安全法》《中华人民共和国个人信息保护法》、数据跨境流动管理等法律规定，落实数据、功能等核心资产的安全保护能力规划、建设、运行的责任要求，网络安全界的各相关方都还没有做好准备，总体上的现状是监管者不说、运行者不懂、产业界不会、学术界不精。

内生安全既是自觉、自驱、发自内心的责任，更是科学、有效、把握本质的行动。判断安全思想、安全理念、安全思路、安全方案等是否是内生的，至少要考量以下维度，若符合，则为内生。

在认识上，是自驱、发自内心的，不是被迫、违背内心的。

在目标上，将数据、功能等核心资产作为安全管控的主要作用目标，不只以网络边界为主要目标，而是从门卫检查到贴身保镖的动态安全保卫的目标。

在框架上，是体系的、全链的、纵深的，而不是单点、局部的，是围绕着核心资产构建的纵深安全防御体系。

在本质上，构建主体可信、行为合规、客体安全的基础保护能力，按需动态调度；构建体现本质的安全数据资源体系和安全风险分析能力体系，知己、知彼、知威胁；构建综合决策、协同行动、最高性价的干预反制能力，主动防御。

在技术上，是资源化、服务化、开放性的，不是孤岛、封闭、盒子式的。

在方法上，对安全能力和保护对象，是内生、主动、动态、基于注册的嵌入式全生命周期管理，而不是外挂、被动、静态、基于备案的离线旁路式管理。

在效果上，决策层有决心、执行层有信心、操作人很省心、相关方很齐心。

在体制上，建立专业安全机构、配备专门数据安全官，而不是说起来重要、干起来不要的。

在队伍上，建立了自身专业化安全人才队伍，具备较好的安全理念、方法、技术、能力，而不是完全依赖外部的安全服务团队，交出钥匙，没人管，不会管。

以上这些看待安全的视角，既是我们评价安全框架是不是内生的指标体系，也是我们规划、设计、建设、运行内生安全框架和纵深安全能力体系的目标和路径。

7.3　安全能力生成方法论

1. 专业人做专业事，安全是专业性很强的特殊领域

木桶原理决定了安全必须经过顶层设计。"安全服务于生产"的宗旨决定了安全与生产必须同步规划、同步建设、同步运行，安全能力必须嵌入到生产过程、关键环节、处理逻辑之中才能真正发挥作用。比如，在数据处理时，将识别、标注、分类、分级、脱敏、加密、签名、访问控制等数据安全能力嵌入数据处理流程、处理逻辑、赋能服务中，在数据收集、数据存储、数据使用、数据加工、数据传输、数据提供、数据公开、数据删除、数据销毁、数据交易等关键环节妥善落实数据安全保护的责任，降低风险、动态控制。另一方面，木

桶的安全性会随着木桶的木板损坏补新、结构松动紧致等变化而变化，资产的变更、关系的调整、流程的变化等也将对安全状态产生必然的影响。因此，动态的安全管理和安全运营对安全体系的维护十分重要，需要开展动态化、常态化的业务化运营。面对复杂的安全需求、趋利的人性本质、易变的安全威胁，要让最新、最全、最专业的安全知识动态作用于安全体系，让高效安全策略运营和科学安全能力投放在安全实践中发挥关键作用。坚持安全知识、安全模型、安全策略的体系性、全面性、丰富性和知识体系的持续迭代正是安全方法论的重要一环。

安全既是一种技术活，也是一项系统工程。与医疗、金融、经济、教育、文化等领域的知识和技战法不同，网络安全知识和安全经验战法来源于专业安全机构、专业安全人员、专业安全攻防实战。安全能力生成和动态安全运营不是一项政府或企业以自身资源内循环就能达成的复杂系统性工程，安全领域的专业性、涉及技术的广泛性、攻防对抗的复杂性、安全形势的瞬变性，决定了没有一个政府部门、企业机构能够凭自身的安全专业能力、安全人才队伍、安全知识结构胜任国家网络安全要求和企业自身安全需求。安全能力体系蓝图难描绘、战略难规划、能力难构建、风险难管理、策略难运营，相对于企业发展来说，网络安全保障工作难以让各方满意，往往是吃力不讨好，建得再好也不能直接体现为企业效益的提升。但是，这些安全工程、安全任务也是任何政府部门和企业机构回避不了的国家要求和社会责任，回避不了安全保障是领域业务创新发展的生命线，安全运行和安全管理的责任无可推卸，安全风险对国家安全、公共利益、企业生产、个人权益的破坏、干扰、影响不可忽视。

2. 网络安全保护的核心对象是数据和功能

在数字时代，网络安全保护的目标对象已经从传统的网络边界、网络实体等对象转向了以**数据、功能**为核心，围绕数据、功能处理的网络实体、关键关系、重要链条等网络对象目标。数据、功能及关系、链条等网络安全对象，不再是传统认知网络设备、操作系统、应用系统、数据库系统等实体形态，而是融合在传统网络实体形态里或者穿梭在实体形态间更细粒度的**网络逻辑对象**，而且这些数据、功能、关系等逻辑对象的粒度更细、关系更多、外连虚化。

使用"网络逻辑对象"这个词，是相对于服务器、网络设备、安全设备等网络实体对象而言的，用以表现特定语境中某个概念相对完整的网络逻辑单元。逻辑对象是个概念性术语，粒度可粗可细，细的可以到数据记录或数据项、功能项，粗的可以是一个由硬软件环境、应用系统、功能、数据组成的一个整体事物，粗细粒度是由特定领域或特定场景需要来约定划分的。以研究逻辑对象来分解研究领域，可以让讨论过程排除非关键因素的干扰，聚焦于主要矛盾和矛盾主要方面，突出核心因素、关键关系及其特性的表现，有利于直击业务本质，反映内在规律。研究逻辑对象还有利于我们从方法上更直观地对接建模思想，落实一切资源化、资源对象化、对象标签化的数字化路径，促进元数据驱动技术方案的落地。

传统的串接设备、旁路安全系统等安全能力物理化形态及部署形式，没有也无法与逻辑存在的生产处理过程和处理中的逻辑数据形态融合起来，更无法嵌入到逻辑的生产环节、处理逻辑里去。旁路外挂式的安全能力根本不能适应数字时代逻辑对象的内生安全、嵌入安全、贴身安全的形势需要，无法对数据、功能等逻辑形态的核心资产开展精细化安全保护，正在大大制约着对数据的开发利用。

3. 用一个领域来定义网络安全

构建数字时代的智能化网络空间安全能力体系，需要用智能化基因的安全方法论来指导和推动。为了便于讨论整体安全体系的构建方法论，我们可以把网络空间安全当作一个行业或者领域，以便借鉴本书在前面章节中讨论的数字化本质、建模思维、一切资源化思想、数据要素、元数据驱动及领域中台的方法，来指导构建网络空间安全能力体系。

现在，我们将网络安全看作一个领域。那么我们就可以通过构建领域模型来系统性、体系化、分层次地分解、抽象、认知安全领域，构建安全领域模型，以对象模型、关系模型、处理模型、场景模型等基础模型的迭代、衍生，构建反映网络安全领域本质的模型体系，并以丰富的安全模型体系及其元数据指导和驱动安全规划、安全建设、安全运行的实践。

4. 网络安全的本质是对威胁、脆弱、风险、资产的动态管控

网络安全风险管理的本质是什么？网络对象具有的天然脆弱点使得威胁的发生成为必然的存在，从而使网络、业务及数据资产等受到影响，形成风险。网络安全能力本质就是针对存在脆弱点的网络对象、利用脆弱点的威胁、威胁利用产生的风险等开展识别、处理、管控的能力（见图 7-7）。

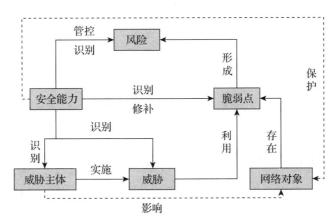

图 7-7　安全基础模型

我们可以来反推一下威胁、风险、脆弱点、资产与安全规划、设计、建设、运行实践的因果关系。之所以要建设网络安全能力，是因为我们要科学、有效、可控地管控出现在网络对象之上的安全风险。网络对象之所以会形成安全风险，是因为有威胁主体出于某种目的利用了网络对象的一些脆弱点。网络对象之所以存在脆弱点，是因为网络对象是人类创造出来的，是人类创造的就会有美中不足。由于人的因素加入，**网络安全风险管控成为网络空间管理永恒的主题**。网络对象→（存在）脆弱点，威胁主体→（实施）威胁→（利用）脆弱点→（形成）风险，安全能力→（识别、管控）风险。威胁主体通过利用脆弱点间接影响网络对象（逻辑对象客体）。反之，安全能力通过管控风险抑制脆弱点被利用而间接保护好网络对象（逻辑对象客体）。攻防双方（威胁主体←→安全能力）的对抗都是以网络对象为目标，以威胁、脆弱点、风险为载体，正反两方此消彼长。

这些主客体和主客体安全要素、因果链、因果关系连接反映了网络安全管理的本质要求，组成了安全的基础框架。我们只有抓住攻防对抗的本质，把握风险扬抑规律，主动在感知、发现、预警、控制风险中牵动安全模型、安全策略生效，安全能力才能在与威胁的对抗中始终处于上风。

把握风险扬抑规律就是从上帝视角出发，既要能全面动态地识别威胁主体、识别威胁行为、识别脆弱点、识别安全风险等链条环节和风险传递过程；又要科学治理网络主体、网络资产，有效地管控风险、压制威胁、修补脆弱点，切断风险传递的链条；还要让安全能力资源化、服务化生成，可以按需调度、融合嵌入生产环节、处理逻辑之中，实现内生安全、贴身安全、精细安全；更要从主体可信、行为合规、客体安全多个点位共同发力、构建合力，让安全能力手拉手形成安全链，全面护航领域网络访问链、业务生产链、资源生效链，真正实现内生防御、主动防御、纵深防御、动态防御。

5. 对安全开展领域建模是开启科学安全能力体系的金钥匙

对安全领域开展建模有利于系统性认知网络安全的整体格局，顶层设计安全框架，也有利于体系化分解安全要素，识别威胁传递路径，分析风险因果链条。

通过领域建模，我们可以清晰认识网络安全领域关注的攻击者、网络资产、安全事件等核心对象，以及威胁、脆弱点、风险、安全能力等核心要素。同时，我们还会将关注点、着重点放到核心对象、关键要素是如何关联起来的认知体系之上，不断丰富、持续迭代，积累风险分析、基线规则、管控策略等网络安全处理逻辑模型。

这些主要对象、核心要素、重要关系、关键逻辑及其所属的框架、结构体系，就是我们对网络安全领域建模的主体任务。通过安全领域建模，我们便可构筑起网络安全的知识体系和全景图谱，将对网络空间资产、关联、运行等生产的认知和网络安全识别、保护、管控等安全认知深入融合、智能拉通，从而以网络安全的本质规律指导构建网络安全保障体系，动态运营和智能配置安全能力，精准识别管控网络风险威胁，科学应对永恒的网络空间脆弱性挑战。

6. 知识驱动的安全能力配置机制

网络空间安全风险的根源是威胁行为主体的贪婪本性，风险本质是资产存在的脆弱性被威胁利用。风险起点源自有脆弱点的资产在网络空间里运行，产生了暴露面而被威胁主体发现并开展了威胁利用。风险的形式是威胁呈现于网络空间的行为。威胁行为体的贪婪和资产脆弱性的永恒存在决定着网络空间的安全风险不会消失，安全威胁与安全防护的对抗是永恒的主题。

资产的脆弱点不断地出现，也会不断地被发现；利用脆弱点的威胁方法不断地出现，也会不断地被识别和标注；威胁行为给网络造成的安全风险会不断地被认知、被识别；安全保护者应对安全风险的能力配置方案会不断地丰富和完善。

历史积累的资产脆弱点矩阵、威胁行为体利用脆弱点的体系化方法、威胁行为形成安全风险的感知模型、应对安全风险的能力配置和行动策略等，构成了指导安全需求、安全设计、安全建设、安全配置的安全知识体系，覆盖了资产部署、脆弱性识别、威胁识别、风险识别、安全能力配置等安全能力生成的关键环节。

如果我们拥有一套智能化安全能力生成的技术系统，一个动态的安全能力生成的建模工具，通过有效活用脆弱点、威胁、风险、能力配置等安全知识体系，就可以支撑安全运营人员根据资产注册和部署情况，智能化、导航式配置从资产部署配置、到脆弱性识别、到威胁识别、到风险感知、到能力配置的安全能力设计和策略执行的方案，形成从资产部署到安全能力配置的智能推导闭环。

这样的以资产实施部署和安全知识驱动的安全能力生成体系，可以有效指导安全能力建设和安全科学运营实践，既可以在安全规划建设期支撑安全设计人员通过作用域内生产系统资产模拟部署推演，自动推荐安全能力的模拟部署，从而持续优化和形成安全体系的设计方案；也可以在安全运营期支撑安全运营人员同生产运营人员共同以资产注册变更和实施部署为起点，一步步推导动态生成相应的安全能力配置方案，指导恰当的安全能力配置和生效，从而实现安全建设和安全运营的智能化、自动化、精细化、精准化。

7. 安全运营是动态构建数字时代网络安全的必由之路

资产有轻重之分、威胁有大小之别、风险有缓急之异，网络安全不是要追求永远不引入弱点、不产生风险、不发生对抗，我们追求的是能够管得明资产、认得清弱点、识得了威胁、控得住风险、投得上能力、挡得住攻击、打得赢战斗、斗得过对手，在生产秩序、安全代价和总体影响中取得平衡，用最小的安全代价取得最佳的安全效果，这是我们所追求的最高安全境界。

脆弱性是网络对象的必然特性，脆弱点会随着系统的增减、软件的升级、对象的配置、部署的调整、策略的变化而不断地被抑制，又不断地再出现，此消彼长。当人性趋利性遇到变化的网络脆弱性，威胁主体看到的是机会、是利益，利用网络对象弱点变化的威胁手段、方法、路径、行动也会随之不断地翻新。随之，安全风险、安全需求会不断地提出，有效应对风险、尽快恢复生产、减少负面影响的时效性要求非常急迫。

最小的安全代价、最大的安全效果、变化的安全需求、急迫的应急响应，对传统的静态配置、粗放管制的安全管理模式提出了挑战，突出重点、有的放矢、随机应变的安全运营新模式正被数字时代拥抱。安全运营体现的是因地制宜、强调的是主次分明、权衡的是轻重缓急、注重的是量力而行。

通过安全运营，我们可以动态掌握特定网络空间的组成要素、结构、环境，在领域建模和安全知识体系的指导下，以网络、数据、业务为主线动态识别网络对象及脆弱性，动态识别威胁和风险，动态配置和下发安全基线规则，动态构建风险识别和风险分析模型，动态配置综合管控策略，动态构建安全事件管理控制能力和指挥调度处置流程，让对资产、脆弱性、威胁、风险、威胁攻击者的识别及安全能力的配置执行实现动态匹配。

内生安全、安全运营已开始被国际标准、国家法律、监管政策、行业自律、企业需求逐步接受，缺乏的是业界当前的意识认知、标准规范、技术体系、产品能力、解决方案、服务模式、人才队伍，以及国家的强力推动、监管的意志彰显、企业的行动动力。

8. 安全能力生成的实践路径

知识就是力量，安全是知识驱动的典型领域。鲜活的安全知识体系是安全能力体系规划建设和安全稳定运行的关键基础。一般来说，知识不会用"鲜活"这个词来形容，但安全知识更新的随时性、实时性对安全作用有效性至关重要，如果安全知识更新不及时，极有可能造成安全体系短时间内失效，甚至造成安全不设防的后门洞开的局面。用"鲜活"这个词，就是希望安全运行者时刻保持安全知识更新的意识和行动。

在安全能力的全生命周期管理、全场景赋能服务处理中，应构建全面、科学、高效的安全知识更新迭代机制，采取优选智库伙伴、自建安研团队、物建安全外脑、组织红蓝对抗、采购安全服务等措施，不断地学习知识、积累战法、预置方案、优化策略，以汩汩的知识源泉焕发日新月异的安全能力、安全策略。

企业网络安全能力体系的构建需要在网络空间安全知识体系、全景图谱和科学方法论的指导下，优选安全战略规划、设计建设、运营运行和知识服务的合作伙伴，形成内外合力，系统性开展战略制定、顶层规划、需求分析、方案设计、安全建设、安全运营等安全建设和运行，构建安全能力体系（见图 7-8）。在安全能力交付和安全保障中，伴随资产、关联、流程的部署及变化，在安全知识体系的加持下，不断地丰富、优化、迭代安全配置，动态调整安全策略，以最小的代价获得最佳的安全效果。

确定企业的安全战略。安全战略不是简简单单地定一个安全目标方向，而是要围绕数字化时代的主旋律和领域智能化的总目标，站位于国家安全、公共利益、个人和组织权益的安全格局之上，结合企业自身的安全需求，确定企业的安全发展战略。同时，在领域数字化、智能化的蓝图之中，安全能力作用保障的数字化、智能化目标需要鲜明地确立和彰显。安全战略实现的技术路线同样需要战略布局，智能化安全、内生式安全、精细化安全、主动性安全等数字化安全战略及其技术路线必须坚定地明确下来。

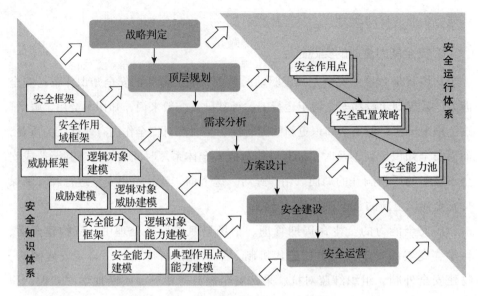

图 7-8　知识驱动的安全能力体系

顶层设计安全总体规划。顶层设计就是要以大网络空间安全观，从网络实体安全、数据安全、业务安全、信息安全等多个视角，明确网络空间的数据、业务、网络数字化安全目标，选择内生安全总体框架和动态安全运营的管理模式，确定安全、可信、合规的纵深防御能力体系，选择元数据驱动的技术路径、产品路径、服务路径。

步步为营，扎实推进安全规划落地。按照"一中心三体系"的内生安全总体能力框架，分阶段开展安全、可信、合规纵深防御能力体系的生成建设。以全局安全视角和数字化安全路线，统筹安全的感知、认知、推理、决策、行动能力，打造安全"大脑"，构建安全大数据基座支撑之下的基础管理、态势感知、策略管控、指挥调度等智能安全应用体系。

以项目为单元的安全能力生成建设是在整体安全知识体系、安全总体规划、安全整体框架、安全顶层设计指导下的整体或局部的工程实践，是在安全免疫机体持续成长、不断完善、动态调优的渐进过程中的一个步骤，是与生产系统伴生成长的永恒话题。

一个安全项目建设往往承载着整体安全框架内的一个或多个局部目标任务

的落地实践。这一个或几个目标任务落地实践的过程一般遵循需求分析、方案设计、实施交付、安全运行的工程方法路径。只是在这个路径的每个环节，需要坚定安全需求与安全能力先解耦再耦合，按需编排安全策略、动态拉通安全供需的核心设计思路，实现场景安全需求和安全能力供给的智能配置。智能配置的关键是要有科学、全面、动态、持续迭代的安全知识体系、资产认知体系、安全能力生成体系（见图 7-9），可以在智能化建模工具辅助之下精准聚焦模型策略的生成场景。因此，重点是要落实好需求识别、方案设计、安全运营等技术实施路径的工具引擎体系的构建。

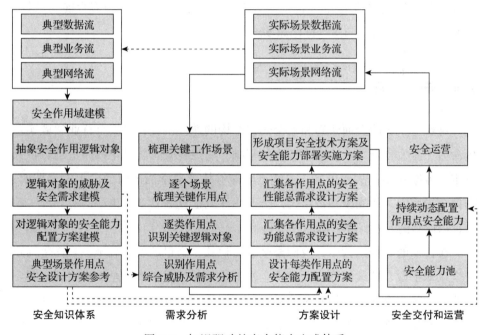

图 7-9　知识驱动的安全能力生成体系

首先，在需求分析阶段，通过网络流、数据流、业务流分析问题域场景，梳理主要的安全作用域，分别识别安全作用点及作用点内的网络逻辑对象、内外关联、主要行为、业务链条等关键目标，在网络逻辑对象脆弱点、威胁、风险等安全知识体系的指导下，以作用点为单元识别安全功能需求。

其次，在网络逻辑对象安全能力配置知识的指导下，提取安全功能分类需求，明确安全功能在不同类型作用点上恰当的安全能力交付形态，包括串接设备交付、并接设备交付、远程软件服务调用交付、动态链接库化本地部署交付、本地独立安全软件部署交付等多种形态的交付方式。按照安全功能和交付形态，汇总项目所有场景作用点的安全能力性能需求，设计工程实施技术方案。

最后也是最重要的是安全运营工作。工程的实施交付会为整体的安全机体增添更加丰富的安全能力池。持续、常态化的安全运营工作会以资产自身脆弱性、资产基线配置、资产暴露面等现状动态牵动对应的安全知识乍现和安全配置策略，从而动态地将池中的安全能力嵌入作业生产、资源访问、网络流转等业务流程、处理逻辑里去，让生产和安全同步运行，确保各项安全能力精细、精准、恰当、有效地与生产操作深度融合。

7.4　安全认知

对安全领域的全面认知和安全知识结构的迭代沉淀，是安全行业领域焕发生命力、激发创新力、输出生产力的基础。要想在安全领域中战略清晰、目标坚定、方案科学、战术得当，关键是要能够构建科学而应时的内生安全框架，掌握全景而深入的安全知识结构，全面而深刻地理解安全与生产的对立统一关系，以恰当的安全保障资源的开发利用。

在长期的安全经营中，我们要坚定知识就是力量的安全思维，多样化构建安全认知手段，持续沉淀全面的安全知识结构，广泛拓展安全知识来源。既要打造系统的安全知识结构和全面的安全知识体系，还要致力于知识驱动的智能感知、智能处理、智能分析、智能应用，释放安全知识在领域生产中的增效作用。这是我们敬畏安全领域、抓住安全本质、顺应安全规律，构建知识驱动型、智能型安全能力生成和赋能生效体系的必由之路。

7.4.1　网络空间的安全知识体系

我们只有想方设法把社会通识和行业领域的经验转化为可处理的知识模型和可用于计算的数据，即将领域知识模型化、数字化，领域性平台才有可能逐渐具有类人智能的基础。安全知识的数字化、模型化、资源化、服务化和元数据驱动，是智能化安全中台的必然选择。

1. 安全需求的知识

网络空间安全知识是人类以安全的视角和系统化的方法，看待网络空间系统的组成要素、组成结构及相互联系、相互作用、相互影响的知识和经验，是开展网络空间安全能力规划、设计、建设、运行的指导文件，是评价系统要件及运行体系完整性、机密性、不可抵赖性、可用性、合规性等属性的指标体系，这些指标体系就是网络安全需求框架（见表 7-1），是对数字化系统要件在其全生命周期管理和全使能过程处理中识别安全风险、威胁、隐患、脆弱性的经验方法，是指导配置和实施安全、可信、合规纵深防御体系和落实资产安全保护、动态安全访问策略控制的行动指南。

表 7-1　网络安全需求框架

逻辑对象分类	安全需求
实体	真实性 完整性 机密性 不可篡改性 不可抵赖性 可用性
关系	一致性 不可抵赖性 机密性 可信性
链条	合规性

2. 安全对象识别知识

网络空间的对象（见表 7-2）包括在网络空间中产生、存储、加工、传输、使用的数据、功能、信息等核心实体；组成网络空间的终端、物联网终端、服务设备、存储设备、安全设备、网络设备、网络协议、设备的固件、操作系统软件、中间件软件、工具型软件、文件、网络流量等**承载核心实体的间接实体**；

软件形态的间接实体包括处理业务流量、数据、信息的终端应用App、认证系统、权限系统、审批系统、业务系统、资源系统、服务系统等**生产业务软件系统**；以及保障生产得以安全可靠运行的安全系统、运行维护系统、敏捷开发系统、云资源管理系统等**辅助保障系统**。另外，间接实体还包括**非IT的要素**，比如支撑网络空间运行的物理环境，以及网络空间所服务的最终目标——人，等等。在构建网络空间安全的视野中，各种要素之间关键的相互关联、相互作用、相互影响的关系，还有通过多个两两关系首尾相接而形成的**访问链条、业务闭环**，都是安全视角需要关注的目标。当我们将这些广泛而关键的**实体、关系、链条**纳入规划设计，建设运行的安全体系，才能建立起一个看起来无短板的安全木桶。

表7-2 网络安全作用的逻辑对象

对象分类		安全关注的对象
实体	核心实体	数据、信息
		功能
	间接实体	设备：服务器、网络设备、安全设备、终端、哑终端－物联网终端
		系统软件：固件、操作系统、中间件
		应用软件：应用系统、服务
		网络流量：协议、流、包头、包体
		传输介质：光纤、无线、双绞线
		人、物理环境
关系		
链条		

3.威胁识别知识体系

威胁知识体系是翔实刻画每一种威胁的威胁行为体及威胁行为，从网络行为中识别行为主体、分拣威胁行为的知识、模型，以及通过访问流量识别和提取有效身份类、标识类特征的知识，构建起威胁行为者的特征知识体系，用以指导构建威胁主体识别及从威胁行为中挖掘非法访问者、访问行为活动的能力参考体系。

首先是从网络流量中识别分拣**威胁主体及威胁行为的知识体系**（见表 7-3）。一般来说，一个攻击者要想攻下一个系统、一组数据、一项功能、一台设备、一域网络等，都会经历准备、突破、潜伏、生效、隐藏等几个阶段。分析网络流量中类似的行为或行为序列，进行持续、动态、多视角的经营，往往可以对网络行为进行定性、标注。对流量进行威胁分析、计算的模型及模型体系就构成了识别非法或威胁行为的知识体系。

表 7-3 网络威胁识别知识体系

阶段	行为类型	行为
准备	测绘	选择目标、收集信息、社会工程、资产测绘、网络测绘、收集证书凭证，等等
	工具	扫描设备、检查设备、在应用程序内添加后门、部署攻击所需基础设施、预装攻击载荷、准备回传箱子、木马程序、定制替换程序文件，等等
突破	传送	通过无线网络接入、感染供应链或可信源、连接移动媒介、连接恶意网络设备、注入数据库命令、使用已感染的主机、使用远程访问机制、使用物理网桥，等等
	利用	滥用协议、访问虚拟内存、破解加密系统、利用固件漏洞、利用本地应用程序漏洞、利用远程应用程序漏洞、利用操作系统漏洞、利用 0day 漏洞、利用信任关系、利用较弱的访问控制机制，等等
潜伏	内部侦查	枚举本地网络连接、枚举账号及权限、枚举文件系统、枚举操作系统和软件、枚举进程、枚举窗口、网络嗅探，等等
	命令执行	创建计划任务、通过服务控制器执行、通过第三方软件执行、进程注入、利用已授权用户、替换现有二进制代码、运行 shell 命令、运行无文件负载、使用脚本、使用操作系统 API、使用远程服务、利用受信任程序、写入磁盘，等等
	提权	利用应用程序漏洞、利用固件漏洞、利用操作系统漏洞、进程注入、利用辅助功能、利用合法证书，等等
	凭证获取	添加或使用凭证、社会工程、破解密码、劫持已激活证书、记录按键，等等
	横向移动	利用 P2P 连接、远程登录、传输哈希、票据传递攻击、通过移动媒介、污染共享内容、使用部署应用程序的软件、使用远程服务，等等
	持久化	创建新服务、创建计划任务、编辑引导记录、编辑文件关联类型、使用登录脚本、利用路径顺序执行、修改 BIOS（基本输入输出系统）、修改服务配置、替换服务二进制文件、自启动、DLL 劫持，等等
生效	拒绝	损坏文件或应用、降级、中断或拒绝服务、加密数据使其无法使用，等等
	修改	修改数据、改变进程结果、造成物理影响、改变机器间通信、改变系统进程运行状态、破坏加密、非法加密文件，等等

（续）

阶段	行为类型	行为
生效	监视	主动记录、被动收集、保持访问、屏幕截取、记录按键，等等
	毁坏	全盘格式化、部分格式化、删除部分数据、毁坏硬件，等等
	泄露	收集串扰、从本地系统收集、从应用系统收集、压缩数据、披露数据或信息、存储/转移数据、节流数据、通过命令/控制信道发送、通过非命令/控制信道发送、通过其他网络媒介发送、通过物理方式传输，等等
隐藏	规避检测	访问原始磁盘、避免数据量检测、阻止提示信息、降级/绕过安全产品、反逆向、模仿合法文件/流量、删除日志、为恶意程序签名、根据环境修正行为，等等

以上所列的针对网络对象的威胁行为，一般都有相应的序列规律、行为逻辑、参考知识等，通过沉淀参考知识、操作逻辑、行为规律等知识模型，为网络威胁行为的识别、标识提供了十分重要的基础，可以用于指导形成威胁识别的安全能力体系。

其次，以威胁行为分析识别和从流量中提取主体标识，从而沉淀为网络空间攻击者画像数据，构建起网络空间安全所特有的共享数据–攻击者知识库。攻击者知识库是网络安全界各方长期对攻击者开展识别、分析、总结、画像、分享等的信息积累，往往可以通过多种组织形式形成共享的安全攻击者画像数据。比如，从已知的网络威胁和追踪溯源过程中，从行为数据中识别攻击者的身份标识、行为特点、工具特征、掌握资源、组织形态、角色分工、典型案例、特长，等等。这类在网络空间潜伏着的安全威胁者是网络空间安全共同的风险来源，这些共享出来的**共同威胁者画像数据**是网络空间识别和管控威胁风险知识体系的关键组成。

4. 认识安全分类框架

从安全视角看网络空间，网络空间中的不同对象都是需要时刻悉心呵护的资产。不同的对象类型以及对象在网络空间中的不同角色，决定了其安全保护、安全方案、安全知识结构方面的需求和表现不尽相同。即使是对同一个对象或同一个角色，当针对对象的处理阶段、处理主体、所处环境、职责任务等因素变化时，对象的安全防护、访问控制的认知体系和知识结构中的地位、表现也不相同。即使对象相同、角色相同，或者对象处理的阶段、主体、环境、任务等因素相同，不同目的的观察者的安全视角、安全关注点也可能不一样。

与资源赋能于生产活动的过程相对应，网络空间的安全保护过程是一个与资源赋能过程体系相匹配、相伴生的多层、纵深的安全保障能力综合生效的过程，其中，既有贴身于保护资源及其赋能过程的直接安全保护能力，也有通过一层或多层传递、间接保护核心资源及其赋能过程的安全能力。

以数据这一核心资源及其赋能过程为例，数据及数据赋能过程的数字化体系，既要重点关注**直接**作用于数据的处理能力的构建，也要关注**间接**作用于数据资源及其赋能过程的软硬件和网络环境的处理能力构建，直接的数据处理能力和间接的保障数据处理的能力，共同构成了数据资源及其赋能过程的数字化能力体系。

构建对数据资源管理及其赋能过程的安全保障体系，既要构建直接作用于数据资源及其处理逻辑、处理链条的安全能力，也要构建间接作用于存储数据资源的数据库及承载数据过程的程序、应用系统的安全保障能力（见图 7-10）。

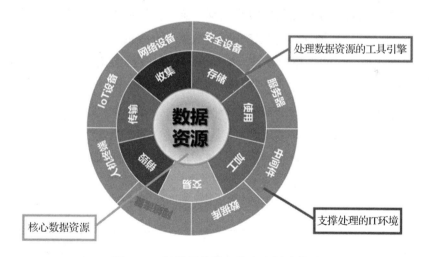

图 7-10　以数据为核心的安全保障体系

在数字化时代，构建以数据为核心的安全保护技术体系，重点是保障资源处理和利用的安全合规、程序合规、政策合规，既要强化核心数据资源自身实体的全生命周期安全保护，也要将安全、可信、合规纵深安全资源的能力科学、恰当地植入数据全流程处理过程的逻辑里去，安全与生产能力同步规划、同步建设、同步运行，还要为核心数据资源处理提供安全、可信的基础硬件环境和基础软件环境。

因此，对数据安全保护的知识结构、认知体系的构建，将会分解、映射到数据实体、数据处理、IT 基础环境等三道防线，由内到外、由核心到外围、从直接保卫到间接保护，构建数据安全保护的安全知识体系。

下面，我们将从网络空间的数据资源、业务系统、网络实体及辅助系统等要素对象及各自的组成结构、相互关系等不同视角，分别讨论如何有针对性地科学构建、不断丰富、持续迭代安全经验、安全认知，形成知识体系，指导数字化安全保障体系的规划、设计、建设和运行。

7.4.2　数据资源的安全知识体系

数字化的本质是一切事物数据化。数字化后，针对事物的安全保卫要求会体现到事物对应数据的全使能过程处理、全生命周期管理、全关注视角治理之上，并且还会额外增加事物数字化后"数据"自身的实体安全保护要求（见图 7-11）。比如，一张老照片及其老胶片底片，对其数字化后，会额外多出一个照片数据文件，我们就要对这个数据做防修改、防删除、防复制、防查看等安全措施。对数据资源进行全面的安全保卫是对一切数字化事物进行安全保卫的核心。有了网络实体自身安全基础，由此网络实体所承载的数据资源才有一个和谐、安定、安全的环境。因此，承载数据资源的网络实体的安全，也是数据安全保护的重要关联方面。

数据是"一切"的承载，数据的背后是各种业务、管理和技术信息。我们要以能表达出一定意义的信息内容为基准来识别数据资产，而不是以数据物理组织模式（数据表结构）来识别数据资产。一般来说，一个或多个数据项组合起来往往就可以表达一定意义的信息。因此，我们要以数据项组合来标注数据资产粒度，识别数据资产。这一点认识是我们开展数据安全保护的基本出发点。

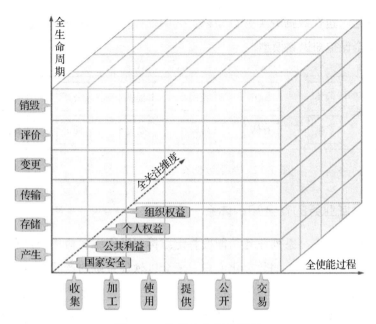

图 7-11　数据安全保护框架

围绕数据全生命周期管理、全使能过程处理、全关注维度治理体系化识别安全风险，并指导科学设计安全框架、安全要素、相互联系、相互作用的知识，组成了对核心数据资源系统性构建安全保护能力的知识体系。

数据资源的安全保护侧重于机密性、不可抵赖性、一致性。从数据资源的保护来看，既需要在数据资源全使能过程处理和全生命周期管理中赋予直接的安全服务能力，对数据实行分类分级的保护，防止因数据遭到篡改、破坏、泄露或者非法获取、非法利用而对国家安全、公共利益或者个人、组织的合法权益造成危害，体现行业领域对法律和社会责任的落实，也要对承载数据资源的其他网络实体落实恰当的安全保护，从而间接保护数据资源安全，体现数据资源的可用性和业务稳定性、连续性需求（见图 7-12）。

对数据资源安全保护的知识体系建模，一是围绕数据资源全关注维度治理、全生命周期管理、全使能过程处理的要求和需求，构建数据安全保护的全栈能力框架体系，指导在具体场景中设计安全能力实例化的方案。二是重点针对数据分类分级、数据处理安全管控、数据生命周期管理中具体的安全能力需求，梳理、构建、迭代数据分类分级知识、数据处理模型、动态访问控制策略模型等数据安全保护知识和模型。

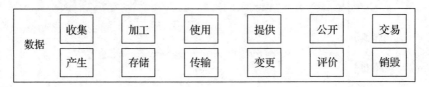

图 7-12　加强数据安全保护的关键环节

7.4.3　领域业务的安全知识体系

领域业务是由一系列业务功能按特定结构和特定流程构成的具有某种领域特性的一组活动。功能的数字化实现一般会以软件系统的产品交付方式向使用方提供，也可以以服务交付方式提供。两种方式的软件系统能力交付需要考虑的安全保护问题是不一样的。当使用方以服务交付方式获取 SaaS 化的业务服务能力时，使用方一般只需要考虑业务应用的操作流程、操作规范、操作监督等管理工作，而不需要考虑服务自身的安全保护问题。这个问题由服务及承载服务的提供方按照服务的部署情况考虑其安全保护。当以软件系统产品方式交付时，使用方同时兼具建设方的责任，不仅要关注操作流程、规范、审计监督等管理工作，还要关注软件系统自身软件实体的安全问题、部署的安全问题、运行时的安全保护问题，以及软件系统部署的 IT 网络运行环境的安全问题。我们将业务软件系统或服务化业务能力统称为应用。

应用的自身实体安全是围绕应用软件的全生命周期管理展开的，需要覆盖应用软件设计、开发、外测、部署、评价、下架等生命周期多个节点环节（见图 7-13）。安全系统以服务接口或动态链接库等形式提供身份信任、访问控制、实体防护等安全执行能力，由应用系统通过服务调用或封装发布等模式设计、嵌入应用处理逻辑中，实现应用实体的全生命周期的内生式、主动式安全保护，落实安全要求和需求。

一个完整的业务处理过程一般从人机交互的终端业务系统（App）发起，在先行对人员、设备、App、运行环境等因素进行认证后，依据岗位职责分配已批准执行的工作任务，经过后台业务系统获得资源的动态访问权限，向资源服务平台获取数据资源并进行分析计算，将处理结果反馈到用户终端的业务系统。在此业务的全使能过程闭环中，应该根据管理要求和安全管控需求，将安全策略和安全能力恰当地嵌入每个功能点的逻辑之中，使数据资源流经的每个环节都能得到安全能力保障，确保资源使用的安全。

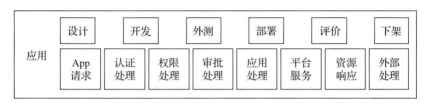

图 7-13　应用安全保护的关键环节

对应用的全生命周期管理和全使能过程处理的安全保卫是为了在因业务应用而起的网络访问、资源请求、业务处理等过程中，落实安全合规、程序合规、政策合规的动态控制，使数据、功能等核心资源不因安全被攻破而失控、不因程序不规范而违法、不因政策不执行而滥用。

在规划、设计、建设、运行领域业务应用系统时，领域内会同步规划、建设和运行安全、开发、运维等辅助保障系统，这些保障性应用系统同样需要和领域业务应用系统一样，关注其全合规视角、全生命周期、全业务过程的安全技术体系。实际上，它们就是安全领域、运维领域、开发领域的业务应用系统，一样需要关注应用软件的安全（见图 7-14）。

7.4.4　网络实体的安全知识体系

网络是由硬件设备、软件系统、网络线路等基本实体按照一定的拓扑结构组成的相互联系、相互作用且具有一定功能的体系。这些硬件设备和软件系统等网络实体是组成网络的基本单元，它们构建起了网络交互、计算、存储、服务、安全、传输等基本能力。人类利用这些网络实体的基本能力进行连接和活动，产生了网络流，承载着数据的处理和流动，以及领域业务的处理和流转。构建这些网络实体的基础安全体系是构建科学、安全、可靠的数据资源和领域应用运行体系的基本保障。通过网络流和网络承载的能力供给来分析安全需求作用对象、作用点、作用域，我们可以从网络流经的网络实体和网络流承载的流量两个方面梳理。

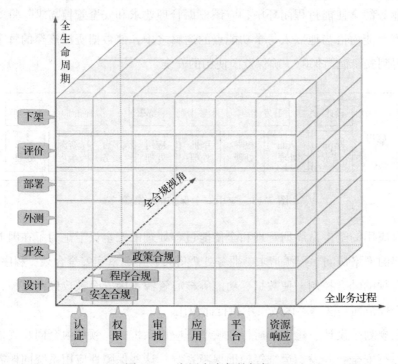

图 7-14   应用安全保护框架

网络实体包括网络信息的载体和在网络上运行的人机交互终端、IoT（物联网）终端、计算设备、存储设备、网络设备、安全设备等硬件基础设施，以及支撑这些设备运行的固件、操作系统、中间件软件、工具型软件等基础性软件系统（见图 7-15）。

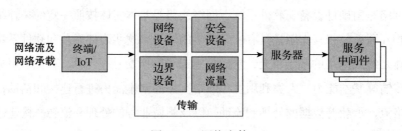

图 7-15   网络实体

　　网络信息的载体，一般指 4G/5G、无线保真（Wi-Fi）、近场通信（NFC）、红外、蓝牙通信、微波、长波等无线载波和光纤、同轴电缆、双绞线、电话线等有线载波。由网络承载的各类设备，包括移动终端、PC 终端、VR/AR 终端等人机交互终端，摄像头、录音、热感等光声电热触压等 IoT 非人机交互终端，以及服务器、网络设备、安全设备、数控设备等服务设备等。这些设备会依照标准进行研发并经第三方检测，自身稳定性、安全性都较好。同样，类似于 Windows、安卓、iOS 等操作系统，Tomcat 网页服务框架、Oracle 通用数据库软件等特定服务中间件软件，以及 Photoshop（一种图像处理软件）、360 杀毒软件等工具型软件等，一般都经过了长期迭代并经过第三方检测，总体而言，其稳定性、安全性有保障。

　　针对这类设备和基础软件的自身安全，一般以设备的固件和运行在设备之上的操作系统、中间件、工具型软件等基础软件为重点作用域，科学配置运行参数，建立安全基线，并做好固件和基础软件全生命周期的管理。

　　因此，我们在设计网络安全体系时，需要对相关的网络设备、基础软件、应用软件等网络实体进行相应的基线配置和控制策略设置，也可以在网络流量的关键部位设置专门的流量过滤、流量清洗系统和导流机制，主动规避协议漏洞给网络安全带来的影响，还可以通过加强入侵检测系统（Intrusion Detection System，IDS）在多层网络协议上的流量解析识别能力，也可以在关键网络部位部署相应的设备、安全系统或安全服务能力，对流量开展工作负载及负载流的监测，及时发现攻击或配置不当，并在监测分析的基础上，直接配置过滤、重置、屏蔽等基线管控策略，或者主动提请安全管理中心调整网络安全策略，堵塞漏洞，保证安全。

　　从安全保卫的视角对网络构成开展系统性的实体分类，对逐类实体对象的组成结构、要素、关系、作用等进行系统性认知，就构成了网络实体安全的知识体系。从网络实体及网络流量两大类要素的总体组成结构看网络实体安全的知识体系，则需要认知包括各种网络实体设备和固件、操作系统、中间件、工具软件等关键对象，以及网络流量的多层协议及承载等组成要素的安全体系。其中，从网络实体看，需要认知与该类实体相匹配的全关键要素、全网络实体管理和全安全过程处理等全面安全知识体系（见图 7-16）。比如病毒、木马、恶意程序、恶意域名、恶意网络地址、风险行为序列等文件、进程和流量特征，后门、bug、陷门、弱口令、配置缺陷及软件版本、软件补丁等资产特征、漏洞特征，黑客和黑客组织用于联系、控制、回传等目的的账号、网络地址等，都可以纳入针对网络实体的安全知识体系。

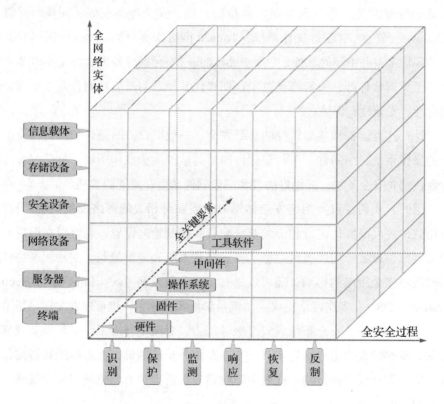

图 7-16　网络实体安全保护框架

　　以上，我们从数据流、业务流、网络流三条主线分别对网络空间安全进行了认知体系的讨论。当然，从"木桶"构成原理分析，安全认知不仅覆盖数据、应用、网络等网络空间关键"木板"的**实体**本身，将这些"木板"组织起来构建网络空间"木桶"的整体框架、链式能力、紧固排列等**结构、链条、关系**要素，也是安全认知体系的重要部分。数据、应用、网络等实体要素节点及将要素节点组织、连接起来的关系、链条、结构，构成了完整的立体化安全认知体系。

7.5　安全能力建模

对安全能力框架体系建模需要选择合适的理论模型来指导建立科学的安全框架。

"一中心三体系"内生安全框架和安全可信合规的纵深防御体系，为识别安全业务内涵和界定安全业务范围找到了一个解构安全能力的框架，也为安全能力分类提供了方法指导。同时，在找到了框架结构的基础上，我们还要研究安全能力之间的联系，把安全能力串起来，为网络对象全生命周期闭环安全管理找到合适的理论支撑和方法指导。

内生安全框架要求我们从思想、理念、思路、理论、方法到战略、设计、建设、运营、产品、技术等各方面，都要实现从以边界为中心到以资产为中心的转变（见图 7-17）。那么，需要安全保护的资产是哪些？不同资产有哪些安全能力需求？安全防护能力怎么作用于不同资产？这是我们梳理和抽象安全防护能力模型的出发点。

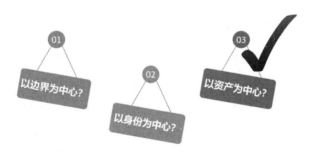

图 7-17　网络空间安全要以资产为中心

以资产为中心研究安全。一个科学的研究方法可以是，对安全能力作用的资产对象，利用对象模型来研究资产的实体、属性、关系、活动等特征，从资源实体、资产属性、资产关联和资产活动中识别资产威胁风险，再找到各种安全能力与资产处理环节的结合点，埋点安全引擎、配置作用策略、调度安全能力。

对象基础模型可以指导我们从领域全视角和全生命周期中识别和重构对象的实体、关系、活动等特征：研究资产的实体和属性，可以识别资产的实体真实性、完整性、一致性安全需求；研究资产的权属、访问、使用等关系，可以识别对资产脱敏、加密、去标识化、分类分级等实体机密性安全需求；研究资产的活动，我们可以识别资产访问的可信评估、职权统一、事由合规等行为合规控制的可用性、合规性、不可抵赖性安全需求。

在"一中心三体系"的内生安全框架中，我们使用安全防护体系对实体开展安全防护，满足资产完整性、机密性安全需求；使用零信任体系和动态访问控制体系，对主体进行持续信任评估，对行为合规进行动态的访问控制，满足资产处理过程中的可用性安全需求；使用"一中心"的综合安全管理和策略控制体系，对安全保卫的资产目标施以安全可信合规三大行动体系的能力，覆盖资产的全面、全程、全维、全生命周期，开展安全管理、安全感知、安全分析、安全调度、安全决策，满足以日志为主感知资产的风险、以知识经验积累为主进行综合决策、以指令为主控制安全行动的需求，满足资产统筹管控、协调运转，满足最小资源消费、最大安全保障的效果。

7.5.1 安全防护能力建模

网络安全防护是围绕网络资产的实体开展的安全保护。IPDRR 模型是网络安全界形成的具有广泛共识的网络实体安全防护能力框架的模型。对资产开展 Identify（识别）、Protect（保护）、Detect（监测）、Response（响应）、Reserve（恢复），能够基本覆盖资产实体的全生命周期安全。

识别即从网络空间全域、业务全流程、对象全生命周期等安全保障的视角，识别实体资产及资产关键的实体、关系、活动等特征，为资产实体安全防护和动态访问控制提供关键要素基础。对于识别出的资产对象，我们还要从安全视角分类和分级，为开展差异化分类管理和精细化安全保护打下关键基础。

以网络流识别资产。一般来说，一个端到端的网络访问从终端发起，通过网络及网络设备中转，到达应用服务器，再到被访问、被作用的终端。整个访问过程会经过用户终端设备、网络设备、安全设备、服务器设备、存储设备、物联网设备、有联网能力的生产生活设备，以及串联设备间的网络物理链路或逻辑链路，等等。

以业务流识别资产。一般来说，一个业务访问由用户通过终端上的应用客户端（App）发起，需要经过用户认证系统、应用服务系统、任务审批系统、权限控制系统、大数据平台、数据服务系统、业务审计系统、安全管控系统、物联的生产系统等系统平台的关键功能，形成业务请求、响应、控制的闭环，这些参与请求、响应、控制的功能及承载功能的系统平台，是我们业务访问需要关注的重点资产。

以数据流识别资产。数据处理的背后往往是对资源的加工处理。数据从感知端采集，到存储、使用、加工、传输、提供、公开、删除、销毁、交易等全流程环节，在这些环节中，我们可以识别出被处理的数据、知识、模型、人才等实体型资源资产，以及处理资产的关键引擎、工具、中间件、服务、组件等实体型软件资产，为设计和部署安全行动能力找到处理核心资源的关键部件、关键部位等安全能力作用的资产对象。

从网络流、业务流、数据流中，我们只是找到了资产实体。对资产实体，我们还要识别出资产与安全管控相关的实体、关系、活动等特征及特征的状态指标，并通过动态的管理，持续监测、识别这些资产特征的安全状态。比如，对服务器、网络安全等设备，要重点关注和识别设备的固件、操作系统、重要基础软件的类型、品牌、型号、版本等与安全相关的资产管理、基线配置、补丁分发、漏洞修补、运行状态等情况；对应用服务软件、数据服务软件等设备，在关注和识别其类型、厂家、型号、版本等与安全相关的资产管理、基线配置、补丁分发、漏洞修补、运行状态等情况的同时，还要更加关注识别重点软件在服务开放时的 SQL 注入安全、代码逻辑安全、运行逻辑保护控制等情况。

保护即以识别出的资产及资产分类分级为基础，根据资产自身特点、脆弱性情况和敏感程度、重要程度等，从保护、防范视角出发，对资产或资产处理进行科学的资产配置、基础的风险防护、基本的访问控制、有效的技术加固，将资产及资产的处理置于相对安全的环境里。

对**设备类系统**的保护，一般关注设备的固件、软件系统及其基线配置、系统打补丁、恶意代码查杀、基本的用户授权配置和验证、文件签名、文件加密等能力；对**软件类系统**的保护，一般关注软件系统的文件防篡改、基本配置、打补丁、恶意代码查杀、基本的用户授权配置和验证等能力；对**网络**的保护，一般关注配置 VPN、防火墙、防毒墙、应用防火墙、安全数据交换保护等能力；对**处理**的保护，一般关注处理的内存保护、隐私计算、可信计算、加密处理等能力；对**流量数据**的保护，一般关注流量、数据的敏感分类标注、脱敏、去标识化、加密、签名等能力。

监测是网络安全能力体系十分重要的组成部分，通过收集、处理网络流、文件、数据，以关键词特征、代码特征、特征值样本、行为特征等规则进行计算和模型分析，发现资产遗漏、配置缺陷、网络入侵、违规处理、攻击破坏、资源窃取等风险隐患，驱动后继的响应处置。

根据待监测分析对象状态监测的获取形式，可分为浸入式监测和监听式监测两类，或者称为主动式监测和被动式监测。主动浸入式监测由监测能力与生产系统的对象处理同设计、同部署、同运行。在生产过程中，将需要监测的关键操作及操作结果以日志形式送给风险分析处理模块。被动监听式监测即生产系统不主动送出处理日志，而是在临近生产系统处理的部位接入监听系统，通过监听网络流量或内存、文件分析，得到被监测目标处理的日志或响应信息。

针对网络流量的监测一般都采用被动监听式监测，通过监测流经监测系统的流量，可以对链路层、网络层、传输层、应用层等多层重点协议进行识别分析，通过分析网络协议可发现网络攻击、安全基线缺陷、漏洞利用、非法连接，通过分析网络承载的数据可发现资源违规使用、资产配置缺陷，通过分析网络承载的文件可发现内容违反保密规定、文件携带恶意代码等，通过分析网络承载的应用行为可发现业务违规、业务攻击、业务仿冒等。主动浸入式的监测一般由生产系统主动报送关键操作，也正是由于报送主动权在生产系统，这类监测可能会遗漏部分关键行为或重要数据。主、被动两种模式结合，由后台结合多方监测数据开展综合性风险分析，是监测的最佳模式。

响应能力会在对资产及资产的处理监测发现脆弱性、威胁或者风险后发挥作用，进行恰当的压制、控制、反制等响应动作，以最恰当的干预补齐短板、消除威胁、抑制风险，并进行证据保全、溯源追踪、主动出击。

安全响应能力体系十分丰富，除了个别监听式的监测系统外，几乎所有的安全能力都有一定的响应能力。从应急响应的处置流程、作用阶段来看，安全响应能力包括：打补丁、漏洞修复等基线配置和调整；网络流、业务流的通行、限流、阻断调整和控制；入侵攻击的日志记录、现场保全、溯源追踪等证据收集调查；攻击诱捕、攻击反制等主动进攻反制，等等。

恢复这一功能主要关注资产在受到入侵攻击甚至捣乱破坏后，尽快地恢复生产能力。恢复是以安全响应为基础的。恢复的目的是通过快照、备份、镜像、备用等动态准备，高效恢复操作系统、应用软件、数据库、数据操作、备份文件等资产的运行，达到网络通畅、系统正常、环境安全、服务通畅、文件还原，努力实现配置准确、事务一致，尽量做到影响最小。

7.5.2　零信任能力建模

零信任思想就是对网络访问、业务访问、资源访问等行为的发起方（任务确认方）、请求方、响应方及其环境上下文等各种因素进行持续信任评估，从而服务于动态访问控制和全程主动监管。动态建立信任、动态调整信任，核心是为了动态控制资源的访问、调度和使用，以最小的安全代价实现最佳效果的安全控制。

对零信任理念和思想的认识，可能是受片面解读 NIST 参考模型的影响，网络安全界出现了一些局限性不小的零信任思想和偏航的零信任实践。这些思想认为从"以边界为中心"转向"以身份为中心"就是零信任了。"以身份为中心"和"以边界为中心"的访问控制，其本质还是通过"边界"控制或者通过"身份"信任去传递或代理访问主体的认定，并没有涉及访问行为背后的任务事由的信任建立和传递，从而影响了动态合规判断的本质性、科学性、可用性，没有真正抓住动态访问控制和"从不信任，动态从零开始构建信任"的本质。"以身份为中心"虽然比"以边界为中心"有所进步，但无法体现"从来不信任、始终在验证"的"零信任"思想。

零信任成果的最佳和最主要的消费者就是动态访问控制引擎。动态访问控制的核心本质是"以场景为中心"，通过综合各种因素尤其是任务事由因素的动态信任评估和动态综合决策，对资源的访问行为进行动态控制，这既对资源负责，保证访问资源的行为依法合规，也对请求资源的任务负责，确保任务得到资源的充分响应，同时又保证任务和用户都需动态验证，防止偷梁换柱。

因此，零信任必须从访问场景的全要素视角构建动态访问控制的目标去设计信任体系，体现为对请求方身份信任、对岗位职责信任、对环境状态信任、对响应方的资源及服务信任、对请求行为背后的任务事由信任等更全要素的场景综合信任判定上，既要对资源负责，也要对请求者负责，更要对发起访问请求的事由任务负责。有了基于访问场景中全因素的信任建立，在法则、规矩、规范的综合管控之下，以预先建立的动态访问控制策略（PBAC）来实时对多方因素进行综合决策，向合法请求者和任务事项提供既好用够用、根正苗红，又依法合规的资源响应。

7.5.3 动态访问控制能力建模

零信任的成果需要以访问控制策略的编排和生效，实现从零信任体系的信任生成向动态合规控制引擎的科学传递。在动态访问控制的合规策略中，会充分审视主体、任务事由、客体等直接信任因素及其相关的间接信任因素的多方参与，设计各参与方在策略中的权重、位置和影响逻辑。引擎在执行资源访问行为的控制时，将按照网络访问、业务访问、数据访问的场景需要，动感匹配和决策场景对应的动态访问控制策略，分别应用零信任的单信任因素信任评估和多因素综合信任评估成果及验证服务，牵引访问控制策略中各操作指令的执行、响应、反馈，从而实现零信任之上的动态合规控制。

当前主流的以身份为中心的信任实践，在身份认定的同时往往伴随着角色权限的赋予。实际上，基于角色的访问控制仍是一种静态权限代理思想，通过对角色赋权将资产访问控制决策的工作前置到"角色"这个代理上了，用户再通过被赋予角色获得赋权，又增加了一层代理，这样的资源权限→角色→用户的两层代理都是静态和提前赋权的，把本应在现场动态构建信任和动态决策访问的控制要求，变成访问者的身份确认工作了。

动态访问控制的本质是要全面、精细、动态地考虑访问活动场景中参与各方的情形，要客观、精准、实时地报告影响访问决策活动的主要对象、关键因素、核心指标，将资源使用规则、安全防护规则、业务管理规范、合规控制思想等落成决策的策略模型，由动态访问控制引擎依据场景内各因素的输入及信任情况做出即时决策，达到请求与响应之间的科学、恰当、统一。

任务/事由（在讨论为何要执行该任务的场景中，任务也称为事由）是一切资源请求访问活动的起因。有因才有果。访问行为即由任务的发布者发布事由，访问者因被派遣任务而发起访问，被访问者因任务而连接对应资源，提供服务。所有的访问行为都要因事而控，以事由为主，其他因素为辅，开展动态访问控制的决策和执行。

事由驱动资源配置，以事找人干活，以事赋予资源，实现场景驱动资源的应景配置。有事才干活、才使用资源。无事便找事，找出事来了，再来申请访问资源。若没有事由，则坚决不能访问和使用资源。

以任务事由驱动资源访问使用的模型是企业生产中对资源动态访问控制实践的发展方向（见图7-18）。任务发布者或生产调度者根据生产任务的类型、敏感性、难易程度等特征，由生产调度系统把任务的特征与职员的技能、经验、人员岗位、人员空闲情况等自动匹配，精准推荐合适的任务承担者，同时匹配与任务相对应的资源的使用权限，授权被选中的任务承担者在执行任务中访问。比如，运营商的运维工单就是以事找人，滴滴出行的打车就是以约车订单任务找符合当前位置的车和司机。

以事由为中心进行访问控制也可以根据任务的敏感度、重要性、紧急程度等，临时授予执行者更高敏感资源的访问权限。比如：银行在柜员开展大额或高敏感、高风险事务时，需要值班经理临时授权，就是因事由授权或提权的典型场景。

对于资源需求单一、流程简单、并发需求大、低敏资源需求、无联网处理条件等场景，调度者可以对任务进行资源提前请求，然后将资源实体和任务一起打包，再根据任务的特征和员工的特征，由生产系统自动推荐符合授权的职员，直接随着任务派发所需的资源实体，任务执行者在任务处理过程中，可以直接使用派发的资源实体而不再需要发出资源访问的请求。比如，在软件安全风险分析系统中，调度者直接根据安全分析师的技能、特长、经验和空闲状态等特征，将 App 软件安全风险分析任务和待分析的实体 App 软件包，同时打包并直接分发给分析师，分析师就可以直接开展 App 软件分析。

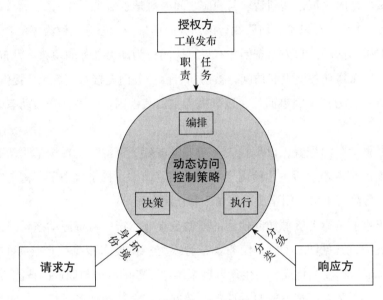

图 7-18　以任务为中心的动态访问控制模型图示

　　访问控制，即对参与访问行为的事由发布者、访问请求者、被请求访问目标响应者等各方提交的事由、请求、资源等，由决策执行者通过匹配相应的访问控制策略，进行计算和决策，做出服务、不服务、有限服务等决定（见图 7-19）。

　　动态访问控制的前提是对场景中各因素的认定和信任。在以场景为目标的动态访问控制体系中，需要重点评估信任度的场景因素，包括：对请求方的**主体信任**，含对请求者的身份信任、被赋予职责的信任、所使用工具（设备和 App 等）的信任、所处网络环境的信任等；对响应方的**客体信任**，含对资源提供者身份的信任、被访问资源的信任、所运行软硬件实体的信任、所处网络环境的信任等；对**任务 / 事由的信任**，含对任务发布者身份的信任、任务实体的信任、所处网络环境的信任等。场景中需要开展评估的因素还有**环境上下文的信任**，包括 IT 环境、非 IT 环境，覆盖主体、客体及访问行为计算等所处的物理环境和 IT 网络环境。另外，如果我们站在更高的角度看待场景全貌，就可以看到对场景中多个要素链接构成的数据访问流、网络访问流、业务访问流等也需要开展信任评估，从而综合评价访问链闭环、合规链闭环等**综合链式信任**状态。

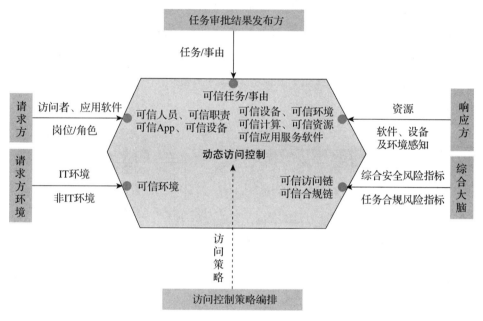

图 7-19　以策略为中心的动态访问控制模型

7.5.4　综合管理和策略控制能力建模

既要建设安全、可信、合规的纵深防御能力，也要构建安全大脑，实现智感、智策、智控。若安全无脑，则资产不清、短板不知、风险无感、决策不智、联动不通、指挥不灵。

资产安全防护、零信任、动态访问控制这三类执行层面的行动能力体系，是组成安全木桶的主要木板、主体部分。要想让这些木板得到有效的组织、发挥各自的价值，不仅要有系统化的连接体系，还需要对三大类安全执行行动能力体系进行科学的配置管理，这就需要一个"上帝视角"的安全大脑，承担起连接、管理、运营和控制三大行动能力体系的职责。同时，安全大脑还会基于三大行动能力作用反馈的日志综合分析，发现综合风险，作出综合决策，再反哺三大行动能力的精细化配置和管控，形成安全控制的战略闭环，让安全能力更加周密、更加科学、更多联动，以最小的代价获得最大的安全效果。

安全是以情报驱动事务的场景型业务。OODA 理论模型是典型的战场模型（见图 7-20），适合基于情报引导实战的业务建模，通过观察（Observe）、调整（Orient）、决策（Decide）、行动（Act）构筑实战闭环。OODA 模型与网络空间安全场景结合，体现在以下几个方面。

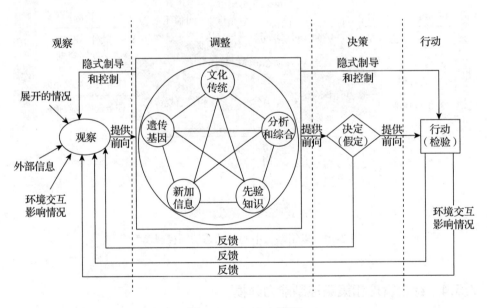

图 7-20　OODA 模型

观察：即通过在网络处理流、数据处理流、业务处理流、生产控制流的关键环节、关键部位、关键连接、关键路径上科学规划设计和建设部署主动识别、检测、分析工具等技术能力，持续感知和报告脆弱性、威胁、风险事件和敏感处理场景。

调整：即对多种技术能力感知报告的事件和场景，以人机交互和模型分析处理，对报告的事件及场景数据进行调查和标签富化。在分析、调查、富化的基础上，基于人机交互、模型计算对风险事件开展分析、预警、研判，进一步丰富风险事件的属性标签及指标度量。

决策：对经过预警、研判的风险事件，以人机交互或引擎自动匹配进行辅助决策，推荐预案并对预案进行实例化，形成执行方案建议，经自动化审批或人机交互审批后，将执行方案付诸实施。实施方案会确定是否采取行动、行动的任务列表、任务执行者、执行尺度等。

行动：承担任务的技术手段、人、组织等行动者按照决策确定的方案，接受执行任务并按任务要求操作，反馈执行情况和执行效果。

OODA 模型为安全事件的发现、刻画、评估、决策和干预提供了闭环管理的理论和方法指导，其每一个环节都会配置开放的动态引擎，通过标准化的策略模型定义和加载，持续输入安全知识和安全经验，促进安全能力的持续丰富、持续迭代、持续深化。同时，OODA 模型的每一步都对下一步提供了指导，周而复始，形成了持续促进、持续改进的进化循环，可以不断优化安全管理流程，持续提高应对不断变化的安全威胁的水平。

如果把整体安全能力供给和生效看作一个战场，那么我们就可以借鉴 OODA 模型来开展安全大脑主体框架体系的建模，先构建出安全大脑的战时能力体系，将安全状态日志数据的基础管理、态势感知、策略控制、事务处理等形成战斗能力闭环（见图 7-21），并将各项战斗能力生成的平时准备作为重要战斗能力组成部分纳入闭环。

1. 基础管理

"台上一分钟，台下十年功。"战场只是一个安全的战时场景，要想在战时能够发现更早、评估更全、决策更准、出手更快，就要注重安全战斗素质养成、安全能力生成的平时场景，平时场景的建模及模型对基础工作的驱动为战时的知己知彼知威胁打下坚实的基础，支撑构建与安全密切相关的安全资源和被作用对象的全生命周期治理和运营体系。

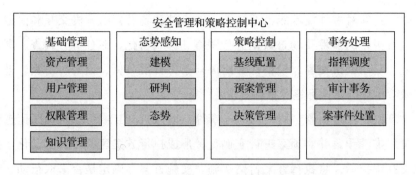

图 7-21　安全管理和策略控制中心功能框架

　　对核心资产开展内生式、注册制的**全生命周期动态管理**（见图 7-22）是安全基础工作的一个主要内容。针对资产访问行为的主体和行为进行同等要求的全生命周期动态管理，也是基础工作的重要方面。在主体、行为、客体得到精细化动态管理的基础上，将三方关键属性作为管理成果置于动态访问控制模型中，构建**全访问过程动态控制**的纵深防御体系，以科学的策略建模和动态的策略执行，方能实现可信、合规、安全多方能力的统一协同和精准管控。

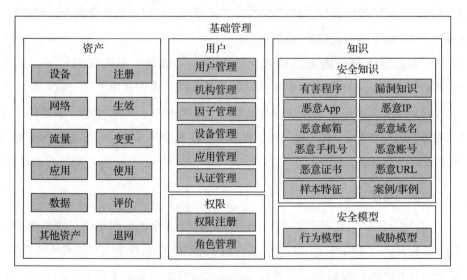

图 7-22　安全管理和策略控制中心基础管理功能框架

　　安全，需要**知己**。所谓知己，就是要知道自己的核心资产是什么、在哪里、当前状态、脆弱性、威胁源、风险点；还要知道自己的安全能力有哪些、在哪里、怎么用、当前状态；更要对自己的安全能力作用于核心资产的策略进行科学、动态、恰当的配置、经营、治理。

安全，也要**知彼**。子曰："不患人之不己知，患不知人也。"孔子说，不要担忧别人不了解我，应担忧的是我不了解别人。所谓知彼，就是要通过动态、日常、全面的分析和精细化的基础管理，及时分析和沉淀可能对核心资产造成威胁风险的人员、机构等对象，以及威胁行动的设备、账号等要素，进行全维度、全生命周期的收集、迭代、经营、评价，分类、分级地进行精细化的治理和精准化的管控。

安全，还要**知威胁**。所谓知威胁，就是要通过全面收集重要对象实施或针对重要资产实施的网络行为、业务行为等，结合持续丰富、迭代优化的动态行为分析模型，及时发现、研判、预警网络或业务威胁、风险行为，以事件驱动，推动威胁的发现、刻画、评估、干预，实现发现在早、控制在小，减轻安全威胁对生产和核心资产的干扰破坏。

安全，还需要**知识渊博**。知识是认知的基础。安全知识是知己、知彼、知威胁的催化剂、助燃剂，是识别资产脆弱、感知安全风险、激活安全能力、发酵安全资源、输出安全价值的基础。没有安全基础知识，就不知道从哪些安全维度去认知资产，无法刻画资产的安全要素，无法度量安全指标；没有安全基础知识，我们就没有看待访问者、攻击者的安全视角和评价能力，也不知道如何去感知访问者、攻击者；没有安全基础知识，源源不断涌进来的安全日志、安全事件数据，只能平进平出，无法对数据进行融合、增添价值、挖掘风险，安全数据的"大水库"就会变成一潭死水，毫无生机。

2. 态势感知

动态安全风险分析的思路是在主体、客体、行为等全关注维度识别、全生命周期管理、全使能过程处理和全面安全日志采集融合的基础上，通过汲取沉淀各方安全知识经验和分析模型，开展动态模型分析，主动发现威胁、风险。态势感知实际上是"态感"和"势知"两个安全要求。

态感即要能够把安全的触角伸到生产及控制的方方面面，充分利用业务手段、管理手段、技术手段、交易手段构建场景数字化立体感知能力体系，主动采集、实时采集、自动采集，全面、充分、深入、智能地获取安全及安全相关的配置、状态、执行、运行等信息和日志数据。对感知到的全部数据，利用安全大数据基座进行安全原始场景数据的融合、增值、赋能处理，既要沉淀原始场景中安全明细数据资源，又要沉淀以"知己""知彼""知威胁"为目标，以核心要素和主题对象为承载的安全领域的主数据资源，为安全分析挖掘、风险发现预警、安全状态评估提供充分的供料保障。

势知即在广泛丰富、持续迭代的安全知识结构、安全样本库、安全知识库和安全模型的基础上，充分利用"态感"的安全原始场景明细数据和沉淀的安全主数据成果，动态适配和运用安全分析模型，进行安全大数据分析挖掘，主动预警安全趋势，发现风险线索。同时，为安全分析研判人员提供研判工具和引擎，自动聚合和精准投放安全风险线索对应的模型、数据、功能、可视化等资源，提供一站式、全方位分析研判的支撑保障。

3. 安全态势分析的指标体系

态势分析的目的是发现安全风险。什么是安全风险？有哪些安全风险？怎么构建科学的安全风险分类体系？各类安全风险的评价指标该怎么设定？安全风险的分类体系、指标体系、指标名称、指标计量、依赖关系、计算路径、指标权重等，构成了安全态势分析、安全评价的指标体系。

安全风险指标体系的目标设计取决于安全管理者对自管网域内的资产配置状况，对各类资产威胁、风险、脆弱性的识别水平，以及对资产风险的容忍程度等因素。也就是说，对安全作用域广度、深度、容忍程度的划定和要素属性的选取，将决定安全风险指标体系的设计。

构成网络空间的要素很多，保障数据、业务、网络实体等关键要素的安全正在成为网络空间安全的共识。我们前面通过数据、业务、网络三条主线梳理形成的安全认知体系，代表了安全态势分析指标体系设计的基本方向、主体目标和关键任务。也就是说，相对全面、科学、恰当的安全指标体系的设计，可以参照安全认知体系去规划和设计。

比如我们可以按照宏观、中观、微观等粒度，分层分级设计安全指标体系
（见表 7-4）。

表 7-4　网络空间安全指标体系

粒度	一级	二级	三级
宏观	总体态势	网络安全综述	网络安全组织体系、网络安全战略设计、网络安全制度、等级保护、分级保护、网络安全机构、人才队伍等概况，等等
		网络安全总体态势	整体及分区分域的网络安全健康状况及安全趋势，关键信息基础设施及核心重要数据等核心资产的安全状态及趋势
		资产概况	数据概况、敏感数据概况、应用系统概况、敏感功能情况、服务器总量、终端总量、信息系统及重要信息系统概况
		威胁情况	被扫描、漏洞被利用、被攻击、被控制、APT、泄露等总体情况
		脆弱性概况	资产漏洞情况、漏洞分布和状态、漏洞修补情况、补丁修补情况等概况
		安全事件	安全攻击源分布、攻击者背景性质、被攻击情况、安全事件影响等情况，安全事件检出情况
中观	网络安全	实体安全	设备、基线配置、漏洞、脆弱性、报警信息、攻击事件等总体情况；识别、防护、监测、响应、恢复等安全能力部署情况
		流量安全	端口、协议、加密、流等基线配置等总体情况，入侵监测、入侵防御、流量清洗、流量审计以及流量牵引、蜜罐诱导等安全能力部署情况
	数据安全	生命周期安全	分类分级、数据总量、敏感数据情况、脱敏情况、加密情况
		处理安全	收集违规、使用、加工、违规使用、窃取、篡改数据等风险情况；数据处理环节的安全能力部署情况
	业务安全	软件安全	敏感分级、第三方测试、安全测评
		程序安全	关键业务流程的认证、权限、任务审批、审计等情况；零信任能力建设情况、关键环节能力部署情况，动态访问控制落实情况
	信息安全	国家秘密	政治、经济、社会稳定、文化、科技、生物、外交、国防、军事等领域涉及国家敏感意图、规划、运行和安全的信息
		商业秘密	战略规划、技术、合同、经营、投标文件、行动计划、人力档案、资金、薪资待遇、人才培养计划等涉及企业机构商业秘密的信息
		个人信息	姓名、出生日期、身份证件号码、个人生物识别信息、住址、通信通讯联系方式、通信记录和内容、账号密码、财产信息、征信信息、行踪轨迹、住宿信息、健康生理信息、交易信息等
		个人敏感信息	身份证件号码、个人生物识别信息、银行账户、通信记录和内容、财产信息、征信信息、行踪轨迹、住宿信息、健康生理信息、交易信息、14 岁以下（含）儿童的个人信息等

（续）

粒度	一级	二级	三级
微观	资产风险	设备	IT 环境、固件、操作系统安全基线配置情况、威胁风险情况、安全运行情况、安全事件及处置情况，等等
		中间件	数据库系统、Web 服务系统、AI 支撑系统等中间件的安全基线配置、威胁风险、安全运行、安全事件、事件处置情况，等等
		业务系统	客户端、服务端系统的设计、代码检查、第三方检查、第三方安全检测、等保测评、基线配置、第三方零信任对接、关键关系安全、业务流程合规安全、业务链条闭环安全，以及威胁风险、安全事件、安全运行、安全事件处置等情况
		人和非 IT 环境	门禁、物理环境检测、持续实人检测、电子标签检测、物理线路检测，等等
	攻击者	攻击者	本地发现及业界共享的攻击者基本信息、目标喜好、攻击手法、攻击工具、攻击资源、典型案例等基本情况，以及与本地网络安全有关的网络事件、网络日志等基本情况，等等
		攻击组织	本地发现及业界共享的攻击者基本信息、目标喜好、攻击手法、攻击工具、攻击资源、典型案例等基本情况，以及与本地网络安全有关的网络事件、网络日志等基本情况，等等
	安全事件	一般事件	源头、目标、手法、性质、程度及发生时段、特征等情况，事件处置、危害、响应、影响等情况
		重大事件	攻击来源、发起者、目标、工具、手法、性质、程度及发生时段、特征等情况，事件处置、危害、响应、干预、影响等情况
		APT 事件	攻击来源、发起者、目标、工具、手法、性质、程度、最早开始时间及发生时段、特征等情况，事件处置、危害、响应、干预、影响、趋势等情况
	安全知识	安全知识	漏洞库、恶意程序库、恶意域名、弱口令样本、软件系统缺省用户名密码库、威胁知识库等情况
		安全模型	APT、威胁、风险、脆弱点利用、安全预案等模型、策略等情况
	事务处置	自动处置	威胁、风险、安全事件等基线规则处置及动态管控策略自动执行等情况
		人工处置	重要的威胁、风险、安全事件等人工介入处置情况
		专案处置	重大安全事件、案件的调查、侦查、处置等情况
		专项行动	因特定时期、特定任务而组织开展的行业领域专门安全行动等情况
		审计检查	依法、依规定期和为特定目的而开展的政策合规、程序合规、安全保护合规等活动情况

4. 策略控制

策略控制是一种辅助决策的能力体系。在本语境中，策略控制是针对网络空间存在的安全威胁、风险和脆弱性，应用预先建立的应对策略和应急处置方案（预备方案）、行动计划，对网络空间资产或针对资产的行为，动态作出科学、恰当、精准、有效的调整、控制、恢复、反制，以最小的代价、最佳的效果、最快的响应、最低的影响消减安全威胁、排除风险隐患，恢复安全可信合规的网络空间秩序。

策略控制是彰显、转化、利用安全态势感知成果价值的重要渠道和措施手段。态势感知通过分析挖掘，发现威胁和风险隐患，经过研判产生的预警信息自动驱动策略控制处理引擎，动态匹配适合的响应预案，决策并采取恰当、有效的行动应对威胁、管控风险、消解脆弱性。

策略可以是简单的一招制敌、单点控制，也可以是复杂的多措并举、综合施策。

传统的访问控制，比如简单的访问控制列表（ACL）的形态，或一个域名列表、IP 列表、端口列表、MAC 地址列表、用户账号列表等。这种 ACL 列表就是一种策略形态，一般称为规则，也称基线策略，往往配置在某种特定设备或者某个末端执行单元之上。比如，在防火墙上配置 IP 地址、端口 Port 列表，阻止或放行特定 IP 或特定协议的网络访问，在用户认证系统中配置账号黑名单、白名单，阻止或放行特定用户的认证请求。在传统设备和软件系统里，简单规则的基线策略十分常见。

在传统网络安全建设和运行模式中，简单规则策略一般由安全管理员登录到安全设备里，通过手工编排或人工导入 ACL 访问控制列表。通过安全管理中心（SOC）统一管理、统一发布规则的场景并不多。由于没有统一的 SOC，网络安全设备之间联动很少，一个防火墙设备与 VPN 设备、认证系统、IDS 系统各自维护基线规则和 ACL 等列表，无法一致行动，经常出现多头控制、顾此失彼的情况。

单个设备、单个系统、单个执行单元的简单规则模式能够解决一部分安全管控的需求。但在这种基于简单规则的安全管控模式下，有时候会由于规则的粗粒度、措施的刚性、无奈的选择等原因，造成过度管控、简单粗暴、影响面过大等次生问题，无法实现多种安全设备、系统的统筹兼顾、精细管控。

在数字化的内生安全框架之下，通过统一的安全管理和策略控制中心，能够对各类安全设备、安全系统、安全执行单元进行集中式、动态化的管理、调度、控制（见图 7-23）。在综合策略的统一管理和协调运行之下，在安全设备或末端执行单元上配置和执行简单规则策略仍会是策略的形态之一，但对各安全设备和执行单元进行远程、动态、智能的基线配置将成为规则控制的主要模式。

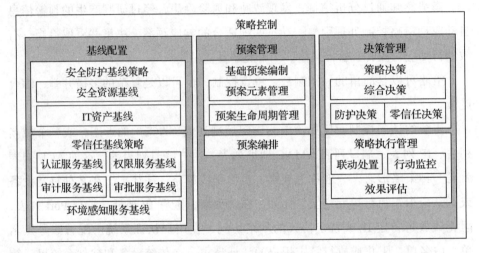

图 7-23　安全管理和策略控制中心策略控制功能框架

相对于规则控制的关注单一、处理简单、效果片面等不足，综合性策略控制长于其关注的多面性、属性的多样性、处理的逻辑性、行动的协调性、控制的精细性、效果的联动性，可以体现决策和执行的科学、智能、精准、恰当的效果。

综合策略调度使用的仍然是集成在安全设备、安全系统、安全执行单元里的特定基础执行能力。不同于简单规则的地方在于综合策略可统筹兼顾、恰到好处地发挥各种安全执行能力的作用，以最小的代价、最低的影响达到最佳的安全管控效果。

每一个综合性安全策略都是一套针对特定攻击、欺骗、违规等风险的应急处置方案和执行行动计划，是网络安全领域、业务合规领域的经验和技战法的积累和升华。在安全策略中，融合了安全或业务领域专家们对威胁的识别、风险的认知、影响的判断、手段的统筹、尺度的把控、利弊的权衡，升华了领域内的生产与安全、对立与统一。

基于策略进行动态控制是网络空间安全的前进方向。前面所阐述的动态访问控制就是策略控制的思想、方法、方案在资源被访问时综合合规决策的具体实践。

策略决策的过程包括了策略全生命周期管理和策略决策、策略执行、执行反馈等处理过程。

5. 事务处理

前面讨论的态势感知和策略控制是安全"大脑"的推理、决策两大核心，是安全知识、安全模型和元数据驱动之下智能安全能力的主体部分，体现为执行层面对安全分析模型、安全预置策略等建模成果的智能化消费，从而及时发现和预警风险，动态进行智能决策、执行、生效。推理、决策是 OODA 模型在智能情报导控、导战上的典型应用。安全大脑的基础管理是安全"大脑"学习认知的关键，体现为资产、知识、模型、策略的全生命周期动态管理，夯实智能安全管控的认知基础。安全"大脑"的事务处理是对需由安全业务人员介入的事务性工作任务，在模型知识和元数据驱动之下，提供业务处理、指挥调度、流程转接等人机交互牵引和呈现（见图 7-24）。

事务处理的能力定位是计算机系统和人工智能技术在当前或永久无法达到智能化的情境下，不得不由人类大脑进行的复杂的人类社会计算，包括抽象、情感、艺术、创造、统筹等人工智能长期甚至永远无法突破的计算领域，以及当前感知技术、AI 识别技术、算力技术、表示技术和人类意识、经验知识、技法战法等仍未有效数字化、无法通过系统替代人工的计算领域。后一种人类社会计算通过人类不断探索和技术进步可能会有突破，逐渐实现系统自动化，但是人类计算永远不会消失，人工智能永远不可能完全替代人类。因此，事务处理的能力是一种人机共情、以人为主的分析、决策、行动、内控的能力体系。

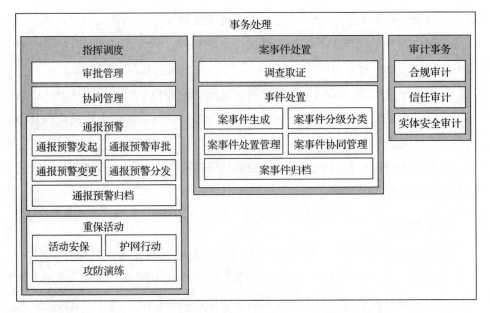

图 7-24　安全管理和策略控制中心事务处理功能框架

安全领域数字化、智能化的事务处理、基础管理以及智能化态势感知、策略控制能力，构成了类人的智能安全"大脑"，完整地形成了感知、认知、记忆、推理、决策、行动、内控的智能安全有机体，可以在安全领域焕发资产动态管理、风险智能预警、策略自动决策、高效高质行动全面协同的整体战力。

7.5.5　主要的安全能力矩阵

通过对一个安全管理和策略控制中心的综合管理能力体系，和资产安全防护、主体信任评估、行为合规控制三元三段论的安全纵深防御执行能力体系，或者说是安全防护、零信任、动态访问控制三大执行能力体系的研究，我们已经对安全的总体框架和执行能力体系有了基本认知。下面，我们再对这个体系进行更细粒度的安全能力的细化（见表 7-5），既给出一个中观的典型安全需求分析和安全能力设计方案，也为新安全理念、新安全框架指导下的安全技术体系、产品体系提供一种设计和交付形态的参考。

表 7-5　主要安全能力矩阵

安全能力分类		安全能力
安全中台能力	安全中台工具类	A1 安全数据接入配置管理能力
		A2 安全数据组织配置管理能力
		A3 安全数据标签和安全数据处理及分析模型建模管理能力
		A4 安全数据治理配置管理能力
		A5 业务流程配置管理能力
		A6 安全智能搜索组件配置管理能力
		A7 安全数据计算组件配置管理能力
		A8 安全可视化配置管理能力
	安全中台引擎类	A9 实时流安全数据处理能力
		A10 安全业务流程控制能力
		A11 安全数据智能分析能力
		A12 智能搜索引擎能力
		A13 安全资源运营服务引擎能力
安全管理中心能力		B1 资产管理能力
		B2 安全防护基线配置管理能力
		B2-1 资产识别基线配置（统一标识）管理能力
		B2-2 安全保护基线配置（统一保护）管理能力
		B2-3 安全监测检测基线配置（统一检测）管理能力
		B2-4 安全响应配置（统一响应）管理能力
		B3 零信任统一认证配置管理能力
		B4 动态访问控制配置管理能力
		B4-1 统一权限配置管理能力
		B4-2 统一审批配置管理能力
		B4-3 统一审计配置管理能力
		B5 安全态势感知分析能力
		B6 策略控制能力
		B7 安全事件处置能力
		B8 指挥调度能力
		B9 知识管理能力
		B10 重点对象预警分析能力
		B11 一体化攻防演练能力

（续）

安全能力分类		安全能力
"零信任"能力		C1 多维认证评估和会话控制引擎
		C2 可信环境评估能力
		C3 端认证能力
		C4 环境感知代理
		C5 可信接入检查控制能力
		C6 可信应用／交换检查控制能力
动态访问控制能力		D1 动态鉴权引擎
		D2 统一审批引擎
		D3 统一审计引擎
安全防护能力	识别类	E1 资源识别和分类分级能力
		E2 资源扫描能力
	监测类	E3 入侵检测能力（IDS）
		E4 流量日志分析能力
		E5 深度包检测分析能力（DPI）
		E6 深度流检测分析能力（DFI）
		E7 脆弱点扫描能力
		E8 其他安全监测能力
	保护类	防火墙、虚拟专用网络（VPN）、虚拟桌面能力、防毒、终端防病毒、Web 应用防护（WAF）、补丁分发、数据库加密、PKI/CA、数字加密、明文服务、密钥托管、数字签名、数据脱敏、密码口令保护等能力
	响应类	E9 动态取证能力
		E10 入侵防御能力（IPS）
		E11 攻击流量清洗能力
		E12 攻击诱捕能力
		E13 溯源追踪能力
		E14 其他响应处置能力
	恢复类	场景备份能力、场景回退能力、快照存储能力、快速恢复能力等
	交换管控类	跨网交换能力、跨域交换能力等

7.6　安全作用域建模

我们通过数据流、业务流、网络流三条主线，识别出构成网络空间的关键要素、主要关系、重点链条、主体结构等。这些要素、关系、链条和结构也是我们开展威胁建模、需求建模、设计建模等时主要的安全作用对象。以数据和功能为中心的安全作用域模型如图 7-25 所示。

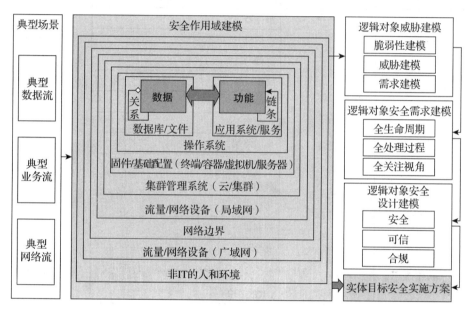

图 7-25　以数据和功能为中心的安全作用域模型

7.6.1　抽象逻辑对象

从安全视角出发，我们对三条主线中识别出来的要素、关系、链条、结构等进一步归纳、抽象、提炼，梳理出需要开展安全保护设计的类型相同、属性相同、特征相同、效能相同的逻辑作用对象（见表 7-6），为后续针对性开展安全威胁识别、需求分析、方案设计提供关键靶标。

在一个网络空间作用域内，要素、关系、链条和结构四类逻辑对象中，结构逻辑对象的安全取决于要素、关系、链条等逻辑对象安全指标的综合体现。

因此，系统化地研究网络空间安全作用域的安全威胁、安全需求、安全方案，一般只需对作用域内的实体类要素、关键的关系、闭环的链条等三类逻辑对象开展安全的威胁、需求、能力建模，即可以实现模式化、体系化、结构化的总体安全认知。

表 7-6　网络空间安全保护的逻辑作用对象

一级分类	二级分类	三级分类	……
实体类	设备	服务器	
		虚拟机	
		容器	
		路由设备	
		交换设备	
		存储服务器	
		桌面终端	
		虚拟桌面	
		移动终端	
		传感设备	
		控制设备	
		安全设备	
		⋮	……
	固件	BIOS/UEFI 等	
	操作系统	嵌入式 OS	
		移动设备 OS	
		服务器 OS	
		云 OS	
		桌面终端 OS	
		⋮	
	中间件软件	Web 服务中间件	
		数据库中间件	
		AI 中间件	
		NLP 中间件	
		⋮	

（续）

一级分类	二级分类	三级分类	……
实体类	应用软件	业务系统	
		大数据平台	
		认证系统	
		审批系统	
		权限控制系统	
		运维系统	
		安全管理系统	
		云管系统	
		⋮	
	数据	明细数据	
		主数据	
		知识参考数据	
		元数据	
关系类		关键关系	
链条类	信任链	认证和会话服务闭环链	
	合规链	安全合规闭环链	
		程序合规闭环链	
		政策合规闭环链	
	业务链	业务闭环链	
		其他链	
人		网络空间的访问者	
非 IT 环境		支撑网络系统运行的物理空间	

实体类关键要素，是网络空间里最主要、最直接被安全能力所作用的逻辑对象。不管是从网络流识别出来的，还是从业务流、数据流识别出来的实体类关键要素，通过安全视角对这些实体要素的属性特征等进行科学分类和系统分型，我们就可以抽象出最经典、最关键的几类逻辑实体对象。

实体类对象主要是硬件、软件、数据、人和非 IT 环境。主要包括：可见的实物类设备，如终端、服务器、路由器、交换机、存储设备、防火墙、摄像头、智能大屏、光纤线路等；也包括通过软件运营管理而虚拟出来的类设备实体，如虚拟桌面、虚拟服务器、容器、虚拟防火墙等；支撑设备运行的固件、操作系统等系统类的软件实体对象；数据库系统、视觉听觉 AI 系统、NLP 语言处理系统等中间件软件实体对象；领域的认证系统、授权系统、审批系统、业务系统以及云平台管理系统、大数据平台系统等应用系统、软件平台类实体对象；场景数据、要素数据、主题数据、知识数据等数据类实体对象；构造、使用、运营、管理、保障网络空间运行及使用网络空间中的应用系统、软件平台的各类人员类实体对象；数据中心、机房、机柜、电力、门禁等共同作用下的环境保障类实体对象，等等。

有了这些抽象出来的实体类要素逻辑对象，我们可以从维护国家安全、公共利益以及企业自身利益保护、公民个人信息保护等各个视角，由法律、政策、业务、社会等各方提出安全要求、安全需求，再结合安全领域广泛的安全威胁、风险、脆弱性等方面的经验认知，便可系统地生成作用于实体类要素的安全能力需求。

关键关系是两两实体对象由于资源流动、业务访问、网络连接等而动态构建的关联、关系类逻辑对象。两两逻辑对象的关系出现将会派生出新增的、两两之间的、协同性的威胁、风险、脆弱性。比如，当高敏感个人信息数据以未加密的文本文件、Word 文档等形态存储时，存在资产加固不足的脆弱性，会产生被复制、窥视的风险。在安全作用域内，我们也要识别各类实体类逻辑对象两两之间的关键关系，分析安全威胁，设计安全保障。

链条闭环是多个实体类对象因为资源流动、业务访问、网络连接而连接起来的端到端的链条闭环类逻辑对象。以覆盖相对周全、流程稳定的逻辑闭环开展安全威胁分析和方案设计，是应对累积性风险和结构性风险的关键路径和重要方法。比如，移动业务端经过多个环节访问核心网的资源数据，中间环节的微小偏差或把关不够，将可能累积为较大的信任危机。在安全分析和设计中应当立意高远，早早地规划设计，一步一步稳健地把针对链条闭环逻辑对象的风险发现和安全保护的能力构建起来，释放出来。

在链条闭环逻辑对象的关注度方面，我们可以重点关注信任、合规、业务等链条闭环逻辑对象的安全设计。其中，合规是链条安全作用的重点方向，围绕链条安全的目标有效地开展识别威胁、分析需求、设计方案等工作。"安全合规、政策合规、程序 / 业务合规"是合规链条闭环研究的重点和关键。比如，在业务合规 / 程序合规方面，可以将基于策略的动态访问控制的鉴权作为一个重点场景；在安全合规方面，可以将终端—资源的全链保密性访问保障作为一个典型场景；在政策合规方面，可以将高敏感数据从采集到存储、再到使用的合规监控分析作为一个典型场景。

7.6.2 对逻辑对象安全建模

对逻辑对象开展安全建模，就是对前面抽象形成的实体类、关系类、链条类逻辑对象，分别开展脆弱点识别、威胁识别、需求分析、能力配置建议方案等安全建模工作的任务事项。

下面，我们会对实体类逻辑对象、关键关系类逻辑对象、链条闭环类逻辑对象分别选择核心数据实体、关系、链条，开展识别威胁、固定需求、设计安全方案等安全建模的讨论。

1. 实体类逻辑对象的安全建模

实体类逻辑对象的种类很多，我们不会对每类逻辑对象的安全建模一一展开讨论。这里，我们以数据和功能 / 服务这两类数字化时代核心的逻辑对象为靶标，讨论一下实体类逻辑对象的安全建模。

数据逻辑对象的安全建模。数据逻辑对象不是指存放数据的 MySQL、Oracle 等数据库中间件，而是指使用 MySQL、Oracle 等数据库管理系统存放的实体数据，是一行行活生生的记录，是一个个数据组织模式（Schema）表达的数据集、数据记录、数据项集合等实体对象，即我们前面讨论的实体数据和元数据。

从 IT 时代迈向 DT 时代，网络空间安全最显著的特点就是将数据安全保护置于安全最重要的地位，将数据作为网络空间第一的、核心的资源进行安全规划、安全设计、安全运营。这与之前以网络边界安全为主体的安全思路大相径庭。数据安全保护对整个安全业界提出了根本、全面，甚至颠覆性的挑战，影响极其深远。

数据逻辑对象的威胁识别。 数据是资源，是可以在一定的领域中产生价值、获取收益的载体。数据被人惦记，是因为人们可以通过数据的利用和交易获得利益。数据被人惦记，还可能因为通过数据的篡改、灭失、破坏，可让特定人的利益得到放大或者使负面影响得以减轻甚至消失，也可能让对手受到影响、能力得到削弱，从而间接让自己受益。因此，数据这类逻辑对象的安全威胁主要体现为数据被窃取、被删除、被篡改、被越权使用、被非法占有等。同时，由于不同数据资源所承载的内容性质、敏感程度、影响大小不一样，数据一旦被窃取、删除、篡改、访问而造成的损害也不尽相同。因此，我们在识别威胁和风险时，还应该考虑数据分类分级后可能面对的不同威胁和风险程度。

数据逻辑对象的安全需求分析。 数据是一种特殊的、虚拟态的实体类逻辑对象，无法直接呈示于人，需要关联数据处理的功能、服务，以及承载数据处理功能的设备等，并通过可视化组件在终端上表示出来。数据安全保护的行动与数据被收集、被存储、被使用、被加工等处理环节、处理功能相伴相生。因此，在对数据实体逻辑对象开展安全需求分析时，往往需要与数据处理的环节相关联。

比如，我们在数据收集环节，就要在知识模型的作用下，对数据的每种有意义的数据项组合及数据内容进行数据定性和定量分析，确定是否涉及国家安全和公共利益、是否涉及个人隐私信息或者组织权益等，并对数据进行社会安全视角的识别、标注、分类、分级，精细化确定数据的敏感度级别。在分类分级的基础上，根据国家监管要求，过滤掉与业务无关的高敏感性数据项或将其进行脱敏变换后向后台转递和本地处理。

又如，在数据存储环节，我们需要在对数据开展社会风险视角的分类分级基础上，再根据数据被窃取、被篡改后对国家、社会、个人及组织的影响大小，对数据的组织方式进行差异性设计，例如对核心的数据进行加密后存储，对高敏感的重要数据进行数据脱敏变换后存储，等等。

再如，在数据使用提供环节，动态访问控制策略执行引擎会对每次访问携带的事由任务等进行匹配鉴权，对请求的资源标的超越事由对应数据资源策略的，引擎会自动开展数据的动态脱敏处理，确保反馈的数据没有超越业务使用规范的要求。

不仅仅要在数据收集、存储、使用等关键处理环节加强数据安全需求分析和安全防护、动态访问的控制，在数据的加工、传输、提供、公开以及销毁、交易等环节（见图 7-26），我们也要主动地开展数据动态分类分级的治理，主动在重点的处理环节嵌入数据安全处理逻辑和安全保护能力，确保数据安全保护在其全生命周期、全使能过程、全赋能触角得以彰显，体现安全能力资源化、服务化的供给能力和供给机制对数据安全保护能力的极端重要性。

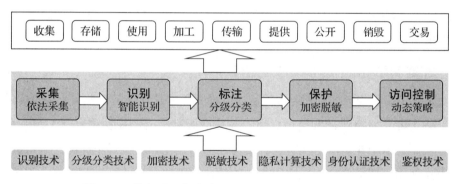

图 7-26　数据处理与安全能力、安全技术的关系示意图

数据逻辑对象的安全设计。前面我们讨论分析了数据实体对象的威胁识别、安全能力需求识别及安全能力按需供给的能力和机制。我们对数据实体的安全保护重点已经有了清晰且全面的认知，也认识到数据实体被不当访问和不合规利用对国家、社会、个人、组织等可能造成的威胁和风险，要靠我们在数据全生命周期管理和全使能过程处理的每个环节中设计嵌入恰当的安全能力去化解和防御，让数据实体在关键的处理环节能得到有效的、针对性的安全保护，让数据实体在分类分级治理中确保数据的机密性、完整性、可用性，让数据开放和访问得到动态、有效、科学、严密的控制。

2. 关键关系类逻辑对象的安全建模

对关键关系这种逻辑对象的安全建模，主要研究两个实体类逻辑对象间关系逻辑对象的安全模型。

我们在研究实体间关系逻辑对象时，一定会关注交互过程中会不会造成数据、指令、意图等信息被窥视、被窃取、被篡改，或者交互双方由于被攻击或基线配置、安全机制不严密等，导致互相不可识别、不具信任等威胁和风险。针对这些威胁，我们应将关系的安全需求分析重点放在关注交互时不被第三方读取、修改、干扰，并确保交互时双方可互识、可信任等。在对关键关系逻辑对象开展安全设计时，重点是设计不同强度加密、签名、扰码扰序、身份互证、会话保持、令牌验证等能力，确保不同重要程度的关系得到不同强度的安全保护，防止关系两头的实体类逻辑对象被仿冒或关系传递不一致等问题的出现。

以上实体对象间关系的交互机制安全保障问题，是我们研究关键关系安全模型的主体任务。

3. 链条闭环类逻辑对象的安全建模

信任链、合规链、处理链等控制或流程闭环也是别有用心之人关注的目标。他们为了能够将自己的利益最大化，往往会瞄准已有的控制逻辑、工作流程、运行机制，从中找出薄弱环节或者结构性漏洞，比如通过冒用身份、借用数字证书、使用过期会话令牌、使用变造的凭证、重放合法的已过期请求、破坏加密验证体系等手段，设计相应的突破方案，从一个或者多个环节进行突破，违规进入核心区域或访问资源，实施结构化的破坏或体系化的攻击，以突破安全机制，达到他们的目的。

下面，我们通过信任链的控制闭环来研究链条类逻辑对象，确定威胁识别、需求分析、安全方案设计等安全建模的过程（见图 7-27）。

当一个用户想要访问某类资源时，首先需要确定的是主体身份和环境上下文的安全性及信任度，同时保证对主体的信任情况不走样地传递给资源服务者。资源服务者可以通过信任链的审查和权威性的验证，达到对主体身份及环境安全的信任，从而做出决策和服务。主体身份一般指直接的用户身份和用于用户访问的终端、工具 App 等间接载体的身份，以及用户访问时所处的 IT 环境和非 IT 物理环境等。用户、终端、工具、环境等组成主体可信评估的关键要素。多维认证和会话管理体系通过要素特征持续的识别、验证、服务，以及要素间关系的确立和保持，构造成会话生命周期内的信任链条、可信闭环。这些主体要素的信任状态需要在一定时间窗口内得以保持，一直延续到服务方响应访问请求并将结果反馈给请求者，而且可以详细记录信任闭环下的服务全过程，以将信任度的评价和审查后置到监督环节。

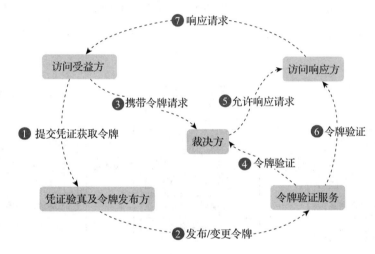

图 7-27　以令牌机制构建信任生成、传递、验证闭环

在这条信任链生成和传递体系中，身份认证、环境感知、会话服务体系会持续地协同工作。**环境监测和感知引擎**会不断地侦测用户、设备、App 工具、IT 运行环境、非 IT 物理环境等主体要素的变化。**身份认证引擎**会持续地根据环境感知或主动采集获得的要素及要素特征的变化，重新进行身份辨识和验证，计算和评估当前主体的要素信任度和总体信任度。**会话服务引擎**会根据主体信任指标体系，对用户接入的会话令牌、应用的会话令牌进行升降级或者回收等调整。认证引擎、会话引擎还会及时将信任度情况和会话令牌状态情况主动向关键环节投放，也可以通过服务接口响应关键环节发起信任度和令牌状态的查询和验证。当用户主动退出登录或环境感知体系监测发现用户已离开工作环境

时，主体信任体系将回收会话令牌及相应的应用令牌，从而结束信任链的生命周期。这样的信任链闭环将为资源的动态访问控制提供十分关键的策略因素的输入，为合规链的策略决策提供支撑。

对网络访问、业务访问、数据资源访问链条闭环上的每个节点，都可以通过令牌传递机制对其关注的节点进行信任令牌验真和有效性状态验证，并基于令牌验真和有效性状态验证结果做出链条的通断（见图7-28）。可信检查控制组件是在网络访问、业务访问、数据访问等流程中用于检查和控制请求者或被请求者认证状态、信任情况的增强型信任辅助能力，用于检查有无认证系统发放的接入令牌及接入令牌的合法性、有效性、一致性，支撑访问控制的动态决策。

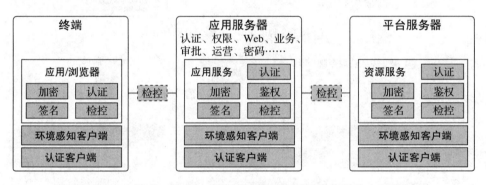

图 7-28　在请求、响应、传输等关键环节开展的信任检查和控制

利用令牌载体及会话服务机制来传递逻辑对象信任评估情况的方法，不仅适用于请求者主体对象的信任度评价和会话期确认，对构成端到端业务访问、资源访问、网络访问等链条闭环的所有要素均可以借鉴使用（见图7-19）。我们可以对任务事由的审批结论构建任务令牌和任务存活期验证服务的模块，让任何需要确认任务事由的环节随时随地发起任务状态查询和任务审批结论的一致性验证。甚至，我们对作为访问客体的被请求的资源服务，同样可以构建资源服务的信任评估结论及存活期的验证服务，服务于访问控制引擎的资源确认以及请求方对资源服务方的信任评估。

针对链条闭环等可能的安全威胁，我们需要重点构建综合性信任链和信任闭环的分析和决策体系，将链条上关键的节点、关键的节点关系纳入监测的视线，收集各个节点的关键日志和要素动态信息，构建综合性的监测分析能力和研判预警、预测预置的指挥调度和行动能力体系，并在关键的环节或关系上布建恰当有效的管控、管制技术措施和能力，实现动态感知、实时决策、精准管制，让信任链闭环始终动态可信。

有时候，我们还要能准确地辨别出究竟是在对关键关系还是链条闭环开展安全建模。有一类安全建模看起来像是关注实体间关系，实质上却是链条闭环在这个关键环节关系上的投射。比如，对数据资源动态访问的全因素鉴权控制（ABAC）往往把控制执行点放在应用服务系统与大数据平台两个对象之间的请求 / 响应的关系上，看起来是对应用 / 资源两个实体之间的关系的安全建模，实际上是对各主体共同组成的访问链条和业务闭环、信任闭环的安全建模，是多方综合施策的访问控制策略。

动态访问控制引擎和大脑态势感知分析引擎可以对链条各节点及节点关系进行全局性评价和综合性讨论，从而对链条闭环进行端到端的精确评估风险。这是针对链条闭环安全识别和安全保护的最优模型。

7.6.3　实体目标及项目安全设计

实体目标安全设计的话题将我们对安全的讨论从抽象的逻辑对象安全建模拉回到真正作用对象、实体目标的安全需求分析和安全能力设计之上，并从实体目标安全设计聚合成安全项目的规划、设计、实施，从而拉起构建企业级科学、有效安全保障能力体系的大幕。

之前安全保障能力体系的规划、设计、实施建设，总体上是被动、落后、碎片、残缺的，想一出是一出，往往被事件、问题、风险或专项行动牵着走，缺乏体系化的整体规划，导致安全体系支离破碎，根本无暇应对复杂的网络安全形势和数字化时代聚焦数据安全保护的新要求。

新一代内生安全框架之下的安全保障能力体系是资源化、服务化、统筹建设、按需配置、动态运营的。在此模式下，对需要安全保护的实体目标，可以根据实体目标及其逻辑对象的重要程度、不同情境下的保护要求、动态感知的风险状况、当前安全能力的负载情况等，按需调度嵌入相应的安全能力。这种动态安全能力运营配置模式为智能化安全能力供给和需求满足带来了可能，为安全解决方案的设计提出了新思路、新要求。

通过前面章节的讨论，我们已经把握了主要的安全逻辑对象的保护目标和基本要求，理清了每类逻辑对象的脆弱点、威胁、风险识别、需求分析、能力配置、方案设计的分析方法和安全模型。

对这些逻辑对象安全模型再组合、再建模、再集成，我们就可以构造出网络空间中实际部署运行的实体目标单元，也可自然形成作用于实体目标单元的安全需求分析和安全技术设计方案。这样的实体目标单元往往是企业数字化进程中承载系统功能或数据处理的业务单元，一般是设备、固件、操作系统、中间件软件、应用功能软件、数据资源等多个实体类逻辑对象的组合体。

在实际开展安全项目的方案设计时，一般会对多个实体目标单元进行综合安全需求分析和技术方案统筹设计，甚至会结合前期项目已实施部署的实体目标及作用于其上的安全能力开展整合设计，构成实体目标的逻辑对象安全模型，共同指导设计该实体目标的安全需求分析、安全能力配置方案，并对多个实体目标进行安全需求分析和安全能力规划，再结合复用以前已部署的安全能力成果，形成本期项目的安全技术设计方案。

在进行整体安全方案设计时，除了对实体类安全目标开展需求分析和能力设计外，逻辑对象之间的关键关系也要纳为安全设计的重要标的，用关系类逻辑对象的安全模型来指导安全方案设计。同时，实体目标作为一个业务单元，往往这个业务单元本身就构成一个业务闭环和链条，或者这个业务单元是某个业务闭环中、甚至企业级业务中的关键环节，那么，我们就需要在链条闭环的逻辑对象安全模型指导下，增加关键业务链条闭环的安全设计。

在项目实施完成后的长期运行过程中，由逻辑对象组合、集成的业务单元会越来越多，并且会在数字化进程中，不断出现新的组合，原有的组合好的业务单元、实体目标也会因为业务的变化和调整重新组合和改进。每当一个新组合出现或一个已有组合调整时，我们的安全方案就需要在构成新组合的逻辑对象安全模型指导下，进行需求的重新调整和方案迭代设计。

业务单元、实体目标有很多种，在任何一个企业的数字化进程中，这样的业务单元、实体目标的划分、组合、集成等，往往是典型的日常事务型安全业务工作的起点。这样需要日常性安全经营工作的对象分布很广泛，可以是领域事务的业务系统、企业内务管理的人事系统，也可以是保障业务和内务工作的身份认证系统、权限控制系统、任务审批系统等支撑性系统，还可以是数据资源的服务系统，甚至云平台管理的云管系统、保障可用性的运行维护系统等。

7.7　安全方案的关键设计

7.7.1　安全知识指导的安全能力生命周期

安全方案是对网络空间的特定领域、特定区域的生产业务系统和数据资源等开展安全保护而采取的建设、运营的方案。通过方案的实施，向生产业务系统提供与之适应的安全、可信、合规纵深防御和综合管理策略控制的能力作用方案。特定领域、特定区域生产业务的安全建设项目方案，一般也是一个组织安全整体的一部分。

不管是项目的需求分析，还是技术方案设计，或者是安全建设和安全运营，都需要在网络安全知识、安全模型体系的指导下开展（见图 7-29）。如此有利于统一安全框架、传承安全思路、继承安全经验、统筹安全能力、规范工程控制、提升工作效率、提高运营质量。

从需求分析阶段来看，一个安全项目方案一般需要满足领域多个场景中作用点的安全能力部署和运行需求，动态识别每个作用点的网络逻辑对象，在逻辑对象威胁及安全需求等知识模型的指导下，我们就可以识别出每个逻辑对象的威胁、脆弱点及风险的集合，从而累积为作用点的综合威胁、脆弱点、风险，推导出作用点的安全能力需求，通过汇总各作用点的风险和能力需求，形成项目的总体需求方案（见图 7-30）。

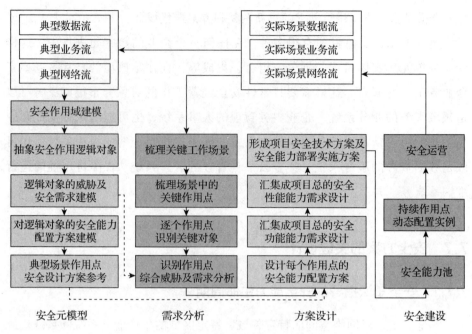

图 7-29 以知识驱动的安全能力动态生成示意图

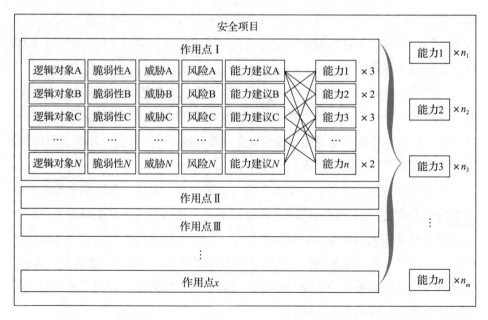

图 7-30 安全作用点安全能力各类及数量需求的生成

从方案设计阶段来看，通过需求分析阶段识别出每一个网络逻辑对象，在对应种类逻辑对象的安全能力配置方案模型指导下得到安全能力配置方案建议。通过一个作用点上多个网络逻辑对象的安全能力配置建议方案的叠加、合并、消重，形成一个作用点上识别和管控威胁、脆弱点、风险的安全能力建议配备方案。然后通过汇总各作用点的安全能力配置方案建议，就可以形成本次项目总体安全能力类型的配备方案，在汇总各作用点性能需求和配备数量的基础上，就可以确定本次项目的安全产品、安全服务、安全知识、集成事项等量化采购和实施方案。在方案设计阶段，还需要明确元数据驱动的技术路线，安全能力执行引擎通过发现、探索、解析、执行安全能力对应的元数据，就能达到理解、调度、使用安全能力的目标。

从安全建设阶段来看，通过安全设计方案的落地实施，企业拥有了资源化、服务化、可按需调度的安全能力体系，全生命周期、动态精细化治理下的资产，在安全知识体系的加持下，各种资产及资产处理中的安全脆弱性、安全威胁、安全风险的识别能力、识别效率、识别准确率极大提高，在逻辑对象安全能力配置知识体系支撑下，针对安全风险的安全能力配置实现了精准推荐，构建安全策略的复杂度和难度大大降低，安全建模的效率、能力、水平大大提升，安全运营不再是领域不可逾越的鸿沟。

安全管控需将安全能力分层解耦，以资源化、服务化支撑领域实务按需调度、动态组合。安全与生产相伴相生，生产和生产的承载落地在哪里，安全就应该嵌入到哪里。

前面研究的新型安全能力供给思路体现了精细化、精准化、精益化，对安全能力的供给形式体现了资源化、服务化。这些安全能力科学恰当的供给特点，满足了场景安全能力需求的按需配置、按需调度，为场景驱动、精准投放、智能融合安全管控能力提供了条件。当然，我们在不同的生产场景也要体现安全能力部署的动态性、灵活性，体现恰当配置、科学行动、最小代价的思想。

7.7.2　典型的数据安全保护方案

在数字化时代，领域数字化转型的实践过程和成果都是以数据为形态进行表示、加工、存储、传递和呈现的。因此，数据安全保护是数字化时代的第一安全要务。本书就以数据安全保护方案来收官。

《中华人民共和国民法典》《中华人民共和国网络安全法》《中华人民共和国数据安全法》《中华人民共和国个人信息保护法》等法律从不同视角对核心数据、重要数据、个人信息、敏感信息、隐私权的分类处理和安全保护进行了规定，明确了数字化数据建设运行的根本遵循、基本原则和管理要求。为数据处理实践提供了基本遵循和法律保障。

政府部门、企业在社会治理和社会服务的实践中，依法采集了大量必要的数据，其中包括相当一部分的个人信息。法律关注的数据收集、存储、使用、加工、传输、提供、公开、删除、销毁、交易等全生命周期的关键节点，正是数字化战略规划和数据建设应用的主要任务锚点和重点适法环节。政府部门和企业亟须在数字化实践中构建起数据安全和精准识别、动态标注、精细管理、合理授权、有效鉴权个人信息、敏感信息、隐私信息的适法能力，确保好用够用、依法合规。法律赋予政府、企业多种收集数据的手段。随着立体化采集和智能化感知体系的深化建设，政府、企业获取数据的渠道越来越全、能力越来越强，多来源、多维度、多模态数据的深入融合加工使得数字化成果数据中的个人信息、敏感信息、隐私信息更加丰富、更加聚焦、更为强化、更为精准，政府、企业数据安全和个人信息保护的责任更加艰巨、更为紧迫。政府、企业都应加强制度设计、技术建设、运行管理，确保在涉及个人信息的全生命周期数据管理中，落实法律规定的数据安全和个人信息保护要求，实现全流程可知、可管、可控、可查。

1. 健全数据安全和个人信息保护的制度

（1）数据采集感知工作规范和分工机制

按照法定职责任务和授权，形成中央地方、行业社会、网上网下、境内境外依法合规、分工协作的数据采集感知工作规范，落实数据采集责任，严格执行法律政策规定，合理布局和复合利用公开、管理、服务、执法、技术、交易等多种手段，形成优势互补、覆盖全面、多维立体的数据采集感知体系，依法收集数据资源。

（2）数据分类分级的制度

严格执行《中华人民共和国民法典》《中华人民共和国数据安全法》《中华人民共和国个人信息保护法》等法律对数据性质的规定及对数据处理的要求，建立数据分类分级制度和重要数据资源目录，对关系国家安全、国民经济命脉、重要民生、重大公共利益等的国家核心数据及个人信息、隐私信息和其他敏感数据进行科学、全面、动态的界定，明确数据分类分级的标准规范和管理要求。

（3）与职责任务及使用场景适配的数据使用规则

严格执行国家法律、行业规范的规定和职责任务分工要求，制定数据资源使用管理规范，按照职责分工和任务性质，统筹不同场景下的环境、设备、网络等多种因素，科学授予对应数据资源的使用权限，实现数据资源访问行为的动态访问控制，确保好用够用、依法合规。

（4）数据安全的全流程管理制度

制定并执行数据采集、获取、使用、存储、加工、传输、提供、公开、删除、销毁、交易等全生命周期、全使能过程的数据安全管理制度，明确各处理环节的数据安全责任和管理要求，对关系国家安全、国民经济命脉、重要民生、重大公共利益等的国家核心数据实行更加严格的管理。建立数据安全应急处置制度，提高数据安全事件感知和控制能力。

（5）数据安全官制度

金融、互联网、通信、卫生、医疗、交通出行、社会服务等机构企业是重要的数据处理者，应当明确其数据安全负责人和管理机构，制定数据安全保护的战略、规划、方案，落实数据安全保护责任，促进领域大数据智能化更加有序地服务人民。

2. 建立数据安全和个人信息保护的技术能力体系

（1）识别技术能力

依照法律、行政法规的规定和国家标准的强制性要求，建设个人信息、敏感信息、隐私信息识别、标注的技术措施，为关键数据处理环节及监测评估、监督检查工作等提供资源化、服务化的识别技术能力，让信息识别、标注的能力能够便捷获得、便利使用。通过机器学习等 AI 能力，动态、全面地学习、积累、迭代识别知识和算法模型，推动技术措施更加智能、更为可靠地识别标注个人信息、敏感信息、隐私信息。

（2）分类分级技术能力

以数据遭到篡改、破坏、泄露、非法获取或利用可能造成的负面影响为安全关注视角，依据数据资源承载的社会风险的性质进行四个方面的安全分类。

在依据数据社会安全性质对数据安全分类的基础上，分别根据数据遭到篡改、破坏、泄露、非法获取或利用后对国家安全、公共利益、个人权益、组织权益造成影响的程度，对数据的敏感度进行分级，一般可分为核心数据、重要数据、一般数据、可公开数据四个级别。

数据分类分级技术依照法律、行政法规的规定和国家标准的强制性要求，依据数据分类分级的样本、知识、模型，通过建设数据分类分级的技术引擎，动态、全面地对数据进行分类及分级，既能根据数据项、数据项集合、数据规模等因素对数据开展科学的分类，又能根据数据遭到安全威胁后的影响程度开展敏感度分级，还能根据触及的特定敏感标识、敏感样本、敏感内容，对特定的数据记录开展精细化分级。

（3）脱敏技术能力

依照法律、行政法规的规定和国家标准的强制性要求，建设脱敏技术措施，对个人信息、敏感信息、隐私信息进行不同强度的脱敏处理。脱敏即对敏感信息、隐私信息和其他较高风险等级个人信息进行删除或者匿名化、去标识化等处理。对无法匿名化、去标识化或者去标识化后对工作影响极大的信息，可以采用个人信息隐藏、变换、模糊化等方式进行脱敏。

同类个人信息在不同的职责任务、不同的使用环境、不同的设备情况下，恰当、动态地呈现不同强度脱敏后的个人信息，既解决了数据服务实务能力问题，又能有效地保护好个人信息、敏感信息、隐私信息。

（4）加解密技术能力

依照法律、行政法规的规定和国家标准的强制性要求，建设加解密技术措施，对高敏感度的信息进行不同强度的加密处理。采用加密存储等技术对标识化承载信息进行加密的，应同时具备解密重建标识化的技术能力，以便在特定使用场景并严格履行审批的前提下，对加密的标识化信息进行重新解密使用。加密解密技术措施可以在数据存储和数据传输等重点环节随时调度，按需使用。

（5）授权鉴权技术能力

建设精细化授权和动态精准鉴权技术措施。依照法律、行政法规的规定和国家标准的强制性要求，根据职责任务对使用者按照角色精细化授予对应级别、类别的数据使用权限。同时，依照法律、政策以及相关程序规定，实现一事一批，根据事由核定工作任务及资源支持。鉴权技术引擎根据任务审批结果和职责、环境等因素，共同进行数据资源访问请求的确认和裁剪，实现职责和任务双控的动态鉴权机制，确保数据资源使用的权责相当、事由驱动和好用够用、依法合规。

3. 平衡数据赋能主线与数据安全红线

（1）数据开发利用和数据安全保护既是一对矛盾，更是一体之两翼

数字时代的数据是社会发展进步进程中最核心的资源要素，数据的开发利用是进入数字时代的人类社会永恒的主题。数据开发利用和数据安全保护是一体之两翼，科学地开发利用数据，需要严防对国家安全、公共利益、个人和组织权益造成影响和侵害，确保开发利用全生命周期、全使能过程的科学、恰当、可信、合规。数据安全保护是数据依法依规开发利用的基础和前提，比翼双飞才能保障数据开发利用持续获益。

在当前数字化发展进程中，数据开发利用和数据安全保护这两翼在表面上、形式上更像是一对矛盾。数据使用方总认为安全保护方时时刻刻都限制对数据的开发利用，安全保护方总认为数据使用方时刻都想着突破规则使用数据资源。在各行业领域中，当安全保护措施不到位时，数据滥用、违规使用的情况时有发生。实际上，这种矛盾都是表象的且可调和的。法律、政策、监管要求等社会运行制度已为不同类型的任务执行设计了资源利用的规则，只是在数字化转型进程中，很多的社会运行机制、规则在领域技术方案、技术产品、技术运转实现中还没有很好地贯彻落实，技术系统还没能继承好已然存在的人类动态组合规则和智慧研判的决策能力。

（2）强化使用者的多维身份认证和持续信任评估，确保主体可信

以零信任思想建立多维身份认证和环境感知技术措施，将业务用户和运行运维安全等特权用户多维身份认证纳入体系，确保实人、实名、实证。

（3）强化数据赋能关键节点处理逻辑的闭环控制，确保行为合规

以动态访问控制为目标建立可信计算控制技术措施，对数据赋能关键节点处理逻辑进行主体动态确认、要素可信控制、处理逻辑分析、异常行为感知，确保计算可信、行为合规。

（4）强化存储、传输、使用关键环节数据安全保护，确保实体安全

建立数据实体安全防护技术措施，在数据项、数据表、数据库系统、数据库文件等多个层面，充分运用多种安全保护技术，对数据实体进行安全防护，确保数据实体的安全。

（5）强化大数据动态审计、安全分析和预警研判，确保风险可知

建立安全大数据态势感知技术措施，感知、融合、处理全栈纵深防御体系能力所生产的安全大数据，构建知己知彼知威胁的原始场景、核心要素、主题资源、安全事务等数据资源体系，并在此基础上支撑行业专家构建百花齐放的审计、分析、预警模型，动态计算、实时分析，不断输出安全风险。

（6）强化个人信息保护和数据安全红线的责任落地，确保全局可控

建立数据安全综合策略控制技术措施，加强数据安全策略控制执行点的统筹和联动协同，完善预案管理和风险动态适配引擎，确保安全风险研判精准、对策科学、控制自如。

（7）强化数据处理全流程重点行为日志记录和保护，确保操作可查

建立动态审计技术措施，对全流程操作行为的指令和关键数据结果进行实时精细化日志记录，并根据数据敏感度、隐私度等因素，强化审计日志的安全保护，实现任务指令全流程的可检查、可稽核、可审计。

4. 数据安全和个人信息保护的三道防线

（1）数据采集单位第一道处理

由数据采集生成的第一责任单位根据法律、政策和被采集个人对采集主体

的数据授权，运用数据重要程度、敏感度、隐私度等样本、知识、模型，对数据开展识别、标注、分类、分级、过滤等。依据职责任务的需要，对特定高敏感、高隐私且无被授权使用的数据进行滤除，有法律、政策或者个人授权使用的高敏感度数据，应将其直接去标识化、脱敏处理后向统一的领域大数据平台提供。对不向领域大数据平台提供且必须留存处理的高敏感度数据，应开展脱敏处理或加密存储。同时，对原始数据提供技术方法形成不可逆的全局性唯一记录 ID，便于经严格特定的事由审批后由指定部门回溯到原始信息。

（2）大数据平台第二道处理

经过领域大数据平台融合增值，数据的敏感度会发生新变化。对变化了的数据资源，仍需经过识别、标注、分类、分级、脱敏等全套处理。对敏感度高且无授权使用的数据进行滤除；对敏感度高但有法律、政策或者个人授权使用的数据，应开展脱敏处理或加密存储；对关键的识别标识符信息专门处理，形成不可逆的去标识化，并为后续经审批后回溯提供条件；对一般敏感度的个人数据，在分类分级后，对数据进行变换、断开标识并标识记录关系等脱敏处理，但要具备查询、比对、分析统计等计算条件。

（3）平台数据服务时第三道动态处理

由大数据平台服务技术措施基于访问主体的任务事由和职责分工，以及主体身份及主体所在的实际场景的辅助因素，动态适配和反馈不同强度的脱敏数据或原始数据。

5. 数据安全保护的关键举措

（1）从安全保护视角对领域数据分类

以数据遭到篡改、破坏、泄露、非法获取或利用后可能造成的负面影响为安全关注视角，依据社会风险性质对领域数据资源进行四个方面的安全分类。

1）国家安全。数据遭到篡改、破坏、泄露、非法获取或利用，可能危害国家基本经济制度、社会主义市场经济秩序、重大经济利益安全，或者造成系统性、区域性金融风险，或者危害政治安全、文化安全、网络信息安全、社会公共安全、生物安全等其他国家重大安全的，适用涉及国家安全的数据安全分类。

2）公共利益。数据遭到篡改、破坏、泄露、非法获取或利用，可能危害经济、文化、社会、生态秩序的安全，造成一定影响或者对局部范围的公众生产、生活秩序造成重大影响的，适用涉及公共利益的数据安全分类。

3）个人权益。数据遭到篡改、破坏、泄露、非法获取或利用，容易导致自然人的人格尊严受到侵害或者可能使其人身、财产安全受到危害的，适用涉及个人权益的数据安全分类。

4）组织权益。数据遭到篡改、破坏、泄露、非法获取或利用，容易导致组织声誉受到侵害或者组织经营运行受到影响、财产安全受到危害的，适用涉及组织权益的数据安全分类。

（2）对数据开展安全分级

在依据数据社会安全性质对数据安全分类的基础上，分别根据数据遭到篡改、破坏、泄露、非法获取或利用后对国家安全、公共利益、个人权益、组织权益可能造成影响的程度，对数据的敏感度进行分级，可分为核心数据、重要数据、一般数据、可公开数据四个级别。

1）可公开数据。遭到篡改、破坏、泄露、非法获取或利用，不会影响国家安全、公共利益、个人权益、组织权益的数据。

2）一般数据。一旦遭到篡改、破坏、泄露、非法获取或利用，可能对个人、组织合法权益造成危害，但不会危害国家安全、公共利益的数据。可进一步细分为 4 个等级。

4 级一般数据，可能严重危害个人、组织合法权益的。

个人权益方面， 个人信息主体可能会遭受重大的、不可消除的、无法克服的影响，容易导致自然人的人格尊严受到侵害或者人身、财产安全受到危害，如遭受无法承担的债务、失去工作能力、导致长期的心理或生理疾病、导致死亡等。包括个人的生物识别、身份标识、个人通信、联系关系、家庭住址、银行账户、财产状况、医疗健康、宗教信仰、犯罪记录、个人习惯、精确位置、隐私通信，等等。

组织权益方面， 可能导致组织遭到监管部门严重处罚（包括取消经营资格、长期暂停相关业务等），或者可能导致重要 / 关键业务无法正常开展，造成重大经济或技术损失，严重破坏机构声誉、使企业面临破产。包括企业未公开的战略规划、核心技术、重大项目投标文件、重要产品设计、重大投融资方案、兼并重组、发行股票、债转股等重大事项以及重大产品缺陷、重大经营风险，等等。

3 级一般数据，可能一般危害个人、组织合法权益的。

个人权益方面，个人信息主体可能遭受较大影响，个人信息主体克服难度高，消除影响代价较大，如被诈骗、资金被盗用、被银行列入黑名单、信用评分受损、名誉受损等。包括个人的网络账号、手机号、银行卡号、医保卡号及终端信息、车辆信息、安装 App、粗略位置、出入境记录、就医记录、购物信息、群组信息、网页浏览记录、社交情况，等等。

组织权益方面，可能导致组织遭到监管部门处罚（包括一段时间内暂停经营资格或业务等），或者导致部分业务无法正常开展，造成较大经济或技术损失，破坏机构声誉。包括企业未公开的非核心技术、非重大项目投标文件、一般产品设计、商业计划、一般产品缺陷、一般经营风险，等等。

2 级一般数据，可能轻微危害个人、组织合法权益的。

个人权益方面，个人信息主体可能会遭受困扰，但尚可以克服，如付出额外成本，无法使用应提供的服务，造成误解，使个人产生害怕或紧张的情绪、导致较小的生理疾病等。包括个人的朋友圈信息、专业特长、工作单位、运动信息，等等。

组织权益方面，可能导致个别诉讼事件，或在某一时间造成部分业务中断，使组织的经济利益、声誉、技术等轻微受损。包括企业未公开的战略合作、人才计划、商业活动方案，等等。

1 级一般数据，对个人、组织合法权益无损害的。

个人权益方面，对个人信息合法权益不造成影响，或仅造成微弱影响但可忽略不计。包括个人在公开媒体发布的文章、评论、观点，政府依法公开的个人信息，等等。

组织权益方面，对组织合法权益不造成影响，或仅造成微弱影响但不会影响国家安全、公共利益、市场秩序或各项业务的正常开展。包括企业的未公开或不宜公开的对外合作、重要人员流失、企业涉案、董监高涉案、处罚，等等。

0级一般数据，以上1到4级一般数据中，通过对个人信息或组织信息采取去标识化等处理后，若达到无法识别特定自然人或特定组织且不能复原的匿名化效果，那么处理后的信息不再属于个人信息或组织信息，但也不适合作为可公开数据处理的数据。

3）重要数据。一旦遭到篡改、破坏、泄露、非法获取或利用，可能对国家安全造成轻微危害或对公共利益造成轻微、一般危害的数据。包括未公开或不宜公开的影响国计民生、公共安全和社会稳定且不涉及国家安全的隐患风险、案事件、区域性群体性卫生风险，等等。

4）核心数据。关系国家安全、国民经济命脉、重要民生、重大公共利益的数据。一旦遭到篡改、破坏、泄露、非法获取或利用，可能对国家安全造成一般、严重危害或对公共利益造成严重危害的数据。包括未公开或不宜公开的影响国家安全、国计民生、公共安全和全域社会稳定的重大隐患风险、重大案事件、全局性卫生风险、金融安全、生物安全，等等。

（3）沉淀社会共识和领域公认的数据安全知识体系

人们看待数据，既要看到数据有价值的一面，通过看到数据价值而推动数据的开发利用，又要看到数据有风险的一面，通过看到数据风险而保护数据安全，促进数据科学、恰当地开发利用。判断数据有没有风险、有什么风险、风险程度大小，需要有对数据识别风险、标注风险、风险分类、风险分级以及对数据开展风险管理、风险降级、风险消除的策略模型和知识体系。

我国法律和各类规范已经将数据安全的关注视角聚焦在是否损害国家安全、公共利益或者个人、组织合法权益等方面，将数据保护的场景聚集在数据的收集、存储、使用、加工、传输、提供、公开、删除、销毁、交易等关键节点。

因此，数据安全保护方面知识结构、知识体系的构建应该侧重数据的全关注视角、全生命周期、全使能过程的样本、知识、模型、策略的收集积累，通过不断地丰富、完善、迭代，为数据安全保护的引擎输入最全面、最准确、最权威的催化剂、助燃剂，保障数据安全保护知识的力量内生嵌入到数据加工处理的每一个角落。

（4）收集阶段的数据安全保护

按照法律、政策规定和国家监管、行业主管部门要求，领域内的各组织、各层级、各工种、各部门各司其职，合理布局和深入构建公开、管理、执法、技术、服务、交易等领域数据采集手段措施，形成优势互补、覆盖全面、多维立体的数据感知收集体系，将感知触角部署、延伸至领域业务场景、内务场景，以及与领域相关的社会平台中可能含有风险的场景，有效覆盖信息流、资金流、人员流、物流等物质、能源、信息流通运转的关键处理部位。

在建设数据感知收集手段措施时，同步构建识别、标注、分类、分级、过滤、脱敏等数据安全技术保障基础能力，对数据进行差异化的分类处理。比如，对不予收集或不可复用的国家核心数据直接过滤，对重要数据或 3 级以上的一般数据，加密后直接向专题业务系统汇聚，需要用于领域多种业务的 3 级以上一般数据和重要数据，直接去标识化、匿名化或者脱敏处理后向领域综合性数据处理的系统汇聚，等等。

（5）加工和传输阶段的数据安全保护

在领域对数据加工的技术系统中，同步构建加工不同分类分级社会数据、领域资源数据、领域事务数据及领域业务专题数据的差异化安全技术保障能力。比如，若要加工 3 级以上一般数据，则计算环境、处理程序中要配置身份识别、安全加固、威胁监测等数据安全防护能力。再如，在传输 3 级以上一般数据时，要配置数据加密、数据签名等数据安全防护能力，等等。

（6）存储阶段的数据安全保护

存储领域数据的技术系统，同步构建领域数据存储的、基于数据分类分级的差异化数据安全保护技术保障能力。比如，非涉密系统不得存储国家核心数据；加密存储重要数据及 4 级以上一般数据；存储 3 级以上个人数据和组织数据时，应开展去除、变换或断开个人、组织标识符等不同类型的脱敏处理；去标识化或匿名化处理后的个人数据、组织数据可以低强度加密或不加密存储，等等。

（7）提供阶段的数据安全保护

为保障领域数据安全，可基于领域业务、社会相关性特征等因素，规定不直接向领域外的单位和个人直接提供批量领域数据。领域业务技术系统可依照领域有关程序规定向事务处理系统、行情研判系统、对象管理系统等领域业务系统逐事项、逐线索、逐目标、逐病案提供相关的领域数据。

收集的社会数据、领域资源数据、领域业务数据一般不直接公开，确需公开的，需要依法依规进行变换、脱敏等处理，逐级审批后公开。

领域向外单位提供领域样本数据及查询、模型分析等结果数据时，原则上应进行数据变换脱敏等技术处理，外单位相应的业务协作技术系统应根据变换脱敏的样本数据、目标数据等开展处理和反馈，等等。

（8）数据删除/销毁时的安全保护

当属于用户或客户自己的个人数据依据法律不再授权被存储和处理时，用户或客户可以申请删除。对唯一性交易、不再使用且不需要存档的数据，因法律政策的规定要求不得存档的数据，因技术维修必须销毁的数据等，应进行有效删除/销毁。销毁领域数据应履行申请、审批、核对、实施、验证等领域数据销毁程序，确保数据介质、数据实体的不可恢复，防止数据泄露。

（9）规范数据使用的通道

使用数据的方法主要包括主动查询、订阅推送、建模分析等。

主动查询即由领域业务工作人员依据承担的领域业务工作职责和任务及事项审批结果，通过使用查询专门技术系统或领域业务系统提交数据资源的查询请求。领域数据服务技术系统在已存档的数据中检索并依规反馈，再由任务承担人在查询专门技术系统或领域业务系统中查看查询成果数据。

订阅推送即由领域业务工作人员依据承担的领域业务工作职责和任务及事项审批结果，通过使用订阅专门技术系统或领域业务系统提交数据资源的订阅请求。领域数据服务技术系统或采集处理领域数据的其他目标系统，对新汇聚、新生成或新采集的领域数据进行实时比对计算，将数据实时推送到任务事项指定的技术系统或领域业务系统，并提醒任务承担人员查阅或自动激活有关处理流程，进行订阅数据的处理及分析。

建模分析即由领域业务工作人员或授权技术辅助人员，依据承担或被委托的领域业务工作任务，通过使用建模技术系统调度任务相关的数据资源目录、知识、算法、样例数据等要素，编排数据处理的业务逻辑，形成领域数据分析模型，在经过少量样例数据验证后，制定模型分析任务的执行策略，智能分析引擎将通过模型任务的调度和执行，源源不断地产生新线索、新业务事项。领域业务工作人员通过查看、研判、预警的线索数据成果，开展线索调查、情况研判、对象经营、事务办理等领域任务工作。被授权技术辅助人员开展领域建模工作时，应由领域工作人员共同进行，及时拉通需求。

（10）制定不同业务场景的数据合规使用策略

落实领域事务的职责任务，可采用相应的数据使用方法使用对应的领域数据。

1）开展一般事项受理、核查、办理等工作，可以采用主动查询的数据使用方法，可以使用公开数据和 2 级以下一般数据，以及与工作任务特定内容有关的一般 3 级等级的特定数据（需要列出具体任务与数据分类分级的对照关系）；

2）办理一般性领域事件和风险行为处置工作，可以采用主动查询的数据使用方法，可以使用公开数据和 3 级以下一般数据，以及与工作任务特定内容有关的一般 4 级等级的特定数据（需要列出具体任务与数据分类分级的对照关系）；

3）办理领域重大事件工作，可以采用主动查询、订阅推送的数据使用方法，可以使用公开数据、一般数据和重要数据；

4）开展领域专项调查、领域目标管理等工作，可以采用主动查询、订阅推送、建模分析等数据使用方法，可以使用公开数据、一般数据和重要数据；

5）开展领域风险对象定点教育、咨询求助、举报受理等工作，可以采用主动查询的数据使用方法，可以使用公开数据和 2 级以下一般数据，以及与工作任务特定内容有关的 3 级、一般 4 级等级的特定数据（需要列出具体任务与数据分类分级的对照关系）；

6）开展领域业务审计监督检查工作，可以采用主动查询、订阅推送、建模分析等数据使用方法，可以使用监督审计任务有关的数据和承担该任务形成的日志数据。

领域的职责任务与数据资源的匹配策略是国家法律要求、行业规定、业务规范等条款的落地体现。一般由领域制定规则的部门通过策略编排工具进行统一的配置，并以可直接执行的形态在领域中被动态访问控制策略执行引擎消费落实。这部分内容在本章的动态访问控制策略中已经讨论过。

（11）数据使用事项的任务审批

全领域实行领域业务工作一事项一审批、一线索一审批、一对象一审批、一专项一审批、使用特殊数据资源特殊审批、日常工作归总审批等制度，让任何使用数据资源的领域业务工作任务都要经过精细化申请、审核、审批，确保因事赋权、互相监督、互相制约。

在普遍执行以任务类型动态匹配数据资源的基础上，对使用高敏感数据资源的，还可以附加特定资源审批的规定。比如，对使用领域重要数据和一般4级等级数据资源，还应当履行严格的数据资源使用的特殊审批手续，并填写相关审批表格逐级审批。

（12）以动态访问控制策略的执行来严把数据安全保护关

采用多维身份认证、持续信任评估机制，确保人员和账号的动态、全时统一。对数据和功能资源的访问，严格执行以领域业务任务类型为主，网络、设备环境和人员、角色等其他因素为辅的动态权限控制策略机制，让每项任务都能得到对应的领域数据资源和功能资源的支撑，确保资源使用和职责、任务动态匹配，既好用够用，又依法合规。

（13）审计监督是数据安全保护的重点一环

建立第三方审计机制，对敏感度高、影响面大的领域数据资源、功能、服务以及管控、处置等行动资源的使用，全量、分类记录关键操作日志。专人负责定期检查、动态分析日志，确保事权统一，防止冒用、越权使用等违规行为。

（14）明确禁区也是重要的数据安全保护措施

有下列情形之一的，不得使用领域数据：

1）不符合使用领域数据的适用条件的。

2）未按照规定办理审批手续的。

3）可能暴露领域数据内容的。

4）其他不适用的情形。

（15）技术系统和管理措施到位，数据安全保护才能真正落实

各级领域技术规划建设的基本原则和根本要求体现为，在构建领域技术系统时，要同步规划、同步建设、同步运行数据安全保护的技术措施和管理措施，通过在领域数据的处理逻辑中嵌入相应的识别、标注、分类、分级等数据安全保护技术能力，落实领域数据收集、存储、使用、加工、传输、提供、公开、删除、销毁、交易等全生命周期管理和全使能过程处理的内生数据安全保护要求，对领域数据开展贴身、恰当、分类、精细的安全保护。